西咸城市化对都市农业发展的影响
——基于生态系统服务视角

周忠学 著

国家自然科学基金项目（41271550） 资助出版

科学出版社

北　京

内 容 简 介

本书首先系统地回顾了城市化、都市农业、生态系统服务对农业发展影响等研究的最新进展。其次，以西（安）咸（阳）地区为例，研究该区城市化及其空间演变过程，城市化过程中农业类型的转变、发展及空间格局变化。再次，应用生态系统服务研究的理论与方法，测评和分析该区农业生态系统服务功能及其空间格局的变化。最后，基于生态系统服务视角，研究该区城市化对都市农业生态系统服务功能的影响，并提出在快速城市化背景下城市化功能与都市农业功能协调发展管理对策。

本书可供城市地理学、农业地理学、景观生态学、区域可持续发展等领域的科研人员、技术人员及相关专业的高等院校师生、政府管理人员参考。

审图号：陕 S（2018）015 号

图书在版编目（CIP）数据

西咸城市化对都市农业发展的影响：基于生态系统服务视角 / 周忠学著.
—北京：科学出版社，2018.10

ISBN 978-7-03-058902-6

Ⅰ.①西… Ⅱ.①周… Ⅲ.①城市化-影响-都市农业-农业发展-研究-陕西 Ⅳ.①F327.41

中国版本图书馆 CIP 数据核字（2018）第 218740 号

责任编辑：亢列梅 / 责任校对：郭瑞芝
责任印制：张 伟 / 封面设计：陈 敬

科学出版社 出版
北京东黄城根北街 16 号
邮政编码：100717
http://www.sciencep.com

保定市中画美凯印刷有限公司 印刷
科学出版社发行 各地新华书店经销
*

2018 年 10 月第 一 版　开本：720×1000　B5
2018 年 10 月第一次印刷　印张：19
字数：383 000

定价：135.00 元
（如有印装质量问题，我社负责调换）

前　言

　　都市农业是与城市经济关联最为密切的农业，也是受城市化影响最深刻的农业生态系统，是一种典型的自然过程与人文过程紧密结合的复合生态系统。当前，城市化、工业化导致都市农业类型及空间格局发生巨大转变，出现水土资源匮乏、农业生态环境污染和恶化等问题，使部分农业功能逐步削弱甚至丧失，致使城乡功能失调，成为制约城市及都市农业进一步发展的"瓶颈"，也严重削弱了城市可持续发展的生态基础。在此背景下，探讨城市化对都市农业功能的影响、城市化过程与都市农业功能演变过程之间的作用机理与耦合关系等科学问题，深入揭示城市化对都市农业生态系统功能的影响过程、空间演变、驱动力及其作用机理等，是优化城市功能与都市农业功能、推动城市生态空间建设、协调城乡关系和推进城乡一体化过程中亟须解决的关键问题。西（安）咸（阳）地区自20世纪80年代初城市化快速推进以来，城市及居民点、道路等建设用地的扩张，农业由传统大田农业向多元化现代都市农业转变，对水土资源产生重大影响，导致农业生态系统提供的服务功能及其结构与过程发生了巨大变化，生态环境问题突出。本书以西咸地区为例，基于生态系统服务视角，在对当前城市化、都市农业发展及生态系统服务研究系统回顾的基础上，着重研究该区城市化过程、农业转变及其发展过程，测评并分析该区快速城市化背景下都市农业生态系统服务的演变过程、城市化对农业生态系统服务的影响，以及城市化与都市农业发展协调管理对策等学术问题，研究成果具有一定的科学价值和实践意义。

　　本书由周忠学制订书稿大纲、撰写全部章节并完成统稿和定稿。张妮、宋冰洁、邹月、任婷婷、吴晓、宋静雪、张碧桃等硕士研究生参与了书稿资料收集和数据分析。全书共6章：第一章为绪论；第二章为西咸城市化进程；第三章为西咸城市化区都市农业发展研究；第四章为西咸都市农业生态系统服务时空演变研究；第五章为西咸城市化对农业生态系统服务的影响；第六章为城市化与都市农业发展的协调管理。

　　本书是国家自然科学基金项目"西安-咸阳城市化对都市农业功能时空演变的影响研究"（41271550）的部分成果，并受该项目资助完成。在项目研究中，齐爱荣、刘欢、陈山山、王云、冯海建、杨文艳、宋晓媚、韩晔、王明、李梦桃、宋冰洁、张妮、邹月、任婷婷、吴晓等硕士研究生参加了资料收集、数据分析及部分专题的研究工作，谨表谢忱！在书稿撰写过程中引用了国内外一些学者的研究成果，对这些学者的杰出工作致以崇高的敬意。在本书出版之际，也向多年支持该项目研究的陕西师范大学科技处、陕西师范大学地理科学与旅游学院和社会各界同仁表示衷心的感谢！向科学出版社亢列梅编辑及相关人员在本书出版中付出的辛勤工作谨表感谢！

　　本书探索性地对快速城市化地区城市化对农业发展及其农业生态系统服务的影响进行了研究，限于作者水平，书中难免有不足之处，敬请读者批评指正。

作　　者

2018 年 4 月于西安

目　　录

第一章　绪　论

第一节　研究背景和意义

城市化是指以农业经济为主导的小型乡村聚落人口向以工业、服务业经济为主导的大型城市聚落聚集的过程。19世纪末至20世纪，欧洲和北美国家伴随着工业革命和经济快速发展，工业化推动了城市化进程；同时，城市化推动了区域产业结构、生产和生活方式的转变。城市化成为人类社会经济转型、社会变迁和文化重构的主导力量（顾朝林，2004），也成为推动城市现代文明的主要动力。自第一次工业革命以来，随着资本主义现代工业的出现，城市化快速发展并开始进入世界城市化的局部发展阶段，1950年世界城市人口占总人口的比例上升至28.3%；此后城市化进入快速发展阶段，2010年达到50%，2014年全球城市化水平达到54%，预计到2050年，世界城市人口将达63亿人，世界城市人口比例将超过66%（UN，2014）。目前，世界不同地区城市化发展有相当大的差距，其中发达国家和地区城市化水平达到了74.5%，发展中国家和地区只有42.1%。发达国家和地区，如北美洲、拉丁美洲和加勒比地区城市化水平达到80%以上，欧洲达到73%，发达国家已经进入成熟阶段，正在逐步进行调整和优化；而非洲和亚洲地区以乡村人口为主，城市人口比例为40%~48%，今后非洲和亚洲的城市化将进一步发展，估计到2050年将分别达到56%和64%，发展中国家的城市化将成为世界城市化的主流，将带动整个世界范围内城市化的进一步发展（UN，2014）。在全球化影响下，随着城市周边地区人口和产业的不断集聚，城市郊区、卫星城镇及快速交通网的发展导致一些新的城市空间组织形成，大城市化趋势明显，如超级城市（super city）、巨型城市（megacity）、城市集聚区（city agglomeration）和大都市带（megalopolis）。此外，世界城市（world city）正在全球出现和形成，它们在世界经济、政治等诸多方面发挥着重要作用，大都市化已成为世界城市化的重要形式和发展趋势。

1949年以来，我国城市化经历了波动、停滞、低速和快速发展等多个阶段。1949年我国城市化率为10.64%，1995年为29.03%，处于起步阶段；1996年城市化水平达到30.38%，城市数量达到640个，标志着我国进入快速城市化阶段（方创琳等，2008）。我国城市化方针由1989年的"严格控制城市规模，合理发展中等城市"转向"以全面建设小康社会为目标，以全面繁荣农村经济，加快城市化进程为重点，逐步提高城市化水平，坚持大中小城市和小城镇协调发展"，极大地促进了城市化的加速发展。2011 年中国内地城市化率达到 51.3%，首次突破 50%（牛文元等，2012），进入"城市时代"，2016 年中国城市数量为 657 个，城镇化率达到 57.35%。随着《国家新型城镇化规划（2014—2020 年）》《全国主体功能区规划》，以及"一带一路"建设、京津冀协同发展、长江经济带建设等战略的实施，传统的省域经济和行政区经济逐步向城市群经济过渡，城市的集聚效应将日益凸显（国家统计局，2017），城市群发展格局初步形成。2016 年，我国城市化水平略高于世界城市化平均水平，但今后我国除京津冀、长江三角洲、珠江三角洲三大城市群之外，东部地区的山东半岛城市群、海峡西岸城市群，中部地区的中原城市群、长江中游城市群，西部地区的成渝城市群、关中城市群、北部湾城市群，东北地区的哈长城市群、辽中南城市群等城市群的快速发展（国家统计局，2017），必将引起大量农村人口向城市的转移和社会经济格局的重构。我国城市化的进程仍在加速，据联合国预测，到 2050 年我国城市化率将达到 76%，届时还将有 2.9 亿农村人口进入城市。但我国当前的快速城市化也产生了一系列问题，如土地城市化快于人口城市化，偏重城市数量和规模，忽视资源和环境代价等（牛文元等，2012）。

21 世纪以来，全球化背景下的城市化力量无处不在，人口、物质和信息的流动更加快速便捷，各种区域要素流动性被空前强化，城乡互动越加频繁。特别是城市带、城市集聚区的发展，城市功能区边界日益模糊，城市空间更加具有动态性、流变性，在城市带内已经很难找到纯粹的乡村地区（肖俊等，2016）。城市化正在深刻地影响着区域发展的方方面面：一方面，城市化推动区域人口的转型、产业聚集及产业结构优化，拉动区域经济发展，推动区域社会的变迁和文化重构；另一方面，城市化过程也对区域生态系统产生重大影响。随着城市人口、经济产业等的高度聚集和城市建设用地的快速扩张，城市对周围的自然生态系统产生巨大影响，人类与自然生态系统的作用过程正在发生深刻的变化。城市化通过对区域土地利用及其景观格局、生态过程、生物生境、生物地球化学循环等的强烈影响，推动着区域生态系统的结构、功能及其空间格局的演化，特别是严重影响生态系统为人类提供生命支持和福祉的生态系统服务的能力（周忠学，2011）。研究认为，连接城市活动、城市空间组织和土地利用及环境变化的复杂相互作用和反馈机制，使得城市化空间格局控制着生态系统的动态（Alberti et al.，2007）。生态系统能为人类提供多种服务，特别是支持服务和调节服务，是人类生存的生态基础和生命支撑。快速城市化地区，城市扩展正强烈冲击着区域生态系统结构、功能及空间演化过程，严重削弱生态系统服务功能，直接危及区域可持续发展的生态基础。揭示城市化对生态系统的影响是进一步开展城市化对生态系统服务功能变化研究的基础，是当前的世界性问题，已成为国内外研究的前沿和热点（Alberti，2010）。目前，城市化对生态系统影响的微观研究已经比较丰富，主要表现在：城市化对生态景观格局的影响，特别是研究城市化对土地利用变化及其景观格局的影响；城市化水平与景观格局变化的相关关系；城市化导致的土地利用变化对生态系统服务价值变化的影响；城市化对生态系统生产能力及其支撑能力的影响；城市化与人类供给和需求，以及与生态足迹强度之间的关系等；城市化对生态系统物质流动和能量循环过程，如城市生态系统能量结构、能量类型和流量之间的关系等的影响研究；城市发展对生态系统的能量流动和营养循环，如生态系统有机物质的分解速度等方面的研究（周忠学，2011）。但目前仍以案例研究为主，研究还很不系统，尤其是城市化对生态系统及其服务功能的影响、作用机理等方面的研究还比较薄弱。从宏观角度来看，综合系统地开展城市化对区域生态系统服务功能的影响研究也比较少，城市化过程对生态系统服务功能演变的作用机制及其效应还很不清楚。

农业多功能性是人们在不断探索农业可持续发展过程中提出的一种新的农业发展理念，在20世纪50～60年代受到日本及欧美发达国家的重视，此后，随着城市化的不断发展和新兴城市的崛起，国际上诸多学者对其进行了理论研究和实践探索，主要集中在：①对农业多功能性概念、内涵，以及对农业多功能性评价指标体系等的分析研究（Renting et al.，2009；方志权等，2008；Wilson，2007）；②基于农业多功能性的相关政策讨论研究（Oski，2005）；③对农业功能区划的研究和实践（姚慧敏等，2009；吕晓芳等，2007）。

都市农业是城市经济发展到较高水平时，随着农村与城市、农业与非农产业等进一步融合，在城市内部与郊区，甚至在城市经济圈内形成的、具有紧密依托并服务于都市的现代农业，是集产品生产功能、经济社会功能（包括社会保障功能）、生态环境功能、文化休闲功能等于一体的，高度集约化、功能多元化和市场一体化的多功能农业。因此，都市农业是与城市经济关联最为密切的农业，也是受城市化影响最深刻的农业生态系统，是一种典型的自然过程与人文过程紧密结合的复合生态系统。当前城市化、工业化导致都市农业类型及空间格局发生巨大转变，水土资源被过度占用，农业生态环境的污染和恶化等，使部分农业功能正在逐步削弱甚至丧失，致使快速城市化地区及其农业耕作区城乡功能失调。城市化、工业化成为制约城市及都市农业进一步发展的生态"瓶颈"，也严重削弱了城市地域可持续发展的生态基础。当前经济地理学、城市地理学等地理学一直注重对都市农业经济活动（本质上就是农业的生产功能，排除了非生产性功能）空间特征的研究，而没有涉及都市农业多功能（如生态功能、社会文化功能等）的空间格局演变及其空间优化等功能的空间特征研究，景观生态过程研究中也少有对景观功能格局的动态研究。农业经济活动能够提供多种内在的和外在的服务和功能，应当基于农业多功能的视角，将这种服务功能的空间变化特征纳入到学科研究之中。在此背景下，探讨"城市化对都市农业功能会产生什么影响？城市化过程与都市农业功能演变过程之间具有什么样的作用机理与耦合关系？如何通过优化配置城市及近郊土地利用，以发挥都市农业的生态服务功能来保育和维持城市可持续发展的生态基础？"等问题，是推动城市生态空间建设、协调城乡关系和推进城乡一体化过程的关键。

目前，在生态系统多种服务功能（或农业多功能）价值的测评研究方面，各种功能的差别很大（如生态功能与文化休闲功能）。不同功能采用的测评方法不同、测评的空间尺度不同及物价变动等原因，导致测评结果在量纲、空间尺度和时间上都不具可比性，很难进行多种功能值的汇总与变化分析［按照土地利用类型进行生态服务测评的方法（Zander et al.，2007）。尽管能解决不同功能值在量纲和空间尺度上的不可比性，但在功能价值测评上存在不足（宋佳楠等，2010）］。在对生态系统多种功能（或农业多功能）的表达上采用的多维度方法，难以更好地基于栅格尺度来表征和描述生态系统多种服务功能（或农业多功能）的空间特征，无法采用 GIS 技术中的地图代数运算方法开展空间变化研究。近几年，尽管在生态系统服务研究领域开发了一些生态系统服务价值的空间测评模型，如 InVEST（integrated valuation of ecosystem services and tradeoffs）、EcoServ-GIS、SENCE（spatial evaluation for natural capital evidence）、SolVES（social values for ecosystem services）、MIMES（multiscale integrated models of ecosystem services）、LUCI（land utilisation and capability indicator）、ARIES（artificial intelligence for ecosystem services）等（Bagstad et al.，2013b），但没有专门针对农业生态系统服务，特别是都市农业生态系统的测评模型。运用这些方法难以对农业生态系统部分服务功能进行测评，因而限制了开展农业生态系统多种功能（或农业多功能）的时空演变研究。

在城市化快速发展地区，人口快速增长，城市迅速扩张，必然导致土地利用的巨大变化；大量农用地转化为城市用地，无疑使得自然生态环境受到严重破坏，对生态系统产生负面影响，导致生态系统服务功能减退。城市化地区，特别是半湿润、半干旱以及干旱地区的城市化农耕地区，城市人口与产业密集，城市地区的生态系统服务主要由周围的都市农业生态系统供给，因此，研究城市化对都市农业发展的影响、都市农业生态系统测评、城市化背景下生态系统服务价值的时空演变，以及城市化地区都市农业生态系统的管理是非常迫切的。

本书以西安都市圈（西咸城市化地区）为例，通过构建都市农业生态系统的主要服务与功能空间测评模型，研究 1989～2014 年西咸地区城市化的发展进程、农业的发展过程，以生态系统服务测评模型为依托，测算都市农业生态系统服务价值并分析其时空变化，综合分析城市化对都市农业生态系统服务发展的影响，最后基于城市化对都市农业生态系统服务的影响及都市农业发展遇到的问题，提出都市农业生态系统的管理对策与建议。本书将深入研究城市化对都市农业生态系统服务功能的影响过程、空间演变、驱动力及其作用机理等科学问题，试图将地理学对经济活动空间特征的研究传统进一步拓展到对经济活动功能空间特征的研究上，这对发展区域地理学、经济地理学和城市地理学理论具有重要的科学意义，在探索和丰富景观生态学研究领域与区域可持续发展理论方面也具有一定的科学意义。本书从城市化（或人类活动）对都市农业生态系统服务功能影响的角度出发，基于人地关系背景，将人类社会经济过程与自然过程结合起来，开展城市化对都市农业功能的动态研究，这对如何根据区域城市化发展状况合理定位和优化调整都市农业功能，认识城市化对都市农业功能影响的空间差异特征，合理指导都市农业功能优化配置，把都市农业景观纳入到城市景观规划，合理协调城市用地与农业用地布局，开展城乡一体化规划与协调城乡关系等具有重要的实践指导意义。

第二节　国内外研究进展

一、城市化研究进展

城市化是一个内容广泛而且复杂的过程，它与人口迁移、区域资源环境、产业经济、社会文化、地域景观、人民生活方式等的发展与转变紧密相关，是人文过程与自然过程交互作用的最复杂和最综合的地理过程。城市本身是一个非常复杂的、开放的和动态的巨系统，地理学、人口学、经济学、社会学、资源环境学等诸多学科很早就对城市发展及城市化开展研究，但由于不同学科研究视角和侧重点的差异，在对城市化研究的内容和方法上存在明显的差异，也仍然存在诸多科学问题。在城市化发展历程上，尽管发达国家城市化基本进入了城市化的成熟（或稳定）阶段，世界城市化的重心转移到了发展中国家，但随着经济全球化不断加快，作为全球经济网络中重要节点的全球城市与世界城市体系的形成，正引导着世界城市化格局的重构，发展中国家的城市化也将进一步推动世界城市化的发展浪潮。城市化领域的科学研究仍然是人文地理学、经济地理学，以及城市科学、社会科学等研究的核心领域之一，尤其是发展中国家的城市化道路引起广泛关注（陈明星，2015），城市化仍将是地理学研究的重点领域。总体上，当前国内外对城市化研究的内容众多，归纳起来，主要集中在以下方面。

（一）城市发展研究

（1）城市化水平测度研究。当前对于城市化水平的测度主要有单一指标和复合指标。其中，简洁、直观的方法是单一指标，它采用城市人口指标或用地指标衡量城市化水平；复合指标依靠选取与城市化密切相关的多层次的指标体系考核城市化水平，这种方法能够反映产业结构演变和人民生活质量（李荣雪等，2015）。

（2）城市化发展质量研究。围绕城市化发展，综合考虑人口、经济、社会、资源环境等多方面因素，研究城市化发展质量。目前对城市化发展质量的界定仍存在较大分歧，一种认为城市化发展质量实质上是城市现代化的水平（叶裕民，2002）；另一种认为城市化发展质量包括城市化的动力（如发展能力、竞争能力、创新能力及其可持续性）、城市化的公平性、城市化的质量等方面的综合（中国市长协会《中国城市发展报告》编辑委员会，2003）；还有一种认为城市化发展质量包括人的生存和生活质量、经济发展水平质量、城市内部各领域发展的协调性和城乡发展的公平性等的综合状况（国家统计局城市社会经济调查总队，2005）。因此，目前对城市化发展质量的研究主要集中在城市化发展质量内涵、城市化发展质量的影响因素与调控机理、城市化发展质量的定量评价体系、城市化发展质量的提升路径及相关对策等方面（王德利等，2012）。

（3）中国城市化所处水平的研究。20世纪90年代以来，中国进入快速城市化时期，多年来大规模的造城运动也凸显出一些深层次的社会经济问题。准确判断和把握我国现阶段城市化态势，对走中国特色的城市化道路及经济社会的可持续发展具有重要意义。例如，一些学者对我国城市化水平与社会经济发展之间的关系进行了大量研究，总体有3种观点：一是城市化滞后论，即城市化滞后于经济发展水平；二是非滞后及过度论，即城市化过度超前，冒进式城镇化已经超出了经济发展、产业结构、资源环境的支撑能力；三是城市化结构差异论，认为存在超前、协调和滞后等多种类型（吴奇等，2015；陈明星等，2010）。

（4）城市发展与转型研究。其主要有资源型城市发展研究，包括资源型城市问题的成因及其机理、城市转型、经济转型、资源型区域的城市化与城市空间发展、社会发展，以及国外资源型城市的研究（赵景海，2006）；城市转型研究，包括城市经济转型、社会转型、文化转型、生态转型、体制转型及其影响因素的研究（李玲等，2012）；碳排放与低碳城市评价、城市发展模式与路径研究（路超君等，2014；卓德保等，2014；谭志雄等，2011；刘文玲等，2010；倪外等，2010；潘晓东，2010）；智慧低碳城市发展动力机制研究（庞博等，2016）；智慧城市发展研究（张建伟等，2017；任利成等，2014；徐静等，2014；吴标兵等，2013；巫细波等，2010）。

（5）海绵城市研究。海绵城市是指"城市能够像海绵一样，在适应环境变化和应对自然灾害等方面具有良好的'弹性'，下雨时吸水、蓄水、渗水、净水，需要时将蓄存的水'释放'并加以利用"。其核心是增强生态系统的整体服务性功能体系，建立多种尺度上的水生态设施，并结合多类具体技术共同建设水生态基础设施。20世纪70年代发达国家就开始研究城市雨水污染、城市雨洪管理系统，代表性的如美国的最佳管理措施（best management practices，BPMs）和低影响开发（low impact development，LID）、澳大利亚的水敏感性城市设计（water sensitive urban design，WSUD）、英国的可持续城市排水系统（sustainable urban drainage system，SUDS）等（车伍，2009）。国内对海绵城市的研究主要集中在海绵城市的概念与内涵、海绵城市技术（模拟技术、材料技术、工程技术）、规划实践研究（袁再健等，2017）等方面。

（6）新型城镇化研究（又称新型城市化发展机制与模式研究）。自 2014 年国务院发布《国家新型城镇化规划（2014—2020 年）》以来，新型城镇化成为我国城市化研究的热点，多个学科如地理学、社会学、经济学、政治学、城市规划学等均对我国新型城镇化问题开展理论与实践研究。总体来看，主要集中在新型城镇化的内涵界定、发展水平评价、发展模式、驱动机制及优化路径等方面，目前对新型城镇化发展动力机制及驱动机理分析还不全面（张荣天等，2016）。

（二）城市体系与城市群发展研究

（1）城市体系研究。城市体系承担着区域及城市空间组织、产业分工、专业协作等方面的重要功能，是城市地理学研究的传统问题。对城市体系的研究主要集中在城市体系的规模结构、职能结构、空间结构等的差异及演化过程研究。例如，杨开忠等（2008）对我国城市体系的分布特征及密度、规模结构等开展了研究，并认为城市体系的区域分布特征主要考虑区域的城市数量、规模等。20 世纪以来，随着经济全球化的加速发展，世界城市之间的联系日益密切，出现了世界性的网络化城市组织，即世界城市体系，成为城市地理研究的热点，侧重于研究城市之间的关联及相互作用（杨永春等，2011）。

（2）中国城市群发展研究。1957 年 Gottmann 提出了大城市带的概念，20 世纪 70 年代研究认为世界有六大城市带，1982 年 Friedman 和 Wolff 提出了世界城市假说，2001 年 Scott 提出了全球城市区域（global city region），对巨型城市空间开展了研究。在经济全球化的背景下，城市带或城市集聚区（或城市群）成为各种经济要素汇聚与扩散的中心和核心节点，是全球或区域经济发展格局中最具活力和潜力的核心地区，成为参与全球竞争与国际分工的全新地域单元。尽管我国城市带（或城市群）发展较晚，但将是我国城市化未来发展的重要形式，将在全国生产力布局格局中起到战略支撑点、增长极点和核心节点的作用，成为新型城镇化的重要推动力量。因此，近年来成为学者们研究的热点，主要侧重于城市群的基本内涵、空间范围识别、形成发育的动力机制、城市群的空间结构、城市群发育程度、城市群紧凑程度与稳定程度、城市群保障机制、产业集聚、资源环境承载力、可持续发展等方面（方创琳，2014）。

（三）城市化模式研究

国内对城市化模式的研究主要集中在概念内涵，城市化模式类型划分，如从城市化与经济发展、工业化的关系，城市化的空间表现形式，城市化的规模结构，城市化的动力主体，城市化的资源利用方式，城市化的地域特点等不同角度、不同标准进行划分。此外还包括城市化模式的影响因素，中国城市化模式选择等方面（盛广耀等，2011）。

（四）城市化与经济发展关系研究

城市化与经济发展关系研究主要有城市化与经济发展之间的作用过程研究。一般认为城市化与经济增长之间具有强烈的相关关系，二者是一种复杂的双向互动反馈过程，只有相互匹配才会互为促进和协调发展。城市化与经济发展之间的作用机理研究主要有城市化与经济发展作用机制分析、二者关系的定量分析、城市化过程中的失业、贫困问题形成原因研究；发展中国家与发达国家之间的差异研究，如发展模式与道路、城市化的经济效益问题；我国城市化与经济发展之间的关系研究，如城市化与经济发展关系的总体判断、城市化的区域差异研究等；城市化与经济发展关系影响的新因素研究，如知识经济、信息经济、生产性服务业、旅游型城市化和房地产发展等因素对城市化的影响等（陈明星，2013）。

（五）城市化的资源环境交互及效应研究

城市化的资源环境交互及效应研究包括城市化与生态环境耦合、城市化的环境污染效应（城市化对土壤、大气、地表水的环境污染效应）、城市化与水资源、城市化对水文循环、大气环境、城市热岛效应等影响。城市化与资源环境承载力的关系研究包括快速城市化对资源环境的影响（张雷，2009）、城市化与资源环境相互作用的机理（陈明星，2015；鲍超等，2008；乔标等，2005；黄金川等，2003）。例如，城市化与资源环境之间关系的研究认为二者之间是互相胁迫与约束的关系（方创琳等，2006），城市化与资源环境的关系是复杂且非线性的，而调控二者关系的目的是协调城市化与生态环境，并认为城市化与生态环境之间的耦合关系具有耦合协调模式、基本协调模式、冲突模式、衰退模式和临界模式5种模式（刘耀彬，2005）。

（六）城市发展的问题研究

（1）"城市病"研究。主要是针对城市发展过程中，人口、社会、经济、生态等方面突出问题的研究。"城市病"是指在城市发展过程中，城市生态系统的结构、功能等方面出现了问题，使城市功能无法正常实现，对城市的社会经济发展产生了阻碍因素，资源环境与社会经济发展不协调。国内外研究主要集中在"城市病"原因分析，如城市化对自然生态系统的负面影响、城市代谢失调、生态系统服务供给不足等，"城市病"诊断分析，如城市健康状况评价、"城市病"风险预估等方面，但目前对"城市病"形成机理的研究尚不清晰（王晓玥等，2017）。

（2）城市贫困问题研究。主要是针对城市贫困的理论基础及内涵、城市贫困的衡量与分类、城市贫困的基本现状、城市贫困的影响机制以及反贫困的措施及制度的研究，如就业、失业、住房等政策保障、参与式城市扶贫机制。目前在城市贫困机制及影响因素揭示上缺乏对隐性因素、精神层面的研究（周亮等，2017；臧元峰，2017）。

此外，还有城市交通拥堵问题，城市人口膨胀，城市种族与民族、性别歧视与隔阂，能源短缺与环境污染，城市人际关系"冷漠"与"疏离"等隐性城市问题的研究（陈哲等，2012）。

二、都市农业研究进展

都市农业一词最早出现于 1930 年日本的《大阪府农会报》杂志，是指"以易腐败而又不耐储存的蔬菜生产为主，同时又有鲜奶、花卉等多样化的农业生产经营"。1935 年，日本学者青鹿四郎在《农业经济地理》一书中将都市农业定义为"分布在都市内的工商业区、住宅区等区域内，或者是分布在都市外围的特殊形态的农业"。1950 年，美国农业经济与城市环境学者霍克提出都市农业区域的概念，指出必须在都市周边地区的楔形农田上进行绿地建设和发展园艺、林业。1977 年，美国经济学家尼斯发表了《日本农业模式》，明确提出了都市农业这个概念。进入 20 世纪 80 年代后期，随着城市化和城乡一体化的推进，日本、新加坡、德国等发达国家的一些经济学家相继开展和推进了对都市农业的研究，都市农业逐步在世界范围内受到广泛重视。90 年代，联合国粮食及农业组织认为，都市农业就是都市和都市边缘农业，是在大都市内或都市圈周围，利用城市间的间隙，包括耕地、山地、水面，从事种养业等经济活动，是为城市提供鲜活农产品、生态、旅游、休闲产品的现代农业。

都市农业是在现代城市化过程中，受城市人口聚集、工业化、商业化和城市市场等影响，由传统农业发展转型，并为城市人口、产业经济及生态环境等产品服务的农业；同时，它受益于城市的市场、劳动力和农业科技的支持。都市农业是一种与城市经济相融合的特殊的农业生产体系，与城市发展密切相关。

在当前我国快速城市化过程中，城市不断扩张导致土地资源被占用和日益短缺、生态环境污染、城乡二元对立等诸多问题，都市农业具有生产功能、生态功能、生活功能与自然景观教育和健康文化创造等多种功能，在解决上述问题、推动城乡一体化方面具有重要作用。因此，都市农业及其多功能性一直是科学研究的热点，主要集中在以下方面。

（一）都市农业的概念与内涵

都市农业的思想最早可以追溯到 19 世纪 20 年代德国学者杜能的农业圈，以及德国建立的"市民农园"。都市农业1930年被提出，1935年日本学者青鹿四郎给出其定义，认为都市农业"一般分布在都市外围或都市工商业和住宅区等区域，依赖都市经济的发展并且会受都市经济发展的影响，其范围一般是都市面积的2~3倍，主要经营奶、鸡、鱼、菜、果等，同时包括稻、麦、水产、畜牧等的复合经营，集约化、专业化程度较高"。之后，国内外科学家一直在探讨都市农业的定义及内涵。1966年Clawson和Knestsch根据郊区距离城市远近提出了城市用地的3种利用类型，即空间指向地域、中间指向地域及资源指向地域，这3种土地利用类型构成了都市郊区的3个圈层结构。1969年，日本学者矶封英一提出都市第三空间理论，他认为都市农业除提供给市民居住及各种产业活动的用地外，还要提供户外休闲场所，称为第三空间。1977年，美国农业经济学家尼斯在《日本农业模式》一文中明确提出了都市农业（urban agriculture）的概念。20世纪80年代后期，随着城市化特别是特大城市、巨型城市、城市带等的快速崛起，城乡界限逐渐模糊，都市农业也得到快速发展，日本、德国等发达国家相继开展了都市农业的研究，都市农业逐步在世界范围内受到广泛重视，有诸多学者和机构对都市农业下过定义。日本经济学家桥本卓尔（1995）认为，都市农业是都市内部及其周边地区的农村受城市膨胀的影响，或是在农村城市化过程中受席卷形成的一种农业形态，被都市包容的、位于都市中，最容易受城市扩张影响，但又直接得益于城市完备的基础设施，是双重意义上的"最前线"的农业。都市农业是城市建设发展占地和居民住宅建设占地等同时并存、混杂、镶嵌的农业。都市农业如果放任自流就有灭亡的危险，因此需要加以有计划的保护。1996年，联合国成立了"全球城市农业部"，并将都市农业定义为"分布在城市或城市周围的土地或水域上，主要适应城镇或都市消费者的日常需求，采取集约经营形式，利用和再利用天然资源与城市废弃物产出农作物和牲畜，生产、加工、销售食物和燃料的产业"。Mougeot（1999）在《都市农业：定义、现状、潜力和风险》中指出，都市农业的概念包括经济活动的类型、产品和食物、非食物分类及其亚类、城市内部及半城市化地区的位置特点、都市农业的地域类型、生产系统类别、生产目的和生产规模，提出都市农业是一种位于城区或者环城区（在城镇都市或者大都会边缘）的农业，它生产或养殖、加工或运输各种食用和非食用的产品；然后使用城市或城市周边地区大量的人力资源、物力资源及产品和服务，反过来为城市地区提供大量人力、物力资源，以及产品和服务。90年代中期以来，都市农业得到了快速发展，如80年代末从事都市农业的人口占城市总人口的5%~10%，90年代占到70%，发展中国家如亚洲和非洲国家的都市农业也得到了快速发展（Rogerson，1997；Smit等，1996）。

我国都市农业发展起步较晚，源自80年代的城郊农业，从80年代后期开始由城郊农业向都市农业转变，90年代中期，都市农业在上海、北京、深圳等地区开始发展和实践。我国学者在对都市农业的研究和实践过程中，也结合中国城市化和农业发展的区域实际，对都市农业给出过诸多定义，代表性的有以下几种：孙仲彝（1996）认为都市农业是"城市化地区及其未来的延伸区，嵌入城市、服务城市的农业"；顾吾浩（1996）定义都市农业是"在高度城市化的大都市中和市郊的农业区，依托都市的辐射和按照都市的需求，建设融生产性、生活性、生态性于一体的现代化大农业体系，是一种高度规模化、产业化、科技化、市场化的农业"；党国印（1998）认为都市农业是一个总概念，其他提法如生物农业、休闲农业、观光农业、度假农业、体验农业、生态农业、创汇农业、工厂化农业、设施农业等，都是在某一方面反映了都市农业的发展水平和特点；俞菊生（1999）认为都市农业是一个广义的、地域经济的概念，它包括都市内镶嵌的插花状的小块农田，城市庭院和房顶、阳台的绿化，也包括城乡接合部的近郊农业，还包括远郊甚至环大都市经济圈在内的适宜大都市市场需求的农业；顾海英等（2001）认为都市农业是一种特殊形态的现代农业，是一种向第二、第三产业延伸、渗透、交叉、融合的复合产业，是一种可持续发展的农业；廖森泰（2007）认为都市农业指在城市地域空间范围内具有一定生态空间格局，立足于生产、生活、生态相结合，借助现代技术，使农副产品生产与都市文化、观光休闲、旅游环保、科普教育、农事体验等功能融于一体的现代农业模式。

由于各国各地农业发展条件、发展水平、发展过程及农业发展政策等方面的差异，国内外在对都市农业概念的表述上也存在比较大的差异。但综合来看，其基本内涵包括以下几个方面：①都市农业在区位上指分布在城市内部和城市周边地区，即城市化、半城市化地区及周边地带，由于便捷的交通，深受城市市场的强烈影响，成为城市农业的分布地带；②都市农业与城市经济发展密切关联，它为城市提供鲜活的农产品、生态、旅游、休闲产品，服务于城市，但同时依托于城市，是一种高技术的集约化、规模化、专业化生产的现代农业；③都市农业是一种多功能农业，具有经济、社会、生态和文化等多重功能，集多种功能于一体，是向第二、第三产业延伸、渗透、交叉、融合的复合产业；④都市农业的发展目标除生产功能外，更要不断拓展和发挥其社会文化及生态服务功能，改善和提高人类的生存环境；⑤都市农业是连接城市与自然的半自然人工生态系统，是与都市经济、文化、生态等多方面融为一体的可持续农业，但也是最易受城市扩张影响的"最前线"的农业，是需要保护的农业。

（二）都市农业发展水平评价

都市农业发展水平评价就是对都市农业活动的过程及其结果进行识别和评定，评价都市农业发展对经济、社会、生态发展作出的贡献，评价都市农业自身在实现农业现代化、可持续发展等方面所达到的程度甚至可能存在的问题，这为城市总体规划、农业发展规划等提供重要参考。目前，都市农业发展水平评价是都市农业发展研究的重要方面。由于各国（或地区）都市农业发展的情况不同、城市及都市农业发展存在的主要问题不同，对都市农业发展水平的评价也存在显著差异，因此，科学构建评价指标体系是都市农业发展评价的核心。

国外都市农业发展时间久，都市农业实践早，发展较为成熟，同时，一些发达国家城市化已进入成熟阶段，因此在对都市农业发展水平的评价指标中，除了评价都市农业经济发展效益之外，更多关注都市农业自身可持续发展及其对城市生态、社会和文化服务功能的评价。在对都市农业发展评价上多从可持续性（多样性及系统的稳定性）、多功能性等方面选取评价指标，为农业实践及管理政策的制定提供服务；在评价尺度上涉及洲际、国家、城市、社区及都市农业项目等多个空间层面，评价指标具有可测量性、变化性、综合性等特点（Lovell，2010；Vagneron，2007；Fialor，2002；Dalsgaard et al.，1995）。

由于都市农业是一个包括农业经济发展、城市农产品供给、城乡社会发展、水土资源利用，以及生态环境建设与保护等诸多层面的、复杂的大系统，因此，国内对都市农业发展水平评价主要从都市农业的内涵及特征、都市农业区域特点和优势，以及都市农业的核心功能等方面评价，如以生产、生活、社会及生态四大功能来构建指标体系。当前评价指标差异较大，如有些是从可持续发展视角来设计评价指标体系，有些是从都市农业总体发展水平视角来设计评价指标体系。代表性的如韩士元（2002）认为都市农业具有特定的空间布局、功能的多样性、高度智能化和信息化、高度产业化和市场化、发展的可持续性等内涵特征，基于此设计了一套评价体系，包括人均 GDP、第三产业占 GDP 比例、科技贡献率、农业劳动生产率、农业商品率、非农生产投资占农业总投资的比例、农业社会服务人数占全部农业劳动力的比例、林木覆盖率 8 项指标，以此定量描述都市农业的综合发展程度和总体水平；顾海英等（2002）从农业生态环境、农业现代化装备、农业经营管理、农业科技应用、地区经济发展、农民生活质量 6 个方面构建了都市农业的 24 项评价指标体系；郭晓燕等（2007）从安全保障功能、供给功能、产业奉献、就业保障、生态功能与生活休闲 6 个方面选择评价指标；果雅静等（2008）从经济发展水平、社会发展水平和生态环境可持续发展水平 3 个方面构建了都市型现代农业综合发展评价指标体系；文化等（2008）从综合生产水平、社会服务水平、生态保障水平、区域和谐能力、发展能力建设 5 个方面构建了有 21 个指标的评价体系，评价了北京市都市农业发展水平。在都市农业发展水平的评价方法上，采用的定量评价模型或方法有德尔菲法、层次分析法、试验统计法、现场调查法及数学模型法等，如数据包络分析（data envelopment analysis，DEA）方法、综合指数法、网络分析法（analytic network process，ANP）、成本效益分析法、条件价值法等。例如，邓楚雄等（2010）结合层次分析法和信息熵法，使用可持续发展指标对上海市都市农业进行了定量综合评价；毕然等（2008）采用网络分析法建立了都市型农业评价指标体系的方法、评价指标体系和系统动力学（system dynamics，SD）评价模型；在评价层面上，以北京、天津、上海、重庆、武汉等城市为主。目前，对城市群层面的评价较少，在评价指标上存在主观性强、部分指标含义重叠、指标差异大、评价结果在各城市间可比性差等问题（张莉侠等，2015）。

（三）都市农业多功能性研究

农业多功能性概念最早可以追溯到20世纪80年代末和90年代初日本提出的"稻米文化"，1992年联合国环境与发展大会通过的《21世纪议程》，正式采用了农业多功能性（multi-functionality of agriculture，MFA）的提法，90年代末欧盟提出了以农业多功能性为理论基础的"欧盟农业模式"。目前，农业多功能性被赋予了重大的经济和社会意义，但其定义仍然不是非常明确（Wilson，2007），代表性的定义有：①OECD（1998）在农业部长委员会宣言中指出，农业除了基本的提供食物和纤维的功能——商品产出外，农业活动还能改变陆上风景，提供诸如土地保护、对可更新的自然资源的可持续管理、保护生物多样性等环境利益，同时对于很多农村地区的社会经济生存有利——非商品产出。农业除了基本功能以外还具备一个或多个功能时，农业就是多功能的；②FAO（1999）"农业和土地的多功能特征"（the multifunctional character of agriculture and land，MFCAL）定义了农业多功能性的4个特征——食品安全、环境外部性、经济功能和社会功能，从更宽广的视野考察农业对整个社会产生的贡献，在不同的范围和层次考察城市与农村区域之间的动态关系等原则；③欧盟（1992）在（欧洲共同体）共同农业政策（Common Agricultural Policy，CAP）开展农业多功能性实践，到1999年的欧盟《2000年议程》和2005年启动的欧盟发展基金，认为"除了生产功能外，农业必须能够维护农村、保护自然并成为农村活力的最大贡献者，在食品质量、食品安全、环境保护与动物福利等方面必须对消费者的关心与需求做出反应"（彭建等，2014）。

当前对农业多功能的研究主要集中在功能类型的划分上，不同学者对农业功能的划分数量差别较大，有两功能、三功能、四功能甚至更多功能的划分（彭建等，2014；谢小蓉，2011）。主要有：①两功能论，把都市农业的功能简单地分成物质产品功能和非物质产品功能；或商品生产功能和非商品生产功能；或经济生产功能和非经济生产功能；或直接服务功能和间接服务功能等（吕耀，2008；王勇等，2007；姜国忠，2004）。②三功能论，如经济功能、社会功能和环境功能（石言波，1999）；经济功能（农产品供给）、生态环境功能和文化功能（陈秋珍等，2007；顾晓君，2007；赵敏，2005），经济生产功能、社会文化功能和生态示范功能（刘长运，2006）。③四功能论。例如，Tipraqsa等（2007）认为泰国东北部农业系统（或景观）具有食品保障、环境功能、经济功能和社会功能等多功能；李铜山（2007）认为我国农业多功能性包括保障国家粮食安全和社会稳定、为农村劳动力提供就业机会、保护水土资源和生态环境，以及改善农业生产条件和居住环境；孙新章（2010）则将农业多功能性分为产品生产功能、经济社会功能、生态环境功能和文化休闲功能 4 类。④五功能论。例如，陶陶等（2004）认为对于农村社会及整个国家来说，农业具有经济功能，以及不可忽视的政治功能、社会功能、文化功能和生态功能；管曦（2009）着重研究茶业的多功能性，提出农业具有产品功能、就业增收功能、文化传承功能、观光休闲功能和生态保护功能 5 个方面。⑤六功能论。例如，郭晓燕等（2007）提出农业多功能性包括农产品供给功能、社会安全保障功能、产业奉献功能、就业保障功能、生态功能、生活休闲功能；刘奇（2007）系统地提出了食物保障功能、原料供应功能、就业收入功能、生态保育功能、旅游休闲功能和文化传承功能；句芳等（2007）认为具有生产经济功能、社会和生活功能、文化和教育功能、生态功能、旅游功能及示范和辐射功能。⑥其他更多的功能，如尹成杰（2007）提出的食品保障、原料供给、市场和就业增收、劳动力输出、生态保护、生物质能源、观光休闲和文化传承 8 项功能。

（四）都市农业功能定位和发展模式研究

都市农业的定位是一个综合的、复杂的系统。随着我国都市农业的形成与发展，对都市农业功能的定位研究从欧美发达国家已传播至我国。一些学者对都市农业定位认为，将设施农业、加工农业、多样化农业和观光休闲农业作为发展的重点，着力开发其综合功能。例如，杨振山等（2006）认为要从环境、社会、经济和空间的综合系统对都市农业功能进行定位，并提出了都市农业功能的定位体系；周灿芳等（2007）结合珠江三角洲城市群的发展，把珠江三角洲都市农业功能定位为立足区位优势和资源优势，以生态效益、社会效益和经济效益为目的，实现农业由"生产型"产业向"经营型"产业转型，将其发展成为生态化的技术型农业、高效化的产品型农业和特色化的服务型农业；苗润莲等（2015）将京津冀现代农业的发展功能从资源、区域、环境、经济和社会 5 个维度进行了定位。

从功能上来看，国外都市农业发展模式主要有 3 种典型模式：一是以美国为代表的、以经济功能为主的模式，偏重生产和经济功能，都市农业以高度专业化、高度集约化、高效益、高产量为特征；二是中西欧国家生态社会功能模式，偏重生态功能，都市农业更注重人与自然和谐相处，如德国的田园化城市、法国的庄园城市和英国的森林城市等，提出如生物都市农业、有机都市农业、绿色都市农业、再生都市农业等概念与发展模式；三是经济、社会和生态功能兼顾的综合模式，如日本和新加坡，认为农业既要为城市居民提供新鲜、卫生、安全的农副产品，又要兼顾城市生态环境的保护和改善，并且为市民提供休闲观光、体验农耕的社会场所（宋涛等，2012）。

我国的基本国情要求都市农业必须以生产、经济功能为主，但由于城市化地区自然生态环境恶化、资源短缺、生物多样性减少等问题突出，都市农业发展也必然要兼顾生态功能，选择可持续发展模式。

从当前我国都市农业发展模式来看，代表性的模式有 3 种：北京模式、上海模式、天津模式。①北京多元融合发展模式（王晓君等，2017），北京都市农业与城市化同步，形成近郊区以社会性功能，如农业高新技术研发、休闲观光、会展、科普等农业为主；远郊平原地区以经济性功能，如加工业、设施农业、现代农业和景观农业为主；山区以生态性功能，如循环农业、低碳农业和休闲观光农业为主（王全辉等，2012；顾晓君，2007）。②上海供给保障优先的多功能发展模式（王晓君等，2017），是基于都市规模扩大、城镇化水平高、制造业逐步外移、城市环境质量恶化，以及市民对良好生存环境需求等现状，农业多种功能不断拓展，都市农业发展集经济、社会、生态功能和示范功能、创新功能于一体的现代化生态高效农业。③天津模式，天津作为我国重要的经济中心、工业城市和现代化港口城市，主要发展出口创汇农业和大宗农作物进出口，建设国际型、开放型都市农业的重要生产和物流基地，拓展都市文化功能和都市景观、观光休闲功能和城乡一体化社会功能（顾晓君，2007）。除此之外，还有如南京的乡村旅游带动模式、深圳的科技创新驱动模式、青岛的产业化经营模式、沈阳的城乡统筹模式、西安的农业园区引领模式等（王晓君等，2017）。

我国都市农业研究还包括都市农业发展对策研究、都市农业可持续发展研究、都市农业发展的动力因素与机制研究和都市农业产业集群研究等方面（柳潇，2011；关海玲，2010；喻国华，2006）。

（五）农业生物多样性研究

农业生态系统是世界上最重要的生态系统之一，仅耕地与牧区就占地球陆地面积的 24%～38%（Swinton et al.，2007）。农业生物多样性是全球生态系统生物多样性的重要组成部分，是粮食生产系统的基础，并能为人类社会提供文化、精神、宗教和美学价值，同时，农业生物多样性具有重要的生态作用。生物多样性越丰富，农业生态系统可选择的范围就越广，越有利于构建持续、稳定、健康、高产的农田生态系统，并控制有害生物。生物控制植物病害可大幅度减少化学农药的使用和环境污染，增强农业生态系统的功能，这对保障全球粮食安全和农业可持续发展具有重要意义（李明等，2014）。Qualset 等（1995）提出农业生物多样性这一术语，并将其定义为"所有的农作物、牲畜和它们的野生近缘种，以及与之相互作用的授粉者、共生成分、害虫、寄生生物、肉食动物和竞争者等"；郭辉军等（2000b）将农业生物多样性定义为"从品种、半栽培和采集管理种，到具有多物种的农业生态系统以及由此而形成的农业景观和相关的技术、文化、政策总和"；朱有勇（2007）认为农业生物多样性是以自然生物多样性为基础，应该包括遗传多样性、物种多样性和农业生态系统多样性 3 个层次。

目前，农业生物多样性研究主要集中在农业生物多样性价值评估研究、农业生物多样性与气候变化关系的研究和农业生物多样性保护途径研究等方面（李明等，2014）。例如，郭辉军等（2000a）提出了景观水平和户级水平农业生物多样性的评价方法，采用了调查法和统计分析法，以及丰富度指数、物种-面积曲线、相似度指数等指标评价了农业生物多样性；Jarvis 等（2008）采用丰富度、均匀度和差异性等指标对全球五大洲 27 个作物品种多样性进行评价，认为大宗作物具有更高的丰富度和均匀度。

（1）农业生物多样性持续控制有害生物的机理研究。例如，高东等（2010）梳理了利用农业生物多样性持续控制有害生物的学科基础和控制机理，主要有病理学基础（植物病害三角关系、基因对基因抗病学说、诱导抗性的作用机理和多样性种植田间病原群体遗传结构复杂化）、生态学基础（农田生态环境与作物病害流行、多样性种植改善田间光照、多样性种植对温度的影响、水稻遗传多样性对田间湿度的影响、水稻遗传多样性对田间通风状况的影响、水稻遗传多样性对病原菌孢子传播的影响）、营养学和生理学基础（间作对水稻茎秆和叶片中氮含量与硅含量的影响）、农业生物多样性持续控制有害生物的物理阻隔基础和植物化感作用方式及机理。

（2）经济增长与农业生物多样性关系研究。郭辉军等（2000b）在研究云南高黎贡山地区发展的基础上，提出了社会经济发展与生物多样性的关系模式；黎青松等（2017）梳理了影响生物多样性丧失的主要因素有气候变化、外来物种入侵、土地利用方式改变（如森林砍伐、开垦荒地、大型工程建设）、施用化肥农药、新品种推广和转基因作物种植等；黄昭奋等（2005）认为农业生物多样性与社会经济发展水平显著相关，即社会经济越发达，农业生物多样性越小。

（3）农业生产方式与生物多样性研究。一般认为，随着规模化、工业化农业的发展，现代品种的推广应用，地方和农家品种逐渐消失，农业系统中生物多样性越来越简单，传统农业保留着较高的生物多样性。农业区域内多种用地类型镶嵌分布、田块之间保留小生境和多样性的农田边界是维持农业景观多样性的主要途径（Devictor et al.，2007）。利用生物多样性，在区域上如何布局农业景观多样性，农田内如何根据生物之间的互惠关系配置物种多样性的种养体系，如何建设与生物多样性利用相对应的田间设施和发展新型的农业机械等方面需要进一步研究（陈欣等，2013）。

（4）农业生物多样性保护研究。例如，郭辉军等（2000b）提出在农户水平，通过对农业生物多样性评价，筛选具有重要经济价值的资源动植物，进一步开发并产业化；对传统栽培种类进行改良，如培育优质稻谷、水果，使之具有更高的市场价值；建立物种多样化的农业生态系统，提高系统的生产力和稳定性。

此外，农业生物多样性的研究还包括生物多样性保护与农业可持续发展、农业生物多样性与生态系统健康、农业生物多样性的利用、中国农业生物多样性危机与诱因等方面。重视农业生物多样性多元化的整体功能，深层次理解农业生产过程中重要的生态关系和生态系统服务功能，对农业可持续发展具有重要意义。

三、生态系统服务研究进展

生态系统服务是指人类直接或间接从生态系统得到的所有收益（Costanza et al.，1997）。生态系统是人类赖以生存和发展的资源与环境基础。随着人类社会对自然生态系统控制能力的不断提高，为满足不断增长的物质和精神需求，人类对生态系统的直接和间接作用显著增加（李双成等，2014），表现为对生态系统类型的广泛转变或替代，对生物生境中生物因子和非生物因子（如水土污染、地球化学循环变化等）的影响，对生态系统的组成、结构、过程与功能产生巨大冲击，在全球气候变化和人类活动的双重作用下，人类赖以生存的生态资产减少、生态系统服务下降。千年生态系统评估（The Millennium Ecosystem Assessment，MA）认为，人类活动破坏了 2/3 的为人类提供生态服务的生态系统，如湿地、森林、园地、河流和海岸等，地球上 24 个生态系统中有 15 个正在持续恶化，60%的生态系统服务项正在退化，未来 50 年生态系统服务退化将进一步加剧，危害人类福祉（MA，2005）。因而，当前生态系统服务研究已成为国际诸多学科研究的前沿和热点。

（一）生态系统服务概念与国际研究过程

人类对生态系统服务的认识思想最早可以追溯到古希腊时期，柏拉图认为地球系统是一个巨大的活生物体，森林砍伐可以导致土壤侵蚀和春季干旱。George（1864）在 *Man and Nature* 一书中指出自然生态系统有分解动植物尸体的服务功能，同时认为水、土壤、空气都是大自然与其生物所赐予的（欧阳志云等，1999）。Vogt（1948）提出自然资本的概念，阐述了如果人类过多地使用自然资本，尤其是土壤资源，会降低美国的债务能力。Fairfield（1949）研究了生态系统对维持人类发展的重要意义，他认为地球上可以耕种和人类居住的地方，都可以发现水、土壤、植物与动物，这是人类文明发展的条件。1970 年，紧急环境问题研究（Study Critical Environmental Problems，SCEP）发布的《人类对全球环境的影响报告》提出了"环境服务功能"的概念，认为自然生态系统具有如害虫控制、昆虫授粉和物质循环等"环境服务能力"。1977 年，Ehrlich 又提出了"全球生态系统公共服务功能"的概念。1981 年，P.R.Ehrlich 和 A.H.Ehrlich 正式将生态系统对人类社会的影响及其效能定义为"生态系统服务"（ecosystem services）。1990 年以来，生态系统服务成为国际生态学研究的前沿和热点。特别是 Daily（1997，1999）和 Costanza 等（1997）对生态系统服务的概念、生态系统类型和主要服务分类、生态系统服务评估等的研究，进一步推动了国际科学界对生态系统服务的多学科研究。2001～2005 年，由世界卫生组织、联合国环境规划署（United Nations Environment Programme，UNEP）和世界银行等机构和组织开展的国际合作项目"The Millennium Ecosystem Assessment"（千年生态系统评估）首次对全球生态系统进行了多层次综合评估，涉及生态系统服务的定义、分类、人类与生态系统服务之间的相互影响，尤其是生态系统服务与人类福祉之间的联系。该项目提出生态系统服务的评估方法、评估框架、评估步骤，并把人类对生态学知识和对自然界认识的知识成果应用到决策中，把生态系统服务研究推向了高潮（李双成等，2014）。2004 年，美国生态学会（Ecological Society of America，ESA）在"拥挤地球的生态科学和可持续性：21 世纪的生态远景及行动计划"（Ecological Science and Sustainability for a Crowded Planet: 21st Century Vision and Action Plan for the ESA）中提出，生态学的最终目的是更好地理解生态系统的可持续性和生态服务功能，生态科学应该用广博的自然系统知识去广泛认识如何去管理、保护和创建能够为维持地球生命而提供关键生态系统服务的生态系统，生态学家要在不同层次合作。2006 年，英国生态学会提出了 14 个主题及 100 个与政策制定相关的生态学问题，其中第一个主题就是生态系统服务功能的研究（William et al.，2006）。2007～2010 年，在联合国环境规划署的倡导下，欧盟的生态系统与生物多样性经济学（The Economics of Ecosystems and Biodiversity，TEEB）将自然科学与经济学密切结合，增加了对生物多样性和生态系统服务的经济价值的认识，为传统的生物多样性保护提供了新的理论基础、研究方法及标准，搭建了链接生态科学与管理政策之间的桥梁，为决策者提供了依据，并且在国家层面上，特别是在德国取得了很好的实践效果。2010 年 6 月，在联合国环境规划署的主持下建立生物多样性和生态系统服务政府间科学-政策平台（the Intergovernmental Science-Policy Platform on Biodiversity and Ecosystem Services，IPBES），对有关生物多样性和生态系统服务方面的问题开展定期评估，将生物多样性与生态系统服务联系在一起，通过加强科学和政策的互动，促进科学研究向政府决策转化，生物多样性和生态系统服务必将会被国际社会提升到前所未有的高度，发展中国家生物多样性的保护也将获得更多的政治资源和经济资源。

这些大的国际生态系统服务科学研究计划直接推动了生态系统服务研究，成为国际研究的前沿和热点。总体来看，当前的生态系统服务研究主要集中在以下方面。

（二）生态系统服务分类研究

由于对生态系统服务的分类大多都基于特定的背景、分类动机和目的，当前学术界对生态系统服务的分类差异较大（Zhang et al.，2014），代表性的分类如下。

（1）按照维持人类生命支撑功能的视角，Daily（1997）将生态系统服务分成了 13 类，包括净化空气和水、减轻干旱和洪水、解毒和降解废物等。

（2）按照全球生态系统服务评估的目标，Costanza 等（1997）将生态系统服务分成了 17 个主要类别。

（3）为了便于进行生态经济的对比分析，de Groot 等（2002）将生态系统服务分成了四大类 23 个子类，四大类包括调节功能、提供生境功能、供给服务和信息功能。

（4）为了更好地评估生态系统和人类福祉，MA（2005）将生态系统服务划分为供给服务、调节服务、文化服务和支持服务四大类 30 个子类。

（5）为了便于评价人类管理生态系统对人类福祉的影响后果，Wallace（2007）先将人类价值划分为充足的资源、保护不受捕食者/疾病/寄生虫损害、友好的自然和化学环境、社会文化成就 4 类，对应的生态系统服务共划分为 17 个。Boyd 等（2007）提出了与特定收益相连的生态系统服务分类方案，将生态系统服务分为收获、令人愉快和满足、防止灾害、垃圾同化、饮用水供应和娱乐 6 类。

（6）为了研究生态系统服务的供给与消费，谢高地等（2008）将生态系统服务划分成供给服务、调节服务、支持服务和社会服务 4 个一级类和 14 个二级类、32 个三级类，提供了评估中国生态系统和人类福祉的研究框架。

（7）强调人类对生态系统服务需求的分类。张彪等（2010）将生态系统服务划分成 3 个一级类，包括物质产品生产服务、生态安全保障服务、景观文化承载服务，并细分为 12 个二级类。

（8）用于综合环境和经济核算的生态系统产品和服务的分类体系，试图便于对不同的服务分类进行转换。Haines-Young 等（2010）提出通用生态系统服务国际分类方案（common international classification of ecosystem services，CICES），从服务主题、服务类别、服务组、服务类型、服务实例和收益等多个层次进行划分。

此外，生态系统服务分类方案具有代表性的还有生态系统服务的空间特征分类，生态系统服务的竞争性和排他性分类，以及中间服务与最终服务分类（李双成等，2014；Costanza，2008；Fisher et al.，2008）等。

（三）生态系统服务形成机制研究

生态系统服务功能的维持与提供离不开生态系统的三大要素。生态系统结构、生态系统过程和生境，某些生态系统组分的缺失、生态系统过程（如生态系统物质循环的量或速率）的变化和生境的改变（如破碎化、被污染、质量退化等）会对哪些生态系统服务产生什么影响？什么是影响生态系统服务供给的关键因素？生态系统服务具有什么时空尺度特征等？揭示这些问题是调控人类活动、实施生态系统服务管理的前提，因而探讨生态系统服务的生态学机制成为当前生态系统服务功能研究的热点和难点。

（1）生态系统服务的形成机制研究。生态系统服务产生于复杂系统中大量的相互作用（Harrison et al.，2014），从生态系统结构、功能与过程到生态系统服务的形成跨越了自然生态系统和社会经济系统，其影响因素不仅包括自然因素，还包括社会、经济、文化、心理及行为等因素（Andersson et al.，2007）。目前，一些学者提出了如"生态系统结构—生态系统服务—人类收益"的级联框架。郑华等（2003）研究了人类活动对生态系统服务的影响，认为人类活动通过对地球生境的影响（如改变生境或破碎化、环境污染损害生境质量）、改变生态系统结构（如生态系统一级结构缺损、二级结构发生变化）和改变生物地球化学循环（如提高或降低生物地化循环的物质量和速率、改变水分的自然分布、化学物质加入生物地化循环，以及在环境与生物组织中的积累等）3 条途径影响生态系统服务。尹飞等（2006）归纳了农田生态系统服务级联机制，认为生境、生态系统结构和生物地球化学循环（生态过程）之间相互作用是形成生态系统服务的基础，在农田生态系统中人类活动改变生境、生态系统结构和生态过程影响生态系统功能，进而影响生态系统服务的形成。王其翔等（2009）研究了海洋生态系统服务的形成，并给出了从每种组分和（或）功能到相应的服务所经过的生理生态过程，认为海洋生态系统服务的产生途径主要有两种，由生物组分和（或）系统整体直接提供，或通过生态系统功能产生。李琰等（2013）通过文献梳理，总结了从生态系统结构与组分、过程和功能，再到融入人类价值取向后，最终形成了福祉，即人类福祉与生态系统服务的级联框架。

（2）生物多样性与生态系统服务功能关系研究。目前，对生物多样性与生态系统服务功能关系的认识存在误区，有人把生物多样性等同于生态系统服务，即生物多样性越高，生态系统服务功能越完善；也有学者认为生物多样性对生态系统服务功能的贡献仅仅是保持物种的丰富度（Tscharntke et al.，2012）。Mace 等（2012）概括了二者之间的关系：一、生物多样性是生态系统过程的调节者，生物多样性是巩固生态系统服务、控制生态系统过程的一个因素；二、生物多样性是一种终极生态系统服务，生物多样性在遗传和物种水平上直接贡献了其利益和价值。对生物多样性与生态系统服务之间关系的认识，目前有两种看法（欧阳志云等，2009）：一种认为，生物多样性对生态系统服务功能有积极影响，而生物多样性的丧失就意味着生态系统功能和生态系统服务的下降；另一种认为，生物多样性影响生态系统服务功能的观点尚缺乏有力证据，对于生物多样性与生态系统服务间关系的探究多分布于特定位置，当地理位置发生改变时，这些关系也会随之变化，且生物多样性与生态系统服务间的量化关系并未被完全理解（Harrison et al.，2014）。加强生物多样性与生态系统服务功能的长期研究与观测是阐明生物多样性与生态系统服务功能关系的必然途径（欧阳志云等，2009），目前有待进一步探索。

（3）生态系统服务功能的时空尺度特征研究。生态系统服务功能产生于不同空间和时间尺度上的生态系统（包括生态系统结构、功能与过程），生态系统服务具有时空异质性和尺度依赖性。学者们对生态系统服务功能尺度效应的探讨也引起越来越多的关注，成为生态系统服务功能研究的一个热点问题（欧阳志云等，2009）。主要问题有：生态系统服务表达的时空尺度，生态系统过程和服务有一个特征尺度，即典型的空间范围和持续时段，在该尺度上才能充分表达其主导作用和效果，也最容易观测；不同尺度生态系统服务的转换与关联；同一尺度内部生态系统的相互作用，如生态系统服务权衡或协同关系的尺度依赖研究、生物多样性与生态系统服务功能的多尺度比较分析等（孙泽祥等，2016；潘影等，2012；岳天祥等，2006）。

（四）生态系统服务价值评估与方法研究

生态系统服务的定量化评估既是研究生态系统服务管理的基础，也是制定生态系统及资源环境管理政策的重要参考。自 Daily（1997）和 Costanza 等（1997）对全球生态系统服务进行划分和评估以来，生态服务价值的研究日益增多，国际上众多生态学家、生态经济学家及其相关领域的科学家从不同尺度对生态系统类型的服务功能及其价值进行了评估，包括不同尺度和类型的生态系统，如对森林生态系统、草原生态系统、湿地生态系统、农业生态系统、城市生态系统、荒漠生态系统、淡水生态系统、海洋生态系统等的服务功能及其价值评估。我国学者也在生态系统服务评估方面做了许多积极的探索和研究，在国内从不同空间尺度（流域、区域、国家）和不同生态系统类型（河流、森林、草地等）开展了生态服务价值的研究，国际上一些评价模型也开始应用到该研究领域，探讨生态系统服务理论和方法与其他研究方向的融合（张振明等，2011）。

生态系统服务功能的定量表达主要包括物质量、价值量和能值，相应地，生态系统服务评价方法有物质量法、市场价值法和能值分析法。

目前，价值量法的使用较为普遍，一般来说，生态系统服务价值包括使用价值和非使用价值。使用价值包括直接使用价值、间接使用价值和选择价值，直接使用价值通过市场价格来估值，间接使用价值采用意愿支付法来评估。生态系统服务的非使用价值中的存在价值、遗产价值和使用价值中的选择价值一般通过支付意愿调查（willingness to pay，WTP）进行估值。生态系统服务功能的生态经济评估方法包括市场价值法、机会成本法、影子价格法、费用分析法等。生态系统服务价值评估通常综合采用多种方法对生态系统的不同生态服务价值进行评价，但每一种评估方法都存在各自的优点和不足，使评估结果很大程度上依赖于方法的选择。评价指标选取随意性、评价方法不一致及重复计算、评价结果不确定等，成为当前生态系统服务价值评价中的难题之一。随着学者们对生态系统评估研究的不断深入，评估的方法也有了一些新的进展。生态系统服务价值具有时空动态变化特征，开展对生态系统服务价值的综合区域动态评估，如采用情景分析和动态模型的方法可以对生态系统服务功能及其价值变化做出预测与响应，也能结合生态过程和土地利用情景模拟进行定量评估。生态过程是生态系统服务变化的重要因素，土地利用的变化是生态系统服务变化的重要原因，因此，生态系统服务功能与生态过程相结合可使生态系统服务功能的定量化研究更加准确。当前国际上发展起来的生态系统服务测评的方法与模型主要有以下几种：InVEST（integrated valuation of ecosystem services and tradeoffs）模型，是基于 GIS 的生态系统服务功能的评估模型，它能够根据不同的土地利用的情景，模拟出多种生态系统服务功能，并对其进行评估；EcoServ-GIS 模型，由达勒姆野生动物基金会（Durham Wildlife Trust）开发，是基于国家尺度的生态系统服务的供给和需求能力分析，并进行制图和辨识生态系统服务流（Bellamy et al.，2014）；SENCE（spatial evaluation for natural capital evidence）模型，由 Environment Systems Ltd 开发，在地块（at parcels of land）尺度上，通过考察土地利用覆被和栖息地类型、地质条件和土壤类型、景观的区位（如所在的地貌位置或距城市的距离）、管理方式等开展生态系统服务制图，可以表达地块上生态系统服务供给的重要性（Medcalf et al.，2012）；SolVES（social values for ecosystem services）模型，是一个基于网络途径的生态系统服务评价模型，它通过调查数据和价值传输来对生态系统社会服务价值测评和制图的 ArcGIS 模型工具；MIMES（multiscale integrated models of ecosystem services）模型，是集成生态过程方法和经济价值的投入-产出分析法开发的生态系统服务动态评价和制图工具；LUCI（land utilisation and capability indicator）模型，分析在不同土地利用管理情境下，生态系统服务价值及其潜在增加或减少的评价制图模型；ARIES（artificial intelligence for ecosystem services）模型，是生态系统服务流制图分析框架。除此之外，还有如 Co$ting Nature，Envision，Ecosystem Portfolio Model （EPM），Ecosystem Valuation Toolkit 等模型与工具（Bagstad et al.，2013b）。

（五）生态系统服务权衡研究

生态系统能为人类提供多种产品和服务，而且彼此之间也存在着复杂的相互影响关系（Bennett et al.，2009）；加之，在经济社会发展和资源环境管理过程中，由于人类对某些生态系统服务需求的偏好，往往只追求某一种或几种生态系统服务，从而导致其他生态系统服务供给增加或减少，引起了生态系统服务的权衡（tradeoff）与协同（synergy）问题。一般地，若生态系统服务之间呈此消彼长（负相关）的关系，则称为权衡关系，用 win-lose 表示；如果呈相互增益关系（正相关），则称为协同关系，用 win-win 或 lose-lose 表示（傅伯杰等，2014；Haase et al.，2012；Bennett et al.，2009）。人类的选择偏好主要以获取经济效益（或经济效益最大化）为目标，结果忽略了生态效益和社会效益，导致生态系统的支持服务和调节服务削弱，从而影响人类福祉的提高。深入揭示区域生态系统服务权衡与协同关系是生态系统服务研究的关键科学问题之一，也是科学管理生态系统服务、提高或维持区域生态系统生命支撑能力的前提。当前生态系统服务权衡研究已成为生态系统服务研究、生态经济和环境经济学研究的重要领域，日益受到资源环境管理决策者的重视（彭建等，2017；戴尔阜等，2015），主要集中在以下方面。

（1）生态系统服务权衡关系类型研究。生态系统服务之间的关系本质上就是生态系统产生的多种服务的供给能力的一种相对变化，它既受自然环境（如气候变化、生态系统的演替）变化的影响，又受人类选择偏好（如森林的开垦）变化的影响，因此，生态系统类型不同、区域自然条件不同、社会经济发展阶段及其政策目标不同等，都会对生态系统服务之间的关系产生重要影响。从人类对生态系统服务利用和管理的角度来看，生态系统服务权衡可以简单理解为各种生态系统服务之间的一种平衡与抉择。生态系统服务关系类型主要有权衡或竞争关系（负相关）、协同关系（正相关）、兼容关系（不存在显著的相关关系）等（Willemen et al.，2010）。一般认为，支持服务与调节服务之间普遍存在权衡关系，支持服务、调节服务和文化服务之间普遍存在协同关系（李双成等，2013）。从生态系统服务关系分析的维度上来看，生态系统服务权衡存在空间权衡、时间权衡和可逆权衡。空间权衡主要指生态系统服务的供给和需求能力在空间上存在差异，在某一区域空间产生的生态系统服务（如流域上游森林的蓄水及水资源净化服务）被另外一个区域所消费（如流域下游对地表或地下水资源的利用），在空间上存在生态系统服务的竞争关系（Bohensky et al.，2006）。时间权衡是指生态系统服务在当前与未来利用之间的关系，由于不同类型生态系统服务的供给、需求的时间特征或对生态系统管理的反馈周期不同（如供给服务反馈周期短，而调节服务和支持服务反馈周期长）（Liu et al.，2007），在时间上存在竞争关系。可逆权衡是指生态系统服务在当前权衡干扰停止后，能否恢复到最初状态的能力。如果人类活动过度干扰自然生态系统，其服务功能会下降甚至崩溃（戴尔阜等，2015；MA，2005），干扰消除后，可能无法恢复到原来的状态。生态系统可逆性与不可逆性变化之间存在平衡，在生态系统服务研究与管理中需要重视生态系统稳定性与恢复力的影响。也有学者（Lester et al.，2013；Polasky et al.，2008；Bevacqua et al.，2007）根据生态系统服务（两种服务）在二维坐标上的曲线变化特点，对生态系统服务权衡或协同的关系表现进行了类型划分，分为独立模型、直线模型、凸曲线模型、凹曲线模型、非单调凹曲线模型和反"S"形曲线模型，这些模型有助于定量分析生态服务系统之间的关系及其变化趋势，为生态系统服务管理实践提供指导；但这些模型只能反映两种服务之间的关系，不能反映多种生态系统服务之间相互交织的权衡或协同关系（戴尔阜等，2015）。

（2）生态系统服务权衡与协同机制研究。Bennett 等（2009）认为，生态系统服务权衡与协同关系由两种驱动形成，一种是共同驱动因子，包括生态系统的外部环境和社会经济因子，以及系统内部因子，当这两种因子同时促进或者抑制两种生态系统服务时，表现出协同关系；驱动因子对一种服务起促进作用、对另一种服务起抑制作用时，表现出权衡关系。另一种驱动是直接相互作用，指一种生态系统服务供给量的变化直接影响另一种服务供给量的变化，即一种服务的增加会促进另一种服务供给量的增加时，为协同关系；一种服务供给量的增加会抑制另一种服务供给量的增加时，为权衡关系。此外，国内外还有许多学者从经济学、生态学、地理学等学科角度对生态系统服务权衡与协同机制进行了大量研究，如MA（2005）、李屹峰等（2013）、Bradford 等（2012）、Prato（2012）等对不同尺度、不同生态系统类型下不同生态系统服务的权衡与协同关系的影响因素进行了研究，认为人类社会对生态系统服务价值的认知水平、不同类型生态系统服务参与市场机制的程度等是生态系统服务权衡的重要驱动因素（李双成等，2014），政府政策与利益相关者的管理行为、生态系统服务管理与生态系统稳定性及生态过程之间的关联程度等对生态系统服务权衡关系也具有重要影响。但目前生态系统服务价值变化与生态系统结构和功能、区域社会组成和经济产业结构之间联系和反馈机制的研究方面还有待深入，不同类型驱动因素对生态系统服务的影响程度、作用范围和作用周期等还需要进一步明确（戴尔阜等，2015）。

（3）生态系统服务权衡与协同的尺度效应研究。由于生态系统服务的供给与需求类型和空间布局、供给与需求的空间匹配等具有明显的空间尺度效应，生态系统服务供给、需求和对权衡管理的反馈作用具有显著的时间效应，研究认为生态系统服务之间的相互作用具有明显的尺度效应（Rodriguez et al.，2006），生态系统服务管理必须综合考虑不同时空尺度下人类活动与生态系统服务之间的相互作用。目前，生态系统服务权衡/协同的尺度效应研究主要是在多时段和多情景预案下，针对特定区域的生态系统服务价值变化和空间特征进行对比分析（张永民等，2007），而缺乏不同尺度、不同区域及生态系统类型的服务供需关系的强度、驱动力及其关系类型的研究（戴尔阜等，2015）。

（4）生态系统服务权衡决策研究。对生态系统、景观管理进行科学决策是保障区域可持续发展的有力支撑。MA（2005）从提高人类福祉的决策角度，提出了生态系统服务决策的概念框架，当不同层次的人类福祉存在权衡关系时，以福祉的多层次耦合为最终评判标准。此外，还有生态系统服务供给者与消费者之间付费（生态补偿）标准、方式和途径的研究，以便为决策服务（甄霖等，2010）。

（5）生态系统服务权衡研究方法。目前主要方法有：①统计分析方法，如用相关分析法判断生态系统服务之间的相关程度及方向，采用局部统计方法识别生态系统服务供需的重点区域（如热点区或冷点区）；基于统计分析方法，通过生态系统服务空间制图和空间叠加分析，研究多重生态系统服务供给的空间分布图及其关系；②均方根误差分析法，采用计算单个生态系统服务标准差与平均生态系统服务标准差之间的差距来衡量生态系统服务标准差的分散幅度；采用生产可能性边界方法分析生态系统服务之间的组合关系及其最优配置点（彭建等，2017）；③情景分析法，通过分析影响土地利用及生态系统服务变化的关键因素，制订如生态保护或经济优先发展或者二者兼顾发展等未来情景，分析多种情境下生态系统服务的动态变化及其权衡关系，判断不同情境下生态系统服务最大化的管理措施及方法，多采用土地利用的模拟模型，如小区域土地利用变化及其效应模型（the conversion of land use and its effect at small regional extent，CLUE-S）、智能体分析方法（agent-based model，ABM）、元胞自动机（cellular automata，CA）方法、基于土地系统结构变化及空间格局演替分析方法（dynamics of land system，DLS），以及 InVEST 模型等。例如，Butler 等（2013）对澳大利亚大堡礁地区水质调节服务与其他服务之间关系的研究；Bai 等（2011）对河北省白洋淀地区农业生产、水电生产和水质量维持 3 种服务在 5 种情景下权衡关系及土地利用优化问题的分析；Meehan 等（2013）分析了美国中西部滨岸生态系统在多年牧草和玉米种植两种管理情境下 7 种生态系统服务价值的变化等；Maes 等（2012）采用多元 Logistic 回归分析了生态系统服务、生物多样性与栖息地保护之间的权衡与协同关系。此外，基于统计分析方法的生态系统服务簇（ecosystem service bundles）分析、基于关系矩阵的服务影响迭代分析也用于分析由间接互动所导致的多种服务间复杂相互关系（Min et al.，2011；Altman et al.，2010）。生态系统服务之间存在着非常复杂的非线性关系，由于在机理分析模型中参数获取困难，今后还需要寻找全新的方法来对生态系统服务之间的复杂关系及其对服务间权衡/协同效应的影响进行建模（Nelson et al.，2009）。

（六）生态系统服务流研究

生态系统服务的供给与需求在空间上存在显著的不匹配性，即供需不平衡，因此在生态系统管理中研究生态系统服务的传递过程，建立供需连接就非常重要（刘慧敏等，2017）。Serna-Chavez 等（2014）把生态系统服务流定义为在服务供给区（providing areas）与受益区（benefiting areas）之间的时空连接，并看作是生态系统服务实际供给的平均状况。李双成等（2014）将生态系统服务流定义为服务在形成地和使用地之间的空间位移。刘慧敏等（2016）定义生态系统服务流是在流域或景观生态系统中，由提供区产生的生态系统服务依靠某种载体，在自然因素或人为因素的驱动下，沿着一定的方向与路径传递到使用区的时空过程。生态系统的过程（如初级生产、养分循环与分解作用等）与生态系统属性（如生态系统弹性、阈值、稳定性和结构等）在时空上的维持形成生态系统的固有功能。

（1）生态系统服务流的传递研究。例如，Fisher 等（2009）把生态系统服务流的传递关系分成 3 类，即原位服务流（生态系统服务供给区与受益区重叠）、全向服务流（生态系统服务从供给区沿各方向传递到受益区）和定向服务流（从供给区沿某一方向传递到受益区）。赵庆建等（2014）认为生态系统服务流从供给区到需求区的传递和承载需要某种载体，如水、空气、生物等，并把这些载体分为非生物因子载体和生物因子载体两种类型，水流、空气流、土壤等是最重要的自然承载因子，本身也是一种生态系统服务；动物、植物和微生物作为生态系统的构成部分，也可以把生态系统服务从供给区传递到需求区。

（2）生态系统服务流过程与环节研究。例如，生态系统服务流的空间单元的研究，Syrbe 等（2012）把生态系统服务从产生到实现的整个空间过程划分成 3 个区域，即供给区（providing area）、连接区（connecting area）和受益区（benefiting area），其中连接区是供给区和受益区之间的中间区域，生态系统服务流的传递主要发生在这个区域，有些情况下在连接区会存在一个生态系统服务的滞留，它可以减少服务流流量，即"汇"（如河流上的大坝、水库等）。供给区生态系统状况（类型、结构、过程与功能）、连接区的自然地理和生态条件，以及需求区的人类社会经济与文化状况等对生态系统服务流的产生和传递会产生影响（刘慧敏等，2016）。

（3）生态系统服务流的量化研究。Serna-Chavez 等（2014）构建了一个描述收益区对生态系统服务流依赖的特征研究框架和指标体系，采用生态系统服务受益的面积占总受益面积的比例来衡量服务流在受益区的重要性。Burkhard 等（2012，2014）根据不同土地利用类型可提供的生态系统服务供给和需求的强度，构建了生态系统服务的潜力和需求评价矩阵，对供给服务、调节服务和文化服务等进行了评价，把不同土地利用类型对服务的供给和需求进行耦合，建立了生态系统服务供需平衡（对比）关系矩阵，并提出了多元化矩阵评估方法和指标体系。Bagstad 等（2013a）提出了评估和模拟生态系统服务流的服务路径属性网络（service path attribution networks，SPANs）模型，可以通过空间直观方法显示生态系统服务流的路径和流量。

（4）生态系统服务流制图研究。生态系统服务流制图包括生态系统服务供给制图、服务流制图和需求制图，以及把生态系统服务供给、传递、需求结合起来，系统地描述生态系统服务流的动态过程。Vigl 等（2017）研究了意大利 Puez-Geisler 自然保护区生态系统文化服务的供给链（供给能力、服务流和服务需求），进行了生态系统服务流制图。Owuor 等（2017）通过构造土地利用和专家知识相结合的混合矩阵方法，研究了肯尼亚 Mida Creek 生态系统服务分布制图，识别了重要的生态系统服务和生态系统服务流制图。Baró 等（2016）在西班牙巴塞罗那都市区，应用基于代用指标和过程模型，构建了生态系统服务供给能力、服务流和需求的空间指标体系，以及它们之间关系的评价和制图框架，表达了空气净化和户外休闲两个服务在"城市—乡村"梯度上关于供给、服务流和需求方面的空间格局。

此外，还有学者对生态系统服务流的尺度效应进行研究，即生态系统服务供给、生态系统服务流的一些载体等具有时空异质性特征，因此，生态系统服务的产生和流动会因时间和空间尺度的不同而不同。

目前，生态系统服务流的研究还有许多科学问题需要解决，如生态系统服务流的准确量化评估与属性、自然和人文驱动因素、服务流的时空传递机制以及生态系统服务流的时空尺度效应问题等（刘慧敏等，2016，2017）。

（七）生态系统服务与人类福祉的关系研究

生态系统给人类提供各种产品和服务，包括供给、调节、支持和文化娱乐等（MA，2005），几乎提供了人类福祉所包含的所有要素，能满足人类维持安全和生计、健康、良好的社会关系和安全、自由权和选择权等多种需要，提高人类的福祉。但人类在消费这些生态系统产品和服务的过程中，由于对自然资源的不合理利用，无视或低估生态系统的服务价值，对生态系统造成巨大冲击，导致生态系统服务功能衰退或者失调，反过来，对经济社会的可持续发展、人类自身福祉的维持和提高带来严重威胁。因此，生态系统服务与人类福祉之间的关系及其可持续发展也是当前生态系统服务研究的重要方面（冯伟林等，2013；王大尚等，2013），该研究主要集中在对生态系统服务供给与消费的表征、生态系统服务供给与消费之间的关系、生态系统服务变化对人类健康与经济发展的影响程度等方面。

（1）人类福祉的研究。对人类福祉的界定由于研究背景的差异，不同学科如人类学、经济学、心理学、社会学甚至其他学科都做过讨论。Cummins 等（2003）认为人类福祉就是对人们生活满意度的总体衡量，包括生活水平、健康、生活成就、人际关系、安全、社区联系和未来的安全等几个方面。Hall 等（2011）认为人类福祉包括健康、知识、工作、良好的物质条件、自我决定权、人际关系和生活条件，在一定条件下，人类福祉可以被划分为个人福祉和社会福祉。人类福祉也被划分成主观福祉和客观福祉，主观福祉是由人的好恶态度决定的，与人的内心感受和体验密切相关，如感官上的愉悦和疼痛、精神上的快乐与痛苦；客观福祉是指个人福祉与个人喜好是没关系的（Bernstein，1998）。人类利用物质资本、人力资本、自然资本和社会资本等对自身物质需求、安全需求、精神需求等各种需求的满足程度，利用可以计量的社会或经济指标去反映人类需求被满足的程度。MA 对人类福祉的概念进行了深入讨论，认为人类福祉是人们根据经验而定的认为有价值的活动和状态，有 5 个维度，即维持高质量生活的基本物质需求（包括维持安全和生计）、健康（包括身体健康、良好的感觉和健康的生活环境）、良好的社会关系（包括社会凝聚力、获得相互尊重、良好的家庭关系，以及给孩子和他人提供帮助的能力）、安全（包括安全地获得自然资源和其他资源、个人和财产安全、生活在可控可预期的环境中以免受自然和人为灾害的影响）、自由权与选择权（包括对发生事情的控制能力和实现个人成就的能力）（MA，2005）。

（2）人类福祉的测度研究。MA 分析了各项生态系统服务与人类福祉的不同维度之间的关系。目前，国内外学者主要从经济、环境和社会等方面来评价人类的福祉，如 Smith 等（2012）将人类的福祉划分成经济福祉、健康福祉和社会福祉 3 个方面。当前对人类福祉的测度主要集中在物质供给方面，如饮食、饮水等，而对人类福祉比较重要的如经济、社会、教育、健康等的测度关注较少（冯伟林等，2013）。

（3）生态系统服务对人类福祉的影响研究。Cruz-Garcia 等（2017）以亚洲、非洲、拉丁美洲为研究区域，通过文献查阅，分析了生态系统服务与人类福祉的研究趋势、二者相关关系之间的研究程度及所采用的概念框架。

（4）农户生计与生态系统服务之间关系的研究。Ellis 等（2003）研究了不同农户基于不同的地理条件、自然资源的可用性、社会经济条件、政策制度等生计模式的选择。傅斌等（2017）从农户生计、生态系统服务、农户生计对生态系统服务的影响，以及生态系统对农户生计的反馈 4 个方面探讨了农户生计与生态系统服务之间的关系。杨莉等（2010）、刘秀丽等（2013）对黄土高原生态系统服务变化对人类福祉的影响做了研究。李南洁等（2017）对武陵-秦巴连片特困区农户福祉与生态系统服务的变化关系进行了研究，认为搬迁农户对生态系统的供给、调节、文化和支持四大服务功能的感知变化呈现上升趋势，农户福祉的增加主要依赖于生计方式的转变和经济收入的提高。代光烁等（2014）构建了收入与消费、基本物质需求、安全、健康、文化教育、良好的社会关系、选择和行动自由等要素在内的牧区牧民福祉测度指标体系，研究了内蒙古草原人类福祉与生态系统服务之间的关系，认为收入、道路覆盖率、合作医疗和文化教育是当地福祉贡献最大的因素，犯罪率、环境质量和饮食结构等是导致牧民福祉下降的主要因素。李惠梅等（2013a）探讨了生态系统服务与人类福祉之间的相互影响机制，指出生态系统的退化和破坏将严重威胁人类，尤其是穷人的福祉，生物多样性的保护将促进生态系统服务的保护，进而提高人类福祉。臧正等（2016）界定了生态福祉的概念及其内涵，基于国民经济核算理论及相关研究成果构建了生态福祉供给与消费的评价指标，采用区位熵理论提出了区域生态福祉红线及基准。李惠梅等（2013b）认为在生态保护过程中，基于福祉的视角制定生态补偿标准，明确利益相关者的责任，构建科学的生态补偿机制才能实现福利均衡，提高人类福祉，实现多赢。

（5）生态系统服务与人类福祉的反馈关系研究。生态系统服务与人类福祉之间存在不同形式的反馈关系，居民福祉提高会促进生态系统保育，也可能造成生态环境恶化，如过度消费资源；反之，生态系统退化会限制和削弱人类福祉的提高，特别是在生态脆弱区。目前，生态系统服务变化对人类的健康、生计、安全和其他福祉产生哪些影响？其影响机理及作用方式怎样？运用哪些指标来具体衡量生态系统服务和人类福祉的变化？这些科学问题的研究仍待加强（王大尚等，2013）。

此外，当前研究还包括生态系统变化的驱动力对人类福祉的影响，如气候变化、土地利用变化等对人类福祉的影响等（张存杰等，2014；Robinson et al.，2012）。

（八）生态系统服务管理研究

过去50年，人类对生态系统的改变使全球60%以上区域的生物多样性严重丧失，生态系统服务功能出现了退化，部分不可逆转，未来50年全球生态系统还可能将继续退化，极大地威胁和危害着人类健康和福祉（MA，2005），其主要原因就是在社会经济发展过程中，人类缺乏对生态系统服务的科学认识与有效管理，导致生态系统服务面临着退化或丧失，直接威胁着区域乃至全球的生态安全，加强生态系统服务功能管理、引导和规范人类活动，进而协调生态系统服务功能保护与社会经济发展之间的关系是人类发展面临的一个重要议题（郑华等，2013）。生态系统服务研究的根本目的就是为科学管理生态系统服务，提高生态系统对人类可持续发展的支撑能力，在生态系统管理中，要平衡不同服务与社会需求之间的关系，调节供给服务与文化服务之间的关系，使经济发展和社会进步决不损害生态系统的健康发展。MA（2003）提出生态系统服务研究要与决策和管理结合起来，2006年英国生态学会提出了100个与政策制定相关的生态学问题，其中就有关于生态系统服务功能的，即如何把对生态系统服务研究的知识转变为有效保护和管理生态系统服务的行动上，进而增强经济社会可持续发展能力。生态系统服务管理研究成为科学研究的焦点问题，诸多学者对生态系统或生态系统服务的管理进行了界定。Overbay（1992）将生态系统管理定义为"利用生态学、经济学、社会学和管理学原理仔细地和专业地管理生态系统的生产、恢复，或长期维持生态系统的整体性和理想的条件、利用、产品、价值和服务"。美国环保局（1995）将生态系统管理定义为"恢复和维持生态系统的健康、可持续性和生物多样性，同时支撑可持续的经济和社会"。Agee 等（1988）认为生态系统管理涉及调控生态系统内部结构和功能、输入和输出，并获得社会渴望的条件。郑华等（2013）定义生态系统服务管理就是综合利用生态学、管理学、经济学等基本原理调节生态系统格局、过程和功能，生态系统服务管理具有多学科交叉、多部门合作、跨区域联合的特点。生态系统服务管理就是通过对生态系统服务的权衡，以及生态、社会、经济目标的权衡，使得管理政策更加科学合理，更有助于最终实现可持续性的管理目标。

（1）生态系统服务管理决策研究。王雅等（2015）基于 InVEST 模型，通过对利益相关者和决策者进行情景设定，以模型输出与预期效果比对为目标，经过多次反馈调节，寻求到最佳管理方案。温荣伟等（2016）研究了滨海湿地的保护与管理制度，提出建立跨部门的滨海湿地保护管理机构，建立湿地信息共享平台实行有效监督，利用"多规合一"优化滨海湿地的空间布局。陈蝶等（2016）在对梯田生态系统服务研究中，提出通过维护梯田质量、改良梯田结构、合理利用土地、优化自然-社会-经济复合系统等方式来提供梯田生态系统的管理水平。尤南山等（2017）在研究黑河中游生态敏感性和生态系统服务的基础上，把当地生态系统划分为生态保育区、生态协调区和生态控制区 3 类，提出分区管理方案。

人类对生态系统的管理有助于规划、优化和提升生态系统服务能力。例如，土地利用和生态系统服务有着密切的关系，通过调整土地利用结构和空间格局可以提升生态系统服务能力；通过生态恢复、增加投入可以提高生态系统结构的完整性，增加生态系统服务的能力和潜力（中国科协信息中心，2013）。

（2）生态系统服务功能保护规划研究。目前，政府部门已经开展了大量工作，进行了一系列的生态系统保护实践。政府部门和有关专家学者根据 GIS 等技术确定生态系统保护区，继而结合当地生态的实际情况和生物多样性保护，确定生态系统服务功能的保护目标，划分保护区，制定相应的保护规划与政策，最终实现对当地生态系统服务功能的保护。例如，房志等（2017）在生物多样性、水源涵养和土壤保持等生态系统服务评价的基础上，研究了秦岭山系的自然保护区体系优化，划分出了秦岭中段自然保护区、西秦岭南部保护区和东秦岭南部生态功能保护区。将生态系统服务纳入自然保护规划体系成为当前保护生物学和生态系统管理的研究热点，综合考虑生物多样性与生态系统服务的提高是生态保护评价和规划的发展方向（Chan et al.，2011）。黎斌等（2017）采用生态适宜性因子、生态用地历史变化因子和目标变量划分了城市生态红线，其中在生态适宜性因子中引入了生态系统服务指标。欧阳志云等（2015）在分析北京市生态系统服务功能重要性及其空间格局的基础上，规划了保障北京市生态安全的 7 类生态用地。

（3）基于生态系统服务功能的生态补偿等研究。生态补偿本质上就是由于生态系统能提供多种服务，生态系统及其服务的维持需要花费一定的成本或者具有一定的机会成本，因此，生态系统服务享受者应当向生态系统服务提供者支付相应的费用。2010 年国家发展和改革委员会发布了《生态补偿条例》草案，指出"生态补偿是指国家、各级人民政府以及其他生态受益者给予生态保护建设者因其保护生态的投入或失去可能的发展机会而进行的补偿"。2011 年国家"十二五"规划纲要中明确提出"建立完善生态环境与资源补偿机制"。周晨等（2015）通过对南水北调中线工程水源区生态系统服务价值的评估，研究了该区域生态补偿标准问题。赖敏等（2015）通过对生态系统服务价值及其增益的估算，确定了三江源地区生态补偿量。戴君虎等（2012）提出了生态系统服务价值评估的理论框架，讨论了生态补偿相关者之间的利益关系，认为生态补偿的标准下限应为生态保护者因放弃开发利用损失的机会成本与新增的生态管理成本之和，标准上限为受益者由此获得的所有收益。

生态补偿机制是由享受生态服务功能者向服务提供者提供经济补偿，实现生态系统服务功能的可持续发展。在设计补偿机制时，需要充分考虑容易被低估甚至忽视的服务功能，同时注重生态补偿的保护效率，以求平衡生态系统相关利益者之间的相对关系。此外，还有诸多学者基于生态系统服务价值的评估对不同地区的生态补偿进行了研究（许丽丽等，2016；刘某承等，2015；王飞等，2013；仲俊涛等，2013；王女杰等，2010）。

当前对大多数生态系统服务的特征与形成机理的认识不足，生态监测缺乏，以及对生态系统服务及其变化的评价缺乏可靠的生态学基础，一些生态系统服务难以明确测量，补偿的标准尚不统一，因此需要更为明确且科学的补偿设计，提高保护的效益（郑华等，2013；赵雪雁等，2012）。

基于生态系统服务的生态系统管理从认知走向实践仍面临着严峻挑战，主要困难包括：生态系统服务的定量测度、多种服务功能权衡、生态系统服务功能多尺度关联等（郑华等，2013；Groot et al.，2010）。

（九）农业生态系统服务研究

农业生态系统是指以自然资源和环境为基础，在人类的控制和管理（改造、调节、干扰和控制）下，利用农业生物种群和非生物环境之间，以及农业生物种群之间的相互关系，通过合理的生态结构和高效的生态机能进行能量转化和物质循环，按人类社会需要进行物质生产的一种复合生态系统。农业生态系统一方面保留了自然生态系统的特征，另一方面，农业生物和农业环境又强烈地受到人类的调节和控制，使物质和能量流动加以改善或者对农业资源环境加以破坏。农业生态系统为人类提供食物、原材料，同时在支撑与维持地球生命系统、生物地球化学循环与水文循环、生物物种多样性、大气化学平衡与稳定等方面也起着非常重要的作用。农业生态系统具有食物生产、气体调节、气候调节、水源涵养、生物多样性维持、土壤肥力保持与发展、环境净化与有毒物质降解、植物花粉的传播与种子扩散、有害生物的控制、减轻自然灾害等多种服务，同时，还具有维持生计、提供就业、休闲观光等服务。农业生态服务价值是农业生态效用的体现，科学评估农业生态系统的服务价值可以为制定合理的生态保护政策提供重要参考。

20 世纪 20 年代国内外学者开始对农业生态系统进行关注和研究，随着人口增长迅猛，资源极度缺乏，环境污染严重以及食物供应不足等问题的凸显，针对农业生态系统的研究迅速展开。目前主要集中在农业资源、生态环境及社会等整体系统及其各子系统之间的关系研究，还包括对农业生态系统的结构与功能、能流、养分循环机制及调节、农业生态系统发展过程中的生态与经济关系等方面的研究（王静等，2015）。

农业生态系统服务价值研究可追溯到 1964 年 Nicol 的水土流失评价（Wade等，1992），此后，Glimour 等（1987）、Betters（1988）、Toky 等（1989）等对农业森林生态系统的最优规划、造林对土壤水分保持的影响、农业森林生态系统的结构和功能等进行了探索。20 世纪 90 年代以来，国内外学者对农业生态系统服务价值进行了大量研究，主要集中在农用地的水土保持生态价值与环境改善之间的关系（Vocke et al.，1992）、农业生态服务价值评估指标（Rigby et al.，2001；Bockstael et al.，1995）、虫害控制的生态系统服务（Naylor et al.，1997）、土壤侵蚀的经济损失（Penning de Vries et al.，1998）、农业多功能性（Boody et al.，2005）、农业生态系统的正负服务（Swinton et al.，2007；Zhang et al.，2007）等方面。农业生态系统服务权衡与协同关系研究（韩晔等，2016；Felipe-Lucia et al.，2015；Swift et al.，2004）是对农田产品供给、碳汇、土壤保持和养分循环、水调节等功能的评价，以及对农田生态系统服务及其价值化的综合研究（谢高地等，2013）。农田生态服务和环境负效应的权衡研究认为，农田生态系统在为人类提供食物及多项生态系统服务（杨志新等，2007）的同时，也会对人类社会及自然环境产生各种消极影响，如通过施肥、灌溉、喷洒农药等会对农田生态系统及其环境产生负面影响（谢高地等，2013），如栖息地丧失、养分流失、物种减少（Zhang et al.，2007）等。谢高地等（2003，2015）综合了对我国专业人士进行的生态问卷调查结果，提出了中国陆地生态系统单位面积服务价值表。

当前生态系统服务研究中，以对农业生态系统提供食物和原材料等生产服务研究为主，对景观娱乐、文化教育、美学价值等生态系统服务的研究不够，农业生态系统服务评价的方法和有效性需要进一步提高。

四、城市化对农业发展影响的研究进展

在城市化过程中，一方面，城市的发展给农业发展带来了新的契机，如城市人口的集聚为农产品提供了巨大的消费市场，城市经济发展和科技进步为农业提

供了资本和技术支持，城市也为农村剩余劳动力提供了更多的就业机会等，城市的辐射带动农业向规模化、集约化和产业化发展；同时，农业以向城市供给鲜活农产品、旅游休闲等产品和服务的形式，支持和促进城市经济的发展。另一方面，城市的大规模建设导致耕地减少、土地资源紧张、农业景观类型转变、水资源与土壤污染、农业生态环境状况恶化等。因此，城市化与农业发展，尤其是与都市农业发展之间存在强烈的互动关系。目前，对于城市化对农业发展的研究主要集中在城市化过程中农业结构的调整、城市化对农业景观格局的影响、农村剩余劳动力的转移、城市化背景下农业发展的危机等方面。

（一）城市化背景下农业的现代化进程

欧洲工业革命以前，世界农业发展普遍是一种"低投入-低产出"的小农经济，产业革命之后，资本开始向农业生产领域渗透，农业得以按社会化方式经营。20世纪以来，随着农业向资本化、企业化经营方式的发展，农业生产技术、组织形式、劳动力结构、产业结构和社会经济结构等发生了深刻的变化，出现了现代大农业并替代了传统小农业（张新光，2008）。结构转变、技术进步和制度变迁是农业现代化的基本决定因素。城市工业部门是农业技术进步的源泉，并为农业部门提供生产资料，如农业机械、化肥和农药等；城市化及非农产业的发展促进了农业生产效率的提高和农业劳动力的转移、国内农产品市场的扩大、农业结构的转变和农业生产方式的企业化（郭剑雄，2003）。因此，工业化和城市化对世界农业化具有重要影响，二者互为基础和前提条件，城市化背景下农业现代化研究成为学术研究的重要问题。

（1）中国农业现代化路径与道路的选择研究。张新光（2008）认为应顺应世界农业发展的基本趋势，走中国特色的农业现代化道路。程怀儒（2010）认为中国大部分地区农业发展仍未摆脱自给自足的自然经济的影响，要推进农业的现代化，就必须加快城市化进程和加速农村剩余劳动力的转移、土地制度的创新和政府职能的转变。郭剑雄（2003）研究农业现代化背景下的城市化战略选择，如加快城市化速度、发展大中城市为重点的城市规模，以扩大就业空间和多元化、非均衡的城市地区布局战略。

（2）城市化与农业现代化发展关系的研究。研究工业化、城市化与农业现代化关系是找寻农业现代化发展路径的关键。孙云霞等（2009）对我国区域城市化与农业现代化的协调性做了相关研究，认为我国区域城市化与农业现代化的协调发展水平总体上不高，区域差异性大，在促进城市发展的同时应该加大对农业和农村等各方面的投入力度。吴旭晓（2012）分析了农业现代化、工业化和城市化之间协调发展的内在互动机理，认为三者之间是一种互动耦合关系，相互联系、相互促进、自我循环演进又良性互动，并分析了中部四省"三化"协调发展的水平。卫龙宝等（2013）实证研究了世界 171 个国家工业化、城市化与农业现代化之间的关系，认为城市化在一定程度上可以促进农业现代化，而工业化可能会阻碍农业现代化发展，在城镇化背景下应实施"以工促农，以城带乡"。郭震（2013）研究了我国省域工业化、农业现代化对城市化进程影响的空间差异。曹俊杰（2012）梳理了国内外工业化、城镇化与农业现代化的主要观点，包括工农业和城乡均衡发展论，工业和城市对农业反哺论，工业化、城镇化和农业现代化相互促进论，也有一些学者认为工业化、城镇化和农业现代化存在非协调性的一面，工业化、城镇化进程加快了对农业发展和农业现代化的制约作用等。总体上，由于当前工业化、城镇化和农业现代化涉及面比较广，存在问题比较多，不同学科特性及研究角度不同，观点分歧也比较大。何平均（2012）、李南芳等（2014）回顾了日本明治维新以来工业化、城市化和农业发展历程及经验，认为工业化是城市化、农业现代化的第一推动力，农业现代化是工业化、城市化的保障，三者应协调发展。

（二）城市化与都市农业发展关系研究

城市作为区域重要的组成要素，是区域经济和社会活动的聚集体和中心。城市发展过程中，城市经济发展、科技进步、文化发展等向区域溢出，推动区域经济发展、结构转变，带动区域社会发展。另外，区域作为城市发展的腹地，为城市发展提供各种资源和经济要素，为城市产品的销售提供市场。因此，城市与区域之间存在密切的联系。

都市农业是指在城市内部或外部范围内，以满足城市人们需求为重点，以城市资源、科技、市场为依托，以城市其他产业为前提的多功能现代化农业形态（曹林奎，2001）。都市农业是城市化发展到一定阶段而形成的一种现代农业类型。它是指城市经济发展到较高水平时，城市居民在生活质量需求提高后，随着农村与城市、农业与非农产业等进一步融合，在城市内部、郊区，甚至城市经济圈等形成的、具有紧密依托并服务于都市的现代农业，是集产品生产功能、经济社会功能、生态环境功能、文化休闲功能等于一体的、高度集约化、功能多元化和市场一体化的多功能农业。因此，都市农业是与城市经济关联最为密切的农业，也是受城市化影响最深刻的农业生态系统，是一种典型的自然与人文过程紧密结合的系统，城市化与都市农业之间存在密切的关联。

1. 城市化影响都市农业功能发展水平与结构

随着城市化和工业化水平的不断提高，农业人口不断向城市和非农产业转移，实现了资源从边际生产率低的传统产业部门向边际生产率高的新兴产业部门转移，使得全社会资源配置效率得到改善。这一过程中，国民收入增长、居民生活水平提高、食物结构发展改变，诱导了农业内部低收入弹性产品比例下降和高收入弹性产品比例上升，农业内部的资本和劳动力向水果、牛奶和蔬菜等高收入弹性的部门流动，城市化也促进了多样化农产品的开发，使得农业内部结构不断优化和调整；同时，城市化引起非农产业快速扩张，提供的大量就业机会导致农业劳动力及农业人口大规模向城市转移、农业劳动力比例快速下降、农业结构发展转变。因此，城市化对都市农业发展及其结构转变具有重要影响。城市化对都市农业功能的影响主要表现为城市人口、经济、交通、科技，以及城市空间扩张对都市农业功能的作用，区域城市化水平影响都市农业功能发展的水平与结构。

郭剑雄等（2002）通过考察世界不同城市化水平国家的农业结构调整过程，认为城市化水平很高的发达国家，农业结构转变速度逐渐趋缓；处于城市化和工业化进程中的发展中国家，农业结构的转变则较为明显，农业结构的转变主要发生在农业人口比例和农业劳动力比例下降最为显著的城市化和工业化快速发展时期。丛茵（2007）研究了城市化水平与农业结构调整的效应，认为在低城市化水平下，在农业内部劳动力不可能大规模地向非农部门转移的情况下，农业产业内部结构调整是劳动力向需求迅速扩大的劳动密集型部门（如蔬菜和牛奶）转移，为闲置劳动力提供出路；在城市化水平很高的情况下，农业结构转变速度逐渐趋慢，处于城市化和工业化过程中的地区农业结构的转变则较为明显。吕争（2012）认为城市化为都市农业的发展提供了前所未有的契机，随着农业产业结构调整及城乡经济融合，城市居民的生活质量、环境质量和精神文化需求层次与消费能力均得到提高，为都市农业的发展提供了广大的市场和需求支持，使得都市农业产品和服务稀缺性得以凸显，有利于提高农业生产的经济效益。齐爱荣等（2013）对西安城市化与都市农业发展耦合关系的研究认为，城市化水平与都市农业发展水平表现出显著的同步性，二者呈显著的正相关关系，认为城市现代化水平是推动西安都市农业发展的主导因子。周培（2013）研究了城市化对都市农业发展的影响机制，认为城市化的推进、城市规模的扩张深刻地改变了社会经济结构（人口的非农转移，社会食物需求数量和结构的转变，农业经营成本的大幅上升，城市资本、技术和管理等先进生产要素的集聚），全方位地影响农业的发展，特别是大城市郊区都市农业的发展。宋晓媚等（2015）研究了西安城市化过程中都市农业结构变化特征，表明城市化水平从较低到较高的发展阶段是推动都市农业结构快速调整与转变的重要阶段，快速城市化导致都市农业粮油生产比例持续下降、水果与蔬菜及农业休闲服务比例上升，农业结构逐渐向特色化、现代化发展。

随着城市化发展，都市农业功能向多样性发展并逐步由低级向高级推进，具体功能的发展水平因城市化水平不同而有差异，城市化水平高的地区应加强都市农业生态功能与文化休闲功能，一般地区则应提升经济功能，传统农业区应当加强生产功能（杨振山等，2006；曹林奎等，2002）。在城市化不同发展阶段，城市对都市农业功能的需求不同，城市化从初级阶段进入快速发展阶段，都市农业则从提供食品和加工原料为主转向非生产功能为主转变（顾晓君，2007）。

2. 城市化影响都市农业的空间变化

在城市化过程中，城市人口、资源、产业、科技、资金、信息等要素向腹地的溢出作用带动都市农业的发展，如城市居民和轻工业对农产品的巨大需求形成生活消费需求的市场诱导作用，以及城市建设和扩张导致的区域农业景观格局的变化等，都会对都市农业的发展及结构转变产生很大影响，因而，城市化格局对都市农业的发展及其空间布局会产生显著影响。在时间和空间上，城市化的变化引起区域的地理区位、资源组合、人口与产业布局、生态环境等要素变化，因此都市农业发展受城市化发展水平制约表现出较大的区域差异性，城市化制约都市农业的用地规模与经营结构、产业化与专业化水平。可见，城市化水平的区域差异致使都市农业功能发展水平及其结构表现出明显的空间分异性，并进一步制约城市的健康发展。研究城市化对都市农业及其功能影响的空间差异特征，是优化都市农业功能空间布局和结构调整、协调城市化与都市农业功能合理发展的重要前提。

目前对于城市化过程中都市农业功能的空间变化研究较多。韩非等（2010）评价了北京都市农业功能的空间差异，认为距离城市的不同区域——由城市近郊到远郊平原、更远的山区，都市农业主导功能表现出明显的分异，分别是社会服务功能、生产经济功能、生态保护功能，不同的圈层区位存在不同的功能导向。宋志军等（2011）研究了北京市城郊农业区多功能的空间演变，发现从近郊到远郊、山区，都市农业的生态功能逐渐增强，而社会保障和服务功能呈现从中心向四周减弱的趋势，景观文化与休闲功能波动大，而在中心城市外部边缘及二级城镇外围达到最高值。尹然（2012）研究了南京城市化与都市农业的互动关系，认为都市农业的生产布局是在都市农业自身发展需求及城市化空间拓展的影响下形成的，都市农业的最优发展圈层是与城市较为接近的地区，这些地区由于农业用地的破碎化程度高、规模小，农转非的速度非常快，不稳定性较强。胡忠秀等（2013）研究了西安市绿地系统生态服务，认为城市化不断影响绿地景观生态服务的空间变化，由城市中心向外围，呈现递减趋势。马健（2014）在研究西安市城市化对都市农业生态功能影响时认为，城市化水平与都市农业各生态系统服务强度的分布规律呈现相反趋势，即都市农业功能从主城区向远郊区递增的规律。冯海建等（2014a）认为城市化导致都市农业功能存在明显的空间差异，如西安都市圈都市农业的生产功能从近郊平原向远郊平原递增，生态功能由于农业用地类型及破碎化程度的影响，表现出由边缘地区向中心区域下降的趋势，并有破碎零散化现象。冯海建等（2014b）研究在城市化驱动下都市农业功能空间分异状况，认为由城市近郊至外围，随着城市化水平的逐渐降低，总体上，都市农业生产经济功能、就业功能、生态功能逐步增强，文化休闲功能呈现逐步减弱的空间格局。杨雪等（2014）在研究北京市耕地功能空间变化中指出，城市化对耕地功能具有深刻影响，耕地功能具有明显的空间差异性。

目前，城市化影响都市农业功能的空间变化探究，由定性描述城市化发展状况下都市农业功能的分异现状转向定量化方法研究，但多限于城市化对都市农业生态功能的影响，并且以区（县、市）为研究单元，忽略了区（县、市）单元内的异质性，应当从更小的空间尺度展开研究，提高其精确性和适用性；而且，对都市农业功能空间演变过程的探究仅停留在描述其空间分布差异等表面现象，并没有深入到其本质与特征层面。

当然，对城市化与都市农业关系的认识，有些学者认为二者之间是一种排斥关系，但又不完全对立。例如，孙菱等（2013）研究了都市农业与城市化及生态环境的相互作用机制，认为现代城市生态环境恶化是都市农业兴起的重要原因，都市农业是工业化、城市化和农业现代化以后人类对新时代农业的一种探索，表明城乡关系由原来的互相排斥、对立转变为互补融合。刘璐（2015）认为城市经济活动与都市农业互动频繁，但城市以第二、第三产业为主，农业属于第一产业，二者具有较强的排斥性，但并不完全对立。

（三）城市化与农业剩余劳动力

随着经济的发展，农业不断实现机械化、科技化，农业劳动生产率大幅度提高，农业剩余劳动力问题凸显出来，而农业剩余劳动力的转移从地域上来看分为两种形式，即在农村消化的就地转移和到城市求职的异地转移，异地转移就涉及城市化问题。目前，关于城市化与农业剩余劳动力转移问题的研究已有很多。有学者认为，世界各国基本都是通过走工业化、城市化道路而转移农村剩余劳动力，最终实现更大规模的城市化。在工业化过程中，生产技术进步和科学管理创新为农业发展提供先进的生产设备和市场信息，农业劳动生产率提高、农业从业人员数量减少又为工业化发展提供了充足的劳动力资源，农业现代化还为工业发展提供基本的原材料。工业化与农业发展（农业现代化）相辅相成、协同发展。城市化提升了农业发展水平，可以有效吸纳农业剩余劳动力、增加农业投资、推动农产品加工和运输服务业的发展。一些学者对我国城市化过程中农村剩余劳动力转移的政策及相关问题进行了大量研究。例如，张亘稼（2007）认为在人口向城市转移的过程中应注意避免农业的衰退而影响粮食安全，避免造成农民生活不稳定、农业发展后劲不足等问题。孙丽欣（2003）指出城市化是从根本上实现农业剩余劳动力转移的必由之路，但现在的社会经济体制及"离土不离乡"的就地消化模式严重阻碍了农业剩余劳动力向城市转移，应该进行社会制度改革、城市产业结构转变、城市建设等。傅晨（2014）认为我国的农业剩余劳动力转移由改革开放初期的季节性和兼业性转变为长期性，在城市的就业和居住都趋于稳定，但城乡二元制度改革的滞后造成进入城市的农民的很多权益得不到保障，"有序推进农业转移人口的市民化"是解决"三农问题"、农业剩余劳动力问题和加快城市化进程问题的有效途径。鲁燕等（2006）研究认为我国城市化过程中农业剩余劳动力转移存在如非农产业就业弹性低、农业剩余劳动力数量大、素质低、农村人口老龄化严重等问题。陈夏花（2010）研究认为在快速城市化背景下，山东省农业劳动力数量下降，明显呈现出"老龄化""女性化""弱质化"的趋势。

农村剩余劳动力转移与城市化协调发展关系方面，李秀霞等（2010）研究了吉林省农村剩余劳动力转移综合水平与城市化水平之间的协调关系，认为经济发展促进了农村剩余劳动力向城市转移，城市数量增加和扩大使得专业分工进一步增加、产业结构不断优化，从而又加剧了农村剩余劳动力向城市转移，两者存在着协调关系。

（四）城市化背景下农业发展的潜在危机

随着城市化进程加快和工业化不断推进，城市和基础设施建设占用大量耕地、林地和水体，对农业景观（或生态系统）结构、过程与格局产生了严重影响，如景观破碎化、栖息地减少；城市化给生态环境带来巨大压力，如大量生产生活垃圾排放到河流、湖泊，污染土壤和各种水生生境，削弱了生态系统的生产功能及废物处理功能，使得农业发展存在潜在危机。

1. 耕地被占用——粮食安全问题

随着全球城市化水平的提高，城市扩张引起耕地的减少成为一个全球性的问题。全球约有 0.43%的土地因建设用地覆盖而丧失了生产能力。据第二次全国土地调查，1996～2009 年，全国因建设占用、生态退耕、结构调整和灾毁，耕地减少超过 1300hm^2，其中大多数是优质耕地。城市扩张与耕地资源变化的耦合关系、耕地损失数量估算及空间格局变化等方面已成为相关研究的热点（关兴良等，2010；李郇等，2005；田光进等，2003）。

城市扩张占用耕地不仅仅是数量减少的问题，还关系到耕地质量变化。城市周边地区地势、水利、交通等条件优越，城市建设用地扩展、占用地耕地比例大，且为生产力较高的优质耕地（欧阳玲等，2016；陈肖飞等，2015；谈明洪等，2004）。郭剑雄（2004）研究认为城市化对粮食供给能力的影响在短期和长期具有完全不同的意义，在短期（在农业技术水平、土地数量和资本存量既定的情况下）城市化水平的提高会与农业资源形成竞争；在长期由于农业技术进步和生产效率提高，城市化水平和粮食生产能力也可能同步提高，城市化进程中既存在粮食安全压力的变换，呈现为一条倒"U"形曲线。城市化推进中，耕地减少而带来的粮食生产能力的损失不能大于同期农业技术进步而获得的农业生产能力的提高，应当选择耕地资源损失最小化的城市化路径。

王桂新等（2008）研究了我国城市化发展对粮食生产的影响，认为人口城市化导致农业劳动力数量减少、素质弱化；我国粮食生产主要依靠劳动力和耕地两大要素投入，城市化导致耕地面积减少和质量不断降低，对中国粮食生产造成不利影响。陈夏花（2010）研究了山东省城市化对粮食生产的影响，认为城市化带来的耕地和粮食播种面积减少是影响粮食产量的关键，是危及粮食生产安全的重要因素，城市化与耕地面积及粮食生产之间呈现负相关关系。陈东湘等（2017）研究了江苏省城市扩展对耕地质量和产能的影响，认为江苏省城市建设占用耕地导致的损失约占耕地总量的7%，其中被占用耕地中以一、二、三级优质耕地为主，占到60%，城市化导致优质耕地比例下降、耕地质量结构恶化、耕地生产能力下降。刘爱琳等（2017）研究了我国工矿用地扩张对粮食安全的潜在影响，认为1990～2015年我国工矿用地扩展导致耕地减少，直接导致粮食的产能损失，对粮食产能的潜在影响是当前粮食总产能的17%。

　　显然，我国城市化过程对耕地的占用已明显对粮食生产产生了较大的影响，未来城市化仍将进一步快速发展，这必将对粮食生产及安全产生更大的影响，在经济和技术发展的不同阶段，深入讨论城市化和粮食生产之间的关系，确保粮食安全，仍是一个重要的研究课题。

　　2. 城市化与农业资源

　　城市化对土地、水等资源大量占用，"三废"对农业生态环境造成了严重危害。Pribadi等（2015）在对雅加达大都市区城郊农业发展的研究中发现，经济低密度发展地区的快速城市化导致了大规模农用地的丧失且增加了景观的破碎化。孙泽祥等（2016）研究了呼包鄂地区快速城市化对生境质量、粮食生产、肉类生产和碳储量4种生态服务的影响，认为城市扩张导致这些服务明显下降，尤其是边缘型和飞地型城市扩展的影响最为明显，主要原因是耕地和草地大量减少。鲍超等（2006）认为在城市数量、人口增加，工业规模不断扩大，居民生活水平提高等综合作用下，城市生产生活用水不断增加，加大了对农业水资源的索取。刘文具（2007）、张亚芳等（2017）认为在城市化过程中，保定市对地下水过度开采严重，有些城市甚至形成地下漏斗，造成地面沉降，地下水环境恶化，农业灌溉面积减少，水质和水量均受到影响。尹占娥等（2007）研究了上海市浦东区城市化的效应，认为城市化导致农业用地和水体急剧减少、水体和大气污染加重、大气温度上升和地面热中心面积扩大等生态环境问题。陈夏花等（2008）认为城市化对农业资源产生重要影响，如占用了大量优质耕地资源，城市用水的大量增加使农业用水的保障程度降低，城市的污水排放破坏了农业水资源和水环境。

　　3. 城市化与农业资源环境

　　随着城市化的推进，人工景观的增多，农业景观被入侵或完全被建设用地替代，农业生态安全受到了威胁。袁艺等（2003）在研究深圳城市化过程中城镇用地与农业用地的景观斑块特征时发现，耕地由城市化初期的大面积集中分布发展到后来的小面积破碎化，而城镇用地的景观特征表现出相反的变化趋势，耕地的破碎化加剧景观连通性下降、自身生态系统的稳定性下降，且使人工生态系统的调节能力降低，整体的生态安全受到威胁。李树国（2012）指出快速城市化和工业化、城市的规模化发展会挤占农业用水，同时，城市居民的生活废弃物和工业"三废"通过集中堆放等途径进入农地中，使土壤中有害元素增加和理化性质恶化。城市化快速发展也对都市农业功能发展产生了不良的影响，主要表现为城市化快速发展，加速了农业用地及农业劳动力流失、水资源污染、生态环境恶化，使都市农业生态安全面临挑战，直接制约都市农业发展能力及其可持续性（Mazzocchi et al.，2013；Wortman et al.，2013；Mawois et al.，2011）。城市化率提高是导致都市农业生态系统服务价值降低的主要原因（叶延琼等，2011），城市化与都市农业各子系统功能之间既存在正相关性又存在负相关性。

第三节　主要研究问题与研究方法

城市化过程会对都市农业产生重要影响，尤其对都市农业生态系统产生巨大冲击。从生态景观和农业生态系统的视角，分别研究城市化对都市农业发展的影响、都市农业生态系统服务测评方法、城市化背景下生态系统服务价值的时空演变，以及城市化地区都市农业生态系统管理等问题，具有重要的科学意义和实践价值。

一、主要研究问题

（一）城市化对都市农业发展的影响

城市化和工业化快速发展、居民生活水平的提高，以及对高质量和多样化物质与精神产品的追求，带动了城市化地区传统农业向现代都市型农业的转变及快速发展。都市农业是城市化发展到一定阶段出现的新型现代农业类型，它是自然和经济活动的复合产物，与城市化密切关联，在城市发展过程中，二者相互作用、协同发展。目前，都市农业发展是城市经济学家和农业经济学家等共同研究的重要课题。首先，都市农业的发展受到城市经济社会的极大支持，其紧密依赖城市现代农业技术、信息服务，农业物质资料等的供给，因此在城市技术、信息，特别是城市居民消费市场及其结构变化的影响下，都市农业的生产方式、生产规模，以及农产品及其服务结构也在不断变化，研究城市化不同阶段对都市农业发展的推动作用是当前城市化研究的重要课题。其次，作为在快速发展的都市区存在发展的农业，由于受城市快节奏经济变化及市场需求的影响，都市农业也表现出明显的结构变迁与新功能、新特征的出现，探索城市化地区农业发展演变过程及其特征,对揭示城市经济系统与都市农业经济系统之间的关系具有重要意义。最后,从发达国家城市化过程来看,城市扩张及基础设施建设等对农业水土资源的占用,导致农业景观的破碎化及农业生态环境破坏和污染等,给都市农业发展带来强烈的负面影响。深入研究城市化对农业生态环境的影响,对科学揭示城市化与都市农业发展之间的相互作用规律,解决城市经济、农业经济及生态环境等问题具有重要意义。

（二）都市农业生态系统服务测评方法

自 20 世纪 80 年代提出生态系统服务概念以来,在国际生态系统服务研究中具有影响的研究计划有 MA、欧盟的生态系统和生物多样性经济学、在联合国环境规划署的主持下建立的生物多样性和生态系统服务政府间科学-政策平台研究,以及英国和美国生态学会将生态系统服务研究确定为生态学研究的核心科学问题等,生态系统服务研究已经取得了显著的成果。目前,国内外提出了许多生态系统服务价值测评的方法,如 Costanza 等（1997）、谢高地等（2003）提出的当量价值法及其他学者提出的市场价值法、消费者偏好调查、影子价格法、费用分析法等,以及后来发展起来的基于 GIS 平台的生态系统服务空间测评模型与方法,如 InVEST、EcoServ-GIS、SENCE、SolVES、MIMES、LUCI、ARIES 等模型（Bagstad et al.,2013b）,但这些模型在生态系统服务多种功能（或农业多功能）价值的测评上,功能的差别很大（如生态功能与文化休闲功能）,不同功能采用的测评指标不同、测评的空间尺度不同及物价变动等,都会导致测评结果在量纲、空间尺度和时间上不具可比性,很难进行多种功能值的汇总与变化分析（除按照土地利用类型进行生态服务测评的方法之外）（Zander et al.,2007）,也没有专门针对农业生态系统服务,特别是都市农业生态系统部分服务（如社会服务功能等）的测评模型,限制了开展生态系统多种功能（或农业多功能）的时空演变研究。构建农业生态系统服务测评模型与方法,特别是针对都市农业功能中的相关社会功能、文化功能、娱乐功能等价值的定量测评（或货币化）及其空间化方法与模型,并基于栅格空间尺度开展生态系统服务制图、空间异质性及权衡关系研究具有重要意义。

（三）城市化影响下生态系统服务的时空演变

都市农业是与城市经济关联最为密切的农业,也是受城市化影响最深刻的农业生态系统。在城市发展过程中,首先,随着城市各种功能区的向外扩张及基础网络的网络化快速伸展,对都市农业景观的空间格局产生了显著影响;其次,市民对农业产品、观光、休闲、文化教育等功能需求的日益增长与多样化,促进了城市周边现代园艺业、果业、观光与体验农业等新型都市农业的快速发展,都市农业功能正由以往单一的生产性功能向更为广泛、多样化的非生产性功能（特别是文化功能）扩展；最后，当前城市化、工业化使都市农业类型及空间格局发生巨大转变，导致水土资源匮乏、农业生态环境污染和恶化等，使部分农业功能正在逐步削弱甚至丧失，致使城乡功能失调，成为制约城市及都市农业进一步发展的生态"瓶颈"，也严重削弱了城市可持续发展的生态基础。在此背景下，探讨"城市化对都市农业功能会产生什么影响？""城市化过程与都市农业功能演变过程之间具有什么样的作用机理与耦合关系？""如何通过优化配置城市及近郊土地利用以发挥都市农业的生态系统服务功能来保育和维持城市可持续发展的生态基础？"等科学问题，深入研究城市化对都市农业生态系统功能的影响过程、空间演变、驱动力及其作用机理等问题，是优化城市功能与都市农业功能、推动城市生态空间建设、协调城乡关系和推进城乡一体化等过程中亟须解决的关键问题。

（四）城市化地区都市农业生态系统管理

由于人口、经济与城镇密集，土地利用集约，快速城市化地区以城市景观和耕地为主，能够提供和维持较高生态系统服务的森林、草地及水域等自然生态景观非常匮乏，农业生态系统成为该区最重要的生态系统服务提供者，承担着维持区域生态系统服务供给及可持续发展的重要职能。然而，在城市经济社会发展和资源环境管理过程中，人们为了片面追求社会经济发展和生活水平提高，对某些生态系统服务的需求偏好，往往只追求某一种或几种生态系统服务，导致其他生态系统服务供给增加或减少；同时，快速城市化推动传统大田农业向现代都市农业的转变、生态用地减少、景观破碎化、生境破坏和水土资源污染与退化等，对农业生态系统结构、功能及其服务也产生了强烈冲击，极大地推动了农业生态系统服务功能及其关系的快速变化。例如，过度注重农业生态系统生产服务的提升而导致生态支持服务和调节服务的大幅下降，导致农业生态环境质量下降、都市农业发展的不可持续，也引起了都市农业生态系统服务的权衡与协同问题。因此，如何有效管理和优化城市化地区农业的各项生态系统服务，提升农业生态系统的生态支持和调节服务，以保障可持续性的和健康的生态环境，揭示该区农业生态服务功能的权衡关系和提出农业生态服务功能的优化管理对策，既是生态服务研究要突破的重大科学问题，又是城市化地区维持生态资本和有效管理生态服务、保障城市化科学发展的关键实践问题。

二、生态系统服务基本测评方法

生态系统服务研究是当前生态学、生态经济学、环境经济学等学科的重要研究内容。在生态系统服务研究过程中，不同学科形成了各具特色的生态系统服务评价模型与方法，但是在对生态系统不同服务的度量上，目前主要有物质量评价法、价值量评价法和能值分析法 3 种基本方法。此外，生态学领域的研究中也通常采用生态系统的属性指标来作为生态系统服务的代用指标，以表达生态系统服务的变化，如用生物多样性、地表植被覆盖（Eigenbrod et al.，2010）、土壤有机碳含量、氮矿质化、N_2O 含量等指标（Schipanski et al.，2014）。

（一）物质量评价法

物质量评价法指从物质量的角度对生态系统提供的各项服务进行定量评价，如森林涵养水源服务采用森林植被通过冠层、根系和枯枝落叶等对降水的截留水量和地表降水径流的拦截水量来衡量；空气净化服务可以用生态系统吸收和降解大气中主要的有害物质，如 SO_2、NO_2、粉尘等的质量来测度。赵景柱等（2000）认为如果某种生态系统服务的物质量不会随着时间而减少，那么生态系统状态处于比较理想的状况。物质量评价法对不同生态系统提供的同一项生态系统服务能力的评价结果比较客观，对生态系统服务能力的评价结果不会受该服务供给状况或者市场价格变化的影响。另外，物质量评价法反映的是生态系统的结构-功能及生态过程，更适用于空间尺度较大的生态系统。但物质量评价法存在的最大不足就是对于某一生态系统而言，会提供多项生态系统服务。采用物质量评价法测评的各项目服务的服务量（即物质量），因量纲不同、单位不同，如涵养水源的数量和对大气中有害物质吸收的数量难以加总，不利于对整个生态系统提供的所有服务进行综合分析和评价。

（二）价值量评价法

价值量评价法指采用货币价值对生态系统提供的服务进行定量评价，如直接市场评估法、替代市场评估法、假想市场评估法等。采用价值量评价法是对生态系统提供的某项服务能力的货币化表达。用价值量评价法测评出生态系统提供的各项服务的价值量都是用货币值衡量的，因此各项服务量具有相同的单位，便于进行服务价值之间的比较分析、加总，对生态系统提供的多项服务进行综合分析。但价值量评价法也有不足的地方，如采用意愿支付法测评文化服务具有一定的主观性；采用市场价值法测评生态系统服务的价值量会受到市场价格变化的影响，如某些生态系统服务价值会随着人类不断开发利用而变得越来越高。因此，在研究同一生态系统所提供的服务在不同时间的变化时，就需要对它们的价值按照物价指数（或者利息率）进行调整。生态系统服务价值量评价法是普遍使用的方法（表 1-1）。

表 1-1　生态系统服务价值量评价法（刘尧等，2017）

方法类型	方法	介绍	适用范围	优、缺点
直接市场评估法	市场价值法	使用市场价格充当货币价值的一种近似值指标，估计生态系统产品和服务价值	可以在市场上进行交易买卖的生态系统产品和服务	优点：①明确反映个人的消费偏好和真实支付意愿；②数据易得；③可信度和认可度高 缺点：①忽略间接效益，结果片面；②难以准确计算产品新增价值
	生产效应法	利用生态系统服务或产品变化引起的生产率的变动来评估生态系统服务功能变化的经济价值	有实际市场价格的生态系统服务功能或产品，且当其变化主要反映在生产率变化时	优点：直观，可信度高 缺点：只考察直接使用价值，而不能反映缺乏市场价格的生态系统服务价值（即间接使用价值和非使用价值）
	费用支出法	以人们对某种环境效应的支出费用来表示该生态系统服务功能的经济价值	消费者产生实际花费时	优点：直观，可信度高 缺点：①没有包括消费者剩余价值；②不包含非使用价值；③支出费用的界定存在争议
替代市场评估法	机会成本法	以保护某种生态系统服务功能的最大机会成本（放弃的替代用途的最大收益）来估算该生态系统服务功能的价值	适用于对具有唯一性或不可逆转性特征的生态资源开发项目的评估	优点：简单实用，易接受 缺点：不包含非使用价值，外部性收益难以衡量
	重置成本法	以恢复或保护某种生态系统服务功能不被破坏所需要的费用作为该生态系统服务功能被破坏后的损失，来估计生态系统服务功能的经济价值	对生态系统服务功能经济价值的最低估计	优点：可评价难以估算支付意愿的生态系统服务价值 缺点：难以全面地估算生态系统服务功能多方面的效益
	替代成本法	根据现有的可用替代品的成本估计生态系统服务功能的经济价值	①替代品能提供原产品的相同功能；②替代品是最低成本；③对替代品的人均需求应与原产品完全一致	优点：可以根据替代品成本评价不具有市场性的服务价值 缺点：生态系统的很多服务功能是无法使用技术手段替代的，且难以准确计量
	防护支出法	以人们为防止环境质量下降、生态系统服务减少所准备支出的费用来估算该生态系统服务功能的经济价值	从消费者的角度讲，是环境质量下降、生态系统服务减少的最小成本	优点：可评价难以估算支付意愿的生态系统服务价值 缺点：不能评价非使用价值，且是该生态系统服务功能经济价值的最低估值

续表

方法类型	方法	介绍	适用范围	优、缺点
替代市场评估法	旅行费用法（travel cost method，TCM）	用人们的旅行费用作为替代物衡量生态系统服务功能的经济价值	用于评估生态系统服务功能的游憩价值	优点：①使用观察到的真实的消费偏好和行为数据；②可信度较高 缺点：①其结果只是游憩使用价值的一部分；②定义和衡量旅行时间成本的争议很大；③取样量大，易出现较大偏差
	享乐价格法（hedonic price method，HPM）	用人们愿意为优质环境物品享受所支付的价格来推断环境质量的价值	用于估计影响市场商品的环境舒适度因素的价值	优点：以实际的市场数据为基础，数据易得 缺点：①要求很高的经济统计技巧，需要大量精确数据；②不能估算非使用价值；③会低估总体的生态系统服务功能
假想市场评估法	条件价值法（contingent valuation method，CVM）	一种直接调查方法，通过直接询问人们对某生态系统服务的支付意愿或对其损失的接受赔偿意愿来估计生态系统服务功能的经济价值	基于调查对象，适用于对那些非使用价值占有较大比例的服务功能价值评估	优点：唯一可以用来评估全部生态系统服务功能价值的比较成熟的方法 缺点：①容易造成各自偏差；②受被调查者自身影响大；③缺乏公信力
	选择实验法（choice experiment，CE）	基于随机效用理论的非市场价值评估的揭示偏好技术，包括联合分析法和选择模型法	用于确定"复合物品"（由一系列有价值特征的物品组成）的某种特征的质量变化对价值的影响	优点：解决与服务功能价值评估相关的"成果参照"问题 缺点：方法仍处于发展、探索阶段，公信力弱

（三）能值分析方法

能值是 Odum 创立的科学概念和度量标准，是指一种流动或储存的能量所包含另一种类别能量的数量（单位：sej）。Odum 等（2000）认为经济评价手段无法准确评价环境资本、环境贡献或环境影响，而以能量为共同的评价标准，将所有进出系统的不同形式的能量转化为太阳能值（单位：sej）就可以进行比较和研究。能值分析法就是把生态系统所提供的某一项服务换算成产生这一服务的太阳能值（单位：J）来表示。能值分析法可以把无法货币化的自然资源及其不同类别的能量都转换成同一标准，可以表达出不同种类能量之间等级和质的差异性，消除价格受市场影响产生波动等问题，能将生态系统提供的生态服务、社会服务和文化服务（整合了自然生态系统和人类社会经济系统，能值指标既能反映生态效益又能体现经济效益）有机结合起来，有利于研究系统真实的服务价值变化；克服了物质量评估方法中多系统多种效益难以综合评估的难题。但不同产品的能值转换需要对产品的系统做能值分析，这种分析复杂且难度较大，有的物质和太阳能的关系很弱，如矿物质元素等，因此转换能量的难度较大。

第四节 研究区概况

一、自然地理概况

(一) 地理区位

本书研究的地理区域即为《陕西省城镇体系规划(2006—2020年)》中所提出的西安都市圈的范围,即以西安市和咸阳市为中心的西咸城市化地区,后面简称西咸地区(或西安都市圈)。

西咸城市化地区指以西安市为中心的城市聚集区,地处关中平原中部,介于107°40′E~109°49′E、33°42′N~34°51′N。南部经秦岭与汉中市、安康市、商洛市接壤,东部、西部和北部分别与渭南市、宝鸡市和铜川市相连。该区行政上包括西安市全境(碑林区、莲湖区、新城区、未央区、雁塔区、灞桥区、长安区、临潼区、阎良区、鄠邑区(原户县,2016年11月改为鄠邑区)、蓝田县、周至县、高陵区(原高陵县,2014年12月改为高陵区)和咸阳市下辖的2区1市5县(秦都区、渭城区、兴平市、泾阳县、礼泉县、三原县、乾县、武功县)和杨陵区,共22个区(县、市)(图1-1),土地总面积约为1.49万km²,2015年总人口1240多万人。

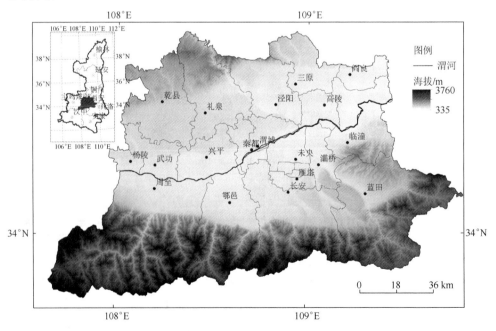

图1-1 研究区范围

（二）地貌特征

西咸地区地处关中平原中部，以北部渭北黄土台塬、中部渭河冲积平原和南部秦岭山地等地貌类型为主体，该区北缘分布有少量黄土塬墚沟壑，秦岭北侧断续分布有少量黄土台塬和黄土丘陵等地貌类型。总体上，其地形特征为：①南高北低，相差悬殊。渭北黄土台塬区是陕北黄土高原向关中平原的过渡地带，海拔为500~1200m；渭河冲积平原海拔为340~660m，这两个区域海拔较低，地势平坦；而南部的秦岭山地属秦岭主脊的北坡地带，以秦岭中高山为主，海拔为1000~3700m，北坡短促，河流深切，峡谷纵列，地形陡峭、落差很大。②平原和山地界限分明。秦岭山地和关中平原部分（即该区的渭北台塬和渭河冲积平原部分）是该区的地貌主体。渭北台塬和渭河冲积平原高差不大。秦岭北坡是秦岭大断层和骊山断层，断层发育，山势陡峭、坡降急剧，这与中部和北部的平原地区形成强烈的对比。③受秦岭和渭河走向的控制，各种地貌类型大体呈东西向延展，三大主体地貌类型呈条带状交替分布。

（三）气候条件

该区属典型的暖温带半湿润大陆性季风气候，四季分明。年平均气温为13.0~13.7℃，最冷月1月平均气温为-1.3~0℃，最热月7月平均气温为26.3~26.6℃。年均降水量为522~720mm，降水年际分布不均，7~9月是该区降水的高峰期，80%以上的降水集中在作物生长的季节，雨热同季。降水在空间分布上由南向北呈递减趋势，由东向西大体呈递增趋势。年日照时数为1646~2115h，$\geqslant0℃$积温为4885~5014℃，$\geqslant10℃$积温为4278~4431℃，无霜期多年平均为210~230d。气象灾害主要有干旱、连阴雨、暴雨、洪涝、冰雹、大风、干热风、高温、雷电、沙尘、大雾、霾、寒潮，以及低温冻害。

（四）水文水资源

西咸地区河流以渭河为主干，支流众多，同属黄河水系。渭河由西向东横贯中部，年径流量为25亿m^3。渭河北侧主要有发源于黄土高原的泾河汇入，还有支流千河、漆水河和石川河，以及部分主干灌溉渠系；渭河南侧主要有发源于秦岭的汤峪河、黑河、涝河、沣河和浐灞河汇入。水系网络较密，但由于河流径流小，地表水缺乏；地表径流时空分配不均，南部山区多于北部平原，在时间上年内丰、枯水期径流量相差很大，年际上丰、枯水年径流差别也比较大。该区地下水资源量约20亿m^3，由于长期且大量的城市用水、生活用水及农业灌溉用水，目前地下水位下降，地下水供给不足。西安都市圈特别是城市主要依靠黑河引水来满足工业用水和居民生活用水需求，黑河每年向西安市供水4亿m^3。

（五）土壤植被

西咸地区土壤分布形成南、北两个差异明显的区域，北部的渭河平原以黄褐土、褐土为主，长期的农业耕作形成了深厚的熟土层，土壤肥沃，有利于农业发展。南部秦岭山地以黄棕壤、棕壤为主，土层瘠薄。该区土壤类型多样，为区内农作物的多品种组合提供了有利条件。

在秦岭山区，由于自然植被未遭受第四纪大陆冰川直接侵袭，尚保留若干古近纪和新近纪古老的孑遗植物，如银杏、水青树、连香、马甲子等，植物种类丰富。秦岭山地植被垂直分异明显，从山脊到山麓平原分布有高山灌丛草甸、针叶林、针阔叶混交林和落叶阔叶林等自然植被类型。渭河平原农业区主要有大田农作物、蔬菜、果园和城市绿化等植物栽培类型。

二、社会经济概况

（一）经济区位

西咸地区以西安中心城区为主城，以咸阳城区为辅城，是由周围诸多县级市和城镇构成的城市体系。西安都市圈是我国西部大开发的前沿、国家"一带一路"倡议的重要节点城市、西北地区重要的经济区——关中-天水经济区的核心区，以城市创新发展方式为主题的国家级新区——西咸新区坐落于此，也是关中城市群的核心区。因此，在国家发展战略与陕西省社会经济发展中，在全国区域经济布局上，西咸地区具有承东启西、东联西进的区位优势，在西部大开发中具有重要的战略地位。

（二）产业经济发展

2015 年末，西安都市圈常住人口为 1242 万人，人口密度大，约 830 人/km^2，是我国西北地区重要的人口聚集区。全区国内生产总值为 67.48×10^{10} 元，经济总量大，第一、第二、第三产业比例为 1：7：7.5，工业发展突出，产业结构比较合理。

西安都市圈气候温和、光照充足、降水充沛，灌溉渠系发达，土地平坦、土壤肥沃，自然条件非常有利于旱作农业的发展，是我国历史上重要的农业发达地区之一——关中农业区的核心。长期以来，以西安都市圈为核心的关中平原一直是我国西北地区重要的粮食生产基地、温带水果的重要生产基地、蔬菜主产区和重要的奶牛养殖基地。目前，西安市已经建成国内最大的猕猴桃和葡萄及厚皮甜瓜生产基地，其苹果和猕猴桃生产居全国之首，也是陕西省农业最发达的地区。随着城市化进程的加快，该区不断进行农业结构调整与类型转变，现代都市农业初步形成。2015 年，西安都市圈第一产业产值为 39.21×10^9 元，占全省第一产业总产值的 29.61%。2015 年,西安都市圈蔬菜、水果、肉蛋奶产量分别为 $6.79 \times 10^9 kg$、$3.80 \times 10^9 kg$、$1.93 \times 10^9 kg$,较 1999 年分别增加了 162.58%、134.41%、165.54%。塑料薄膜、化肥、机械总动力投入分别为 $8.06 \times 10^6 kg$、$7.8 \times 10^8 kg$、$5.86 \times 10^6 kW \cdot h$,较 1999 年分别增加了 60.02%、142.57%、81.89%。

西咸地区产业经济经过三十多年的快速发展,已经形成了高新技术产业、装备制造业、旅游产业、现代服务业、文化产业五大主导产业。该区的西安市和咸阳市是我国重要的工业基地,工业基础雄厚,工业门类比较齐全。近年来,装备制造业(主要包括通用设备制造、专用设备制造、交通运输设备制造、电气机械及器材制造业、通信设备计算机及其他电子设备制造等)已发展成为该区的主导产业,形成了一定规模,拥有一批在国内外市场上占有优势的企业和核心技术及其知名品牌。此外,航空行天、医药制造、电力热力生产和供应、非金属矿物制品、农副食品加工、国防工业制造等产业发展在全国具有重要地位,第二产业产值是 3000 多亿元。

(三)交通与社会发展

该区交通发达,区位优越,是我国西北地区通往华中、华北及华东的必经之地,具有连接东西及承南启北的重要战略地位;该区也是第二条欧亚大陆桥的重要节点,在"一带一路"倡议中是沟通我国内地和中亚、西亚乃至欧洲等国家的重要交通枢纽,已形成了以西安市为中心的铁路、公路及航空网络交通系统,是全国交通网络的重要枢纽,也是我国通信网络,特别是互联网的重要接入点和主干。

该区大专院校及科研机构数量众多,人才荟萃,是我国重要的智力及高新技术研发中心,综合科技实力居全国前列。该区分布有国家级西安高新技术产业开发区、西安阎良国家航空高技术产业基地、西安经济技术开发区、杨凌农业高新技术产业示范区等。

西安和咸阳是世界著名的历史文化名城,是我国重要的旅游中心城市,旅游资源丰富,有一批非常著名的旅游景区和文化旅游品牌,如秦始皇兵马俑,以及华清池、汉唐帝陵文化旅游景区、古城文化旅游景区、秦岭诸多国家森林公园和自然保护区等,形成了文物观光、都市旅游、生态旅游、养生保健等多元化旅游产品体系。2016 年,西安市和咸阳市旅游总收入 1200 亿元,接待游客 2.0 亿人次。

(四)城市化及生态环境影响

西咸地区是以西安市和咸阳市为中心,由兴平市及十多个县镇构成的城镇体系。近十几年来,该区进入快速城市化阶段,推动了社会经济快速发展及转变。2015 年，西安都市圈城镇人口为 822 万人，城镇化率为 66.12%，城镇化水平较高。

当然快速城市化也对生态环境产生了明显的冲击。20 世纪 80 年代初开始的快速城市化，使城市及农村居民点、道路等建设用地扩张，农业由传统大田农业向多元化现代都市农业转变，水土资源污染等导致该区农业生态系统提供的服务功能及其结构与过程发生了巨大变化，生态环境问题突出。

第二章　西咸城市化进程

第一节　西咸城市化进程概述

一、近代及以前的西安发展概况

西安古称长安(范围上包括现在咸阳市渭城区的一部分),是我国著名的古都,世界著名的"四大古都"之一,还是我国古代政治、经济与文化中心,地方行政机关的治所,城市发展历史非常悠久。在新石器时代仰韶文化时期,距今 6000 年左右,半坡先民在浐河东岸建立了母系氏族公社的大型村落,初具城垣雏形。公元前 11 世纪,西周建立的丰京和镐京(丰镐)作为关中地区崛起的第一个大城市,使西安首次成为我国古代王朝的都城及全国政治、经济和社会文化中心,有着 3100 多年的建城历史。此后,从秦都咸阳、汉长安城、隋大兴城到唐长安城等有 13 个王朝相继在此建都,优越的条件使城市得到快速发展,唐长安城一度成为世界上最大的城市和文化商贸中心。唐代以后,长安虽然失去了作为统一王朝的国都地位,城市地位和功能下降,发展缓慢,但历来是我国封建王朝统治关中和西北(甚至西南)地区的重要行政治所,一直都是关中乃至西北地区最重要的政治军事重镇和区域中心。历史上西安是最早对外开放的城市,是著名陆上丝绸之路的起点。

近代由于社会经济动荡,西安发展历程曲折、发展缓慢。1949 年前,西安工业基础薄弱,是一个纯粹的消费型城市。1934～1942 年,由于沿海地区部分企业的资金和设备向西安转移,西安工业才得以发展。工业部门以手工作坊和几家铁工厂、修理厂、化工厂、制药厂、棉纺及日用品生产企业为主,以生产消费型资料为主的轻型工业结构,生产力水平低下,技术十分落后。总体上,产业凋敝、市政建设落后,对区域经济发展的带动作用非常有限。

二、现代西安城市化过程

1949 年以后,西安得到快速发展。自 20 世纪 50 年代初,在国家政治气候、国家宏观产业布局和大型项目部署的驱动下,西咸地区城市化得以快速发展,并表现出显著的阶段特征。在 20 世纪 80 年代以前的计划经济体制下,随着大规模的项目建设和搬迁,城市规模迅速扩大,城市人口快速增长。改革开放以来,随着经济体制由计划经济向市场经济的转变,西安依托优越的地理位置和自然条件,雄厚的社会经济基础，成为我国西北地区发展最快的城市和较早进入快速城市化阶段的地区。在现代西安地区的城市化历程中，与东部及沿海地区（如珠江三角洲、长江三角洲）的外向型城市化、自下而上型城市化、乡村城镇化等类型（如苏南的农村城市化、温州模式等）相比，西安市更多的是一种项目带动型和自上而下型为主导的城市化类型。

（一）城市化快速推进阶段

在 1949～1957 年国民经济恢复和"一五"时期，我国进入大规模的经济建设时期，在建立社会主义国家的工业体系上，选择了重工业优先发展的工业化道路。西安市被确定为工业化建设重点城市之一，当时全国有 156 个重点建设项目，在西安市布局了 14 个、兴平市 4 个、户县 2 个（董志凯等，2004），项目数量居全国各大城市之首；再之一些大中型配套项目，如机械、纺织、航空、电力设备、仪器仪表及国防工业大型骨干企业的兴建，为西安市经济发展奠定了物质技术基础，在西安地区初步形成电工、纺织、军工和飞机制造等工业体系。在城市职能上形成了东郊的军工城和纺织城、西郊的电工城，奠定了西安地区作为全国新兴工业城市的基础，同时也加速了西安地区工业化过程。大规模工业经济建设，加大了对劳动力的需求。西安地区工业经济的发展带有明显的"嵌入式"经济色彩，发展基础相对较弱，对农村劳动力的吸纳有限，其中所需的大量工人和技术人员来自于沿海地区，但还是通过省内招工等形式，使省内较多农村人口向城市迁移。据统计，1956 年西安市人口净迁入率高达 127.78%，可见，这一时期工业化推动了城市化。1952～1957 年，城市化水平大约提高了 11 个百分点，城市化平均年增长速率为 2.22%，城市化快速提高（李金平，2007）。

（二）城市化停滞时期

1958～1978 年是国民经济发展的"二五"到"四五"时期（1971～1975 年），包括国民经济的调整时期（1963～1965 年）、"文化大革命"（1966～1976 年）和"三线建设"时期（1965～1978 年）。1958 年由于我国政策上的"大跃进"，如"赶超英美""跑步进入共产主义"等，在工业领域展开了"大炼钢铁运动""以钢为纲"，各地大办工业，乡村人口大量涌入城市，城市人口猛增，城市化水平快速提高。但随后的 3 年自然灾害时期（1959～1961 年），国民经济严重失调、农业资源遭到破坏、农业萎缩、工业大幅度下降，导致城市就业压力增加，国家采取城市人口精简下放政策，强制劳动力返回农村并限制进城，在市镇建制上进行调整，减少城镇数量，导致城镇人口大幅度减少（曹敏等，2012），城市化水平下降。1966～1976 年陕西省由于特殊的地理区位而被确定为国家"三线"建设重点省区，国家建设项目再次向重工业倾斜，但由于工业布局以"山、散、洞"为原则，大量工业企业布局到远离城镇的山区,工业布局很少形成新的城镇(刘科伟等,1995)。西安地区的工业化与城镇化相分离,对城镇化并没有起到应有的推动作用。1972年国家精简工人,严格控制增加工人数量,实行严格的户籍管理制度、就业制度和福利制度,在此期间,加上知识青年上山下乡运动,西安地区城市化水平下降。可见,1958~1978年西安城市化经历了一个波折的过程,城市化水平基本保持不变,城市化处于停滞时期。

(三)城市化提速阶段

1978~2005年是西咸地区城市化发展的提速阶段。1978年西安市户籍登记的非农业人口为159.98万人,城市化率约为32%,城市化过程进入加速发展阶段,改革开放促进了西咸地区城市化快速发展。在改革开放的最初几年,由于知青返城、干部及知识分子家属农转非、高校恢复招生等,城镇人口开始增加(刘科伟等,1995)。此后,伴随着农村联产承包责任制改革和农村集体经济的快速增长,大批农村剩余劳动力开始进入城市务工经商,乡镇企业快速发展等,一批城镇的迅速发展推动了区域经济和城镇经济的快速发展,加速了城镇人口的增长,驱动了该区城市化进程。2000年西安市非农业人口为285.79万人,城市化率为41.5%,年均上升1.0个百分点,2005年城市化率达到44.9%。

(四)城市化加速增长阶段

2006~2015年是西咸地区城市化持续加速增长时期。2008年国务院批复西安市第四次城市总体规划(2008~2020年),将城市建设目标定为"提升城市品质、建设国际旅游城市""构建高效、便捷的交通网络体系,建设航空、铁路、公路交通枢纽城市""建设中国西部经济中心";在西安市域构建"一城、一轴、一环、多中心"的城镇空间布局,形成主城区、中心城镇、镇三级城镇体系结构。在西安城市建设中,坚持"工业反哺农业,城市支持农村",通过调整城乡经济结构和生产力布局,形成城乡一体、共同发展的新格局,提出城市产业、技术、资金等要素和基础设施向农村地区转移和延伸,以城市辐射带动农村第二、第三产业的发展,逐步缩小城乡差距。《西安城市总体规划(2008年—2020年)》的实施,进一步推动西安周边城镇的进一步发展和城市功能的辐射作用,促进了西咸地区城市化的加速稳定发展。

目前,西安市作为副省级城市,仍是关中平原人口规模最大和经济文化最发达的城市,是关中地区人口、经济、政治和文化中心,国家经济区——关中-天水经济区的核心、"一带一路"倡议的重要节点城市,中国西部地区重要的中心城市,国家重要的教育科研和工业基地,世界历史文化名城。2015年末,西安市常住人口达到870.56万人,其中城镇人口635.68万人,城市化率73%,比2013年末提高 1 个百分点。

城市化迅速发展，一方面带来了区域经济的快速发展，另一方面对生态环境产生了一系列负面影响。在城市化过程中，面临着耕地面积减少、土地利用结构不合理等问题，如何合理利用土地、协调城市发展与生态环境之间的关系成为目前西咸城市化地区可持续发展的重要课题。

第二节 西咸城市化综合评价与演变分析

城市化指在人类社会生产力变革中，人口和经济、社会文化活动等要素在空间地域上由农村向城市迁移、农村经济向城市经济转变集聚的地理过程。在这一过程中，生产要素向城镇集聚和优化配置，产业结构优化升级，推动人类社会结构的变革，导致社会文化转变；同时，城市建设用地快速扩张，城市对周围的自然生态系统产生了巨大影响，城市化对人类与自然生态系统之间的相互作用关系也正在发生着深刻的变化。因此，城市化是人类社会发展最为综合和集中的体现，城市化水平的高低是衡量一个国家或地区社会进步与经济发展状况的重要指标。科学测度和评价区域城市化水平，揭示区域城市化发展演变规律，对城市发展规划、消除城乡二元结构、统筹城乡及区域协调发展等具有重要意义。

一、城市化测评指标体系

城市化是一个非常复杂的转变过程，既包含乡村人口向城市地域的集中、农业生产活动向第二、第三产业等非农活动转变、区域城市数量增加与城市规模不断扩大、乡村景观转变为城市景观、农村生活方式转向城市生活方式，也包含城市文化、生活方式及价值观向农村扩散的过程。城市化包含人口转型、经济结构转型、地域空间转型和生活方式转型 4 种过程（许学强等，2004）。因此在对区域城市化水平的评价上，由于不同学科研究视角不同、研究问题的差异等，当前对城市化水平的测度指标体系和研究方法很多，简单地可以分为单一指标法和综合指标法两类。单一指标法往往选取表征城市化某一方面的指标，如城镇人口（或非农业人口）比例、城市用地面积比例等，该方法简单易行，但难以全面反映区域城市化的丰富内涵。综合指标法则是通过对城市化内涵的解析，采用两个或两个以上的指标来表征城市化状况，指标的设置可以涉及城市化的各个方面。例如，有学者把城市化归结为人口城市化、经济城市化、基础设施城市化和生活方式城市化 4 个方面，也有人将城市化归结为人口、经济、生活、环境、科技和保障城市化 6 个方面。综合指标法比单一指标法更科学、更全面和更合理。本书为了全面测评西安市城市化过程，采用综合指标法，通过构建城市化指标体系开展评价。

（一）指标选取的基本原则

一般来说，指标体系的选取应遵循以下原则：第一，科学性原则，指标体系要建立在城市化的基本概念、内涵和相关理论之上，选取或采用的指标必须具有明确的科学含义；第二，全面性原则，城市化过程是人口、经济、社会、空间等多种要素系统发生转化的过程，构建城市化水平测评体系时既要全面考虑这几个要素，又要剔除重复性指标；第三，代表性原则，指标体系选取时不可能将所有指标都列为考察对象，选取的指标并非越多越好，应尽可能选择能够反映城市化内涵及特征的代表性和典型性指标；第四，区域性原则，根据西咸城市化地区的实际情况，不仅要选择反映城市化共性特征的指标，更要注重选择能反映城市化特性及其区域差异性的指标；第五，动态性原则，城市系统是一个动态发展的复杂系统，在评价中需要选择能反映一定时间和空间内城市化状况的动态指标；第六，可操作性原则，所选指标要具有可比性和可度量性，要考虑数据的可获得性。

（二）西咸地区城市化指标体系

在西咸地区的城市化发展研究中，为了能客观、全面地评价城市化发展状况，要求所选指标既能刻画出城市化的基本特征和过程，又能避免评价的主观性和盲目性。本书针对城市化的基本概念、内涵和相关理论，考察西咸地区城市化过程及其特点，城市化过程对自然生态环境特别是农业生态系统产生的影响，从比较微观的区域尺度考虑，认为西咸城市化主要包括人口城市化、经济城市化、社会城市化和空间城市化4个方面。

（1）人口城市化。人口城市化是城市化的主要结果，表现为农村人口不断向城市集中，转变为非农业人口，使得非农业人口在总人口中的比例不断增加。本书主要采用非农业人口比例、人口密度两个指标来衡量农村人口向城市转变及人口的集聚状况。

（2）经济城市化。经济城市化主要反映经济结构的非农化转变，非农经济活动的规模、强度及其向城镇的集聚特征，特别是工业化对城市化的推动作用和城市化对区域（包括乡村地域）经济产业发展的影响力（即城市经济辐射扩散能力）。因此，本书主要选择GDP、工业总产值和社会固定资产投资总额3个指标反映经济城市化水平。

（3）社会城市化。社会城市化指生活方式的转变，即人们的生活方式、行为习惯、社会关系，以及精神和价值观发生转变，形成与农村不同的生活方式。城市生活主要表现为生活现代化和服务便利化，以及更好的社会福利保障。本书主要选择卫生机构数、医院床位数及社会消费品零售总额来反映社会城市化水平。

（4）空间城市化。空间城市化指城市化过程中农村地域向城市地域、农村景观向城市景观的转变过程。在地域空间上表现为城镇用地规模的扩展、区域内城镇数量的增多、城镇密度增大和城市景观的形成等诸多方面。本书主要采用城市道路面积、建设用地面积占土地总面积的比例等来衡量城市化过程对区域地表覆盖（土地利用）及其生态景观的影响。

本书构建的西咸城市化综合评价指标体系见表 2-1。在评价过程中各目标层和指标层之间的权重采用熵值法来计算。

表 2-1 西咸城市化综合评价指标体系

目标层	要素层（Ur_i）	权重（v_i）	指标层（X_{ij}）	权重（W_{ij}）
综合城市化水平指数	人口城市化水平指数（Ur_1）	0.20	非农业人口比例（X_{11}）	0.53
			人口密度（X_{12}）	0.47
	经济城市化水平指数（Ur_2）	0.34	工业总产值（X_{21}）	0.34
			社会固定资产投资总额（X_{22}）	0.28
			GDP（X_{23}）	0.38
	社会城市化水平指数（Ur_3）	0.19	卫生机构数（X_{31}）	0.32
			医院床位数（X_{32}）	0.32
			社会消费品零售总额（X_{33}）	0.36
	空间城市化水平指数（Ur_4）	0.27	城市道路面积（X_{41}）	0.44
			建设用地面积占土地总面积的比例（X_{42}）	0.56

二、城市化水平评价方法

西咸地区城市化水平评价过程如下：首先，对 1989～2015 年各个指标的原始数据进行标准化处理；其次，采用熵值法确定各指标的权重；最后，采用加权求和计算西咸地区城市化水平指数，以此来衡量各区（县、市）城市化水平的大小及其空间分异。

（一）数据标准化处理

收集各指标数值，构建 1989～2014 年西安市各区（县、市）城市化水平测度指标的原始数据矩阵，即

$$X = x_{ij} \qquad (i=1,2,\cdots,m;\quad j=1,2,\cdots,n) \qquad (2-1)$$

式中，x_{ij} 为第 i 区域第 j 个指标的原始数据。计算中采用功效系数法对各指标进行标准化处理。其公式为

$$y_{ij} = (x_{ij} - x_{i\min}) / (x_{i\max} - x_{i\min}) \qquad (2-2)$$

式中，y_{ij} 为第 i 年第 j 个指标的标准化值；$x_{i\min}$ 指全部年份中第 i 个指标的最小值；$x_{i\max}$ 指全部年份中第 i 个指标的最大值。

然后用规范化矩阵 Y 代替 y_{ij}，即

$$Y = y_{ij} \qquad (i=1,2,\cdots,m;\quad j=1,2,\cdots,n) \qquad (2\text{-}3)$$

（二）权重的确定

在城市化水平测度中，指标综合性较强、指标越多，包含的信息量也相对复杂，加大了对评价指标权重进行测评的难度，而指标权重的分配对评价结果会有很大影响。传统上对指标权重的确定主要采用专家打分法与层次分析法，但这些方法具有一定的主观性。为了尽量减少和消除研究中的主观因素，本书采用熵权法对各评价指标进行赋权，并据此对城市化水平进行测度（王健康，2014）。

假定对 m 个评价对象的 n 项指标进行综合评价，可以建立一个 $m\times n$ 的初始数据矩阵：

$$X = \begin{bmatrix} x_{11} & \cdots & x_{1n} \\ \vdots & & \vdots \\ x_{m1} & \cdots & x_{nm} \end{bmatrix} \qquad (2\text{-}4)$$

$$X = (x_{ij})_{m\times n} \qquad (0 \leqslant i \leqslant m, 0 \leqslant j \leqslant n) \qquad (2\text{-}5)$$

式中，x_{ij} 为研究区域的第 j 个指标的数值。

在拟定的评价指标体系中，由于各指标的量纲、数量级及指标的正负取向等差异较大，为消除各量纲不同对评价结果的影响，需要对各指标进行标准化处理。本书采用极值标准化方法对评价矩阵进行处理。指标值越大，即城市化发展情况越好时，采用正向指标计算公式（2-5）进行标准化处理；指标值越小，即城市化发展情况越差时，采用负向指标计算公式（2-6）进行标准化处理，具体计算公式如下：

当评价指标为正向指标时，

$$X'_{ij} = \frac{x_j - x_{\min}}{x_{\max} - x_{\min}} \qquad (2\text{-}6)$$

当评价指标为负向指标时，

$$X'_{ij} = \frac{x_{\max} - x_j}{x_{\max} - x_{\min}} \qquad (2\text{-}7)$$

式中，X'_{ij} 为其标准化值；x_j 为第 i 个对象第 j 项指标的实际值；$x_{\max}$ 为第 j 项指标的最大值；$x_{\min}$ 为第 j 项指标的最小值。

计算各指标的信息熵，第 j 项指标的熵值 E_j 为

$$E_j = -K \sum_{i=1}^{m} y_{ij} \ln y_{ij} \qquad (2\text{-}8)$$

式中，$y_{ij} = \dfrac{x'_{ij}}{\sum\limits_{i=1}^{m} x'_{ij}}(0 \leqslant y_{ij} \leqslant 1)$，$K = \dfrac{1}{\ln m}$（$K$ 为常数，并且假定当 y_{ij}=0 时，

$y_{ij} \ln y_{ij} = 0$）。

$$d_j = 1 - E_j \tag{2-9}$$

式中，x'_{ij} 为指标标准化值；d_j 反映了指标数据的差异性大小。数据差异性越大，则 d_j 越大，该指标的权重就越大；当某项指标的数据完全相等时，差异性系数最小，为0。

第 j 项指标的权重 w_j 为

$$w_j = \dfrac{d_j}{\sum\limits_{i=1}^{m} d_j} \tag{2-10}$$

（三）综合城市化水平测度方法

根据西咸城市化区各区（县、市）各个指标的标准化数值与各指标的权重值，加权求和，即作为综合城市化水平指数，即

$$\text{Ur}_i = \sum_{i=1}^{n} X'_{ij} W_{ij} \tag{2-11}$$

$$U_{\text{R}} = \sum_{i=1}^{4} V_i \text{Ur}_i \tag{2-12}$$

式中，Ur_i 为综合城市化水平指数；V_i 为要素层的权重；W_{ij} 为指标层的权重。利用公式计算出 1989～2014 年西咸城市化区人口城市化水平、经济城市化水平、社会城市化水平和空间城市化水平，然后对各城市化水平指数加权求得综合城市化水平指数值 U_{R}。

三、西咸城市化过程测度

（一）人口城市化

人口城市化是指城市发展过程中受城市的吸引，乡村人口向城市集中，转变为非农业人口，即社会劳动力从第一产业向第二、第三产业转移的过程和乡村人口转变为城市人口的过程。乡村人口向城市地域的聚集和转变是城市规模扩大的重要动力，也是城市化的核心。

改革开放以来，随着农村和城市的经济体制改革，生产关系得到改善，西咸

地区社会经济得到快速发展和全面提高，第二和第三产业蓬勃发展，乡镇企业快速发展，产业体系逐渐完善，大量农村剩余劳动力向城市转移，促使西咸地区城市化进入到快速稳步发展阶段。1989～2014 年，西咸地区人口城市化指数有了很大幅度的提高（图 2-1），从人口城市化评价指数来看，人口城市化水平提高了 12.62 倍。人口在地域上也日益向城镇集中，非农业人口密度由 1989 年的 200 人/km^2 增加到 2014 年的 383.2 人/km^2，提高了 91.6%。在西咸地区城市化过程中，除了 1995～2003 年略有波动之外，人口城市化一直在持续稳定增长，年均增速约为 3.86%。特别是自 2000 年国家实施西部大开发战略以来，西咸地区利用自身优越的社会经济条件和区位条件，加快产业结构优化升级，城镇建设、城市化迎来了新的发展机遇，城市化水平日益提高。

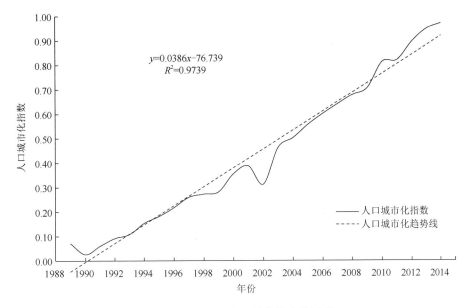

图 2-1　西咸地区人口城市化变化过程

　　1988～2014 年，西咸地区总人口由 901.68 万人增加到 1237.85 万人，增加了 336.17 万人，增长了 37.28%，年平均增长 1.43%；同期非农业人口由 272.84 万人增加到 574.79 万人，增长了 110.67%，年平均增长 4.26%。非农业人口年均增长率是总人口增长率的 3 倍，远远超过城镇总人口的增长速度。同期，采用非农业人口占总人口的比例来衡量人口城市化率。1988～2014 年非农业人口城市化率从 30.26% 增加到 46.43%，年均增长 0.62%。总体上，西安市和咸阳市相比较，由于咸阳市众多城镇的快速发展，非农业人口增长速度要略高于西安市。1988～2014 年西安市总人口年均增长幅度为 1.51%，非农业人口则增长 3.57%，而咸阳市［主要指该研究区内的 9 个区（县、市），包括杨陵区］总人口和非农业人口分别增长

1.30%和6.94%，西安市和咸阳市部分非农业人口比例表示的人口城市化率年均增长分别为0.61%和0.79%。表明西安市作为关中地区最大的城市和区域中心，正处在快速城市化阶段，"一极独大"，对周围县城和镇的发展具有一定的抑制作用，而咸阳市的9个区（县、市）靠近咸阳和西安城区，且地处交通要道，各个县镇城市化发展速度快，城镇数量快速增加，非农业人口增长快，年均城市化水平增加速度要高于西安市。杨凌示范区作为农业高新技术产业示范区，在此期间城市化有非常快速的发展，1988~2014年城市化水平年均增长率在0.90%左右（图2-2）。由于西咸地区的自然条件、经济和社会经济条件的差异，咸阳市的经济基础比较薄弱，以农业发展为主，城市化发展起步较晚；西安市社会经济发展程度高，城市化发展早，西安城市化水平明显高于咸阳的9个区（县、市）。

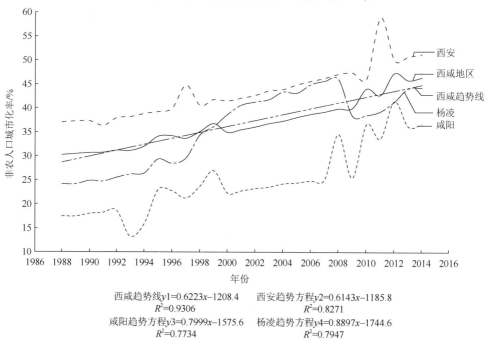

西咸趋势线$y1=0.6223x-1208.4$　　西安趋势方程$y2=0.6143x-1185.8$
　　　　　　$R^2=0.9306$　　　　　　　　　　$R^2=0.8271$
咸阳趋势方程$y3=0.7999x-1575.6$　　杨凌趋势方程$y4=0.8897x-1744.6$
　　　　　　$R^2=0.7734$　　　　　　　　　　$R^2=0.7947$

图2-2　1988~2014年西咸城市化区非农业人口城市化水平

（二）经济城市化

经济城市化是指随着城市的发展，非农化生产向城市地域高度聚集，城市经济总规模不断提高，经济结构不断非农化和高级化的过程，其导致城市地域单位空间内经济总量规模及经济强度增大。一般在城市化的早期和中期阶段，城市化与工业化往往相互交织，工业化成为推动城市经济快速增长的主要推动力，生产的分工与专业化使得劳动生产率提高、技术进步及分工链加长，其结果一是生产规模扩大，可以实现规模经济；二是加工链延长和部门细化，使得诸多生产部门因协作关系而在城市空间内（如产业园区）聚集，实现聚集经济，因而，工业化驱动城市经济总量增长和经济强度增大。在工业化后期，城市第三产业的发展则成为城市经济增长的主要推动力。

本书通过 GDP、工业总产值和社会固定资产投资总额 3 个指标来衡量西咸地区经济城市化发展水平。从经济城市化的测评结果（图 2-3）来看，1989～2014 年西咸地区经济城市化经历了高速增长、缓慢增长和快速增长三个阶段。1989～1995 年是经济城市化快速提高阶段，这一时期，尽管城市经济规模和发展水平很低，但是经济增长速度很快，经济城市化指数提高了 5 倍左右，年均提高 1.28 倍。1996～2005 年城市经济规模和发展水平开始缓慢提升，但总体水平较低，整个经济城市化水平发展也比较缓慢，其间增长了 2.7 倍，年均增长 30%。2006 年以后，城市经济总量和发展水平显著提高，极大地推动了经济城市化的快速增长，其间经济城市化指数增长了 3.98 倍，年均提高 50%左右，是经济城市化快速增长阶段。自21 世纪以来，西安市不断加快经济发展，积极优化产业结构，改进技术，形成具有国际竞争力的五大主导产业，非农业产值在国民总收入中的比例不断上升，城市综合实力及居民生活水平不断提高。西咸城市化地区经济发展较快，GDP 从1989 年的 129.49 亿元增加到 2014 年 7222.28 亿元，年均增长率为 2.1%；规模以上工业总产值的人均值从 1989 年的 2388 元，增加到 2014 年的 66433 元，年均增长 1.07 倍；全社会固定资产投资总额 1989～2014 年从 38.92 亿元增加到7842.69 亿元，增长了近 200 倍（图 2-4）。单位建设用地经济密度和产出强度进一步提高（图 2-5，表 2-2），1989～2014 年工业总产值增长了 36.71 倍，年均增长约 1.47 倍，单位土地面积 GDP 增长了 54.77 倍，单位建设用地面积工业总产值增长了 23.95 倍。

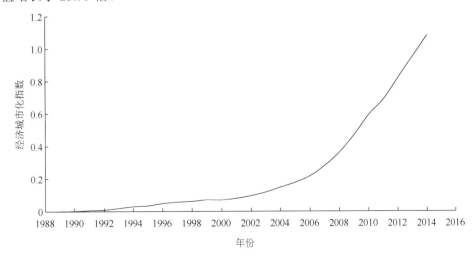

图 2-3　西咸地区经济城市化变化过程

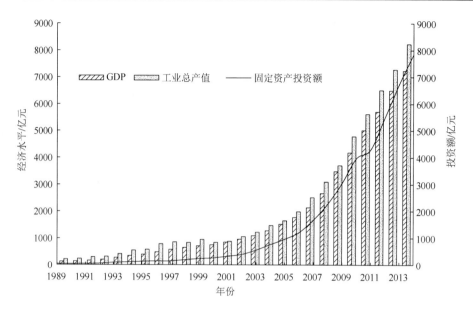

图 2-4　西咸地区经济发展与投资水平

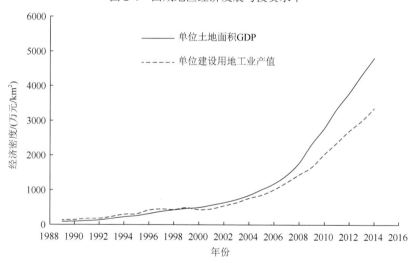

图 2-5　西咸地区经济密度变化

表 2-2　西咸地区不同阶段经济增长与经济密度

阶段	年均增长率/%			年均经济密度/（万元/km²）		
	GDP	工业总产值	固定资产投资总额	GDP	工业总产值	固定资产投资总额
1989～1995 年	33.80	27.22	40.00	1357.39	2150.83	423.98
1996～2005 年	23.84	12.21	61.34	4612.78	5490.11	2086.41
2006～2014 年	38.59	39.34	68.6	18934.93	21392.71	17901.27

（三）社会城市化

社会城市化主要表现为城市文明、生活方式和价值观念向乡村的渗透。乡村人口转变为城市人口后，生活水平向城市过渡，生活质量和福利水平提高，即生活的现代化程度提高。乡村生活方式和城市生活方式相比而言，生活现代化最根本的体现就是市民享有比较完善和全面的城市基础设施和服务，如区域内交通、医疗卫生、通信、文化娱乐及社会服务等，这些设施在一定程度上能反映社会文化的城市化。由于城市文明和价值观念难以进行量化，本书主要选择医疗卫生和零售服务等来衡量市民享有城市生活基础设施和服务的水平，用以对社会城市化水平的测度。

1978 年以来，西咸地区经济快速发展，不断加强区域基础设施建设，如医疗卫生设施水平、教育文化设施水平及生活购物设施水平等都得到了很大的提高。西咸地区社会城市化指数的测评结果（图 2-6）显示，1989～2014 年社会城市化指数由 0.0056 提高到 1.0，增长了 177.6 倍，年均增长 7.1 倍，表明社会城市化经历了高速发展，但不同阶段的增长速度还是存在较大差异。1989～1995 年为缓慢增长阶段，社会城市化指数平均水平为 15.86%；1996～2010 年为快速增长阶段，社会城市化指数平均水平为 38.05%；2010～2014 年为加速增长阶段，社会城市化指数平均水平为 34.76%（表 2-3）。

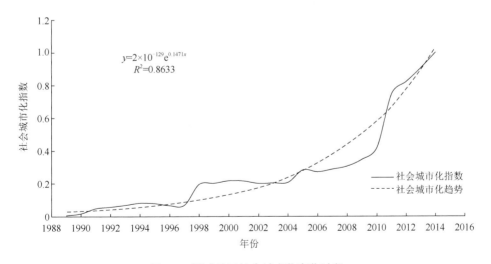

图 2-6 西咸地区社会城市化变化过程

表2-3　西咸地区不同阶段医疗及零售服务变化

| 阶段 | 年均增长率/% | | | 非农业人口占有量 | | | 社会城市化指数年均变化/% |
	卫生机构数	医院床位数	社会消费品零售总额	卫生机构数/（个/万人）	医院床位数/（张/万人）	社会消费品零售总额/（万元/人）	
1989～1995年	0.14	3.57	30.09	6.45	125.33	0.3896	15.86
1996～2010年	2.96	2.65	49.42	6.81	107.43	1.8485	38.05
2010～2014年	0.13	9.06	17.29	10.47	117.04	5.3275	34.76

随着城市化和区域经济发展，城镇基础设施建设也越来越被人们重视。居民生活消费水平不断提高，教育、医疗等基本服务设施等项目的实施，使西咸地区城镇对居民公共服务等基础服务的供给能力不断提高，促进了社会城市化水平的快速提高。例如，2014年西安市全年社会消费品零售总额为2872.90亿元，比上年实际增长12.0%；按经营地统计，城镇社会消费品零售总额为2788.61亿元，比上年增长12.7%；全市普通高校63所，在校学生90.53万人，研究生培养单位43个，在校研究生8.85万人；普通中学421所，在校学生42.57万人，小学1257所，在校学生53.79万人，小学、初中学龄人口入学率分别为99.98%和99.80%；全市共有各类卫生机构5554个，其中，医院、卫生院381个，各类卫生技术人员7.60万人，卫生机构床位5.11万张。

在西咸地区社会城市化的不同阶段，推动社会城市化的主要因素差别较大。在缓慢增长阶段和快速增长阶段，尽管市民对城市提供的社会服务的享有水平比较低，如卫生机构、医院床位数和社会消费品零售总额等人均占有量都比加速增长阶段低，但其中社会消费品零售服务的能力增长幅度最大，对社会城市化起到主导性的推动作用；其次是医疗卫生服务。在加速增长阶段，尽管社会消费品零售总额的年增长率仍然最大，非农业人口人均占有水平也最高，但比前两个阶段增幅低，医院床位数等表征医疗服务水平年均增长幅度相较于前两个阶段有了很大幅度的提高，其在社会城市化过程中的作用日益提高，同时，同期教育发展、道路网络，以及水、气、通信等服务在这一时期年均增长幅度较大，因此，2010年以来的社会城市化是由多种城市服务设施的提高推动的，表现出明显的多样化特征。

（四）空间城市化

空间城市化指城市地域向乡村地域推进的空间过程，即乡村地域转变为城市地域，乡村景观（如各类农业景观、农村聚落景观等）转变为城市景观（如街道、广场、园林绿地等）的地理过程。在这一转变过程中，表现出特定区域自然景观向半自然景观、人工景观的转变，自然和半自然景观减少，城镇人工景观扩大，自然景观日益破碎，城镇人工景观日益集聚，景观类型的多样性下降，生态系统多样性及服务功能下降。空间城市化是比较复杂的过程，本书结合西咸地区城市化空间推进过程的基本特点，选择城市道路面积、建设用地面积占土地总面积的比例两个指标来衡量空间城市化发展水平。

1989～2014 年西咸地区各类城市、镇和工矿企业占用的建设用地总面积由 1618.58km^2 增加到 2423.33km^2，增加了 49.72%，年均增加 32.19km^2；城市道路面积由 1140 万 m^2 增加到了 9167 万 m^2，增加了 7.04 倍，年均增加 321.08 万 m^2，其中非农业人口人均道路面积占有量也由 3.71m^2 增加到了 15.95m^2，增加了 3.3 倍。各类开发区建设、城市自身发展用地的大规模扩展、交通道路建设等推动了区域城市空间的快速扩展，区域各种交通道路网路也日益密集，空间城市化发展迅速。

从空间城市化水平的测度结果来看，1989～2014 年西咸地区空间城市化指数有了大幅度的上升，由 1990 年的 0.0263 提高到 2014 年的 1.0 左右，提高了 37 倍。在此期间，空间城市化明显经历了两个阶段（图 2-7，表 2-4）：1989～2006 年空间城市化指数持续增加，表明增幅相对较大，约增加了 13.39 倍；2006 年以来，增幅较小，约增加了 1.56 倍，表明空间城市化在前一个阶段有很大幅度的提升。从提升速度来看，1990～2005 年年均提升幅度约为 6.67%，相对比较缓慢；而 2006 以来年均提升幅度达到 12.5%。自 1989 年以来，西咸地区城市化经历了大规模建设用地的扩张。研究表明，2004～2016 年西安城市建设用地有大幅度的扩张，其中 2004～2007 年建设用地扩展了 33.44km^2，2007～2010 年达到 75.32km^2，扩展速度接近前者的两倍。2004～2016 年年均扩展 18.17km^2。2004～2007 年城市扩展主要是由于城南大学城与西南部高新区建设，西安北郊经济开发区建设，东南部唐曲江池建设，咸阳市的世纪大道建设，沣河新区建设等。2007～2010 年城市扩展有长安通信产业园、草堂科技产业基地、曲江新区文化旅游项目建设和浐灞区的建设等（耿甜伟，2017）。2014 年国务院批复西咸新区建设以来，在西安市和咸阳市建成区之间——范围涉及西安、咸阳两市所辖 7 区（县、市）23 个乡镇和街道办事处，建设规划控制面积 882km^2 的西咸新区，进一步推动了西咸两市乡村地域向城市地域的转变。特别是 2002 年西咸一体化以来，加快了两市建设用地规模的增长。资料表明，2000～2002 年西安市和咸阳市的建成区面积年均增长分别为 31.42km^2 和 1.59km^2；2002～2007 年年均增长分别为 21.43km^2 和 6.68km^2，加速了耕地向工业用地的转变（冯晓刚等，2011）。西咸地区社会经济发展与城镇人口不断增长导致城市用地规模不断扩张，成为城市边缘不断向外扩张的主要因素。

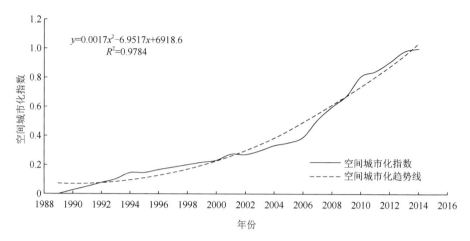

图 2-7 西咸地区空间城市化变化过程

表 2-4 不同阶段城市人均城市道路与建设用地扩张

阶段	非农业人口人均城市道路面积/（m²/人）	建设用地比例/%	空间城市化年均变化率/%
1990~2006 年	5.2343	12.27	6.67
2007~2014 年	13.5306	15.37	12.5

城市扩张强度指数是某空间单元在研究时期内城市土地利用扩展面积占其基年土地面积的百分比，也就是对不同时期扩展面积进行标准化的过程，用以比较不同研究时期内城市扩张的强弱和快慢，计算公式为

$$\text{ACR} = \frac{A_{n+i} - A_i}{nA_i} \times 100\% \qquad (2\text{-}13)$$

式中，ACR 为城市年均扩张强度指数；A_{n+i} 和 A_i 分别为 $n+i$ 和 i 年的城区面积；n 为研究时段。ACR 值越大，说明城市扩张越快。

从建设用地扩张面积和强度（表 2-5）来看，1989~2000 年建设用地扩张强度指数最大是 3.97%（雁塔区），其次是 3.82%（杨凌示范区）和 3.81%（未央区），城市扩张强度指数最小的为 0.33%（碑林区）和 0.54%（莲湖区），城市扩张强度指数较小的为乾县 0.78%；2000~2014 年建设用地扩张强度指数最大的是 21.70%（高陵区），其次为 7.51%（雁塔区）、7.12%（未央区），城市扩张强度指数最小的为 -2.15%（户县），此外，长安区、泾阳县、乾县、武功县的城镇面积也均呈负增长趋势。对不同时段西咸地区各区（县、市）城市扩张强度的分析可以发现，1989~2000 年雁塔区扩张最快，其次为杨陵区和未央区，碑林区最慢；2000~2014 年扩张最快的为高陵区，其次为临潼区和未央区，户县扩张最慢。1989~2000 年西咸城市扩张速度较慢，扩张面积为 30483.88hm²；2000~2014 年扩张速度较快，扩张面积为 47514.87hm^2，是 1989~2000 年的 1.56 倍。

表 2-5　西咸城市化区建设用地扩张面积及扩张强度指数

区（县、市）	1989~2000 年			2000~2014 年		
	扩张面积/hm^2	年均扩张面积/hm^2	扩张强度指数/%	扩张面积/hm^2	年均扩张面积/hm^2	扩张强度指数/%
新城区	171.69	15.61	0.57	—	—	—
碑林区	83.81	7.62	0.33	—	—	—
莲湖区	221.86	20.17	0.54	—	—	—
灞桥区	1435.81	130.53	1.81	3503.76	350.38	4.05
未央区	2650.14	240.92	3.81	6456.61	645.66	7.12
雁塔区	2072.66	188.42	3.97	5116.78	511.68	7.51
阎良区	607.13	55.19	1.14	1058.40	105.84	1.95
临潼区	2944.19	267.65	2.25	9701.99	970.20	6.53
长安区	2115.73	192.34	1.43	-1395.96	-139.60	-0.90
高陵县	1191.67	108.33	2.49	12021.40	1202.14	21.70
蓝田县	2288.02	208.00	2.36	2144.36	214.44	1.93
周至县	1419.37	129.03	1.36	3738.44	373.84	3.43
户县	1537.74	139.79	1.64	-2165.73	-216.57	-2.15
秦都区	1792.87	162.99	3.30	2277.54	227.75	3.38
渭城区	1698.97	154.45	2.91	1253.26	125.33	1.79
三原县	984.72	89.52	0.98	365.10	36.51	0.36
泾阳县	1211.22	110.11	1.07	-146.50	-14.65	-0.13
乾县	1211.5	110.14	0.78	-392.99	-39.30	-0.26
礼泉县	1362.93	123.90	1.03	1257.05	125.70	0.94
兴平市	1521.08	138.28	1.58	1501.07	150.11	1.46
武功县	1150.9	104.63	1.49	-630.14	-63.02	-0.77
杨陵区	809.87	73.62	3.82	1850.44	185.04	6.76

（五）综合城市化

通过分析西安地区综合城市化指数（图 2-8）可知，1989~2014 年西咸地区综合城市化指数由 0.0153 增加到 1.0213，增长了约 65.75 倍，表明该区综合城市化水平有大幅度的提高，年均提升 263%左右。但从整个城市化的经历来看，按照综合城市化提升的速度可以将西咸综合城市化分为两个阶段：1989~2006 年为持续快速增长阶段，年均增长速度约 1.9%；2007~2014 年为持续高速增长阶段，年均提高速度约 8.77%。表明西咸地区综合城市化水平一直处于加速推进过程中，并在"十五"之后，随着城市人口集聚、经济发展与资本积累、城市基础设施建设水平提高及城市空间格局的拉大等长期积累，西咸地区开始进入高速发展时期。

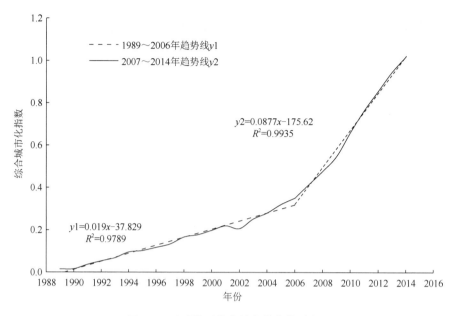

图 2-8　西咸地区综合城市化变化过程

从图 2-9 可以看出，1989～2014 年在西咸地区无论是综合城市化还是城市化的不同侧面，都经历了快速增长的过程。2004 年以前，人口城市化指数高于经济城市化指数、社会城市化指数和空间城市化指数，表明这一时期，西咸地区城市化主要表现为乡村人口向城市人口转变。2004 年开始，政府大力推动区域人口和经济发展协调的发展，经济发展和民生都得到了很大改善，产业结构不断优化，城市化进入快速发展阶段。2005～2010 年人口城市化指数与其他城市化指数之间的差距逐渐缩小，但仍然高于空间城市化指数、经济城市化指数和社会城市化指数，表明在此期间，西咸地区综合城市化仍然主要由人口城市化所推动，乡村人口的地域转变仍是这一时期城市化快速发展的主要原因。此外，2010 年之前，空间城市化指数一直要高于经济城市化指数和社会城市化指数，基本处于第二位，表明该区空间城市化即乡村景观向城市景观的转变过程成为推动综合城市化的第二大贡献者。这与西安市两次城市发展总体规划密切相关，这两次城市规划的制定及后期的实施推动了西咸地区空间城市化的快速发展。20 世纪 90 年代西安市第三次城市规划（1995～2010 年）确立了西安中心集团与外围组团的空间布局模式，城市空间格局确定为中心集团、外围组团、轴向布点、带状发展，提出了中心城市、卫星城市、建制镇的三界城镇体系；这一城市规划的实施推动了西安市用地的快速扩展，促进了空间城市化的发展。2003 年西安第四次城市总体规划修编《西安城市总体规划（2008—2020 年）》将西安定位为世界历史文化名城、中国西部最重要的现代化中心城市、西部地区交通枢纽型城市、富有东方古都神韵的华夏历史公园、世界旅游之都。同时，将城市空间形态确定为九宫格局、棋盘路网、轴线突出、一城多中心格局，即在九宫格局的基础上，沿城市放射状交通线向外发展功能区，形成多个城市副中心，如发展以陇海线为轴的城镇经济发展轴、以关中环线为纽带的城镇经济发展集群带，发展4个组团（六村堡、常宁、新筑、洪庆）、3个新城（临潼、阎良、泾渭）、4个中心城镇（户县、高陵、周至、蓝田），重点发展50多个职能特色突出的建制镇及街道办。城镇骨架拉大，由单核演化向多核演化发展。第四次城市规划进一步推动了西咸地区的空间城市化过程。"十一五"以来，西咸地区经济规模迅速壮大，投资消费需求旺盛，产业结构持续优化，开发新区的作用日益凸显，西安城市辐射作用增强，同时也极大地带动了周边城市的发展，不断推动西安市经济城市化水平快速提升。近年来，国家大的战略规划提出和实施，进一步推动了西安地区城市的快速发展，如"一带一路"倡议将西安市作为"丝绸之路经济带的新起点"，西安被确定为重要的节点城

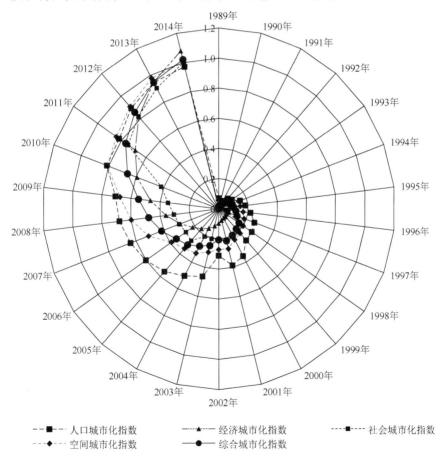

图2-9 西咸地区城市化水平指数变化

市；西部大开发"十三五"规划中明确提出加快以关中-天水等重点经济区为支撑的核心增长区域建设，构建"五横两纵一环"西部开发总体空间格局，西安市是重要的节点城市；支持西安浐灞生态区探索开发区生态文明建设新模式，着力打造西安市等内陆开放型经济高地，加快西咸等国家级新区发展，支持西安国际港务区等功能区的发展。随着西咸地区社会经济的大力提升，建设国际化大都市、大西安等目标的提出，以及关中平原城市群规划的出台，西咸地区必将进一步加大建设用地开发力度，扩大城市规模，不断拉大城市骨架；风电装备、光伏产品研发生产基地、新能源汽车产业基地、电子信息产业基地、生物医药产业基地等产业经济发展计划的落实，必将进一步推动西咸地区经济发展和城市化的内涵式发展。

四、西咸地区城市化空间演变

本书在 1989 年、2000 年和 2014 年 3 个时期通过测评西咸地区县域尺度的城市化水平，分析研究该区城市化空间格局的演变过程。

（一）人口城市化空间演变

在西咸地区城市化过程中，人口城市化起到了重要的推动作用。1989～2014 年该区非农业人口增长了 37.28%，随着乡村人口向城镇的迁移，城镇人口密度日益增大。1989～2014 年按土地总面积计算，非农业人口平均密度由 185.60 人/km^2 增加到 383.20 人/km^2，增加了 1.1 倍；按建设用地面积计算，非农业人口密度由 2005.72 人/km^2 增长到 2915.16 人/km^2，增长了 45.34%。通过对该区人口城市化指数的测评（图 2-10）可以看出，该区人口城市化水平有了很大幅度的增加。人口城市化格局由 1989 年的局部城市化逐步向外扩张，人口城市化指数的高水平（0.60～1.00）、中水平（0.20～0.60）区域面积逐步扩大。1989 年城市化水平较高的地区为西安城六区和咸阳城区，此外，阎良区和杨陵区城市化水平也处于较低水平，其他区（县、市）人口城市化水平不足 0.10。2000 年人口城市化水平各区（县、市）均有提高，但空间格局与 1989 年相差不大；2014 年，人口城市化指数均进一步提高，高水平、中高水平和中下水平城市化区进一步扩展，如兴平市、高陵县、三原县等均达到中下水平。

如图 2-11 所示，1989～2014 年，用非农业人口表达的人口城市化水平进一步提高。在空间格局上，人口城市化格局主要以西安城区和咸阳城区为核心，形成人口城市化的高水平区并逐渐向外围降低，形成较为明显的圈层结构。离城市偏远的区（县、市）和乡村人口密度尤其是非农业人口密度进一步降低。1989 年高水平城市化区域主要在新城区、碑林区、莲湖区三区，非农业人口密度分别为 14208 人/km^2、19857 人/km^2 和 12535 人/km^2；其次为雁塔区，密度为 1503.68 人/km^2；

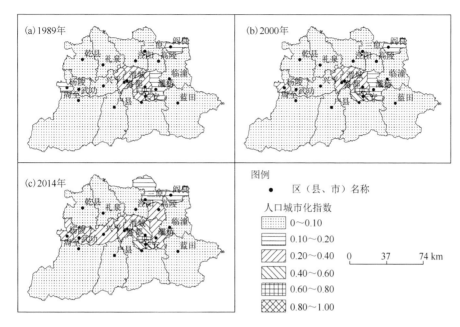

图 2-10　西咸地区人口城市化空间格局变化

再次，渭城区和秦都区分别为 584.29 人/km² 和 555.89 人/km²。低水平区主要分布在远郊县，如周至县、蓝田县、礼泉县、乾县和泾阳县，非农业人口密度分别为 9.90 人/km²、20.37 人/km²、19.80 人/km²、25.77 人/km² 和 37.58 人/km²。2014 年高水平区有新城区、碑林区和莲湖区，非农业人口密度平均约为 20428 人/km²，其次为雁塔区，约 4855.39 人/km²，未央区为 1686 人/km²；再次为秦都区，密度为 1222.82 人/km²；而远郊的户县仅为 105.91 人/km²，蓝田县为 28.76 人/km²，周至县为 21.80 人/km²；乾县和礼泉县分别为 58.02 人/km² 和 54.98 人/km²。在研究期间人口城市化格局发生了较大的变化（图 2-12）。1989~1995 年人口城市化高水平区（60%~100%）主要分布在西安市的新城区、碑林区和雁塔区，2000~2005 年扩大到咸阳市的秦都区和渭城区及西安市的未央区，2014 年进一步扩大到兴平市。中等和中下城市化水平区（20%~60%）到 2014 年也进一步扩大到了长安区、户县及泾阳县、高陵区和武功县。总体上，人口城市化空间演变格局表现出两个特征：一是人口城市化以两市城区为核心向外扩展；二是沿东西向主要交通干线，如陇海线和南北向干线，如西铜高速和西禹高速向外扩展。人口向西安市和咸阳市区及各区（县、市）中心城区进一步集聚，这一趋势将进一步突出。也可以看出，人口城市化指数的空间演变格局与人口城市化水平（非农业人口比例）的空间演变格局基本一致，表明综合性人口城市化仍然以非农业人口的增加为主导。

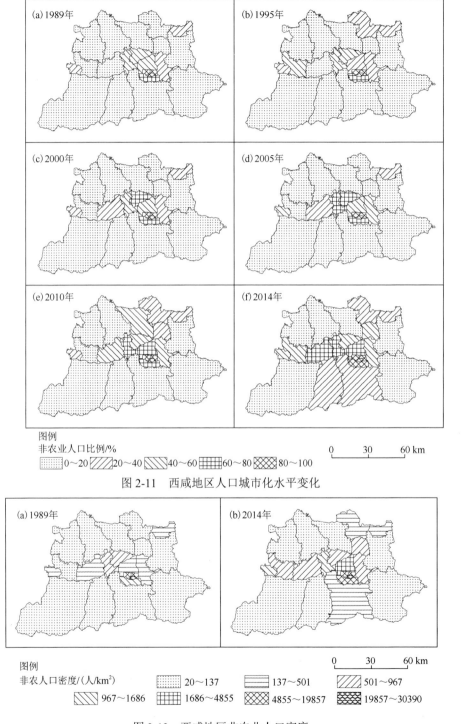

图例
非农业人口比例/%
0~20　20~40　40~60　60~80　80~100

0　　30　　60 km

图 2-11　西咸地区人口城市化水平变化

图例
非农人口密度/(人/km²)　　20~137　　137~501　　501~967
967~1686　　1686~4855　　4855~19857　　19857~30390

0　　30　　60 km

图 2-12　西咸地区非农业人口密度

（二）经济城市化空间演变

区域工业化及其经济快速发展促进了西咸地区城市化进程。经济城市化的空间格局演变与工业产业的空间布局密切相关。从经济城市化指数（图2-13）来看，1989年经济城市化水平比较高的区域主要分布在咸阳市的渭城区、秦都区和西安市的户县、西安城区等，这里布局了西咸地区重要的工业企业，经济产值高，经济密度大，经济城市化水平也比较高。1989年秦都区全部工业总产值达22.21亿元，约高于其他区（县、市）1倍，其次较高的渭城区、户县均为9亿元左右，社会固定资产投资总额分别为4.99亿元和3.21亿元，均远高于其他区（县、市）；国民生产总值最高的分别是长安区5.9亿元和户县5.60亿元（各区（县、市）平均约为3.30亿元），再次为秦都区和渭城区，分别为4.97亿元和5.41亿元，均高于西咸地区平均水平4.68亿元，处于中高水平，因此，这些区（县、市）成为经济城市化水平最高的地区。而远郊区（县、市）经济城市化水平相对较低，如全部工业总产值较低的有高陵县、杨陵区、蓝田县、礼泉县和乾县，分别为0.97亿元、0.267亿元、2.11亿元、1.45亿元和1.70亿元，均远低于西咸地区的平均值；兴平市和临潼区工业总产值处于中等水平，分别为6.44亿元和5.44亿元，社会投资水平较低，分别为0.41亿元和0.38亿元，均低于西咸地区平均值0.52亿元（图2-14）。"十一五"以来，西咸地区经济规模迅速壮大，投资消费需求旺盛，产业结构不断优化，特别是开发区、新区发展等对经济的推动作用逐渐增强。例如，"十一五"末西安市三次产业结构比例分别由2006年的5%、42.5%、52.5%调整为4.3%、43.5%和52.2%，开发区、新区经济水平持续上升，规模以上工业总产值和实际利用外资分别占西安市全部的35%和75.6%。咸阳市县域经济规模平均达到63.3亿元，占全市经济总量的63.4%，提高了5.7个百分点。2014年西咸地区综合经济实力大幅度提升，各区（县、市）平均GDP达到318.16亿元，产值最高的主要有雁塔区、未央区、碑林区、莲湖区、新城区和秦都区，都在420亿元以上；规模以上工业总产值居前的区（县、市）有未央区、秦都区、高陵区、雁塔、长安区、渭城区，均在470亿元以上；同样，社会固定资产投资总额的高值区也在雁塔区、未央区、长安区、秦都区、莲湖区和渭城区，均在440亿元以上（图2-15），因此，这些区（县、市）成为经济城市化高水平区域。而与之相对，蓝田县、周至县、户县、武功县和杨陵区等地成为经济城市化的低值区。2000~2014年，经济城市化水平进一步提高，区域城市化的核心区，如西安市城六区和咸阳市城区经济城市化指数由0.08提高到0.4以上，在该区域的外围，如高陵区、阎良区、临潼区、兴平市和长安区等经济城市化指数也进一步提高。总体上，从经济城市化水平的空间格局上来看，1989~2014年，西咸地区经济城市化高水平区主要分布在工厂企业布局集中、工业产值大的地方，而工业发展水平较低的区（县、市）因经济发展水平也比较低，成为经济城市化低水平地区；此后，随着西安市和咸阳市城区第二产业和第三产业的发展，即区域经济结构由工业经济为主导向第三产业为主导的结构转变、产业经济相对均衡发展，以及产业经济的相对均衡布局，主城区逐渐成为经济产出的高水平区域，也成为经济城市化的高水平区域。但整体上，随着整个区域经济水平的提高和人口的聚集，经济城市化水平总体大幅提高，1989～2014年经济城市化的空间格局表现为城区向周边区（县、市）到远郊区递减的趋势，形成了由主城区和主要交通干线为骨架的城市化高水平格局，远郊及以农业经济为主要的区域则相对较低。

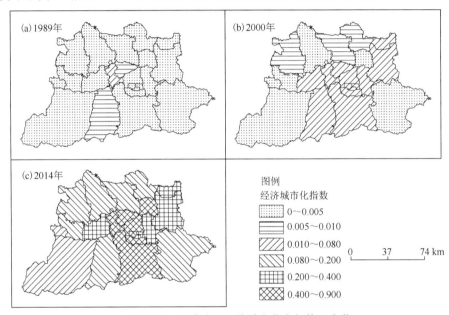

图 2-13 西咸地区经济城市化空间格局变化

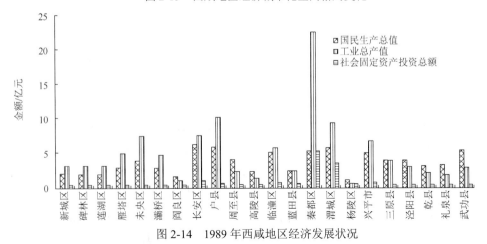

图 2-14 1989 年西咸地区经济发展状况

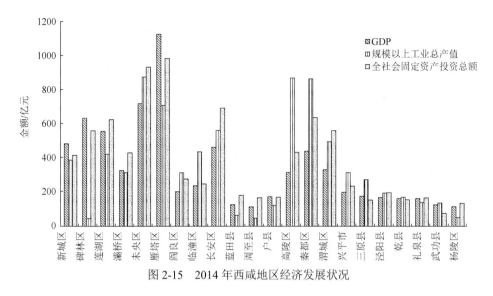

图 2-15 2014 年西咸地区经济发展状况

（三）社会城市化空间演变

从测评结果（图 2-16）来看，西咸地区社会城市化水平逐渐提高。在空间上表现出明显的核心区高、边缘区低的基本格局。1989 年社会城市化水平比较高的区域主要集中在西安市主城区（碑林区、新城区、雁塔区），西安市其他区域均处于最低水平，咸阳市所辖区（县、市）均处于低水平。2000 年西安市和咸阳市主城区社会城市化水平均有所提高，同时临潼区、灞桥区、未央区、蓝田县、长安区和周至县等有所提高，其中新城区、碑林区、雁塔区等属于中等水平区域，而礼泉县、乾县、泾阳县、三原县、高陵县等区（县、市）仍处于低水平区域。2014 年研究区社会城市化水平全面提升，其中西安市城六区、咸阳市城区及长安区均提升为社会城市化的最高水平区域；其他大部分区（县、市）如户县、蓝田县、临潼区和泾阳县、礼泉县、乾县、武功县、兴平市等均上升为中等社会城市化水平。总体来看，西咸地区社会城市化水平大幅度提升。"十一五"期间，民生问题日益被政府重视，西安全市在民生方面的总投资达 185.1 亿元，增长了 27.2%；城乡居民收入年均分别增长17.3%和 23.5%，比"十五"末增长了 1.3 倍和 1.24 倍；综合交通网络不断完善，公路、铁路设施逐渐健全，成为全国六大客运枢纽之一，人均道路面积 14.8m^2。咸阳市民生工程累计完成投资 108 亿元。

1989～2014 年非农业人口每万人拥有医疗机构数平均由 6.34 个/万人增加到15.85 个/万人，提高了 1.5 倍；非农业人口拥有医院床位数由 94.74 个/万人增加到129.93 个/万人，增加了 37.14%；人均社会消费品零售总额由 0.038 万元/人提高到2.59 万元/人，增加了约 67.5 倍（图 2-17，图 2-18）。从空间上来看，社会城市化的空间聚集程度也进一步增加，单位土地面积城市基础设施和服务能力大幅度提升。1989～2014 年非农业人口拥有医疗机构数量平均值分别由 0.003 个/km^2 增加到 0.61 个/km²，提高了 200 多倍。社会商品零售额由 0.007 万元/km² 提高到 2136 万元/km²。因此，西咸地区在人口集聚、经济快速发展的同时，社会发展也在稳步推进。随着各区（县、市）经济的发展，教育、医疗、生活质量等都得到很大提高，主城区地处城市中心，各种资源优势明显，相比于其他区（县、市）社会城市化水平较高。

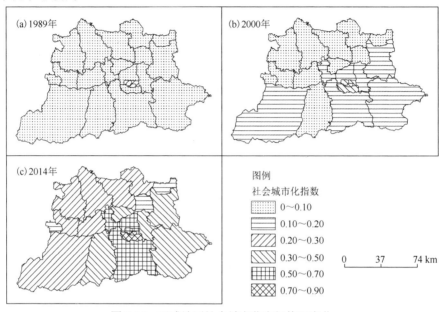

图 2-16　西咸地区社会城市化空间格局变化

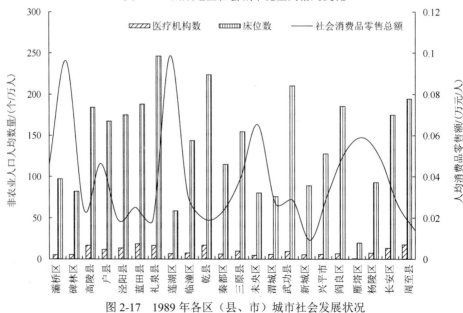

图 2-17　1989 年各区（县、市）城市社会发展状况

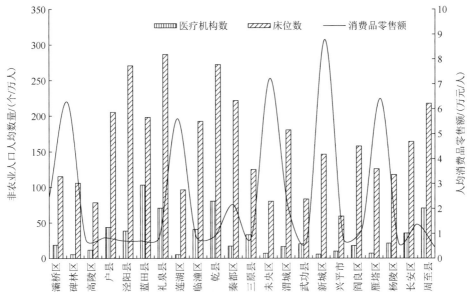

图 2-18 2014 年各区 (县、市) 城市社会发展状况

(四) 空间城市化空间演变

1989~2014 年西咸地区空间城市化提高了约 37 倍, 空间城市化程度大幅度提高 (图 2-19)。1989 年空间城市化指数最高值在西安市区 (新城区、碑林区), 处于中等和中高水平, 其他外围的大部分区 (县、市) 处在中下水平, 蓝田县、阎良区、武功县、高陵县和杨陵区, 包括咸阳市的秦都区和渭城区等区处于空间城市化的最低水平。2000 年秦都区、渭城区、武功县等区 (县) 由以前的低水平区提高到中低和中高水平。2014 年随着城镇建成区面积、工矿用地和农村居民点的扩张, 空间城市化水平进一步大幅度提升。西安市和咸阳市建成区得到了快速增长, 空间城市化水平处于高水平城市化区域。西安市 1984~1990 年年均扩张 5km², 1991~1995 年年均为 18.49km², 1996~2005 年年均为 34.859km², 2001~2005 年为 39.759km², 2006~2010 年为 111.009km² (李建伟等, 2015), 2004~2016 年年均扩张 18.179km² (耿甜伟, 2017); 同期, 临潼区、长安区及乾县等地由于大规模旅游景区建设、高速公路及国道公路建设、各类产业园区建设、房地产开发建设等, 空间城市化水平也达到了中高水平。1989~2014 年西咸地区道路面积和建设用地面积均有很大幅度的扩张。道路面积由 230.61km² 提高到 393.09km², 提高了 70.45%; 建设用地面积由 1387.97km² 增加到 1971.73km², 增加了 42.06% (图 2-20)。各种道路及建设用地扩张在各区 (县、市) 存在非常显著的差异, 其中道路面积增长幅度最大的区 (县、市) 有碑林区、新城区和莲湖区, 分别增长了 47.7 倍、29.4 倍和 6.53 倍; 渭城区、蓝田县、杨陵区、灞桥区、

未央区和高陵区等增长了 1.0～1.7 倍；其他区（县、市）增长均在 1.0 倍以下。建设用地面积增长幅度最大的有雁塔区、未央区和杨陵区，分别增长了 1.72 倍、1.43 倍和 1.39 倍；增长较大的区（县、市）有秦都区、长安区、高陵区、户县和灞桥区，分别增长 88.51%、77.65%、75.85% 和 71.21% 和 57.08%，其他区（县、

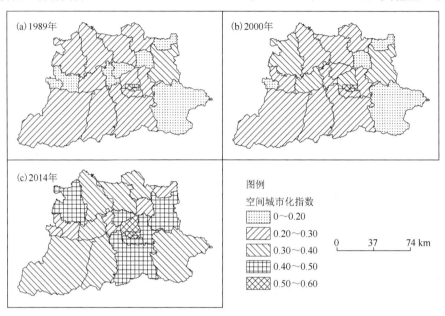

图 2-19　西咸地区空间城市化空间格局变化

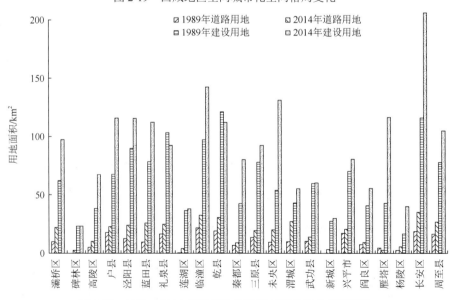

图 2-20　1989～2014 年西咸地区道路与建设用地面积变化

市）增长率均低于50%。总体上，西咸地区空间城市化格局呈现中心市区向近郊、远郊乡村地区递减，沿主干道路向两侧递减的空间特征；空间城市化格局的演变也主要以西安和咸阳城区为核心，结合主要的交通干线渐次向外扩展。

（五）综合城市化空间演变

1989年西咸地区综合城市化水平在空间上表现为中心城区水平高而周边区（县、市）水平低的空间格局，演变为2014年受城市化距离辐射力影响而呈现出的"核心-边缘"格局，即由城区到外围城市化水平递减的空间格局。西咸地区城市化水平综合测度值呈现出明显的"核心-边缘"的圈层结构分布趋势，即由高值区域向外扩散，其中西安市周边区域城市化水平空间变化明显，差异特征显著（图2-21，表2-6）。

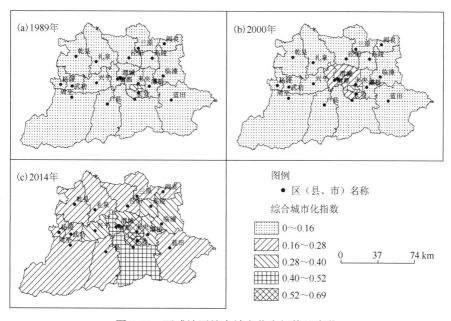

图2-21　西咸地区综合城市化空间格局变化

表2-6　西咸地区综合城市化水平区（县、市）分类

城市化程度	综合城市化指数	1989年	2000年	2014年
低值区	0~0.16	高陵县、蓝田县、杨陵区、周至县、泾阳县、武功县、礼泉县、阎良区、三原县、户县、乾县、长安区、兴平市、临潼区、灞桥区、秦都区、未央区、渭城区、雁塔区	高陵县、蓝田县、泾阳县、武功县、周至县、杨陵区、礼泉县、乾县、三原县、户县、阎良区、长安区、兴平市、灞桥区、临潼区	

续表

城市化程度	综合城市化指数	1989 年	2000 年	2014 年
中低值区	0.16～0.28		渭城区、秦都区、未央区、雁塔区	周至县、杨陵区、蓝田县、武功县、礼泉县、阎良区、泾阳县、户县、乾县、三原县
中值区	0.28～0.40	新城区、莲湖区、碑林区	莲湖区、新城区	兴平市、临潼区、高陵区、灞桥区、渭城区
中高值区	0.40～0.52		碑林区	长安区、秦都区
高值区	0.52～0.70			新城区、未央区、莲湖区、碑林区、雁塔区

在综合城市化演变的整个过程中，城市化的空间格局日益集中化。本书采用 Moran I（莫兰 I 数）进行了测度。Moran I 能够直观反映各个区（县、市）在综合城市化水平上的空间相关性及集聚性（表 2-7）。

表 2-7　不同时期西咸地区城市化空间集聚性

城市化指数	Moran I		
	1989 年	2000 年	2014 年
人口城市化	0.9434	0.9411	0.9618
经济城市化	0.0609	0.5957	0.4503
社会城市化	0.5053	1.0445	0.9722
空间城市化	0.3972	0.5643	0.6863
综合城市化	0.7702	0.9953	1.0846

从表 2-7 可以看出，西咸地区区（县、市）单元的综合城市化水平空间自相关测度值 Moran I 由 1989 年的 0.7702 逐渐提升到 2014 年的 1.0846，表明区域内各单元城市化水平格局的空间集聚性逐渐增强且变化较大。人口城市化的 Moran I 在 1989 年、2000 年和 2014 年均比较高，且变化不大，表明人口城市化在空间上一直比较集聚。从经济城市化 Moran I 可以看出，1989 年经济城市化在空间上相对分散，2000 年和 2014 年集聚性有所提高，表明经济城市化与区域整体工业企业的布局有很大的关联性。社会城市化的 Moran I 在 1989～2000 年升高，表明集聚性增强，但 2000～2014 年略有下降，表明这期间基础设施建设及其供给能力均匀化，其原因主要是西安都市圈规划建设及经济的发展，优良的区位条件及便利的交通运输条件，逐渐缩短了西安都市圈各区（县、市）的空间距离，对外交流趋于方便，城市布局逐渐合理，辐射能力增强，缩小了区域城市化发展的差距。1989 年空间城市化的 Moran I 为 0.3972，比较低，集聚性差，2000 年和 2014 年有所提高，表明空间集聚性增强。

1989～2014 年不同区（县、市）综合城市化水平提高幅度差别很大（图 2-22，表 2-8），这与各区（县、市）的资源环境条件、交通区位条件、社会经济发展阶段、经济结构、受中心城市（如西安市和咸阳市）的影响等具有密切的关系。

表 2-8 不同阶段各区（县、市）综合城市化指数增长幅度

增长幅度/%	1989～2000 年	2000～2014 年	1989～2014 年
0～50	乾县、碑林区、莲湖区、新城区、户县、泾阳县、武功县、兴平市、长安区、礼泉县、三原县、渭城区、阎良区、周至县、灞桥区、临潼区	碑林区、新城区	
50～100	蓝田县、秦都区、未央区、杨陵区、高陵县、雁塔区	莲湖区、阎良区、杨陵区、临潼区、周至县	碑林区、新城区、莲湖区
100～320		礼泉县、户县、兴平市、乾县、灞桥区、三原县、渭城区、武功县、秦都区、蓝田县、雁塔区、泾阳县、未央区、长安区	阎良区、户县、乾县、礼泉县、周至县、兴平市、临潼区、武功县、三原县、杨陵区、渭城区、灞桥区、泾阳县、蓝田县、秦都区
320～520		高陵县	长安区、未央区、雁塔区
520～740			高陵区

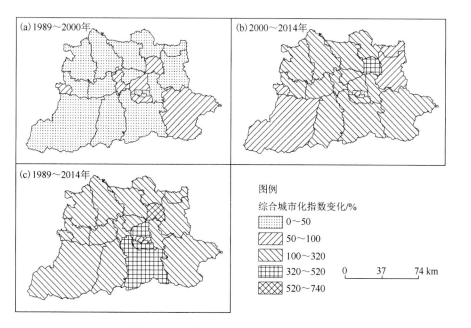

图 2-22 西咸地区综合城市化水平变化

　　总体来看，新城区、雁塔区、莲湖区、秦都区、渭城区的城市化水平指数值要高于周边区（县、市），这与区域之间的自然地理条件、政治条件、交通条件、历史条件等因素的差异密切相关。这些区域位于关中平原的中部，自古以来就是

陕西省经济和文化最发达的地区，而且相互之间功能互补，构成西咸地区的主体部分，一直以来是陕西省重要的工业基地，是陕西省乃至全国重要的铁路、公路、航空枢纽之一。相比较而言，秦都区、渭城区的人均 GDP 和卫生机构数、社会消费品零售总额低于新城区、雁塔区、莲湖区。因此，在未来的城市化发展过程中，要充分利用秦都区、渭城区的区位优势，调整产业结构，充分利用大西安建设的重大发展机遇，完善基础设施建设，加快区域之间的功能互补，加强与西安市的经济合作。

三原县、泾阳县、武功县、乾县、礼泉县的综合城市化指数较低，同时其内部之间又存在较大的差异。三原县的人口城市化指数和综合城市化指数都很低，三原县应充分发挥处于陕西省南北交通干线的交通优势，及与西安市毗邻的区位优势，以促进第二、第三产业的快速发展。泾阳县的优势表现在城区居民建设用地面积较少，人均绿化面积较大，县、乡、村道路密度较高，第二产业产值比例小。泾阳县与西安市区及咸阳市区很近，应充分利用大西安建设的机遇，促进泾阳县域经济的快速发展。武功县的优势表现在农村第二、第三产业就业人数较多，而且乡镇密度及街道办的密度较高。乾县的优势表现在旅游资源丰富，拥有乾陵、太子墓、公主墓、生态观光旅游区等，同时农家乐及民俗村也发展得很好，因此第三产业产值的比例较高。礼泉县的优势表现在第三产业产值比例较高，因此礼泉县要充分利用与秦都区、渭城区相邻的区位优势、便捷的交通及良好的农业发展条件，加强工业基础设施建设。

第三节　西咸城市化影响因素及驱动力

城市作为人类社会的重要聚落类型之一，是人类社会发展到一定阶段的必然产物。城市是一个非常复杂的、开放的和动态的巨系统，是包含自然、经济、社会等诸多要素在内的复杂地域系统。在人类社会发展过程中，区域非农业人口、城市地域、社会经济等都在不断发生深刻而广泛的变化。这种变化包含着非常复杂的转变过程，除了区域城市数量增加、规模扩大、城市地域扩张等之外，它还与区域人口迁移、产业经济转变、社会文化变化、居民生活方式变化，与区域地表景观、区域资源环境状况等的发展与转变密切相关，是人文过程与自然过程交互作用的最复杂和最综合的地理过程。一方面，城市是区域经济、政治、文化、商贸、信息服务和管理等多种职能的中心，对区域经济社会发展起到主导和推动作用；另一方面，区域的地理位置、自然条件与资源、经济条件、社会因素、生态环境等是城市发展的基础，对城市发展起到推动或者制约作用。在人类城市发展历史上，一般认为区域自然及经济社会要素和区域经济发展是推动城市化的主要动力，农业社会时期农业经济发展与生产效率的提高是城市产生和发展的重要条件和推动力，工业社会时期工业化是城市化的主要动力，而后工业社会时期，第三产业的发展则成为城市化的主要动力。

一、西咸城市化影响因素分析

（一）自然因素

自然条件（包括气候、地貌、水文、土壤、生态系统等）作为城市及其腹地经济发展的生态环境基础，对区域人口分布、经济发展、产业布局及土地利用等都有重要的影响。气候条件（如气温、降水、光照、太阳辐射等）直接影响人口居住的适宜性及农业气候条件与资源，影响农业经济的发展，同时，也影响到如土壤、水文水资源等自然要素，间接影响区域土地利用、城市建设和布局，影响城市化进程；不同的气候条件具有不同的土地利用格局，气候的波动不仅影响生态系统，而且对土地利用与人类迁徙等人类活动有间接影响。地貌和土壤因素影响城市的区位选择、城市形态和扩展方向，在很大程度上影响区域土地利用和土地的承载力，会影响和制约土地开发的深度与强度，影响城市的空间地域结构，以及城市的发展和建设。城市自然生态环境的好坏也影响着城市的土地利用格局。例如，人均公共绿地面积越大，建成区绿地覆盖率越高，城市的生态环境质量就越好，土地集约利用的生态外部性就越明显。

西咸地区地处关中平原中部，北邻黄土高原，南依秦岭山地，区内山地、丘陵、平原、台塬、河谷等地貌类型多样，北部主要分布有黄土台塬及北缘的小部分黄土丘陵沟壑区，中部主要是东西向分布的渭河冲积平原，南部是秦岭山地，海拔高峻，地势陡峭。在西咸城市化地区的大城市和诸多城镇，主要分布有黄土台塬和渭河冲积平原，平均海拔为335～660m，高差较小，地势较为平坦，除了地处秦岭山区的镇之外，地形对城镇的扩展几乎没有限制。该区地处暖温带半湿润的大陆性季风气候区，年平均气温13.0～13.7℃，1月最冷，平均气温-1.3～0℃；7月最热，平均气温26.3～26.6℃，多年最低气温-8℃。年平均降水量522～720mm。降水适中，四季分明，自然地理环境较为优越，人居环境自然适宜性高。该区南部秦岭山地以林地、牧草地、未利用地为主，占土地总面积的54.6%，是重要的自然生态保护用地，自然保护区、森林公园分布密集，属秦岭国家中央公园的重要组成部分；北部平原以耕地、园地、城镇建设用地和文物遗址保护用地为主，占土地总面积的45.4%，土地利用效益较高，是我国历史上重要的粮食主产区，农业发展条件优越，农业经济发达，人口稠密。

（二）区位条件

西咸地区区位优势明显，是西部地区重要的金融、商贸中心和交通、信息枢纽。在全国区域经济布局上，具有承东启西、东联西进的地理优势。西安市和咸阳市也是关中城市群的中心。西咸城市化区是全国连接南北的"十"字形网状铁路交通和陕西省"米"字形铁路交通的重要枢纽，西安是全国干线公路网中最大的节点城市之一、中国六大航空枢纽之一、六大通信枢纽之一，区位优势十分突出。随着国家高速铁路网的加快建设，未来几年，西安市一日交通圈覆盖范围将扩大到大半个中国，辐射人口将扩大到全国人口的一半以上。西咸地区的区位优势和中心城市的聚集、辐射功能，在全国尤其在西部地区经济发展中将发挥更重要的作用。

西咸地区地处我国中西部两大经济区域的结合部，是西北通往西南、中原、华东和华北各地的门户和交通枢纽。历代以来，西安市的金融、商贸业在区域经济中都具有重要地位。该区位于西部大开发的最东端，是大陆桥经济带上最发达的城市区域，交通网络四通八达，是东部进入西部的主要入口。欧亚大陆桥是西部大开发最重要的干线，欧亚大陆桥（中国段）主要分布在陕西省的潼关县到新疆维吾尔自治区的阿拉山口市，占 3/4 以上。作为新欧亚大陆桥中国段——陇海兰新铁路沿线经济带上最大的西部中心城市，西安市是国家实施西部大开发战略的重要节点，具有承东启西、连接南北的重要战略地位，也是丝绸之路经济带的重要节点城市和起点城市。

今后随着西咸地区商贸设施、科技力量、工业基础等各方面的快速发展，必将进一步发挥中心城市的优势作用，以点带面的发展，带动关中平原和西北地区的快速发展，同时也将在"一带一路"倡议实施中起到更大的作用。因此，西咸地区随着人口、经济和社会的快速发展，城市化进程将进一步加快。

（三）人口因素

一方面人口增加导致居民对物质资料和就业岗位需求增加，刺激投资力度增大，完善经济结构，加大物质资料生产，满足居民的需求，加快区域经济发展速度；另一方面，人口增长也会导致居民对住房、交通道路、医疗教育等的巨大需求，刺激对住房、道路、学校、医院、市政设施等一系列基础设施和配套设施的建设力度，满足居民住房、交通、教育和市政服务等方面的需要。因此，区域人口增长推动了城市建设用地、基础设施建设的快速增长，推动了区域城市化发展。1990 年西安市人口为 308.77 万人，2006 年达到了 753.11 万人，2010 年常住人口为 894.45 万人，2020 年将超过 1000 万人，城镇人口占总人口数的比例持续上升，建设用地扩大。主要原因：一是随着经济的快速发展，城市建设规模不断扩大，近郊农村土地被征用；二是外来人口大量迁入，整个城镇人口增加；三是新出生人口增加，导致建设用地的需求增加，加快了城市周边耕地转变为城市建设用地的速度，使城市用地面积进一步扩展；四是经济条件和观念的变化，导致家庭结

构变化，户均人口规模下降，住房需求增加，导致建设用地增加。例如，1978～
2006 年，西安市户数每年增长 3.52%，同时，人口增长率为 1.83%，户数增长率
明显大于人口增长率。1978 年，每个家庭的人口数约为 4.78 人；2006 年，每个
家庭人口数约为 3.64 人，比 1978 年少 1.14 人，但是 2006 年的总人口数约为 1978
年的两倍。人口总数增加，家庭人口规模下降，对住房的需求增大。随着人口
规模的增加，该区人口密度也显著提高，1989 年西咸地区人口密度为 275.28 人/km^2，
2014 年增长到 831.33 人/km^2，增长了约 2.02 倍。

因此，人口增长是推动西咸地区城市化的重要因素。

（四）经济因素

经济因素是推动城市化最重要的因素。经济增长，如 GDP 增长、工业生产水
平的提高（工业化）、第三产业的发展（如现代服务业的发展）、产业结构变化与
升级、固定资产投资总额的增加、居民生活水平的提高等，直接推动如房地产、
交通、服务业等产业的快速发展，导致城市人口规模增长、经济总量提高、城市
建设用地扩张。1949 年以前，西安-咸阳都是畸形的消费城市，经济萎缩落后；
1949 年以后，由于政策的调整，西咸地区经济状况得到改善；改革开放以来，西
咸地区经济总量以平均每年 12.3%的速度增长，2006 年西安市 GDP 总量达到
1450.02 亿元，按照常住人口计算，人均 GDP 为 17825 元，城市居民家庭人均消
费性支出 8986.87 元，同比增长 13.8%。经过 60 多年的发展，已形成包括 36 个行
业门类较为齐全的工业体系，尤其是装备制造业配套能力强、工艺技术先进，覆
盖了全部 29 个制造业门类，成为我国重要的工业研发和生产基地，航空航天、
精密电子、大型风机、制冷压缩机、铁路车辆、成套输变电设备、矿山冶金筑
路等专用设备有较强的实力。经济的发展和观念的变化，房地产业的快速发展，
改变了土地利用空间格局。西安市高新技术开发区和经济技术开发区在主城区
南北方向上的建设，推动了西安建成区向南北扩展，增加了城市土地面积，而
且带动了周围基础设施的改善。例如，交通用地的扩展，住宅、商业、娱乐业
及餐饮等服务也配套建立，这些配套设施的发展促进了城市用地的扩张速度和
程度。因此，西安市在这两个方向上发展迅速，是城市土地扩张的主轴。咸阳
市的经济发展速度相对落后于西安市，因此，整个城市的发展速度明显慢于西
安市。

城市化与经济发展存在着密切的关系，城市化是经济发展的必然产物，同时，
城市化水平的提高又促进了经济的发展。西咸城市化区人口城市化水平从 32.93%
增长至 46.43%，年均增长率为 1.5%，GDP 由 129.49 亿元增长至 7222.28 亿元，
人口城市化水平增长率小于 GDP 增长率，人口城市化水平相对比较滞后，因此要
加快人口城市化水平，以城市化的快速发展带动经济的发展。1995～2000 年，受

1998 年亚洲金融危机的影响，西安市 GDP 增长幅度较慢；此后，从 2005 开始，GDP 呈稳步上升趋势，城市化水平也逐年提高。

（五）政策导向因素

国家重大战略部署和产业政策对城市化具有重要的推动和调控作用，主要有国家重大战略、宏观经济发展政策、城市规划、土地利用规划和政策等。20 世纪 90 年代国家批准设立西安高新技术开发区，促进了区域经济的迅速发展，推动了该区城市综合实力的提升和城市地域的扩张。例如，1991 年西安国家级高新技术产业开发区的设立与建设，1992 年咸阳市的省级高新技术开发区的建设，此后西安经济技术开发区、西安综合保税区等的设立和建设，西安市"五区一港两基地"的开发区发展战略，推动了西安市国家级开发区和产业基地发展，大面积工业厂房、住宅、交通、教育医疗等公共设施和基础配套设施的建设，使得城市周围区域农业及其他用地类型向建设用地转移，城市用地规模不断扩展。1999 年西部大开发战略的实施使西咸地区成为中国西部大开发的前沿，2001 年以西安为中心建设国家级"关中高新技术产业开发带"和"星火产业带"，2006 年陕西省在《陕西省城镇体系规划（2006—2020 年）》中提出，以"一线两带"为契机，构筑良好的区域基础设施，有机协调各城市（镇）的发展建设，形成布局合理、结构科学、功能互补、环境良好的关中城镇群，并明确提出了西安都市圈建设规划。2009 年国务院批复的《关中-天水经济区发展规划》提出，要形成中国西部发达的城市群和产业集聚带。2013 年国家"一带一路"倡议中，把陕西省定位为实施"一带一路"倡议的重要节点，陕西省自身定位为"丝绸之路经济带新起点"和"一带一路"核心区，极大地促进了西咸地区交通、金融贸易、产能合作及科技教育、文化旅游等方面的发展，这些国家发展战略和区域产业布局政策促进了西咸地区城市化的快速发展。

城市规划对土地利用的宏观变化起决定性的影响。在推进城市化的进程中，政府既是城市化战略的制定者，也是城市化实践的执行者。通过制定法律法规、编制发展战略规划和执行公共政策等手段，对城市化进程加以推动、引导和调控，主导城市发展的规模和节奏。城市内部的规划对城市的定位、发展方向、功能分区做了进一步限定。

城市规划是政府对整个城市发展的宏观性调控，主要指引城市发展的方向、控制城市发展规模、设定城市在一定期限内所要达到的目标，是一种"人为"的特定干预，能对城市空间结构的形成与演化起较大的外部组织作用。

20 世纪 50 年代以来，西安市一共编制了 4 次总体规划。第一轮总体规划为 1953～1972 年，西安城市性质确定为转型精密机械制造与纺织工业城市，以旧城为中心，向东、西、南三个方向扩展，确定中心市区面积为 31km²，人口为 120

万人。制定了功能分区：中心商贸居住区、南郊文教区、北郊大遗址保护区和仓储区、东郊纺织城、西郊电工城。第二轮总体规划为1980～2000年，城市性质为保持古城风貌，以经济、机械工业为主，科研文教、旅游事业发达的社会主义现代化城市，控制中心市区范围，旧城区保护和改造。确定中心市区面积为162km^2，人口为180万人，制定了"显示唐长安城的宏大规模，保持明清西安的严整格局，保护周秦汉唐的重大遗址"的发展方针。此次总体规划的实施巩固了西安市作为世界著名古城的地位，并逐步构筑起以西安市作为西部特大城市的框架。第三轮总体规划（1995～2010）确定到2010年中心城市人口规模控制在310万人，城市面积为275km^2，中心市区面积为175km^2，按照"保护古城、降低密度、控制规模、节约土地、优化环境、发展组团、基础现行、改善中心"的规划原则，避免中心城市无序蔓延如"摊大饼"式，形成以"中心集团、外围组团、轴向布点、带状发展"为特色的城市布局，引导西安市向多中心的时空模式方向发展，扩大了西安市的城市骨架。西安市第四轮城市总体规划于2008年由国务院批复，将城市性质定位为西部地区重要的中心城市，国家历史文化名城，西部地区交通枢纽城市、华夏历史公园、世界旅游之都，国家重要的科研、教育和工业基地。4次总体规划为西安城市的发展确立了基本框架。2002年以来提出西咸一体化，给西安市、咸阳市的发展带来了历史性的机遇。2002年12月28日西安市签订的《西安-咸阳经济一体化协议书》，被认为是陕西省经济发展史上观念突破、体制创新的里程碑式的重大事件，对西安市、咸阳市两市土地利用变化具有决定意义。

城市与外部联系的交通、通信联系主要靠对外交通运输和信息网络来实现，这是体现参与全球化和实现更广泛的劳动地域分工的一个重要因素，对外交通的扩张和延伸在极大程度上决定了城市的扩展方向，也为城市空间扩张奠定了基础，对外的信息联系决定了一个区域经济、社会发展的开放程度和未来的竞争力。西咸地区交通基础设施完备，服务功能强，有100多条国内外航线，旅客吞吐量居全国第6位，以西安市为中心的"十"字形铁路网和"米"字形公路网构架起了西安市便捷快速的陆上交通体系；在通信设施方面，西安市形成了以"米"字形光缆为基础，包括微波、卫星通信、城域宽带等公众信息的区域网络中心。正是西安市的区位、地缘、交通枢纽优势，带来了大量的人流、物流和信息流，才使西安市承担着西北五省区67%、西南三省35%以上的工农业总产值的铁路运量，占到西北五省区省会城市社会商品销售额的46%，成为黄河中上游（北方中西部）地区的金融、科技、教育、信息、旅游、商贸与物流中心（李娜，2011）。

二、西咸地区城市化驱动力分析

不同国家和地区社会经济发展阶段与过程不同，城市化所处的阶段也不相同，因此，城市化特征表现出明显的差异性和多样性，同时，也表现出动力机制的复杂性和演进过程的动态性。不同国家和地区城市化的推进方式、实现途径及其表现形态均呈现出鲜明的特殊性、区域性及复杂性。为深刻剖析与准确把握西咸地区城市化发展的运行规律，本书采用定量化方法，进一步分析西咸地区城市化的影响因素和驱动力。

（一）西咸城市化影响因子选择

从西咸城市化的主要影响因素和城市化历程来看，该区城市化主要受人口增长、区域经济发展、工业化、产业结构转变、土地利用类型转变及区域政策等诸多因素的影响，本书主要选择如下变量进行分析。

（1）人口增长。区域人口规模的增加和农村人口向城镇的转移是引起该区人口城市化的重要因素。因此，本书选择区域总人口和农业人口规模来测度人口增长对人口城市化的影响。

（2）区域经济发展。该区经济发展主要表现在区域总体经济发展水平的快速提高、农业（特别是果业、奶业等）经济大幅度增长及其产业化发展、第三产业的发展及产业结构的升级转变。本书选择GDP、农林牧渔总产值、工业总产值、社会消费品零售总额、第二产业比例和第三产业比例等指标表征对城市化的影响。农林牧渔总产值用来表达农业经济总体发展水平。工业总产值指第二产业生产过程中新增加的价值，是在生产活动的总成果中扣除生产过程中消耗或转移的价值，用来代表工业发展对城市化进程的影响。社会消费品零售总额指批发和零售业、住宿和餐饮业，以及其他行业直接售给城乡居民和社会集团的消费品零售额，用来表征第三产业的发展状况。采用第二产业比例和第三产业比例共同表征区域产业结构的变化。

（3）区域投资水平。各类工程项目的投资与建设对该区城市发展、基础设置建设等具有重要的推动作用，因此，本书选用社会固定资产投资总额表征区域投资水平。社会固定资产投资总额是以货币表现的建造和购置固定资产活动的工作量，它是反映固定资产投资规模、速度、比例关系和使用方向的综合性分析指标，用来表示投资水平变化对城市化进程的影响。

（4）土地利用类型转变的影响。本书选择区域建设用地指标来表征各类土地利用规划、城市规划等对城市化的影响。

（二）研究方法

主成分分析是把原来多个变量变换为少量几个综合指标的一种统计分析方法。利用原变量之间的相关关系，用较少的新变量代替原来较多的变量，并使这些新的少数变量尽可能保留原来变量所承载的信息，可以使问题简单化。在数学层面上，由于多个变量之间存在着相关性，将原来的变量重新线性组合成几个综合指标来解释原变量之间的协方差结构就是主成分分析法，即一种将多个互相关联的数值变量转化为少数几个互不相关的综合指标的统计方法，经过线性变换和舍弃部分信息，把多个指标简化为少数几个彼此之间互不相关的综合指标，对高维变量空间进行降维处理。具体的计算和测评步骤如下。

第一，数据指标的标准化。研究中，首先对西咸地区 1995～2014 年经济发展指标采用多年居民消费价格环比指数进行物价影响的处理。其次，为了排除指标值之间的量纲影响，对原始数据进行标准化处理，本书采用 Z-Score 标准化方法进行处理。

$$X'_{ij} = \frac{\left(X_{ij} - \bar{X}_j\right)}{\sigma_j} \tag{2-14}$$

式中，X'_{ij} 为 i 年第 j 个指标的标准化值；X_{ij} 为原始数据；$\bar{X}_j$ 为样本均值；σ_j 为样本的标准差。

第二，主成分分析。在研究中采用 SPSS 软件，通过因子分析法进行主成分分析，提取相关系数矩阵、特征根、主成分贡献率、累计贡献率及主成分载荷等信息。

（三）城市化驱动力分析

西咸地区 1995～2014 年城市化影响因子的相关系数见表 2-9。20 世纪 90 年代以来，该区经济社会等各方面都得到了快速发展，因此，部分影响城市化的主要因素指标之间具有较高的相似系数，特别是人口规模与 GDP、工业总产值、建设用地面积之间，GDP 与农林牧渔总产值、工业总产值、社会固定资产投资总额及消费品零售总额等之间，表明该区人口增长、经济（各产业的发展）增长及建设用地增长等都经历了相似的高速增长。

表 2-9　西咸地区城市化影响因子的相关系数

因子	人口规模	农业人口规模	GDP	第二产业比例	第三产业比例	农林牧渔总产值	社会固定资产投资总额	工业总产值	社会消费品零售总额	建设用地面积
人口规模	1.000	0.400	0.831**	0.755**	0.799**	0.781**	0.789**	0.810**	0.820**	0.832**
农业人口规模	0.400	1.000	-0.122	-0.086	0.610**	-0.159	-0.166	-0.154	-0.133	-0.121
GDP	0.831**	-0.122	1.000	0.802**	0.490*	0.976**	0.995**	0.999**	1.000**	0.974**
第二产业比例	0.755**	-0.086	0.802**	1.000	0.418	0.759**	0.763**	0.799**	0.792**	0.865**

续表

因子	人口规模	农业人口规模	GDP	第二产业比例	第三产业比例	农林牧渔总产值	社会固定资产投资总额	工业总产值	社会消费品零售总额	建设用地面积
第三产业比例	0.799**	0.610**	0.490*	0.418	1.000	0.427	0.441	0.455*	0.483*	0.468*
农林牧渔总产值	0.781**	-0.159	0.976**	0.759**	0.427	1.000	0.976**	0.975**	0.976**	0.942**
社会固定资产投资总额	0.789**	-0.166	0.995**	0.763**	0.441	0.976**	1.000	0.997**	0.997**	0.959**
工业总产值	0.810**	-0.154	0.999**	0.799**	0.455*	0.975**	0.997**	1.000	0.999**	0.973**
消费品零售总额	0.820**	-0.133	1.000**	0.792**	0.483*	0.976**	0.997**	0.999**	1.000	0.968**
建设用地面积	0.832**	-0.121	0.974**	0.865**	0.468*	0.942**	0.959**	0.973**	0.968**	1.000

**表示在 0.01 水平（双侧）上显著相关；*表示在 0.05 水平（双侧）上显著相关。

主成分分析的特征值及主成分贡献率（表 2-10）表明，前三个特征根主成分累计贡献率已经达到 97%以上，即前三个主成分完全能够代表西咸地区城市化影响因子的绝大部分信息，对城市化影响的解释程度达到 90%以上（图 2-23）。因此，前三个主成分及其表征的因素是影响该区城市化的主要驱动力。

表 2-10　特征值及主成分贡献率

主成分	特征值	贡献率/%	累积贡献率/%
1	7.597	75.970	75.970
2	1.769	17.692	93.662
3	0.348	3.475	97.137
4	0.197	1.969	99.107
5	0.040	0.400	99.506
6	0.027	0.270	99.776
7	0.020	0.202	99.978
8	0.002	0.019	99.996
9	0.000	0.003	100.000

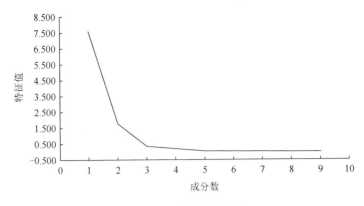

图 2-23　主成分碎石图

主成分与城市化影响因素的相关性如主成分载荷矩阵（表 2-11）所示。主成分载荷越高，表明它与城市化影响因素之间的相关程度越高，这一主成分所综合的原始指标的信息就越多。通过分析主成分载荷矩阵可以看出，主成分 1 在固定资产投资、农林牧渔总产值、工业总产值、社会消费品零售总额、GDP、建设用地面积、人口规模等几个指标上都具有较大载荷，这几个指标反映的是经济水平（包括工农业产值、社会消费品零售总额等）、投资水平和建设用地、人口规模等方面的信息，而经济发展又与投资水平密切相关，即一般来说，经济发展水平越高，投资水平也越高。因此，主成分 1 是经济发展水平、用地因素和人口因素的综合反映，表明西咸地区城市化的第一驱动力主要来自经济发展、建设用地扩张和人口规模的增长，而且载荷系数大体相当，表明这几个方面在驱动城市化方面起着同等重要的作用。主成分 2 在农村人口规模和第三产业比例及人口规模等指标上具有较高的载荷，表明西咸地区城市化的第二驱动力主要来自农村人口数量的增长和农村劳动力向城市的转移、第三产业的发展。主成分 3 在第二产业比例、建设用地面积和人口规模上具有较高的载荷，其中载荷系数最高的是第二产业比例，表明第三驱动力主要来自第二产业的快速发展。

表 2-11　主成分载荷矩阵

指标	主成分				
	1	2	3	4	5
固定资产投资	0.968	−0.005	0.200	0.131	0.023
农林牧渔总产值	0.957	0.005	0.211	0.104	−0.158
工业总产值	0.956	0.009	0.257	0.133	0.032
社会消费品零售总额	0.955	0.028	0.243	0.159	0.015
GDP	0.951	0.040	0.260	0.157	0.024
建设用地面积	0.895	0.038	0.395	0.121	0.112
人口规模	0.716	0.539	0.354	0.232	0.044

续表

指标	主成分				
	1	2	3	4	5
农村人口规模	−0.166	0.983	−0.036	0.039	−0.003
第三产业比例	0.338	0.657	0.151	0.657	0.000
第二产业比例	0.609	0.038	0.784	0.104	−0.009

为了厘清西咸地区城市化不同阶段的主要影响因素及驱动力，本书把西咸地区城市化过程分成两个阶段，即 2005 年以前及 2005 年之后。对影响城市化的主要影响因素进行主成分分析，1995～2005 年和 2006～2014 年主成分分析结果分别如下（表 2-12～表 2-15）。

表 2-12　1995～2005 年主成分特征值及贡献率

主成分	特征值	主成分贡献率/%	累积贡献率/%
1	8.168	81.681	81.681
2	0.882	8.823	90.504
3	0.482	4.818	95.321
4	0.376	3.760	99.081
5	0.074	0.738	99.818
6	0.012	0.115	99.934
7	0.005	0.053	99.987
8	0.001	0.010	99.996
9	0.000	0.004	100.000

表 2-13　1995～2005 年主成分载荷矩阵

指标	主成分				
	1	2	3	4	5
农林牧渔总产值	0.904	0.187	0.294	0.091	−0.232
固定资产投资	0.897	0.302	0.223	0.210	0.086
工业总产值	0.846	0.375	0.300	0.193	0.088
GDP	0.830	0.326	0.390	0.225	0.043
社会消费品零售总额	0.821	0.326	0.398	0.239	0.055
农村人口规模	0.332	0.877	0.256	0.235	−0.015
人口规模	0.592	0.662	0.361	0.282	0.034
建设用地面积	0.410	0.291	0.776	0.376	−0.034
第二产业比例	0.194	0.227	0.228	0.927	0.004
第三产业比例	0.563	0.355	0.720	0.189	0.031

表 2-14　2006～2014 年主成分特征值及贡献率

主成分	特征值	主成分贡献率/%	累积贡献率/%
1	7.655	76.554	76.554
2	1.636	16.362	92.916
3	0.522	5.216	98.132
4	0.095	0.951	99.083
5	0.065	0.647	99.730
6	0.023	0.229	99.959
7	0.003	0.033	99.992
8	0.001	0.007	99.999
9	0.000	0.001	100.000

表 2-15　2006～2014 年主成分载荷矩阵

指标	主成分				
	1	2	3	4	5
固定资产投资	0.946	0.212	0.232	−0.052	0.053
社会消费品零售总额	0.934	0.256	0.236	−0.049	0.032
GDP	0.925	0.278	0.250	−0.030	0.037
工业总产值	0.921	0.300	0.236	−0.032	0.051
农林牧渔总产值	0.898	0.249	0.262	0.036	−0.243
建设用地面积	0.773	0.495	0.336	0.125	0.147
第三产业比例	−0.087	−0.992	−0.021	0.004	0.055
第二产业比例	0.415	0.886	0.177	0.064	0.073
农村人口规模	−0.600	−0.710	0.218	0.290	−0.016
人口规模	0.553	0.012	0.832	0.018	−0.005

　　1995～2005 年主成分 1、2、3 累积贡献率达到 95%以上，完全可以解释这个阶段西咸地区城市化的主要影响因素和驱动力。主成分 1 在农林牧渔总产值、固定资产投资、工业总产值和 GDP 等指标上具有较高的载荷，代表了经济发展水平和投资水平，其中农林牧渔总产值和固定资产投资载荷最高，表明在这一阶段，驱动城市化的主要动力是农业经济的快速发展和社会投资，此外，工业化和整个区域经济发展水平的提高对城市化也起到了重要的推动作用。主成分 2 主要在人口规模和农村人口规模上具有较高的载荷，表明这一阶段区域人口增长及农村人口向城市的转移是城市化的一个重要驱动力。主成分 3 主要在建设用地面积和第三产业比例上具有较高的载荷，表明城镇用地扩张和服务业发展是这一时期城市化重要的推动力。

　　2006～2014 年，前两个主成分承载的信息就达到 92.916%，可以综合原始指标的绝大部分信息。主成分 1 在固定资产投资、社会消费品零售总额、GDP、工业总产值、农林牧渔总产值、建设用地面积上具有较高的载荷，表明经济发展水平、建设用地扩展和固定资产投资是城市化重要的推动力。主成分 2 在指标第三产业比例、第二产业比例、农村人口规模上具有较高的载荷，表明工业化、农村人口转移是城市化的重要推动力。

　　总体上，在城市化的不同阶段，西咸地区城市化的主要驱动力发生了比较明显的变化。早期，农业发展、固定资产投资是其重要的推动因素，越往后期，综合经济发展水平（包括区域经济发展、工业发展和服务业发展）和建设用地扩张对城市化的推动作用越强。通过选取 1989 年、2000 年和 2014 年 3 个时间段，以区（县、市）为单元做主成分分析，进一步解析西咸地区城市化的影响因素及驱动力。1989 年取前 4 个主成分，2000 年取前 5 个主成分，2014 年取前 3 个主成分，分别可以解释所有城市化影响因素信息的 91.619%、93.148% 和 93.213%（表 2-16）。

表 2-16　1989 年、2000 年和 2014 年西咸城市化主成分特征值及贡献率

主成分	1989 年			2000 年			2014 年		
	特征值	主成分贡献率/%	累积贡献率/%	特征值	主成分贡献率/%	累积贡献率/%	特征值	主成分贡献率/%	累积贡献率/%
1	4.408	40.072	40.072	5.276	47.967	47.967	5.271	47.920	47.920
2	2.615	23.776	63.848	2.028	18.439	66.406	2.641	24.011	71.931
3	2.002	18.204	82.052	1.735	15.769	82.175	2.341	21.281	93.213
4	1.052	9.567	91.619	0.701	6.372	88.547	0.271	2.464	95.677
5	0.318	2.890	94.509	0.506	4.602	93.148	0.220	2.002	97.678
6	0.186	1.691	96.200	0.319	2.904	96.052	0.074	0.672	98.350
7	0.158	1.439	97.639	0.220	2.000	98.052	0.069	0.629	98.979
8	0.146	1.323	98.963	0.129	1.170	99.222	0.059	0.538	99.516
9	0.081	0.736	99.698	0.053	0.479	99.700	0.028	0.251	99.767
10	0.023	0.213	99.912	0.029	0.261	99.962	0.019	0.173	99.940
11	0.010	0.088	100.000	0.004	0.038	100.000	0.007	0.060	100.000

　　从 3 个时期主成分载荷矩阵（表 2-17）可以看出，1989 年主要的驱动力来自农村人口规模和人口规模的增长、建设用地扩张和农业经济增长（农林牧渔总产值），以及非农经济发展（工业总产值、第二产业比例、社会消费品零售总额）和社会投资（固定资产投资）。2000 年，驱动力主要来自农村人口规模和人口规模的增长、建设用地增长和农业经济的增长，区域经济的综合发展及产业结构转变（GDP、工业发展及其比例上升、农业发展）、人口的聚集（人口规模和人口密度增加）和城市用地扩张。2014 年城市化的推动主要来自 GDP、工业总产值、固定资产投资的增长、人口规模和农村人口增长、建设用地的扩张、第三产业比例的上升，表明西咸地区城市化的主要影响因素和推动力在不断发生转变，由农业经济到工业化再到社会投资、由人口驱动到城镇用地扩展驱动的演变过程。

表 2-17　1989 年、2000 年和 2014 年西咸城市化主成分载荷矩阵

指标	1989 年主成分				2000 年主成分					2014 年主成分		
	1	2	3	4	1	2	3	4	5	1	2	3
农村人口规模	0.916	−0.054	0.182	−0.143	0.821	−0.251	−0.265	−0.329	−0.149	−0.388	0.887	−0.005
建设用地面积	0.896	−0.088	0.121	−0.131	0.824	−0.154	−0.113	−0.406	−0.111	0.140	0.954	−0.079
人口规模	0.853	0.028	0.037	0.377	0.921	0.013	0.045	0.266	0.230	0.342	0.733	0.425
农林牧渔总产值	0.756	0.021	0.185	−0.240	0.692	−0.025	−0.544	−0.223	−0.054	−0.529	0.497	−0.216
工业总产值	0.026	0.956	0.113	0.064	−0.220	0.626	0.533	−0.020	0.312	0.813	0.048	−0.501
固定资产投资	−0.136	0.941	0.134	−0.164	−0.186	0.394	0.240	0.274	0.158	0.970	0.052	0.038
第三产业比例	−0.278	−0.071	−0.928	0.013	0.050	0.031	0.239	0.258	0.926	0.392	−0.086	0.795
第二产业比例	0.008	0.452	0.755	0.393	−0.068	0.858	0.062	−0.123	−0.300	0.072	−0.122	−0.986
社会消费品零售总额	−0.040	−0.071	0.156	0.966	−0.131	0.152	0.915	0.226	0.225	0.751	−0.178	0.491
人口密度	−0.300	−0.070	−0.224	0.517	−0.166	0.035	0.261	0.863	0.322	0.249	−0.424	0.552
GDP	0.487	0.501	0.132	−0.040	−0.096	0.893	0.101	0.207	0.228	0.933	−0.052	0.266

第四节　西咸地区的城市-区域职能分区研究

一、城市-区域职能区

（一）城市-区域职能区概念

城市（或城市体系）职能是指某城市在国家或区域经济、社会发展等方面所起的作用、所承担的分工。具体来说，就是城市对区域所起的各种生产和服务功能，城市职能的着眼点是城市的基本活动部分（许学强等，2009），特别是城市对区域在经济、社会方面所发挥的作用，会对区域发展产生重要影响。关于城市职能的描述与分类已有许多学者进行过研究。1921 年，奥隆索利用描述方法将城市职能分为行政、防务、文化、生产、交通和娱乐六大类，每一大类中又分成若干小类；1943 年，哈里斯利用统计描述方法，以城市职能的就业比例、主导职能行业职工比例和其他行业相比所具有的优势等定量指标为主，把美国城市的职能类型划分成 10 种类型，即制造业城市、零售商业城市、批发商业城市、运输城市、矿业城市、教育城市、游乐休养城市、多职能城市、首府城市及其他城市（许学强等，2009）；波纳尔（Pownall，1953）、纳尔逊（Nelson）和罗伯特（Robert）等采用城市 9 种经济活动的劳动力就业百分比的标准差和平均值等统计参数，对美国城市职能进行了统计性分类；麦克斯韦（Maxwell）采用城市的优势职能、突出职能和城市的专业化指数 3 个指标，定量对加拿大城市职能进行了分类；贝里采用多变量统计分析的方法，对美国城市职能进行了划分（Berry，1996）；2004 年，佛兰凯（Frenkel）基于密度指数、分形维数、破碎度等城市（或土地利用）

形态指数，对以色列城市职能进行了分类（许学强等，2009）。我国学者孙盘寿（1984）对西南三省城镇的职能类型进行过研究；田文祝等（1991）对我国城市的工业职能进行了分类研究；凌怡莹等（2003）采用竞争型人工神经网络模型研究了长江三角洲地区城市职能的分类；刘海滨等（2009）研究了辽宁省中部城市群的职能结构；陈忠暖等（2001）研究了我国东南 6 个省份的城市职能特征。

综上所述，大部分学者在城市职能研究中主要采用城市自身的产业经济指标。而从城市职能的界定上来看，一般认为城市的工业、交通运输、商业、行政、文化、教育、科学研究等生产和服务企业或行业是城市向区域提供这方面服务的基础。城市职能主要指城市与区域的关系，即城市对区域的影响。城市作为区域经济社会发展的中心，对乡村地区具有重要的带动和引导作用。具体而言，城市通过资本、技术、文化、信息等的溢出效应带动区域工农业生产的发展、交通及信息通信和社会文化的发展。具体来说，中心城市对区域经济的促进作用表现在：中心城市的产业向区域延展可以带动区域中及与之关联的上下游产业链的发展，促进区域产业结构演变；城市产业发展过程中需要周边区域的相应配套，带动区域经济的发展；城市过剩产业的退出并向乡村地域转移，带动区域经济发展及产业结构转变。此外，城市化进程也会对区域经济、社会和生态景观等的空间结构产生重要影响。因此，城市为区域提供的职能或发挥的功能的大小，以及种类的多少与城市本身的产业经济结构、社会部门结构，以及城市本身的人口、经济等方面的发展规模密切相关，城市与区域之间通过物流、人流、信息流、资本流和技术流等紧密联系，二者之间相互促进、协同发展。一般来说，城市规模越大、产业发展水平越高、产业部门及社会服务部门越完善，具有的职能就越多，对区域的影响程度、范围及带动作用也就越大；而小城镇规模、产业及社会部门单一，具有的职能也相对单一，对区域的影响力也较小。

因此，从城市（或城市体系）对区域经济社会发展的影响或者带动的意义上讲，一个城市通过其自身功能或职能向区域的辐射、溢出、渗透及引导等作用，对区域发展具有强烈的改造和塑造作用，那么城市（或城市体系）到底对区域经济社会发展及其空间格局产生了哪些影响？对区域各方面的影响（或者带动）程度有多大？研究这些科学问题对揭示城市（或城市体系）对区域发展的作用具有重要意义，可以测度城市对区域带动或者引导程度，可以衡量城市与区域的社会、经济等方面在职能上的协调及耦合程度，也可以衡量城市与区域在发展过程中的二元化程度。因此，为了描述以上科学问题，本书提出了城市-区域职能的概念。

城市-区域职能就是指在城市与区域相互影响关系中，城市（或城市体系）化过程对乡村地域（或区域）的影响程度和城市职能的溢出程度，也就是说，在中心城市职能的影响下，乡村地区（或区域）在经济、社会及生态发展等功能方面向城市职能的趋近程度,城市-区域职能用以描述区域本身功能(或职能)的强度。如果城市-区域职能较大,表明城市对区域发展的影响及带动作用明显,区域具有较强的类似城市的职能,城乡在经济社会发展中的互动作用显著,城乡二元化程度比较弱,二者协调发展;反之,如果城市-区域职能比较弱,则表明城市对区域的带动作用不大,区域具有更多的是非城市(即乡村地域)职能,城乡之间互动作用微弱,城乡二元化程度较高,城乡发展在功能上欠协调。城市-区域职能是城市功能与区域功能相互作用和协调发展的综合结果。

(二)城市-区域职能测度与方法

1. 城市-区域职能分区概念

城市(或城市体系)对区域经济社会等诸多方面所产生的影响及带来的变化可以以一个单纯的农业经济区的发展状况为对照,通过描述研究区域在现代农业、工业和服务业及生态环境等方面的发展现状水平来衡量。为了简化城市-区域职能的测评过程,本书从城市基本职能出发,测度区域与城市职能相关联的、受城市职能影响较大的职能水平状况来表达城市化对区域职能的影响,即从城市职能的视角来测度区域的主要职能及发展水平,如果其发展水平越高,表明城市化对区域的影响及带动作用越强;区域(或乡村地域)具有更显著的经济、社会、文化与生态方面的职能(或功能),城市与区域互动作用越强;反之亦反。城市-区域职能的空间格局测度可以通过对城市-区域职能的分区来表达。

城市-区域职能分区是指在城市化带动下,城市(或城市体系)对区域经济发展、产业结构转变、社会发展及其生态环境等的综合影响,进而导致区域主要职能的变化情况,重点表达城市职能与区域职能的耦合或互动特征。在这一互动过程中,体现了城市对区域职能的塑造及其影响,采用这一概念,可以从职能的视角来揭示城市对区域的影响过程及其功能演变特征,真正表达城市与乡村之间的互动作用及趋近程度。因此,城市-区域职能分区研究可以在城市化过程中,通过城市(或城市体系)职能对区域职能发展的影响过程及其空间格局演变进行,这对研究区域职能变化及职能演变具有重要的科学意义。

2. 西咸地区城市职能的发展演变过程

西咸地区城市体系主要是由西安市和紧邻的咸阳市为中心,以 10 个县城和 20 多个镇为主形成的城镇体系。西安市作为西北最大的城市,其工业、商业贸易、旅游业、文教与科研等发展在全国具有重要的地位。20 世纪 50~80 年代,在国家"一五"计划与"三线"建设时期就已初步形成了比较完善的工业经济体系,形成了以电子工业、纺织工业、国防工业、航空航天工业、电力等为主的工业体系;依托陇海铁路成为西北地区重要的交通枢纽,西北地区重要的物资和商品贸易中心,同时东部沿海工业内迁和新建的一批大型骨干企业及科研机构的建设,为西安市科研和教育的发展打下了坚实的基础，在城市地域结构上形成了中心商贸居住区、东郊军工城与纺织城、西郊电工城、南郊文教区、北郊仓储区的城市功能格局；咸阳市当时是全国重要的棉纺织工业和电子工业基地。1986~1992 年西安市充分发挥科技、旅游和军工三大优势，加强城市基础设施建设，先后开辟了电子工业城和工业科技园区；1992~1999 年国家批准西安市为内陆开放城市，建设西安国家级高新技术产业开发区和咸阳省级高新技术产业开发区。21 世纪以来，随着西部大开发战略的持续深入推进，关中-天水经济区发展规划的全面实施，关中地区公路、铁路、航空等交通基础设施建设发展迅速，推动第二产业的比例进一步增加。随着西安市的中心商务区、西安高新技术产业开发区、西安经济技术开发区、西安曲江国家级文化产业示范区、西安郭杜教育科技产业开发区、西安国家民用航天产业基地、西安浐灞生态区、西安阎良国家航空高技术产业基地等一系列产业的布局，西安市在第二、第三产业方面得到快速发展，形成了以电力、热力生产和供应业、通信设备、计算机及其他电子设备制造业、黑色金属冶炼及压延加工业、专用设备制造业、石油加工、炼焦及核燃料加工业、电气机械及器材制造业、印刷业、记录媒介的复制业、仪器仪表及文化办公用机械制造业、交通运输设备制造业、水的生产和供应业等为主的工业体系。而咸阳市形成了以电子信息产业、现代纺织业等为主的工业体系。第三产业也形成了以批发零售业和交通运输、仓储、邮政业等传统服务业为主和以金融服务业、旅游业、现代物流业等为主的现代服务业。西咸地区依托中心城市——西安市众多的大专院校和科研机构及人才优势，在西安高新区逐步建成了创业园、软件园、环保科技园、西安交大科技园、西工大科技园、西安信息技术孵化基地等国家级专业性科技园，以及医药工业园、新材料工业园、航空航天科技园、通信产业基地等专业园区，进一步推动了信息通信、软件、生物医药、光机电一体化等高新技术领域及产业的发展。西安市也是中国中西部地区最大的科研、高等教育、国防科技工业、高新技术产业和航空、航天工业基地，是中国科技实力最强、工业门类最齐全的特大型中心城市之一。同时，在西安及咸阳市的郊县形成了诸多工业小镇，如户县的沣京工业园区，蓝田工业园区及华胥、小寨、前卫等乡镇工业小区，高陵泾河工业园区，周至黑河工业园区，兴平市装备制造园区、食品工业园区和化工园区等，三原县精品农业科技示范园，杨凌国家农业高新技术开发与示范园。西咸地区城市和城镇第二、第三产业的发展及其功能的扩散，以及市民对现代都市农产品及旅游休闲的需求增长，极大地促进了区域经济社会功能的演变由中华人民共和国成立初以农业生产职能为主的功能体系逐渐向区域多种功能（或职能）快速发展，多元职能体系渐趋形成，并向城市职能趋近。可以看出，西咸地区城市职能主要有工业职能、交通运输与仓储、高新技术开发、教育科研、现代农业与休闲和旅游等，这些城市（城镇）职能在向区域辐射过程中，对区域社会经济发展职能产生了重要影响。

3. 西咸地区城市-区域职能测度及分区评价方法

（1）城市-区域职能测度与分类指标。本书基于西咸地区城市-区域的主要职能，并综合考虑影响城市功能分区的自然条件、社会发展、经济状况、历史基础等因素，从社会、经济、生态 3 个约束层衡量城市-区域功能测度及其分区分析，进一步从人口、教育、基础设施 3 个方面将社会指标加以扩充，从经济总量、经济强度两个方面对经济指标进行特征综合，从用地结构、环境保护、单位产值耗能 3 个方面对生态指标进行特征细化，从而构建城市-区域职能分区及发展空间分异的量化指标体系（表 2-18）。

表 2-18　城市-区域职能测评与分区的指标体系构建

目标层	主要职能	二级职能	指标
城市-区域职能指数	经济职能	经济总量	GDP、固定资产投资、工业总产值
		经济强度	人均 GDP、地均 GDP
	社会与教育职能	人口职能	非农业人口比例
		教育职能	学校数量、在校学生数（用高中表示）
		基础设施	卫生机构数、医院床位数
		科技创新	研究与发展投入占 GDP 比例
	生态职能	生态用地	生态用地（林草园地）比例
			园地面积比例
		现代农业	设施农业面积比例
			旅游景点的个数
	旅游职能	旅游发展	旅游人数
			旅游总收入
			社会消费品零售总额
	贸易职能	贸易零售	第三产业增加值
	交通职能	交通用地	交通用地比例

（2）分类方法。聚类分析是依据研究对象的个体特征，对其进行分类的方法，其在经济学、管理学、社会学、医学等领域都有广泛的应用。聚类分析是通过数据建模简化数据的一种方法。传统的统计聚类分析方法包括系统聚类法、分解法、动态聚类法、有序样品聚类和模糊聚类等。首先，本书以西咸城市化区为研究单元，采用标准化方法计算各指标的标准化数据，并以此作为 20 个基本指标评价得分值；其次，以各指标同等权重加总计算各功能的评价得分；再次，采用综合聚类分析的方法，对 2014 年城市-区域职能进行分区；然后，在聚类分区的基础上，结合对各个区（县、市）区域职能的现状情况进行对比分析，对 22 个区（县、市）的城市-区域职能再进行定性分区判定和调整；最后，形成西咸地区城市（或城市体系）影响下的城市-区域职能分区。

二、西咸城市-区域职能分区结果

西咸地区各区（县、市）的主要职能评价得分结果见表 2-19。从各区（县、市）各项职能的得分可以看出，地处城区的区（县、市）人口、经济、教育、科技、贸易交通等职能得分都比较高；而远离中心城市、镇的区（县、市）一般农业、生态和旅游等职能得分均比较高，反映出城市与乡村地域在区域职能上的本质差别。距离中心城市较远的区（县、市），和都市农业中如林地、果业、花卉苗木等布局相对集中的区（县、市），受城市化影响较小，现代农业和生态职能则普遍较高。

表 2-19　西咸地区城市-区域职能评分

县（区）	经济职能	人口职能	教育职能	科技职能	医疗职能	旅游职能	生态职能	现代农业职能	贸易职能	交通职能
新城区	0.4778	1.0000	0.5025	0.0620	0.5117	0.5399	0.0000	0.0000	0.5947	0.9969
碑林区	0.5304	1.0000	0.4529	0.1948	0.3443	0.9361	0.0000	0.0000	0.7513	1.0000
莲湖区	0.5188	1.0000	0.2986	0.0796	0.3060	0.8135	0.0003	0.0000	0.5676	0.9784
灞桥区	0.2651	0.4271	0.3592	0.0610	0.2627	0.5748	0.3011	0.1800	0.1991	0.6132
未央区	0.7036	0.7364	0.2936	0.0678	0.1726	0.4065	0.1121	0.0910	0.6100	0.6898
雁塔区	0.8160	0.8720	0.6213	0.2193	0.3931	0.3083	0.0611	0.0905	1.0000	0.0836
阎良区	0.2261	0.2792	0.0593	1.0000	0.1700	0.2735	0.0557	0.0604	0.0345	0.2904
临潼区	0.1858	0.0866	0.3266	0.0492	0.1080	0.7614	0.2169	0.0570	0.0789	0.2725
长安区	0.3776	0.1290	0.5856	0.3729	0.1291	0.5887	0.6368	0.0253	0.2435	0.1339
蓝田县	0.0342	0.0000	0.3889	0.0000	0.1220	0.4005	0.8322	0.0112	0.0425	0.0387
周至县	0.0205	0.0057	0.3705	0.0003	0.0547	0.3755	1.0000	0.0410	0.0257	0.0000
鄠邑区	0.0702	0.1470	0.3883	0.0237	0.2510	0.4303	0.7312	0.0230	0.0539	0.0898
高陵区	0.4524	0.5138	0.0648	0.0469	0.1427	0.1429	0.0545	0.0362	0.0257	0.2783
秦都区	0.5151	0.5928	0.8889	0.0061	0.6466	0.0412	0.2831	0.2415	0.1597	0.2626
渭城区	0.3712	0.5378	0.4766	0.0057	0.4681	0.2264	0.1167	0.1397	0.1022	0.9477
兴平市	0.1435	0.5740	0.5738	0.0321	0.1011	0.0487	0.1767	0.1339	0.0525	0.3258
三原县	0.1273	0.2773	0.3693	0.0431	0.2889	0.1913	0.2428	0.1096	0.0300	0.2553
泾阳县	0.0979	0.0813	0.4717	0.0097	0.1374	0.1050	0.2824	0.1264	0.0334	0.2252
乾县	0.0742	0.0093	0.7178	0.0000	0.1156	0.1840	0.4601	0.2642	0.0488	0.2221
礼泉县	0.0783	0.0296	0.4824	0.0000	0.1527	0.2620	0.9165	0.5147	0.0310	0.1599
武功县	0.0437	0.3872	0.4128	0.0000	0.1914	0.0567	0.0685	0.0555	0.0187	0.2751
杨陵区	0.0775	0.3895	0.1437	0.1426	0.8898	0.0634	0.1117	0.5317	0.0016	0.5303

采用 SPSS 12.0 统计分析软件包，以 22 个区（县、市）为样本，对 10 个城市-区域功能得分数据进行聚类分析，将其分为七大类。在基础上，综合考虑各区（县、市）的实际特点，对聚类分析结果中的个别区（县、市）进行了修正和调整，形成最终功能分区结果（表 2-20，图 2-24）。

表 2-20　西咸地区城市–区域职能分区

代码	职能区名称	范围	主要职能
I	综合职能区	新城区、碑林区、莲湖区、灞桥区、未央区、雁塔区、临潼区、长安区	经济职能、人口职能、教育职能、科技职能、医疗职能、旅游职能、商贸职能、交通职能
II	次级综合职能区	秦都区、渭城区	经济职能、人口职能、教育职能、医疗职能、商贸职能、交通职能、现代农业职能
III	旅游生态农业职能区	蓝田县、周至县、鄠邑区	旅游职能、生态职能、现代农业职能
IV	农业交通职能区	兴平市、三原县、高陵区	现代农业职能、交通职能、生态职能、人口职能
V	农业生态交通职能区	泾阳县、乾县、礼泉县、武功县	现代农业职能、生态职能、交通职能
VI	农业科教职能区	杨陵区	现代农业职能、人口职能、教育职能、科技职能、医疗职能、交通职能
VII	航空制造与交通职能区	阎良区	科技职能、交通职能

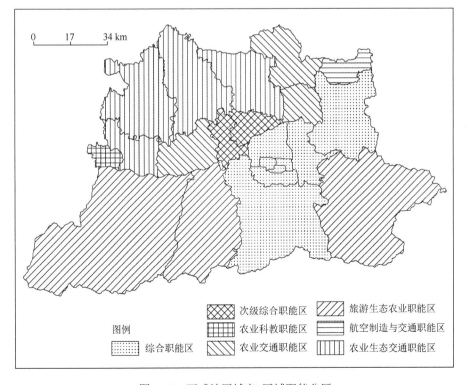

图 2-24　西咸地区城市–区域职能分区

（一）西咸地区城市-区域职能分区特征

1. 综合职能区（Ⅰ）

该功能区以西安市城六区为主，还包括临潼区和长安区。2015 年该区有关中平原最大的中心城市——西安市，作为西北地区最大的综合性城市，人口规模 860 多万，是乡村人口转变的核心地区和焦点地区，人口集聚能力很强，具有很强的工业和服务业经济实力，也是西北地区重要的商品集散中心和交通枢纽，大专院校和科研机构数量众多，科技人才集聚，有城南的郭杜和常宁宫教育科技产业园、城北的渭水教育产业园，航天城，西安高新技术产业开发区等，是我国重要的科研和高科技人才基地，教育科研职能强。因此，西安市属于综合性城市职能区。西安市城区有明城墙、钟楼、鼓楼、大明宫、汉长安城、大雁塔、小雁塔等众多历史文化古迹；城东有浐灞生态区，其将以打造成丝绸之路沿线金融创新试验区和国际文化交流示范区为核心，重点发展金融商务、国际旅游文化交流、会展经济、对外贸易等产业，将建设成为"一带一路"沿线的开放型金融商务聚集区、国际文化交流及会展服务新平台。其中，长安区和临潼区也是西安市重要的旅游休闲区和生态功能区，临潼文化产业园区以华清池、秦始皇陵遗址公园等历史文化遗迹为依托，拥有以盛唐文化为特色的华清池椒园和芙蓉园。因此，该区也具有重要的旅游文化和金融服务职能。该区各项城市-区域职能水平平均表现出较高的水平，发展比较全面，形成了较为完善的综合职能体系。今后，随着该区先进制造业、新金融产业和制造服务业的进一步发展，打造"一带一路"先进制造业高地和制造服务业高地，建设"一带一路"金融创新试验区和产融结合示范区，促进"一带一路"国际产能合作倡议的实施，将形成产融服融合发展的现代产业体系，成为先进制造业与制造服务业集聚、金融服务完善、投资贸易便利、监管高效便捷的自由贸易高地，为陕西省推进"一带一路"和西部大开发战略提供有力支撑。

2. 次级综合职能区（Ⅱ）

该区包括秦都区和渭城区，在地域景观上主要由咸阳市区和周围乡村地域构成。咸阳市城市工业发展基础雄厚，具有很强的区域经济职能，是乡村人口向城市迁移转化的次核心和集聚地。该区地处陇海线和福银高速等主要交通干线上，坐落有西安咸阳国际机场，是重要的交通枢纽，也是通向西北地区乃至中亚和欧洲的重要交通节点城市，是古丝绸之路上重要的商贸城市，现代农业发达。咸阳塬上历史文物众多，有 5000 多处，其中国家级文物 12 处、省级 73 处，拥有丰富的秦汉历史文化遗存，历史文化旅游、生态休闲、创意文化等产业发达。因此，该区城市-区域职能发展也比较全面，也具有较强的现代农业职能、商贸职能和旅游职能。

3. 旅游生态农业职能区（Ⅲ）

该区包括蓝田县、周至县和鄠邑区，紧邻中心城市西安市，在城镇体系上主要以县城为中心，围绕若干镇构成。在经济产业上，除了鄠邑区余下镇、草堂工业园等具有一定的工业生产能力之外，大部分地方以林地、耕地和果园及花卉苗圃为主，因此，现代农业比较发达，是关中葡萄、猕猴桃等果业基地的重要构成部分；该区大部分属于秦岭山区，是我国重要的秦岭中央公园的重要组成部分，具有重要的生态职能；这里有众多的国家和省级森林公园、山水景观和道教、佛教等宗教庙观，承担着西咸地区自然景观旅游和休闲的重要职能。

4. 农业交通职能区（Ⅳ）

该区包括兴平市、三原县、高陵区。高陵区紧邻西安市，布局有泾渭工业区，工业经济比较发达；兴平市工业生产也具有一定的基础，因此，在工业经济方面，该区具有一定经济职能。三原县、高陵区和兴平市农业经济发达，三原县和高陵区是西安市主要的蔬菜和瓜果生产基地，兴平市是重要的粮食生产基地县，因此，该区现代农业经济比较发达，具有重要的农业经济职能。同时，兴平市地处陇海线、西宝高速和省道104上，西（安）平（凉）线穿过，分担咸阳市西向及西北向交通职能；高陵区和三原县有西延线、西禹高速、西铜高速和省道208通过，是西安市北向和东北向联系的重要节点，也具有重要的交通区位及交通职能；该区农田广布，也具有重要的生态功能。

5. 农业生态交通职能区（Ⅴ）

该区包括泾阳县、乾县、礼泉县和武功县。该区工业经济发展较弱，农业经济发达，特别是水果、蔬菜和粮食植种面积大，是该区现代都市农业的重要组成部分，现代农业职能发达；农田和果园广布，具有一定的生态职能。礼泉县、乾县地处福银高速、西平线和国道312上，是西北向联系西北地区的交通要道，具有重要的交通职能；武功县地处西宝高速和陇海线上，是该区通向宝鸡、天水等市的重要交通要道，也具有重要的交通职能。

6. 农业科教职能区（Ⅵ）

该区范围为杨陵区。杨陵区分布有杨凌国家级农业高新技术产业示范区，有2所大学、5个研究院所等十多家农科教单位，是我国唯一的农业高新技术产业示范区，在推动我国干旱、半干旱区农业可持续发展及技术研发和推广示范方面具有重要的科教职能。农业示范推广面积大，承担着区域重要的农业示范推广及生产职能。此外，该区也地处陇海线上，具有重要的交通职能。

7. 航空制造与交通职能区（Ⅶ）

该区范围为阎良区，是我国重要的航空工业基地之一。其在飞机设计、制造与试飞等方面形成了综合性航空工业基地，承担有航空制造、技术研发等职能；同时，该区形成了以"瓜、菜、畜、果"等为主导的农业，是西安市重要的国家级无公害蔬菜基地，具有一定的农业职能。该区地处西禹高速、关中环线、107省道等交通枢纽上，承担着重要的东北向交通职能。

（二）西咸地区城市-区域职能形成原因

（1）历史基础。在 3000 年的城市发展历史中，西咸地区各城市的发展历史与城市规模及分布密切相关。秦朝以来，西安市和咸阳市即为区域中心，明清后发展了周边的二级城市，如宝鸡市、渭南市等，以至于发展了三级城市（镇）杨陵区、阎良区、兴平市等，形成了具有规模特点和分布特征的三级多核结构。西咸地区以其悠久的文明著称于世，具有历史文化古韵，承担着重要的旅游职能。

（2）经济发展水平。经济发展对区域发展具有强烈的带动作用，近现代工业和交通的引入较慢，导致近 20 年来与东部区域的差异进一步扩大，城市化进展缓慢，致使城市单体规模和城市群体规模均偏小。但工业化、农业发展极大地推动了该区城市-区域职能的分化，由于缺乏高层次的、专业化的产业系统，城市职能多具有地方性意义。

（3）交通状况。自然条件是城市发展和布局的基础，西咸新区地处平原地带，城市的最优区域按交通干线呈线状布局，必然带来城市的集聚分布；再加上交通条件的叠加，城市分布的集聚性更加明显（薛东前等，2000）。

第五节　西咸城市化未来发展机遇

西咸地区的中心城市——西安市是中国重要的教育、科研、装备制造业、高新技术产业基地和交通枢纽城市、西部最重要中心城市，也是世界闻名的历史文化古都、世界旅游之都。目前，西安市当选中国第九个国家中心城市，在促进区域经济、协调区域发展和均衡国家中心城市空间布局上都有着重要的作用。在此背景下，西咸城市化将日益加速发展。

一、以西咸地区为核心的关中平原城市群建设

关中平原是华夏文明的发祥地，也曾经是我国古代经济发展的核心地区，地处中国内陆中心，是承东启西的重要节点，也是我国东西向交通，特别是亚欧大陆桥的重要支点，具有独特的区位优势。关中平原城市群发展基础较好、发展潜力较大，在国家现代化建设大局和全方位开放格局中具有独特的战略地位，也在我国进一步推动西部大开发和"一带一路"建设中具有重要地位。

西咸地区的城镇体系日趋健全，核心城市——西安市在区域经济发展中的引领作用不断增强。在关中平原城市群规划中，该区被定位为向西部开放的战略支点、引领西北地区发展的重要增长极、以军民融合为特色的国家创新高地、传承

中华文化的世界级旅游目的地、内陆生态文明建设的先行区,并将被打造成具有国际影响力的国家级城市群、内陆改革开放的新高地。未来在关中平原城市群建设中,将进一步加快西安中心城市建设步伐,加强西咸新区、西安高新区国家自主创新示范区、西安国家级经济技术开发区等建设;将逐步发挥西安对西北地区的综合服务和对外交往门户的职能,把西安打造成西部地区重要的经济中心、对外交往中心、内陆开放高地、国家综合交通枢纽。西咸地区的咸阳市、杨陵区、兴平市等城市将适度扩大人口规模,壮大特色优势产业,提升综合服务功能,加快基础设施建设,成为关中平原城市群的重要节点城市。阎良区、武功县、周至县等将被建成关中平原城市圈新的增长极和中心城市。西咸地区主要的县城和乡镇将依托其区域要素禀赋和比较优势,发展特色产业,完善服务功能,发展成为特色小(城)镇(国家发展改革委等,2018)。因此,西咸地区城市化将进一步全面得到发展。

二、丝绸之路重要节点城市建设

西咸地区作为古丝绸之路的起点和丝绸之路经济带的重要节点,通过丝绸之路连接亚太经济圈和欧洲经济圈,已成为欧洲和中亚国家东进中国的重要客流、物流、商流集散地、中转站。在西安市建设丝绸之路经济带(新起点)战略规划中,把西安市建设成为丝绸之路经济带的核心区域、丝绸之路经济带新起点,把西安市建设成为具有历史文化特色的国际化大都市、欧亚合作前沿城市和开放型体制机制创新城市,将打造国际合作、科教创新、经贸交流、金融服务和文化交流五大平台,把西安市建设成丝绸之路经济带的金融商贸物流中心、机械制造业中心、能源储运交易中心、文化旅游中心、科技研发中心和高端人才培养中心。西安市丝绸之路重要节点城市的建设,为西咸地区城市发展带来新的发展机遇。

三、国家中心城市建设

近年来,在西部大开发、关中-天水经济区建设、国家级开发区——西咸新区的建设、"一带一路"倡议建设和大西安建设、西安国际化大都市建设等发展背景下,西安市不断聚集区域发展的众多优势,已经发展形成了以旅游业、文化产业、战略性新兴产业、先进制造业和现代服务业为主体的现代产业体系,也发展成为国家重要的航空航天、电子信息和装备制造业基地,形成了金融、物流、商贸等门类齐全的现代服务业体系,其在西部地区经济社会发展中的中心作用、核心引领作用不断增强,其作为中国文化的重要发源地、古代丝绸之路的起点城市和国际旅游城市,国际地位和世界影响力也不断提高。西安市被获批建设国家中心城市、引领西北地区发展。在国家中心城市建设中,西安市将加强西咸新区、西安高新区国家自主创新示范区、西安国家级经济技术开发区等的建设,将打造西部地区重要的经济中心、对外交往中心、丝绸之路科技创新中心、丝绸之路文化高地、内陆开放高地和国家综合交通枢纽等,提升带动西北地区的战略功能。这也将进一步促进西咸地区城市化的快速推进。

四、秦岭国家中央公园及南水北调水源地建设

秦岭是我国南北天然分界线,也是我国极其重要的生物资源宝库和南水北调水源涵养区,还是我国中部地带东西向重要的生态屏障。西咸地区南依秦岭,依托国家中央公园建设和关中平原城市群生态环境建设,将持续加大秦岭北麓保护力度,将进一步推动该区生态景观优化,提高区域生态环境品质和生态系统服务,将被建设成为生活品质优良、生态环境优美的都市区。

在关中平原城市群建设中(仅涉及西咸地区范围的部分)提出,要建设南部秦岭巴山山地生态屏障和贯通渭河沿岸生态带,建设区域生态安全格局骨架。以渭河、泾河等水系为重点,以自然保护区、湿地滩涂等重要生态斑块为补充,构建绿色生态廊道,建设城市群的生态节点。要推进渭河上下游洪涝协防,实施渭河干流滩面整治、河道疏浚、水污染治理、生态修复及湿地建设、水生物保护、河湖自然联通恢复;实施渭河流域泾河、灞河等主要支流水污染综合治理和水生态修复。加强饮用水水源地保护,加快推进引汉济渭、泾河东庄水库等骨干水源工程建设,加快宝鸡峡、泾惠渠等大中型灌区节水改造,构建互联互通、多水源互济的供水保障体系,以水定城、以水定产,优化国土空间开发,有序构建城乡水系格局。因此,在国家秦岭中央公园建设和关中平原城市群建设的大背景下,将进一步系统推进西咸地区自然生态保护修复、环境污染综合治理、资源节约集约利用,提升区域资源环境承载力,打造显山露水、透绿见蓝、人与自然和谐共生的新型城市群(国家发展改革委等,2018)。

第三章　西咸城市化区都市农业发展研究

　　西咸地区地处关中平原"八百里秦川"的腹地，自然条件优越，农业生产历史悠久。在新石器时代的中晚期，周族就已经开始农业生产活动，种植百谷，《尚书·吕刑》载有"稷降播种，农殖嘉谷"。周人先祖——弃（后稷）善种百谷，"遂好耕农，相地之宜，宜谷者稼穑焉，民皆法则之"（《诗经·大雅·生民》），并"教民稼穑，树艺五谷，五谷熟而民人育"（《孟子·滕文公上》），西周时期农业耕作进一步发展。秦汉时代关中平原已是全国农业发达、人口稠密的地区之一，是我国传统农业的发源地，具有深厚的传统农业文化和技术沉淀，在土地开垦、水利工程兴建、农业技术改进等方面为我国传统农业早期发展的经验积累作出了重要贡献。唐代末期政治中心东迁，关中农田水利长期失修，农业发展停滞；清末民初由于战争不断，水利工程遭到严重破坏、旱涝灾害频繁，农业生产急剧下降（陕西师范大学地理系《咸阳市地理志》编写组，1991）。中华人民共和国成立后，西咸地区经过大规模改土治水、基本农田建设和大型水利工程建设，传统农业得到快速发展和结构调整。20 世纪 80~90 年代，随着该区城市化的快速推进，为城市居民提供粮食、蔬菜、肉奶禽蛋等农产品的城郊农业得到快速发展，促进了传统农业向现代农业的转变。20 世纪 90 年代末至 21 世纪初，传统农业过渡到都市农业，并快速发展。目前，关中地区（包括西咸地区）由于土地肥沃、灌溉条件优越，成为西北地区乃至全国重要的粮食、水果和蔬菜产区。西咸地区已成为全国最大的猕猴桃基地、全国闻名的蔬菜和水果生产基地、全国重要的奶源基地和奶产品加工基地，形成了区域特色鲜明、现代型、产业型和生态型等多元型都市农业类型；同时，依托秦岭山水和田园风光，西咸地区将农业与旅游业紧密结合，形成了集休闲度假、餐饮和观光为一体的多功能特色农业。"三农"问题是我国当前经济社会发展中面临的重大问题，也是我国现代化的瓶颈。城市化是解决我国"三农"问题的根本出路，城市化可以推动农村剩余劳动力向城镇第二、第三产业转移，可以提高农业生产率和农业部门的经济效益，城市化也进一步推动农业结构的调整和类型转变，推动都市农业的发展；都市农业的发展，可以为城市居民提供鲜活的农产品，同时也可以为城市居民提供旅游和休闲服务。因此，城市化过程中形成的都市农业是城乡融合、城乡有机结合的一种农业，在推动城乡融合、使城市与乡村有同等的生活条件等方面具有重要意义。都市农业具有社会、经济、生态等多种功能，是一种多功能性农业，服务于城市，又依托于城市。都市农业是与一个国家或地区工业化、城市化紧密关联的经济现象，随着经济的发展不断赋予新的内涵，是为适应都市城乡一体化建设的需要在城市区域范围内形成的，依托并服务于城市生产力水平较高的现代农业生产体系。世界都市农业的发展已有 100 多年的历史，而我国都市农业在 20 世纪 90 年代初才由城郊农业转变而来，并在上海、北京等大城市逐渐开始实践，发展时间短，但都市农业在城市文明和乡村文明的交汇融合、推进我国城乡一体化过程中起着重要的作用。由于世界各地农业生产的自然条件和资源条件、农业发展基础与水平、城市发展过程及其特征、农业类型、发展模式等都存在着巨大的差异，世界发达国家都市农业发展实践与经验对我国具有重要的借鉴意义。鉴于我国社会经济和农业发展的独特性，结合我国农业发展的特色，对典型城市化地区的都市农业发展过程及特色进行研究，总结都市农业实践、探索都市农业发展的理论，可以为我国都市农业优化发展提供有益的借鉴。西咸城市化地区农业发展历史悠久，城市化及其都市农业发展在我国西部甚至西北河谷平原地区都具有重要的区域特色和典型性，因此，系统总结西咸城市化地区农业发展过程及其农业类型转变，对揭示该区都市农业发展规律、分析城市化对都市农业发展的影响都具有重要的理论和实践意义。

第一节　西咸地区农业生产条件分析

农业是国民经济发展的基础。农业生产是人类通过对植物和动物生命活动过程进行调控和干预进行农产品和工业原材料生产的经济活动。农业生产活动是动植物自然生命过程与人文过程相结合的复杂的生物再生产过程与经济活动过程。农业生产受诸多地域条件的影响与限制，主要包括各种自然条件和社会经济条件。农业生产条件强烈影响农业生产类型、农业部门结构、农业空间分布、农业生产方式与生产水平等诸多方面。农业发展的自然与社会经济条件中，既有有利条件也有不利条件，综合分析评价这些条件对农业生产的影响程度，对揭示农业发展过程及变化趋势、农业地域类型的形成及特征、农业的空间布局与结构，因地制宜地规划农业生产，合理利用农业自然资源，发展特色农业，优化农业布局及解决影响农业可持续发展资源环境问题等都具有重要意义。

一、农业自然条件和资源

农业自然条件是指包括气候、地形、土壤、水文和生物及自然灾害等在内的各种自然因素的综合，每种自然条件对生物有机体的影响程度有大有小，作用的持续时间有长有短。农业自然资源是指在农业自然条件中可被利用于农业生产的物质和能量的总称，主要包括气候资源、土地资源、水资源和生物资源等。它是由各种自然条件和自然资源因子相互联系构成的自然因子综合体，提供了区域农业生产的天然可能性，其中不利的因子也会对农业生产形成制约，成为农业生产的胁迫性或制约性因子。因此，农业自然资源和条件的优劣会直接促进或者制约区域农业的发展。

（一）地形与土壤条件

西咸城市化区位于关中平原的核心区域，地形平坦、土地肥沃、河流众多、灌溉条件优越，农业生产条件得天独厚，有6000多年的农业文明史，历史上就是我国重要的粮食、蔬菜及水果产区。

区域内地貌类型多样，除了南缘的秦岭山地之外，中部和北部地区主要有渭河冲积平原、黄土台塬、滩地等地貌类型，此外，北部地区还有少量的黄土丘陵沟壑区。西安市南部秦岭山区属于中高山地貌，海拔一般为1200~2000m，周至县、鄠邑区和长安区一带海拔为2000~2400m，最高处太白山为3767m，蓝田县一带为1800~2000m，整个秦岭山地海拔由西向东呈波浪式缓降。该区森林与灌丛密布、动植物物种多样、资源丰富，以森林护育、林业生产及生态保护为主。渭河及其支流冲积、洪积形成平原、山前洪积扇群，以泾河、浐灞、漆水河等河谷阶地形成关中平原的主体，海拔为400~600m。渭河冲积平原从东部的阎良区到西部的杨陵区，长240km，南北宽15~30km，主要由渭河一、二级阶地组成，地势平坦、土壤肥沃、地下水丰富。秦岭北麓峪口的洪积扇群形成山前洪积向北倾斜平原，其与渭河阶地相连，受河流下切影响，形成谷口的梁状台地及数级河谷阶地。冲积平原与河谷阶地宽阔，土地肥沃，为农业发展提供了有利条件，成为农业发达地区。秦岭北侧的长安区、蓝田县和临潼区断续分布着较大面积的黄土台塬，海拔为450~800m，各台塬表面较为平坦、起伏小。咸阳渭河平原外围也分布有大面积连片的黄土台塬，塬面平缓开阔，间有侵蚀洼地及泾河、甘河和冶峪河河谷滩地，海拔为450~620m，黄土层深厚。这些冲积平原、黄土台塬及河谷滩地等为农业发展提供了有利的地貌条件。该区北部边缘分布有少量黄土高原丘陵沟壑区，主要由散布于低山丘陵（间杂有土石低山丘陵）的黄土塬构成，海拔在800m以上；该区水土流失比较严重，冲沟发育，不利于农业耕作，属于渭北"旱腰带"，是苹果等水果的适宜生长区。因此，该区河流冲积平原、黄土台塬、河流谷地与滩地、黄土梁源等地貌类型多样，大部分地貌类型，特别是占有面积最大的渭河冲积平原和黄土台塬地形平坦、集中连片分布，土层深厚，非常有利于农业耕作。

西咸地区的土壤分布形成南北差异明显的两个区域，受地形地貌等因素的影响，南部的秦岭山区，在海拔1200m以下为褐土，随着海拔的升高，依次分布有棕壤、灰化土、山地草甸土。而北部的渭河二、三级阶地和黄土台塬等地区广泛分布有埁土，这是在原来自然土壤——褐土上经过人们长期耕作施肥、堆积覆盖而形成的熟化土壤层。塿土土层深厚，土壤上壤下黏，覆盖层较疏松，孔隙率大、容重小、土壤结构良好，蓄水保肥，供水、供肥性好，耐旱耐涝，覆盖层熟化度较高，土性暖，发苗好，耕性良好，适种期长，适种作物广，是优良的耕种土壤之一。在平原川道区的河流一级阶地及高河漫滩区分布有潮土和淤泥土，水源较好的地方分布有水稻土；潮土也是在河流冲积物母质上发育起来的并经人们耕种熟化的一种土壤，主要分布在如渭河及其支流等的河漫滩上部，以及一级阶地的低洼地区，潮土为轻壤，表土呈团粒状结构，尽管熟化层薄、通透性强、保肥保水力差，但耐旱、耐涝，耕性良好，便于精耕细作。在该区北部属黄土原梁沟壑区，如乾县、礼泉县等北部分布有黑塿土。由于受人们耕种和经济活动的影响，长期耕种熟化、增施土肥，在自然土壤腐殖质层上堆积起一个人工覆盖层，其上层的耕作层质地为中壤，粒状或团粒结构，疏松，厚度为 30 多厘米，有机质含量较高，具有一定的保水保肥作用，潜在肥力较高，是该区主要的农业土壤。

该区土壤类型复杂多样，大部分农业耕作区均为人们耕作形成的耕作土壤，土层深厚，为区内农作物的多品种组合提供了有利条件。

（二）气候资源与条件

西咸地区属暖温带半湿润大陆性季风气候，气候温和湿润，四季分明，光、热、水资源丰富，有利于农、林、牧、副、渔发展。该区多年平均气温为 12.6～13.5℃，7 月平均气温为 25.8～26.9℃，1 月平均气温为-1.9～0℃。

该区光热资源充足，能满足多种农作物的生长。太阳辐射总量为 114～120kcal[①]/cm^2，6 月最多，为 14.46kcal/cm^2，12 月最少，为 5.59kcal/cm^2。太阳辐射总量由南向北递减。该区日照时数为 1983～2347h，在空间上，日照时数呈现由南向北递增的趋势，北部和东部较多，南部和西部较少，但差异不大。日照时数 8 月最长、2 月最短，季节分配上有利于农作物的生长。该区≥0℃积温最低在乾县，为 4696℃，最高在临潼区，达 5015℃；≥5℃积温为 4551～4825℃，≥10℃积温为 4129～4431℃。总体上，积温分布南多北少，南部农业热量条件最为优越。该区热量可以满足两年三熟及一年两熟的需要，各界限温度 80%的保证率区域差异较大，如≥10℃积温年际变化大，有效利用的积温都要低于多年平均值，如西安市有 80%保证率的积温值为 4200～4249℃。多年极端最低气温为-24.9～15.3℃，极端最高气温为 42～43.4℃。光能资源较为丰富，可满足多种作物对光照条件的要求，这种气候条件有利于农作物的生长发育。

该区多年降水量为 537～719.8℃，最低在秦都区，最高分布在蓝田县。降水量空间分布上，除北缘山地降水较多外，南部平原地区较少，到南部山地又增加。

---

① 1kcal=4.18518kJ。

降水量时间分配上,夏季降水最多,占全年降水比例各地差别较大,约为32.9%～40.98%,其次,秋季略少,各地占比为31.4%～35.3%。春季降水量较少,冬季降水量最少,占全年降水总量的比例各地为 3.24%～4.3%。夏秋多雨,雨热同季,对农作物的生长极为有利。50%降水保证率在咸阳市秦都区约为 500mm;80%降水保证率在西安市为 500～600mm,咸阳市为 500mm 左右;90%降水保证率在咸阳市约为 450mm,100%降水保证率在西安市只有 300～445mm。总体上,80%降水保证率大体上可以满足主要农作物一年一熟的需要,但由于年内降水分配不均,作物生长季节降水保证率不稳,往往容易形成冬旱、秋涝;特别是在渭北台塬和渭河平原一带,相对于小麦-玉米一年一熟的需水量 900mm 而言,自然降水约差400mm,不能满足一年两熟的作物需求,因此,需要加强农田水利设施建设,采取一定的灌溉措施。

该区属大陆性季风气候,冬半年低层气流主要受蒙古高压控制,常有冷空气侵入,空气干燥,容易形成霜冻危害。该区早霜日大约在 10 月上中旬,终霜日约在 2 月中旬至 3 月上旬,无霜期平均有 216 天,南北有差异,北部有 210 天左右,南部可达 230 多天。

该区主要气象灾害有干旱、雨涝、霜冻和冰雹等,此外,还有酷热和低温。在降水不足或无雨的条件下,气候干旱,土壤缺墒,往往引起旱灾,干旱直接与降水量的多少、季节分配和降水强度、地表形态和土壤类型等密切相关。旱灾是该区重要的农业灾害,出现频率高、影响范围大、持续时间长,且多发生在农作物生长的关键时期,对农业的危害比较严重。该区旱灾频繁,根据历史记录,几乎每十年就有一次旱灾,且易发生旱年相连,连续的旱年会加重干旱程度。在作物生长季,该区旱月频繁,不仅在旱年出现,也常在非旱年发生。各地旱月占生长季总月数的 39%～41.7%,不到三个月就有一个旱月,因此,旱月基本上年年都有,有时多个旱月相连,加重旱情。该区干旱有春旱、夏旱、春夏连旱、夏秋连旱和秋旱等几种类型,春旱约占 28%,夏旱占 40%,春夏连旱、夏秋连旱和秋旱共占 26%左右。春夏秋冬不同季节的干旱会影响到作物播种、小麦返青与拔节、小麦播种及苗期生长和小麦越冬等。因此,干旱是该区农业发展的重要制约因子,发展灌溉、调节降水的不足和分配不均是作物高产稳产的重要措施。霜冻指作物在生长发育期内可能受到冻害的低温,该区春秋两季气温变化较大,农作物经常会受到冻害威胁;该区平均霜冻日数为 131～143 天,主要霜冻类型有春季霜冻和秋季霜冻,会使粮食作物、果树、蔬菜等作物受到危害。该区水涝灾害包括暴雨型和连阴雨型。暴雨型主要发生在泾渭下游的两岸地区。该区连阴雨天气(连续降水 4 天以上,降水量≥30mm)几乎每年都有,分布比较普遍,在每年的 4～10 月作物生长季,气温高、降水较多、水热同期,有利于作物的生长发育,但是也容易发生连阴雨,主要类型有秋季连阴雨、夏季连阴雨和春季连阴雨。连阴雨会推迟作物正常生长发育,导致作物不熟或霉烂,也会影响水利、交通和旅游等发展。此外,西咸地区农业气象灾害还有冰雹、酷热、低温、干热风和大风等。干热风使处于灌浆乳熟期的小麦植株蒸腾强度急剧增大,根系活动力减弱,水分平衡失调,加速作物衰老死亡,轻者使小麦减产 5%～10%,重者减产 20% 以上。大风灾害在农作物生长的各个时期都有危害。

（三）水资源

西咸地区地处关中地区中部,境内河流纵横,地表水资源比较丰富,主要有渭河、泾河、黑河、涝河、沣河、灞河、漆水河等,属渭河水系。渭河是该区境内最大的一条过境河流。

西安市多年平均降水总量为 75.54 亿 m^3,其中山区 41.86 亿 m^3、丘陵区 3.3 亿 m^3、台塬区 6.48 亿 m^3、平原区 23.9 亿 m^3。西安市多年平均自产径流量为 21.78 亿 m^3;20%、50%、75% 和 95% 保证率的年份径流量分别为 32.22 亿 m^3、23.37 亿 m^3、17.89 亿 m^3 和 12.02 亿 m^3。渭河、泾河、石川河 3 条过境河流的多年平均径流总量为 78.51 亿 m^3;20%、50%、75% 和 95% 保证率的年份径流量分别为 101.8 亿 m^3、73.4 亿 m^3、55.5 亿 m^3 和 37.6 亿 m^3。

西安市地下水资源总量为 17.27 亿 m^3,可开采量为 11.0 亿 m^3,加上利用过境的渭河等河流傍河可开采地下水 4.48 亿 m^3,则西安市地下水可开采总量为 15.48 亿 m^3。西安市地表水资源总量为 21.78 亿 m^3,地下水资源总量为 17.27 亿 m^3,扣除地表水和地下水之间的重复量 12.39 亿 m^3,则全市水资源总量为 26.66 亿 m^3。从空间分布看,径流主要分布在山区,山区径流占地表径流总量的 86.4%,而平川和台塬阶地区仅占 13.6%（卢启福,2008）。西安市地下水资源总量较大,但地区分配不均。其中,渭河及其支流各河谷阶地冲积平原地区地下水资源量为 13.59 亿 m^3,占全市地下水资源量的 79%;台塬、丘陵地区地下水可开采量为 3.68 亿 m^3,占全市地下水资源量的 21%。地下水资源分配不均,形成河谷漫滩大量余水,且易发生洪涝灾害,黄土台塬缺水,易发生干旱。

西安市水资源的总体特点为数量少,地区分布不平衡,年内、年际分配不均。

西安市地表水中,渭河以南、秦岭以北一带,多属石质山区,雨量较充沛,地表径流大,矿化度为 100～500mg/L,总硬度为 75～150mg/L,属软水和中度硬水;渭河以北,大部分地区降水量少,产水少,水质类型变化大,含盐量大于渭河南部支流,矿化度为 350～900mg/L,总硬度为 450mg/L 左右,属硬水;石川河及其以东地区因盐渍土和卤泊滩地影响,河水矿化度高达 1500mg/L,总硬度达 480mg/L,属极硬水;渭河干流矿化度从上游到下游呈递减趋势,泾河加入后,矿化度又升高,矿化度为 500～700mg/L,总硬度为 200～400mg/L,属中等硬水。总之,渭河流域大部分地区天然水质较好,部分山区、干旱区有微咸水、高含氟水及其他有害水源。目前，西安市已经形成了以黑河引水工程为主体的地表供水系统（包括石头河水库、黑河水库、石砭峪水库、沣河及田峪河地表水工程系统）和渭河、浐河、灞河、沣河等傍河地下水，以及自备井组成的地下水供水系统。2005 年西安市总供水量为 17.58 亿 m^3，其中地表水 5.39 亿 m^3、地下水 11.67 亿 m^3、污水回用 0.503 亿 m^3 和雨水利用 0.0254 亿 m^3。2005 年西安市总用水量为 17.58 亿 m^3，其中农田灌溉用水 6.93 亿 m^3，占用水总量的 39.43%，林牧渔畜用水量 0.977 亿 m^3，占 5.56%。农田灌溉用水量中，水田用水 0.383 亿 m^3，水浇地用水 5.44 亿 m^3 和菜地用水 1.11 亿 m^3，分别占农田灌溉总量的 5.52%、78.51% 和 15.97%。2005 年，农田灌溉用水灌溉水田 4360hm^2，平均用水 8786.7m^3/hm^2，灌溉水浇地 14.51 万 hm^2，平均用水 3752.1m^3/hm^2，灌溉菜地 2.497 万 hm^2，平均用水 4435.05m^3/hm^2。

（四）农业土地资源

西咸地区包括西安市全部和咸阳市的 8 个区（县、市），土地总面积 1.499×10^6hm^2。2011 年全区耕地面积 5.29×10^5hm^2，占土地总面积的 35.29%；园地面积 1.33×10^5hm^2，占 8.87%；林地面积 4.98×10^5hm^2，占 33.22%；草地面积 0.59×10^5hm^2，占 3.94%；水域面积 0.35×10^5hm^2，占 2.33%；人均耕地面积 0.043hm^2。其中，水田 1.035×10^3hm^2、水浇地 3.83×10^5hm^2、旱地 1.45×10^5hm^2，分别占耕地总面积的 0.19%、72.3% 和 27.48%。随着西安市工业化、城镇化的快速发展，新增建设用地挤占耕地；此外，生态退耕、农业结构调整、灾毁等原因，导致耕地面积不断减少，同时随着人口的不断增长，人均耕地面积的更加不断减少。2000～2010 年，该区人均耕地面积减少量为 0.01hm^2，减少了 23.44%，年均减少速率为 2.13%。2010 年左右，人均耕地面积仅为我国平均水平的 46.7%，是世界水平的 14.2%，耕地资源不足。西咸地区分布有陕西耕地利用等质量最好的耕地，以四等和五等地为主。

农作物品种丰富。西咸地区有数千年传承的农作物品种资源，渭河平原主要有大田农作物、蔬菜、果园和城市绿化等栽培植物类型。葡萄、石榴、西瓜、苹果、猕猴桃等在全国都享有盛名，小麦、玉米、豆类等农作物和各种蔬菜、瓜果、花卉、药材等农作物类型丰富，这些丰富的农业作物资源为西咸城市化地区农业发展提供了重要的平台。

二、社会经济条件

（一）丰富的人才和劳动力资源

西咸地区农业人才优势明显。依托杨凌农业高新技术产业示范区的建设和发展，该区形成了以大学、职业中专和农村专业技术协会等为主体的农业科技技术服务和培训体系；农业科技人才的教育培养得到加强，农村劳动力的职业技能培训也得到了快速发展，为现代农业的发展培训了大批的农村劳动力。此外，农村劳动力资源丰富。农业技术培训包括现代果业基层技术推广、四项关键技术培训、基地认证（良好农业操作规范（good agricultural practices，GAP）优质苹果技术、绿色果业技术、有机苹果和果园无公害管理）培训，苹果强拉枝、施肥、无公害等标准化栽培技术及杂果优良品种引进示范技术基地建设，还包括畜禽饲养和疫病防治技术、农作物栽培技术、病虫害统一防治、动物疫病防治、农田排灌、地膜覆盖和回收等生产性服务培训。

近年来，西安市已经培训的 7000 名职业农民中，认定中级、初级职业的农民共 2000 多人，开设了 38 个职业农民培训班，涉及休闲农业、蔬菜、畜牧、果业、农产品经纪人。截至 2012 年底，咸阳市农民专业合作社达到 2073 家，入社农户 17.5 万户，带动农户 57.4 万户，分别占农户总数的 18.7%和 61.3%，农业组织化程度不断提高，通过"传帮带"等加强技术指导，培养了一大批技术骨干。2013年，咸阳市新型农民科技培训"111"工程、农村劳动力培训阳光工程、农村劳动者就业培训计划、绿色证书培训工程、农民专业合作社和农村经纪人培训工程、星火科技培训专项行动等，累计培训农民 301 万人次、培训技术骨干 2 万人次、农民学历教育培训 1.6 万人。该区农村劳动力资源丰富，2014 年农村劳动力总量为 193.94 万人，比 1990 年增长了 22.79%。随着农村总人口的增加，农村劳动力数量也在不断增加，其为农业发展提供了优越的条件（图 3-1）。2016 年，咸阳市完成新型职业农民培育 1 万人，培训农民 25 万人次，认定高级职业农民 25 人，中级 1566 人，初级 3984 人。以技术推广为核心的现代农业科技技术取得新突破，共有 7 项农业科技成果获得了市级奖。

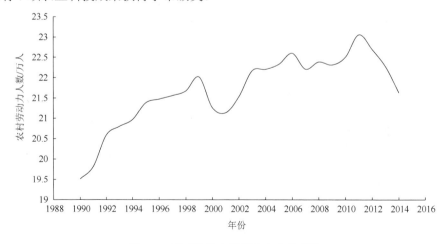

图 3-1 西咸地区农村劳动力人数变化

（二）强大的农业科技资源力量

西咸地区是我国重要的现代工业生产、科技研究和高等院校集中的基地之一，其科研院所云集、科技人才荟萃。杨凌示范区是我国唯一的国家级农业科技发展和示范区，具有雄厚的农业科研人才和农业技术创新优势。因此，该区农业科技基础好，农业科技创新能力强。2015年底，西安市乡村劳动力资源总数230.21万人，其中，从事农林牧渔业的人员105.10万人；农业研究开发机构368个，农业科技人员3535人，农业科研成果20项，良种推广面积37.8万hm²。此外，西咸城市化地区的农业基础设施不断完善，农业机械化水平不断提高，2015年农业机械总动力投入为5.86×10^6kW。例如，西安市"十五"期间组织实施农业科研项目97项，取得国内先进水平以上的成果19项，申报专利7项，申报品种19项。20世纪90年代以来，西安市选育作物新品种近30多个，涉及玉米、番茄、葡萄和甜瓜等，如玉米新品种"户单四号"、"西单二号"；毛粉、西粉系列番茄；"西安绿茄"、"户太八号"葡萄等作物品种；小麦新品种"阎麦8911"、保冠系列及大唐国粹系列番茄、早蜜系列甜瓜、秦美猕猴桃等，其在农业生产中发挥了重要作用。西安市农业机械总动力呈现攀升态势。

三、农业发展的制约条件分析

（一）耕地面积减少，耕地资源不足

在西部大开发中，西咸地区经济发展迅速，建设用地不断扩张，生态退耕、农业结构调整等导致农业用地萎缩趋势明显，尤其是耕地大幅度减少（图3-2）。1990年该区耕地6.43×10^5hm²，2014年降至4.80×10^5hm²，下降了22.35%，年均减少6791.67hm²。人均耕地面积由1990年的0.069hm²/人下降到2014年的0.0388hm²/人，下降了43.77%，随着城市化的大规模推进，耕地面积还在不断减少。因此，农业用地的减少和土地压力日益严峻是对该区都市农业发展最大的限制。

（二）水资源紧缺

西安市水资源先天不足，人均水资源占有量仅为270m³/人，约为全国的1/8、世界的1/24，属于极度缺水的城市，水环境相对脆弱，主要原因是水资源污染、用水浪费、地表水开发利用程度低、地下水超采和水资源管理不合理。由于农业用水得不到保证，西安市区周围的农民使用皂河、漕运明渠等的污水进行农田灌溉。目前，西安市污灌农田约为22万亩[①]，占耕地的45%，"水少""水脏""水患"制约着西安市农业的发展。

---

① 1亩≈666.7m²。

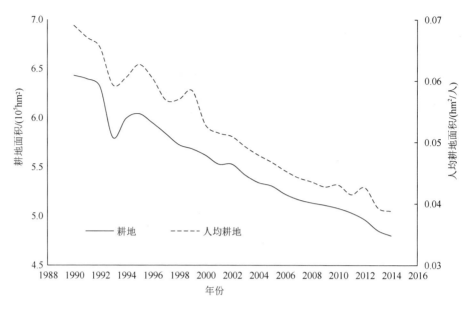

图 3-2　西咸地区耕地变化

咸阳市水资源总量为 11.3 亿 m³，人均水资源量为 264.6m³/人，亩均水资源量为 157.5m³。渭河在咸阳市段年平均流量为 176.3m³/s，多年平均径流量为 54.73 亿 m³。市内的漆水河、湋水河、清峪河等自产径流量为 1.8 亿 m³。泾河在市内多年平均径流量为 19.11 亿 m³。泾河支流在市内有黑河、达溪河、三水河、甘河等，自产径流量为 3.99 亿 m³。咸阳市自产地表水径流量（地表水资源量）总计 5.79 亿 m³。咸阳市地下水多年平均资源量为 7.52 亿 m³，其中北部 2.11 亿 m³，资源模数 3.44 万 m³/km²，南部 5.41 亿 m³。咸阳市人均水资源占有量为 264.6m³/人，是世界平均水平的 1/40、是全国水平的 1/9、是陕西省水平的 1/4、是关中地区的 1/2，人均水资源远远低于最低绝对缺水线（500m³），属于严重缺水地区。全市水利工程可供水量为 12.5 亿 m³，缺口 2.7 亿 m³，缺水程度为 22%。农业是用水大户，其用水量占用水总量的 2/3，目前采取节水灌溉措施的面积只有 7.637 万 hm²，占有效灌溉面积不到 30%，仍有 70% 的农田在继续采用传统的"土渠输水"和"大水漫灌"的输水和灌溉方式，水资源浪费严重，水资源的低效利用。

咸阳市地下水超采。例如，秦都区地下水可开采量为 1.378 亿 m³，2000 年实际开采量为 2.3 亿 m³，超采 0.922 亿 m³，造成地下水位大幅度下降、地面下沉、河堤及工程裂缝、机井报废等一系列生态环境问题。据有关资料，咸阳市地下水可开采量为 7157 万 m³，而实际开采量为 12879 万 m³，超采 5722 万 m³，多年来地下水位持续下降。

杨陵区水资源短缺，工业用水、生活用水和农业用水矛盾日益显现，加之地表水污染严重，水资源问题日益突出。2010 年杨凌示范区全区总用水量 3338 万 m^3，其中城镇生活用水量 306 万 m^3，农村人畜用水量 171 万 m^3、工业用水量 257 万 m^3，农业灌溉总用水量 2186 万 m^3、建筑业和第三产业用水量分别为 57 万 m^3 和 94 万 m^3、生态用水量 128 万 m^3。今后杨凌示范区国民经济需水量将呈持续增长趋势。在 50% 和 75% 的保证率时，2020 年需水量分别为 5311 万 m^3 和 5430 万 m^3，到 2030 年需水量分别为 5492 万 m^3 和 5611 万 m^3。

（三）农业从业人员素质普遍偏低

尽管西咸地区农业劳动力数量丰富，但是劳动力素质偏下，职业农民队伍总量偏小，农村职业技术教育发展滞后，与现代都市型农业的发展不相适应。改革开放以来，西咸地区农民群体已经由原来以小学文化水平为主转变为以初中文化水平为主，农民文化程度有了较大提高。但农民的农业技术素养与现代都市农业的建设和发展还不适应。

该区农村劳动力文化程度普遍偏低，农民整体的文化水平为初中文化程度，大专及以上教育程度的农民极少。受城市化的强烈影响，农村绝大部分年轻劳动力和男性劳动力进城务工，只有在农忙时间有部分人回乡务农，表现出显著的兼业化特点；目前乡村从事农业生产的劳动力表现出老龄化、女性化特征，而且这一趋势仍在加强。调查显示，西咸地区农村劳动力小学以下文化程度占 5%，小学文化程度占 20%，初中文化程度占 58%，中专、职高、高中占 16%，大专占 1%，总体上，初中及以下文化程度占 83%，因此劳动力素质亟待提高。农业专业技术人员数量少，平均每 1000 名农业劳动力中仅有农业技术人员 6.4 名。科学文化知识匮乏，专业技能缺乏，直接影响着农民接受新知识和新信息的能力，制约着他们的思维水平和农村经济社会的发展。职业农民队伍总量偏小，尽管十几年来不断加强农民职业培训，但职业农民占农村劳动力的比例很小，占乡村人口总数的比例更小。主要原因如下：一是由于工业化和城市化快速推进，农村大量优秀人力资源作为剩余劳动力向城市转移，而农村留守劳动力呈现出“三多三少”（老年多青壮少、妇女多男性少、低素质者多高素质者少）的基本特点，农业劳动力结构性短缺非常严重；二是城乡经济和社会发展极不平衡，“鄙农、厌农、弃农”的思想在一定程度和范围内大有“泛滥”之势，农村难以产生人才、留住人才，更难以吸引人才，大部分农村年轻人特别是 80 后、90 后不愿从事传统农业生产。而且，由于城乡社会保障、土地制度等各类因素的差别，绝大多数外出务工农民在职业定位上“亦工亦农”“非公非农”，频繁迁徙于城乡之间，造成农业后续劳动力资源匮乏，职业农民的来源不断减少。接受职业技术教育是培养职业农民的根本途径。但是，目前农村职业技术教育为满足城市需求标准，教育目标和专业设置偏离农村发展需要，以全日制课堂教学为主，存在教育形式单一，政府投入经费少，发展滞后、体系不全，农村职业技术教育发展滞后。

（四）农业生产成本高、比较效益低

首先，近年来，农业生产资料，如种子、化肥、农药、地膜等价格增长，特别是农业劳动力成本大幅增长，对于农业生产特别是粮食生产而言，生产成本也大幅上涨，效益下降；其次，该区除部分现代农业产业园、现代农业生产基地等之外，大部分农业生产活动以家庭承包经营方式为主，生产规模小。此外，农业生产效益与第二、第三产业相比较低。西安市第二、第三产业人均 GDP 比第一产业要高出 2.11 万元，农业比较效益明显偏低（孟斌，2008）。农业比较效益低下在一定程度上阻碍了现代都市农业的发展。

（五）农业生产环境恶化

随着西咸地区人口规模的增加、工业化和城市化进程的加快，经济活动对农业生态环境造成较大的负面影响，如地下水过度开发利用、河流水系受到不同程度的污染。渭河、泾河、石川河污染比较严重，渭河西安段水质已超过 V 类，泾河、石川河西安段的水质分别为Ⅳ类和 V 类。渭河水质的污染直接波及沿岸西安市的地下水。目前，城区及郊区地下水污染面积超过 $470km^2$，其中重污染面积达 $130km^2$，污染物主要为 F、As、Cd^{6+} 等有毒物质。从水质污染看，情况比较严峻，污染正从城市向农村蔓延，从地表向地下渗透，从区域向流域扩展，水质污染加剧了城市的缺水程度（张林锋，2008）。生产中大量使用农药、化肥、农膜，使土壤和水体中硝酸盐和农药残留大量增加，对原有的农业生态系统造成严重危害，农用水体与土壤污染加剧，农作物病虫害加重，农业生态环境质量下降。西安市郊菜地土壤受重金属的影响，Cd、Hg 超标率均为 36.11%，As 超标率为 27.78%；污染指数评价，Cd 为轻度污染，Hg、As 未达到污染水平，但均超出警戒线（李雪芳等，2014）。资源浪费环境污染加重。由于缺乏对农业秸秆的有效利用，大量秸秆被焚烧，既造成了生物资源的大量浪费，又造成了十分严重的环境污染。

第二节　西咸地区农业发展过程

农业是国民经济的基础部门。对于一个国家或区域发展来说，农业经济的发展不仅仅是一个经济或者产业发展的问题，其作为居民食物及资源的根本供给部门，发达的农业及充分的农产品供给在维护居民生活、政治和社会稳定，甚至生态环境安全等方面具有重要的意义。因此，经济发达的国家尽管农业的经济地位明显弱化、对国民经济贡献率已经非常低，但是仍然把农业发展作为国民经济发展的重要方面，并不断增加对农业的投入，不惜通过巨额补贴和政策倾斜来支持和保护农业的发展。当前,随着我国工业化、城市化的快速推进,大规模城市扩张及基础设施建设正导致耕地面积大幅度减少,尤其是大都市区域,农用地被大面积占用、破坏,耕地大幅减少,保护耕地、保证农业土地资源安全成为这些区域重要的科学和实践问题。农业生产是自然再生产和经济再生产的复合过程,具有显著的地域性,发达国家和我国东部及沿海城市都市农业发展的历程和经验并不能完全适合西咸地区都市农业发展的实际情况,因此,未来西咸地区农业发展的战略重点及发展方向、如何发展、竞争优势何在等关键性问题正是诸多学者和政府部门最为关注的问题。

西咸地区作为我国西北河谷地区旱作农业的重要区域,近几十年由城郊农业到都市农业的发展历程,现代农业发展理念、生产经营方式等均对该区及周边农业的发展起到了显著的带动和示范作用,也对关中平原农业生产系统和经济系统演变起到了重要的推动作用,这对我国西北河谷平原城市化快速推进地区都市农业发展具有一定的借鉴价值。改革开放以来,西咸地区农业正经历从粮食生产为主导向水果、蔬菜和休闲等为主导的现代都市农业转型,由单纯的生产经济向多样化的农业经济与文化服务并重的多功能农业转变,这一转变使得农业的主导功能、产业结构、空间格局等均发生了明显变化。农业发展一方面面临一系列的问题,如农业对区域经济的贡献率显著下降,农业经济地位弱化,农业比较效益低下,大量社会资本流向非农产业,农业生产者积极性逐渐下降,城市化提供的大量非农就业机会导致农村综合素质较高或青壮年的劳动力日益向非农部门转移,农业劳动力出现严重的结构性短缺;城市扩张导致农用地快速非农化,农业耕地资源日益稀缺,农业发展空间日渐狭小,农业生态环境恶化,农业景观质量下降和破碎化;农业用水资源日益短缺等;另一方面,西咸城市化又进一步推动了该区都市农业的蓬勃发展,形成了丰富多样的现代农业类型和农业发展模式。因此,在西咸地区工业化、城市化和社会经济发展过程中,研究农业发展特点、演变过程、农业类型转变及现代农业发展模式等,对揭示西北河谷平原城市化及旱作农业发展规律具有重要意义。

本书结合我国农业发展的大背景,以及西咸地区农业结构及农业类型演变的过程、生产的基本特点和农业发展政策转变,将该区农业发展过程分为4个阶段。

一、现代以前的传统农业发展阶段(1949年前)

关中地区是我国古代农业的发源地之一。上古时代的周人祖先后稷因"有相地之宜""善种谷物稼穑""教民稼穑"等有功而担任尧舜时期的农官,被尧封地于古邰城(即今武功县一带),最早种植麻、菽。商周时期该区农作物种类有了较大发展,粮食作物主要有粟、黍、麦、粱、稻、菽和麻等,家畜饲养业也在居民生活中占据重要地位。春秋战国时期,关中地区开始使用铁制农具和犁耕(王峰钧，2011），水利知识的积累和水工技术的提高，以淤灌农田为重点的大中型水利工程开始出现，进一步推动该区农业的发展。汉代兴修郑国渠，引泾水灌溉渭北农田，此后，关中大建水利工程，如龙首渠、六辅渠、白渠、成国渠等，铁制农具进一步普及，铁犁与牛耕得到推广，土地得到深翻，从而提高了单产和劳动生产率，农业生产得到极大发展。直到唐代，西咸城市化地区的农业生产一直代表着世界先进水平。唐代除旱涝灾害之外，农业发展水平一直较高，多种植粮食作物，黍、麦、稻的种植最广，黍仍然是种植最多的；经济作物主要广种桑蚕和麻类（曹尔琴，1989）。唐代以后，随着政治中心的东移，关中地区水利设施被破坏，加之我国农业中心由黄河流域逐步迁移到长江流域，导致该区农业发展相对迟缓。清代至民国年间，该区农业发展呈现出所谓的"关中模式"，即地权分散，仅有的少量地主多为"经营地主"并很少出租土地，"经营地主"经济中的"过密化"，收入分配与效用消费分配的不均度远大于土地分配的不均度，"按权分配"的等级分化严重；平民地主经济的不稳定性远远大于小农；权力经济特征明显；积累欲贫乏而消费欲高涨等（秦晖，1995）。

二、中华人民共和国成立后传统农业发展阶段（1949～1985 年）

（一）农业合作化（1949～1977 年）

中华人民共和国成立初期，我国农业发展仍是小农经济，农业合作化使土地和农业生产资料公有，全国开展农业技术改造，建立农业技术推广网络，加大农田水利建设，改革传统耕作制度，改进耕作技术，向农民传授农业病虫害防治知识，农业发展取得了较大成绩（常明明，2015）。农业产业化也推动了关中农业的发展，如关中地区广泛开展农田基本建设，对原有泾渭老灌渠进行扩建和整修，建成渭高抽水灌区和宝鸡峡大兴水利工程，使中部旱塬成为大型新灌区；大力推广良种小麦"碧玛一号"，小麦播种面积由 1950 年的 17.6 万 hm² 增加到 1953 年的 41.8 万 hm²；增加施肥面积和数量，如陕西省泾阳县作物底肥施用比例由 1955 年的 60%增加到 1956 年的 90%；深耕细作、扩大复种套种，如长安区雷村深耕达 4～5 寸[①]，武功县谭寨村双套犁深耕面积由 1953 年的 40%扩展到 1954 年的 60%；渭南部分人民公社的复种指数由 1950 年的 127.83%提高到 1956 年的 133.5%；作物密植——增加播种量及单位面积总株数，以提高产量。例如，中华人民共和国成立前关中平原小麦行距一般 1 尺[②]，山区多采用"一把撒"，密植技术推广之后，小麦行距缩小到 6～7 寸，播种量增加 112.5～127.5kg/hm²。尽管农业合作化时期存在急躁冒进、形式主义和命令主义等诸多不足，但客观上改造了

---

① 1 寸≈3.33cm。

② 1 尺≈33.33cm。

小农经济，尤其是农业技术的改造提高了农业生产效率，增加了粮食产量，也改革了传统的耕作制度和耕作技术（常明明，2015），促进了传统农业向现代农业的转变。西安市粮食作物总播种面积由 1949 年的 39.83 万 hm^2 上升至 1977 年的 48.36 万 hm^2；粮食总产量由 45.59 万 t 上升至 125.26 万 t；咸阳市粮食亩产量也由 1956 年的 100kg 提高到 1974 年的 200kg 左右。

（二）家庭联产承包（1978～1985 年）

1978～1985 年，在全国农村改革的大背景下，西咸地区也推行家庭联产承包责任制。将农田分包到户，农户开始成为农业独立经营的主体，克服了分配中的平均主义，极大地调动了农民的生产积极性，传统农业的活力得以激发。西安市农村劳动力总人数由 1978 年的 139.73 万人增至 1985 年的 172.50 万人，其中，农林牧渔业劳动力总体上也呈现出增长趋势，农业产值大幅度提高。农民生产积极性的提高解放了农村生产力，虽然农作物总播种面积有所下降，但粮食总产量快速增长，7 年间净增长 17.27 万 t。农业总产值的增加拉动了农民收入的快速增长。这一时期，农村积极发展多种经营使农业内部结构也发生了很大变化。西安市农林牧副渔比例由 1980 年的 79.8∶1.8∶12.4∶5.6∶0.4 转变为 67.9∶1.6∶18.6∶11.7∶0.2，种植业比例下降，林牧副渔比例上升，由 1980 年的 19.9% 上升到 1985 年的 32.1%。咸阳市林牧副渔在农业中的比例由 1949 年的 6.8% 上升到 24.42%。农业生产迅速由原来的单一结构向多层次、综合发展的产业结构转变。同时，农业布局也开始发挥地区优势，把粮、棉、油、烟、菜等布局到经济效益最佳的地区，如咸阳市南部灌渠的棉花、北部的油菜和烤烟、西安市郊和各县城郊的蔬菜区等，农业地域结构开始形成。

三、城郊农业的形成与发展时期（1986～1997 年）

（一）城郊农业形成时期（1986～1991 年）

西咸地区农产品流通体制的改革，废除了实行多年的统购统销制度，大部分农产品的价格放开，农民开始面对城市市场的巨大需求，追求高产、高效，纷纷调整农业生产结构，促进了以经济作物、蔬菜禽蛋奶为主的城郊型农业的快速发展，区县经济进一步活跃，农业生产由自给自足转变为商品生产，由单纯粮、棉、油生产转向农林牧副渔综合发展。到 20 世纪 80 年代中期，随着西安城市的快速发展，城市人口达到 232.8 万人，日流动人口也达 30 万人，人们对蔬菜等副食品需求量很大，除新城、莲湖和碑林 3 区之外，其他区（县、市）均成为农副产品和粮食、油料生产基地，为城市居民提供大量的蔬菜、奶、肉、禽、蛋、水果等，农业生产逐步向城郊农业发展。粮食作物的种植面积开始下降，经济作物的种植面积呈现逐年上升的趋势。1991 年，粮食作物种植面积为 48.76 万 hm²，经济作物种植面积为 2.17 万 hm²，主要农产品产量为 178.8 万 t，农村经济获得了长足发展，农产品商品率显著提高，农业中副食品生产逐渐向精、细、鲜、活和多样化、深加工的方向发展。

（二）农业结构快速调整推进期（1992～1997 年）

这一时期，西咸城市化地区农业按照"稳粮、兴牧、扩菜、扶特"的思路，实施了一系列农业工程，如三百万粮食工程、"J300"节水灌溉工程、百万牛羊工程、"菜篮子"工程、"双三〇"优质果林工程、绿山富民工程等，并取得显著成效。在加快实施农业开发项目的同时，加强农业基础设施建设，努力发展高产、优质、高效农业；积极调整农业产业结构、产品结构、粮经比和种养比例，产业结构得到优化，农业多种经营获得全面发展，其中林牧副渔全面发展，肉禽蛋、奶、鱼、蔬菜、瓜果等副食品产量大幅度提高，多种经营产值已占农业总产值的 60%以上（图 3-3，图 3-4）。

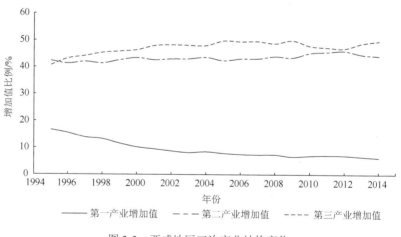

图 3-3　西咸地区三次产业结构变化

在农业结构快速调整推进期，乡镇企业也获得快速发展，并呈现出个体私营经济比例大、技术水平和产品外向度高、逐渐集中形成工业园区等特点。乡镇企业的发展使就业岗位增加，加快了农村剩余劳动力的转移，促进了农村分工分业，农村经济开始向规模化、专业化、商品化方向转变。农业产业化作为新的经营方式开始显现，农业经济增长方式逐渐转变，农业总产值由 1992 年的 300594 万元上升至 1997 年的 878951 万元。

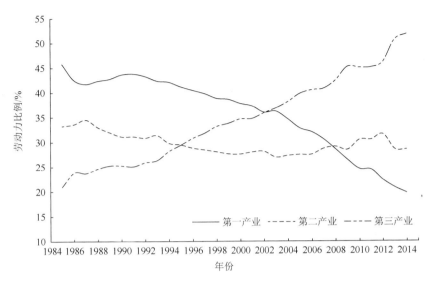

图 3-4　西安市三次产业劳动力结构变化

四、都市农业形成期（1998～2004 年）

1998～2004 年是西安市农业产业化的起步和实施阶段，也是都市农业全面建设时期。这一时期集中发展了一批集产加销、农科教、贸工农于一身的龙头企业，扩大多种经营规模，把分散的农户经营引向社会化大生产，其间紧抓农业综合开发、粮食大县和商品粮基地建设等重点项目，按照产业化发展模式，实施了新一轮"菜篮子工程"，建好菜、肉、奶、禽、蛋、鱼、果等十大副食品基地，并逐步使基地菜田向远郊区（县、市）转移。西安市积极发展新兴产业，经济结构调整取得明显成效，农村多种经营迅速发展，初步形成城郊型农业经济的新格局。

期间，政府连续三年出台了《关于对农业和农村经济结构进行战略性调整的若干意见》、《关于加快以猕猴桃为主的果业产业化的决定》和《西安市关于加快畜牧业产业化建设的决定》等决策性文件，围绕高产、优质、高效目标，加大了对农业结构的调整力度，确立了四大主导产业（粮食、畜牧、蔬菜、果品），实行区域化布局、专业化生产、产业化经营；种植业逐步由粮食作物、经济作物二元结构向粮食作物、经济作物、饲料作物三元结构转变，畜牧业增长迅速。例如，"十五"期间西安市按"稳粮、兴牧、优果、扩菜、扶特"的思路调整农业结构，大力推进都市型农业、城郊型农业和生态农业建设，农业开始向规模化、基地化方向发展，实现了粮食增长、农民增收的目标。

五、现代型都市农业快速发展期（2005 年至今）

2005 年至今是西安市"三农"工作的黄金发展时期，"三农"工作得到全面发展，政府连续出台了《关于提高农业综合生产能力，加快农业结构调整的意见》《关于大力扶持农业产业化经营重点龙头企业的意见》《西安市建设社会主义新农村行动纲要》《关于加快加工果基地建设的意见》《西安市加快发展都市农业实施方案》及《关于大力发展都市农业实施一村一品百村示范千村推进工程的意见》等重要文件，全面落实科学发展观和统筹城乡发展战略，认真落实中央各项支农惠农政策，各级财政支持加大对"三农"的投入力度，农业税费实现零负担，这对该区都市农业的快速发展具有重要的推动作用。

　　这一时期，西安市加快农业结构战略性调整，壮大优质粮食、畜牧、蔬菜、果品四大产业，强化优势特色板块和产业带。按照建设"人文西安、活力西安、和谐西安"的新理念，明确提出大力发展以服务城市、富裕农民为核心的都市农业，推进农业向规模化、标准化、产业化与市场化方向发展，发展四大主导产业（粮食、畜牧、蔬菜、果品）、五条龙产业链（一是以银桥、东方、伊利泰普克为龙头的乳产品加工产业链；二是以国维、火箭、亚宏面粉厂等为龙头的粮食加工产业链；三是以秦美、华圣等企业为龙头的鲜果销售、加工产业链；四是以兆龙、江海等企业为龙头的肉牛加工产业链；五是以瑞奥、高墙等企业为龙头的蔬菜加工配送产业链）。2007年西安市政府工作报告中指出，积极推进农业产业化经营，发展农产品加工业，认定市级产业化重点龙头企业20个，培育省级龙头企业4个。抓好200个一村一品示范村，带动发展500个村，促进农产品生产专业化、集约化、品牌化。实施科教兴农战略，用现代科学技术改造农业，全面提升农业科技创新能力和装备水平。健全农产品质量安全监测、动植物防疫和市场信息服务三大体系。努力提高农民的非农就业能力，促进农村富余劳动力向非农产业和城镇有序转移。积极落实粮食直补、良种补贴和农机具购置补贴等各项惠农政策。"十一五"末，西安市农业产业结构不断优化，农业板块和产业带发展迅速，优势产业突出，农业生产规模化成效显著，150万亩优质粮食产业带（长安区、蓝田县、临潼区和高陵县）发展到234万亩，阎良区10万亩无公害瓜菜板块发展到11.5万亩，周至县20万亩猕猴桃板块发展到27.3万亩，临潼区、未央区的10万头奶牛板块秦岭北麓30万亩旅游农业板块发展到31万亩；建立了57个千亩以上标准化果菜示范基地。至此，农业发展空间得到不断拓展，区域优势更加明显，提高了农业的质量和效益，加速了第一、第二、第三产业的融合，城乡一体化进程快速推进，实现了农业与农村经济持续快速发展。例如，"十二五"末，西安市都市农业功能进一步增强，初步形成了"一区三带七板块"（即秦岭北麓西安都市现代农业示范区，沿渭都市农业产业带、渭北农业产业带、南横线都市农业产业带，白鹿原都市农业板块、周至猕猴桃花卉苗木板块、户县长安葡萄板块、临潼石榴板块、临潼奶牛板块、蓝田肉鸡板块和阎良瓜菜板块）的发展格局（陕西省统计局，2014），这也标志着西咸城市化区域都市农业进入快速发展期。

第三节　西咸都市农业发展特点与模式

近十几年来，随着城市化快速推进，西咸地区都市农业生产规模和发展水平都得到了长足发展，由传统农业逐渐向现代农业转变，形成了特色果业、特色种植业、特色畜牧业、休闲农业等特色农业类型，也形成了一批现代农业示范基地，农业产业结构及空间布局日趋合理。发展都市农业和区域特色农业，满足城市居民对农产品、农业文化及休闲服务的需求，提高农产品的市场竞争力，是实现现代农业经营利润最大化和实现城乡一体化、解决"三农"问题的重要途径。当前，农业发展面对经济全球化背景下的国际和国内两大市场，影响农业生产的因素日益复杂，如农产品生产成本持续高涨、农产品供求关系不平衡、国内农产品价格高于国际价格等，在西安地区出现了区域性和结构性过剩的现象，导致部分农产品价格低迷，农业增产不增收等问题凸显。因此，分析西咸地区现代农业发展特点、特色农业及其发展模式，对该区都市农业未来发展具有重要意义。

一、西咸地区现代农业发展的基本特点

改革开放以来，西安市与咸阳市社会经济发展水平也得到迅速提升。特别是20世纪90年代以来，西安市积极调整农业生产结构和产品结构，城郊型农业取得长足发展，不仅推动了农业基础设施建设、商品粮基地建设，还推动了城市"菜篮子工程"的实施和果业的发展，使农业呈现出多种经营迅速发展的局面，农业生产力水平迅速提高。近十几年来，西咸城市化区域出现了一大批现代型农业示范基地、无公害蔬菜生产基地及休闲农业产业带，形成了以现代型、产业型、生态型为主的区域特色明显、多元型都市农业发展类型，如西安市建成了全国最大的猕猴桃生产基地、全国著名的蔬菜生产基地、葡萄生产基地及全国优质的奶牛育种基地；咸阳市逐步形成了优质小麦、渭北玉米基地、南部时令鲜果及牛羊肉畜牧养殖基地，农业产业化水平不断提高；此外，西咸城市化地区旅游观光农业、特色生态农业等不断兴起与发展，并建设了一批集观光、旅游、采摘、休闲垂钓等于一体的都市农业园区，形成了许多依托传统农业的"农家乐"、休闲度假区和民俗文化村等现代农业基地，迎合了城市居民走出城市、回归自然、享受宁静生活的心理需求，以及多层次、多元化的消费需求，实现了农业与旅游业的紧密结合。西咸地区农业结构不断优化以及各产业产量产值逐年上升（图3-5）。2014年，西咸地区农林牧渔业及服务业总产值达到758.4亿元，农村劳动力总数为193.94万人，农业基础设施不断完善，农业机械化水平不断提高，农业机械总动力投入为$5.86×10^6$ kW。目前，西咸地区坚持把特色农业作为发展都市型现代农业的重要举措，紧紧围绕"服务城市、富裕农民"的发展目标，依托当地资源优势和地域

优势，优化农业产业结构，转变农业发展方式，依托杨凌国家农业高新技术产业示范区，以区域特色和农业高新技术为增长极，在关中地区建立科学示范基地和农业示范基地，通过示范和带动效应，进一步推动特色农业的发展。

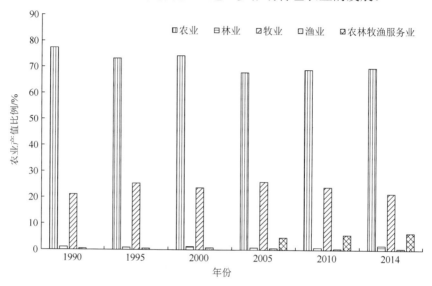

图 3-5　西咸城市化地区农林牧渔业及服务业总产值变化

（一）农业结构不断优化，农业规模优势明显

城市化过程推动农业结构转变，研究城市化过程中农业结构的变化特征对协调城市化功能与农业功能发展、优化农业资源配置、保障区域可持续发展等具有重要意义（宋晓媚等，2015；齐爱荣等，2013）。2015 年，西咸城市化地区国内生产总值为 67.47×10^{10} 元，其中第一产业产值为 4.35×10^{10} 元，较 2004 年增加 3.15×10^{10} 元；第二产业产值为 30.47×10^{10} 元，第三产业产值为 32.65×10^{10} 元。随着社会经济的不断发展和城市化水平的不断提高，区内产业结构日趋合理。特别是经过不断的结构调整和优化，该区农业结构由单一种植业为主转向种植业、畜牧养殖业、果业、加工业和观光农业等多种农业协调发展的模式，由最初过分追求产量、数量型的增长模式转向生态质量型、效益型增长模式。该区 22 个区（县、市），除了莲湖区、新城区、碑林区 3 区由于过度城市化基本上没有农业分布之外，农业主要集中在其他 19 个区（县、市）（宋晓媚等，2015；齐爱荣等，2013）。

通过对西咸城市化地区农业各部门的发展情况分析，种植业与饲养业是占明显优势的两大产业（表 3-1），两者之和在西咸城市化地区的各个区（县、市）农业中所占的比例都超过了 80%，部分区（县、市）甚至超过 90%，可以看出，种植业和牧业是西咸地区农业发展得最好的两大产业，特别是种植业更是一枝独秀。种植业在我国通常指粮、棉、油、糖、麻、丝、烟、茶、果、药、杂等作物。在西咸城市化地区的农业中，种植业占优势，主要以小麦和玉米等为主的旱地粮食作物，以及蔬菜、花卉、瓜果等产业的发展。西咸城市化地区位于关中地区的核心区，地处秦岭北麓渭河冲积平原，土壤肥沃，适合发展优质粮食，自古以来就有"八百里秦川"之说，农业发展条件优越。蔬菜和花卉产业的发展是在满足城市需求的基础上发展起来的，未来西安市打造国际化大都市，人口将达到1000万人，随着城市化速度的加快，对蔬菜、花卉的需求也将急剧增长，刺激两大产业的发展；果业主要指猕猴桃、葡萄、石榴、樱桃、苹果等，在秦岭北麓分布有大量猕猴桃和葡萄栽培区，骊山北麓则是优质石榴的种植区，渭北旱塬是中国苹果种植最适宜的区域；畜牧养殖业以牛、猪、羊及家禽的养殖为主，现在已建成秸秆养牛、瘦肉型猪、笼养蛋鸡和奶畜四大畜牧商品基地。西咸城市化地区林业和渔业所占比例较小，大部分区（县、市）都不到1%，没有形成规模化生产。旅游观光农业是将农业与服务业相结合的一种新型的农业经营方式，主要有水果、设施蔬菜、花卉种植、观赏、采摘活动及农耕文化、乡村民俗展示、农家餐饮、休闲娱乐等。

表3-1　2015年农林牧渔及服务业产值　　　　　（单位：万元）

区（县、市）	农业	林业	牧业	渔业	服务业	总产值
灞桥区	325260	1285	39125	1434	30836	397940
未央区	11169	308	11182	411	2716	25786
雁塔区	0	0	2416	0	789	3205
阎良区	272577	898	60379	325	34675	368854
临潼区	289993	4524	195802	6211	55026	551556
长安区	392921	12778	121381	7094	49946	584120
蓝田县	278999	23258	120984	1924	40436	465601
周至县	354957	39511	75580	609	38247	508904
户县	323435	13259	98458	1174	59829	496155
高陵区	284923	1955	162018	337	46219	495452
秦都区	213181	8720	41625	1065	34795	299386
渭城区	149039	12253	60967	783	17892	240934
三原县	424399	2499	54951	399	31825	514073
泾阳县	578122	1650	149211	708	26971	756662
乾县	405878	5965	109287	2474	11742	535346
礼泉县	714540	2964	54347	2528	22620	796999
武功县	222267	2226	110445	2793	24924	362655
兴平市	234361	1260	136248	4174	12826	388869
杨陵区	76409	11593	28594	0	8097	124693
合计	5552430	146906	1633000	34443	550411	7827190

2014年西咸城市化地区各区（县、市）的农林牧渔及服务业产值情况如图3-6所示，从产值构成比例来看，农业、林业、牧业、渔业及服务业的产值比例分别为68.84%、1.66%、22.62%、0.49%、6.39%。在"十二五"时期的"工业反哺农

业，城市支持农村"等方针的指导下，西安市政府不断加大农业投资力度，已逐步形成了以粮食、瓜果、蔬菜、养殖及农产品加工为主的农业生产体系。2015 年西咸城市化地区各区（县、市）主要农产品产量情况见表 3-2，粮食总产量达 324.95 万 t，蔬菜、水果、肉蛋奶产量由 1999 年的 258.70 万 t、161.99 万 t、72.67 万 t 分别增加到 2015 年的 760.21 万 t、407.46 万 t、185.92 万 t。

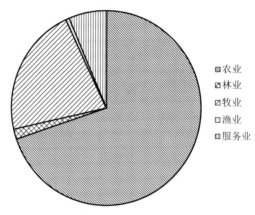

图 3-6　2014 年西咸城市化地区农林牧渔及服务业产值构成

表 3-2　2015 年西咸城市化地区主要农产品产量　　　（单位：万 t）

区（县、市）	粮食	水果	蔬菜	肉蛋奶	水产品
灞桥区	5.40	12.28	29.59	5.85	0.07
未央区	0.19	0.06	2.67	1.15	0.17
雁塔区	0	0	0	0.05	0.005
阎良区	8.82	6.83	81.72	11.51	0.023
临潼区	32.87	5.99	44.62	39.72	0.33
长安区	34.59	7.93	58.77	10.20	0.50
蓝田县	26.04	12.45	18.32	7.10	0.13
周至县	23.17	42.69	21.03	5.25	0.05
户县	30.50	9.82	29.90	5.90	0.12
高陵区	19.28	7.15	46.17	7.68	0.02
秦都区	6.00	9.86	26.85	2.80	0.068
渭城区	9.49	7.85	14.02	7.69	0.064
三原县	20.11	19.83	112.40	9.01	0.067
泾阳县	24.72	17.23	187.97	22.84	0.066
乾县	26.29	58.82	4.53	15.14	0.082
礼泉县	12.66	158.03	7.51	4.23	0.085
武功县	20.31	9.37	21.29	18.19	0.141
兴平市	22.40	17.31	38.27	8.38	0.28
杨陵区	2.11	3.96	14.58	3.23	0
合计	324.95	407.46	760.21	185.92	2.271

资料来源：《西安统计年鉴 2016》《咸阳统计年鉴 2015》《陕西统计年鉴 2016》。

（二）农业生产基地和综合农业产业带初步形成

西咸地区在保障粮食生产有效供给的前提下，因地制宜，大力发展现代都市农业，一批具有地域特色的农产品生产不断崛起。在该区域内，按照农业生产规模化、标准化、专业化、集约化、生态化的要求，西安市建成了"一区三带七板块"的发展新格局。此外，还有咸阳市的关中优质小麦、高产夏玉米产业带、渭北春玉米粮食带、渭北绿色苹果基地、咸阳市南部时令鲜果基地、渭北沿岸清水莲菜产业带等。

西咸城市化地区的产业带、板块农业具体表现为长安区的东部设施瓜菜产业带、西部设施蔬菜产业带、南部休闲农业产业带（主要包括秦岭北麓农业科技示范园产业带、沿山百里生态经济林带、沿山农家乐产业带），以及沿渭河无公害蔬菜产业带和渭北旱腰带特色杂果产业带等。其中，秦岭北麓的旅游资源丰富，特色鲜明，在陕西省旅游业发展格局中具有十分重要的地位；秦岭北麓农业科技示范园产业带将现代农业、旅游和自然条件相融合，以实现供给保障为基础，以休闲观光为理念，对加快推进秦岭北麓生态旅游，调整全省旅游产品结构，促进陕西省旅游资源健康可持续发展具有十分重要的意义。渭北旱腰带处于关中边沿地带，位于咸阳市中部，主要包括乾县、礼泉县、泾阳县、三原县4县的北部，该区地处渭北旱塬，昼夜温差大，是果业发展的优生区；该区利用区域优势，大力发展苹果、葡萄、石榴等杂果业，逐步形成了渭北旱腰带特色杂果产业带；在该产业带上规划的主要板块包括：泾阳旱腰带地区葡萄酿酒板块、三原旱腰带地区特色杂果板块、乾县富硒苹果板块和礼泉旱腰带地区特色果品。

西咸城市化地区的都市农业由零星发展到一大批水果基地（灞桥区万亩樱桃种植基地）、蔬菜基地（三原县万亩蔬菜种植基地、阎良区万亩无公害大棚蔬菜生产基地）、苗圃与花卉基地（长安区秦岭花世界、秦都区万亩苗木花卉生产基地）、休闲农业示范区（长安区国家级休闲农业示范区），都市圈内的农业逐渐表现出向产业化方向发展，并呈现出现代都市农业的特征。

（三）特色农业生产初具规模

（1）提质增效，粮食高产示范田稳步推进。为提高土地使用效果，在西安市8个涉农区（县、市）建立了"统一播种，统一指导，统一管理"的高产示范田。据测产统计，全市万亩示范片平均亩产620.6kg，千亩示范方平均亩产628.2kg，百亩攻关田平均亩产684.4kg，13个百亩攻关田平均亩产超过700kg，亩产均远远高于全市亩均350kg的水平，高产田示范效果十分明显。2014年，西安市粮食总产量达到175.61万t，实现"十一连丰"，其中夏粮88.05万t，秋粮87.56万t。咸阳市的关中优质小麦和高产夏玉米产业带已成为西安市的米袋子。

（2）设施蔬菜产业稳定发展。近年来，西咸地区加大对农业结构的调整力度，形成了灞桥区、临潼区、高陵区蔬菜产业带和沿渭河无公害蔬菜产业带，并逐步延伸到阎良区万亩无公害大棚蔬菜生产基地，以及长安区、周至县、蓝田县的秦岭北麓露地蔬菜生产基地。设施农业面积快速增长，特别是设施蔬菜品种日益丰富，季节差别、地区差别逐渐缩小，设施蔬菜已发展成为全市农业第一大经济作物。2014 年设施蔬菜种植面积为 1.71 万 hm^2，占全市蔬菜种植面积的 25.2%，设施蔬菜总产量为 134.34 万 t，占全市蔬菜总产量的 42.5%。设施蔬菜生产对提高农民收入和丰富城乡居民生活产生着巨大作用。咸阳市发展的泾阳县、三原县、渭城区、兴平市、武功县的蔬菜设施栽培，形成了渭城区、兴平市、武功县的渭河北岸清水莲菜产业带等。

（3）特色果业快速发展。根据地域气候条件，形成灞桥区的樱桃、鄠邑区的葡萄、周至县的猕猴桃、阎良区的甜瓜、长安区的草莓、临潼区的石榴、蓝田县的大杏及核桃等特色果业生产区。灞桥区作为我国西北最大的万亩樱桃种植基地，其产品不仅销往国内各大城市，还远销日本、韩国等。2014 年，西安市水果面积为 5.42 万 hm^2，水果产量达 99.66 万 t，水果产值 10.09 万元，占全市农业总产值的 33.5%。在咸阳市北部（如乾县、礼泉、泾阳、三原四县的北部）形成的旱腰带苹果基地，在兴平市、三原县及旱腰带发展的葡萄、鲜桃、石榴等时令水果达 4.67 万 hm^2。

（4）规模化、标准化畜牧业养殖健康发展。2014 年西安市生猪年出栏 50 头及以上的规模养殖户 4780 家，年出栏生猪 135.3 万头，占全市生猪出栏的 87.0%；肉牛年出栏 10 头及以上的养殖户 278 家，年出栏肉牛 6312 头；奶牛年存栏 20 头及以上的养殖户 997 家，存栏量 77865 头，占全市的 61.7%，奶产量 29.97 万 t；羊年出栏 30 只及以上的养殖户 412 家，出栏 38897 万只，占全市的 15.5%；肉鸡年出栏 1 万只及以上的养殖户 174 家，出栏 821.98 万只；蛋鸡存栏 2000 只及以上的养殖户 738 家，存栏 436.47 万只，禽蛋产量 57635t，占全市禽蛋产量的 42.6%。

（5）水产品养殖效益可观。2014 年西安市水产品养殖面积为 1540 hm^2，渔业养殖总产量达到 14168t，渔业养殖总产值 15153 万元，水产养殖带动休闲渔业产值 13662 万元。

（6）花卉苗木生产。花卉苗木生产主要分布在周至县。目前周至县已成为西北最大的花卉苗木生产基地。2014 年周至县苗木花卉种植面积 0.79 万 hm^2，各类苗木花卉品种达 420 多种。全县共有千亩以上苗木基地 8 个，百亩以上 65 个；共有苗木花卉专业合作社 47 家，覆盖全县 18 个镇 278 个行政村，从业人员 6.8 万人。2013 年全县苗木花卉实现总产值 7.2 亿元，年销售苗木 1.5 亿株，苗木花卉产业每年带动种植户增收 5.3 亿元，亩均年收入 7500 元。

（四）农业产业化经营水平不断提升

近年来，西咸城市化地区农业现代化水平不断提高，农业生产模式逐渐向生态型、产业型、现代型方向发展，农业逐渐成为都市圈发展必不可少的部分。随着政府部门对西咸城市化地区农业发展的大力扶持，该地区已初步形成了以农产品加工为主的农业生产体系。西安市以农产品加工为主的五条龙头企业群基本建立。在全市156家市级以上重点龙头企业中，有134家集中在五条龙头产业链之中，占到总数的86%。

此外，西安市政府还成立了特色农业发展服务机构，着力将特色农业发展与市场需求相结合，为特色农业发展提供市场需求信息、产业发展指导等十余项服务，引导农民科学种植与养殖，组建农民专业合作社，推动农业龙头项目建设，不断完善企业、基地、农户的利益联结机制，积极构筑"龙头带基地、基地连农户"的产业化格局。2014年底，全市农业产业化组织总数4921个，较2013年增加了1149个，增长了30.5%，其中龙头企业带动型281个，专业合作经济组织带动型4602个，专业市场带动型38个。

（五）"一村一品"引领特色农业发展

近几年来，全市重点抓一批"一乡一业"示范乡镇和"一村一品"示范村，集中项目向示范村、示范乡镇靠拢，形成了具有特色的典型和样板。其主要有以灞桥狄寨街办、鄠邑区石井镇为代表的葡萄专业镇；以周至县周一村、西富饶村为代表的猕猴桃专业村；以鄠邑区同兴村、临潼区何寨福柳村为代表的瓜菜专业村；以阎良区关山镇为代表的甜瓜专业镇；以蓝田县阿氏村为代表的大杏专业村；以临潼区胡王村、秦陵村为代表的石榴专业村；以临潼区相桥申东村、北田西渭村为代表的奶畜专业村；以户县西侯村为代表的手织布专业村；以长安区上王村、鄠邑区东韩村、蓝田县唐子村为代表的休闲农家乐专业村。通过做强一批特色鲜明的专业村，推动了"一村一品"工作向提质增效的纵深方向发展。

根据调查统计，截至2014年底，西安全市"一村一品"专业乡镇28个，占乡镇总数的18.7%；全市"一村一品"专业村达到447个，占行政村总数的15.1%。其中，获得无公害农产品认证的村174个，获得绿色食品认证的村76个，获得有机食品认证的村64个，获得地理标志产品保护认证的村129个，获得省级以上名牌产品的村71个；粮食类8个，蔬菜类129个，水果类174个，畜产品类46个，休闲农业类13个，农产品加工类13个。

（六）休闲景观生态型农业建设成效显著

休闲农业是一种利用农业景观资源和农业生产条件发展休闲、观光、旅游为一体的新型农业生产经营形式，也是深度开发农业资源潜力、调整农业结构、改善农业环境、增加农民收入的新途径。在综合性休闲农业区，游客不仅可观光、采摘、体验农作、了解农耕生活、享受乡土情趣，还可住宿、度假、游乐。目前，西安市已形成休闲农业"两带三区"产业发展新格局，形成 10 条特色鲜明、内容丰富的精品休闲农业旅游线路。2014 年底，西安市有农业科技园、观光农园、农业公园、采摘园、休闲农庄、农耕文化园等休闲农业园区 208 个，农家乐、垂钓园、休闲农家、农家饭店、民宿等 2662 家，休闲农业园区和休闲农家从业人数 23508 人，其中农民就业人数 21398 人，带动农户数 17530 户，年接待人次 1495 万人次，年经营收入 13.2 亿元，从业人员年平均劳动报酬 19639 元。

2014 年底，西安市各级现代农业园区 344 家，其中国家级、省级、市级园区 69 家。在省市级园区中，种植业园区 46 个、养殖业 9 个、综合型 14 个。2014 年，省市级农业园区规划面积 1.82 万 hm^2，建成面积 1.14 万 hm^2，土地流转面积 0.3 万 hm^2，园区累计完成投资 27.18 亿元，全年营业收入达 13.25 亿元。园区带动从业人员 2.3 万人，缓解了社会就业压力；园区新技术推广面积 0.48 万 hm^2，培训农民 8.11 万人次，认证无公害农产品 98 个，绿色农产品 37 个。现代农业园区的建设为农业科技转化提供了应用空间，农产品质量进一步提升。西安市"十三五"规划指出，要做强现代农业园区，抓好秦岭北麓现代农业示范区等一批重点现代农业园区建设，鼓励园区推行生产、加工、流通全产业链开发，实现农产品加工、流通增值。同时，依托现代农业园区发展休闲观光农业、生态循环农业，进一步延长农业产业链条，拓展农业多种功能。

西咸城市化地区的长安区被命名为国家级休闲农业示范区，西安曲江农业博览园、陕西阳光雨露现代农业示范园被命名为国家级休闲农业示范点；西安白鹿原生态实业有限公司、西安盛原葡萄科技有限公司、溪源山庄生态园、中国唐苑盆景园、西安现代农业科技展示中心、鄠邑区渭河农业科技示范园被命名为省级休闲农业示范点；鄠邑区东韩村、长安区上王村、长安区祥峪沟村、蓝田县唐子村、临潼区下和村（秦俑）被命名为省级休闲农家明星村；西安盛原葡萄庄园、西安西园生态园、灞桥区东城山塬休闲农业园等 36 个园区被命名为市级休闲农业示范园区。

二、西咸地区都市农业发展的主要模式

都市农业发展与区域农业资源条件、社会经济发展水平等具有密切的关系。国外都市农业发展由于历史阶段、社会、经济和生态等主要功能的不同，主要形成了 3 个模式：一是以经济功能为主的模式，如在美国都市区内以耕种社区或市民农园为主，农园为市民提供安全、新鲜、高品质和低价的农产品，促进区域食品供给和当地农业经济发展；二是以生态、社会功能为主的模式，如德国、荷兰

等中西欧国家,荷兰突出花卉等设施农业发展,德国发展市民农园,市民可用自家的"小菜园",实现蔬菜生产自给自足;三是兼顾经济、社会及生态功能的综合模式,以日本、新加坡和我国台湾为代表,如日本在东京、大阪和中京的都市圈内保留点状或片状耕地,种植蔬菜与花卉,实行设施化栽培,园艺生产设施先进;同时也为都市农业观光、休闲、体验农业提供服务,改善生态环境和需求服务;新加坡发展农业现代化集约的农业科技园和农业生物科技园。

尽管西安都市农业发展与广州、上海等沿海城市相比比较迟滞,发展水平和程度相对较低,但结合当地特点及旱作农业的基本特征,初步形成了几个明显的发展模式。

（一）粮食作物生产模式

关中平原是我国古老的农业区之一,该区地处半湿润地区,气候温和,农田水利较为发达,水资源比较丰富,粮食作物可一年两熟,是陕西省农业条件最优越的地区和粮食集中产区,粮食种植在该区农业中长期居于主体地位。稳定粮食生产、确保粮食安全是该区现代农业生产体系建设的重要途径之一,优化粮食作物的布局结构,提高粮食生产的产业集聚度,实施良种良法配套、农机农艺融合,形成高产创新、绿色增产的高效粮食生产模式是该区现代农业发展的主要目标之一。当前形成了关中优质小麦、高产夏玉米和渭北春玉米优势粮食产业带。该区粮食生产在关中灌渠以小麦-玉米"两茬平作"为主（表3-3）,粮食产量及单位面积产量均比较高,西咸地区处于小麦-玉米粮食产业带的核心。

表3-3　2014年西咸地区粮食作物生产

区(县、市)	粮食播种面积/(万 hm²)	小麦	玉米	粮食作物产量/万 t	小麦	玉米	粮食作物单产/(kg/hm²)	小麦	玉米
灞桥区	1.21	0.74	0.44	5.28	3.01	2.17	4380.00	4050.00	4980.00
未央区	0.10	0.08	0.02	0.40	0.31	0.09	4200.00	4035.00	4890.00
阎良区	1.42	0.75	0.67	8.10	4.31	3.78	5715.00	5760.00	5670.00
临潼区	6.90	3.81	2.80	31.79	16.78	13.66	4605.00	4410.00	4875.00
长安区	7.00	3.59	3.31	33.84	15.79	17.53	4830.00	4395.00	5295.00
蓝田县	6.38	3.35	2.18	25.06	12.82	9.98	3930.00	3825.00	4575.00
周至县	5.13	2.62	2.39	22.50	10.99	11.13	4380.00	4185.00	4665.00
户县	5.88	3.02	2.79	29.60	14.50	14.84	5040.00	4800.00	5325.00
高陵区	2.75	1.41	1.32	19.04	8.84	10.12	6915.00	6285.00	7650.00
秦都区	1.31	0.65	0.59	5.89	2.94	2.62	4500.00	4500.00	4425.00
渭城区	2.07	1.14	0.89	9.30	5.14	3.97	4500.00	4500.00	4455.00
三原县	4.08	2.34	1.61	19.51	10.55	8.46	4785.00	4515.00	5265.00
泾阳县	5.08	2.81	2.22	23.98	12.67	11.10	4725.00	4515.00	5010.00

续表

区（县、市）	粮食播种面积/(万 hm²)	小麦	玉米	粮食作物产量/万 t	小麦	玉米	粮食作物单产/(kg/hm²)	小麦	玉米
乾县	5.49	3.58	1.81	25.01	15.78	8.96	4560.00	4410.00	4950.00
礼泉县	2.69	1.63	0.96	12.06	6.78	5.02	4485.00	4170.00	5205.00
武功县	3.97	2.12	1.81	19.72	9.66	9.93	4980.00	4560.00	5475.00
兴平市	4.32	2.36	1.95	21.72	10.71	10.99	5025.00	4530.00	5625.00

由表 3-3 可知，2014 年西咸地区粮食生产大县有阎良区、临潼区、长安区、蓝田县、周至县、户县、高陵区、三原县、泾阳县、乾县、武功、兴平市。

（二）果业发展模式

渭北是苹果的最佳适生区和主产区。陕西省 25 个苹果基地有 20 个在渭北，面积和总产量分别占全省基地的 85.75%和 89.06%。苹果优质品率达 90%以上。礼泉县、白水县、澄城县、淳化县等县跻身于全国苹果生产百强县（表 3-4）。西咸地区的苹果产地主要有三原县、泾阳县、乾县、礼泉县、兴平市、蓝田县；梨生产较多的地区有礼泉县、泾阳县、乾县、秦都区；猕猴桃生产较多的有武功县、周至县；葡萄产量较多的有渭城区、三原县、泾阳县、乾县、礼泉县、长安区、鄠邑区；柿子产量较多的有乾县、三原县；灞桥樱桃，临潼石榴。西咸地区是陕西省水果生产的核心区，其中许多区（县、市）都是陕西省的水果生产基地，果园面积广、产量高。

表 3-4　西咸地区果业生产情况

果品	2000 年		2014 年		2000～2014 年变化	
	面积/万 hm²	产量/万 t	面积/万 hm²	产量/万 t	面积变化/%	产量变化/%
水果	10.49	170.92	17.88	390.67	70.54	128.56
苹果	6.69	122.27	8.13	214.33	21.67	75.29
梨	1.16	24.12	0.95	31.80	-17.77	31.86
葡萄	0.24	2.96	1.79	25.12	639.38	747.80
桃	0.36	4.94	1.33	35.70	270.20	621.97
猕猴桃	1.17	9.97	3.20	42.56	174.17	327.00
杏	0.07	1.33	0.50	9.34	613.53	601.83
柿子	0.25	0.90	0.48	6.61	90.92	632.39

（三）蔬菜瓜果发展模式

西咸地区农业基础和水利灌溉条件较好，自然条件非常有利于大多数蔬菜和瓜果的种植。该区蔬菜产业大都是在传统种植的基础上，大力推进蔬菜板块建设和蔬菜产业带建设，特别是陕西省百万亩设施蔬菜工程和西安市"菜篮子工程"的实施，有力地推动了蔬菜产业的快速发展。截至 2014 年底，西安市蔬菜播种面积达 6.61 万 hm²，蔬菜种类以白菜、土豆、青菜、洋葱和黄瓜等大宗蔬菜和冬储菜为主，年产蔬菜 299 万 t，人均蔬菜占有量达到每年 330kg，在春、夏、秋蔬菜生产季节，西安市生产的蔬菜除保障本市居民消费需求外，还销往青海、宁夏、新疆等地区。通过近 10 年的发展，该区已经逐渐形成自身的区域种植特色。目前，西安市已初步形成了以高陵区为中心的设施果菜和叶菜产区；以阎良区、长安区、鄠邑区为中心的大棚蔬菜、早春蔬菜产区；以临潼区、蓝田县、周至县的环山区域为中心的越夏蔬菜生产区；以周至县、蓝田县、灞桥区为中心的时令蔬菜产区（陈琳，2015）。2014 年咸阳市 8 个区（县、市）蔬菜总面积为 8.32 万 hm²，总产量达 391.39 万 t，多年来形成了沿渭清水莲菜、三原大棚蘑菇、乾县漠西大葱、泾阳泾河清水莲菜等蔬菜生产基地；杨陵区蔬菜播种面积 0.215 万 hm²，总产量也达 14.06 万 t。阎良区、长安区、临潼区、鄠邑区、蓝田县、乾县和高陵区等是该区瓜果类的主要产地，其中阎良区是该区最大的甜瓜生产基地，2015 年种植面积达 4360hm²（表 3-5）。

表 3-5　2014 年西咸地区蔬菜和水果生产情况

区（县、市）	蔬菜面积/万 hm²	蔬菜产量/万 t	瓜果类面积/万 hm²	瓜果类产量/万 t
灞桥区	0.49	28.65	0.03	0.82
未央区	0.11	2.53	0.00	0.06
阎良区	1.17	76.20	0.45	23.75
临潼区	0.99	44.52	0.46	6.36
长安区	1.49	58.61	0.16	8.28
蓝田县	0.62	16.80	0.11	3.75
周至县	0.60	19.81	0.01	0.49
户县	0.62	27.68	0.13	5.40
高陵区	0.65	39.59	0.02	2.84
秦都区	0.50	25.08	0.04	1.28
渭城区	0.30	13.16	0.04	2.09
三原县	2.16	106.34	0.03	2.02
泾阳县	2.82	180.85	0.05	0.82
乾县	0.27	4.23	0.15	2.93
礼泉县	0.26	7.29	0.02	0.65
武功县	0.80	19.00	0.04	1.10
兴平市	1.21	35.44	0.05	2.00

（四）休闲农业发展模式

休闲农业是以传统农业为基础，以农业与农村为载体，集休闲、观光、科普、示范、旅游于一体的新型产业。休闲农业是农业与旅游相融合的一种新兴业态，是经营者依托农业产品与服务，吸引旅游者参与吃、住、观赏、购买、体验等实践活动，达到参与农业生产、学习农业生产科技活动的目的，以获取与农业相关的科技与文化知识。

休闲农业从不同角度可以分为多种模式。例如，按照农业休闲参与的主要方式可以分为观赏型休闲农业发展模式、品尝型休闲农业发展模式、参与型休闲农业模式、度假型休闲农业模式、会展型休闲农业模式（师晓华，2017）；按照所处地理区位，即距离城市的远近，可以分为景区边缘型（以分布在景区边缘的"农家乐"为主，为游客提供餐饮、住宿）、城市郊区型（主要由现代农村聚落景观和现代科技农业景观园及美化了的田园风光组成，以城郊农家乐为主）、偏远山区型（主要是由偏远山区优美的自然环境、传统的农耕文化和独特的民族习俗等自然生态景观和人文生态景观构成的乡村旅游地，主要以农家乐为代表）。西安市休闲农业发展开始于21世纪初，开始时以单一的农家乐为主，近些年伴随西安市现代型都市农业的发展，如猕猴桃基地、葡萄、樱桃等，实现了农业与旅游业的紧密结合，休闲农业的类型也出现多元化趋势，有农业生态园、农业旅游观光园、农业科技示范园、农业体验园等。西安市休闲农业类型主要有休闲园区和休闲农家。休闲园区从2010年的90家发展到2015年的200家，休闲农家从2010年的2000家发展到2015年的4000家，2010~2015年平均以20%的速度增长，经营收入和从业人数也大幅增长（表3-6）。咸阳市休闲农业也得到快速发展，目前形成了礼泉县袁家村——关中印象体验地，已成为全国第一批特色景观旅游名镇，在展示关中民俗文化的同时，发展果业，建成生态果园基地。三原县金源山庄依托农业技术，将农业和采摘相结合，建成100亩农事体验区，成为全国休闲农业与乡村旅游示范点。渭城陶源居依托城郊优势，建设张裕葡萄酒酒庄、田园居现代农业园区、西部芳香植物园等现代农业园。渭城区被农业部认定为全国休闲农业和乡村旅游示范县（区）。西咸地区休闲农业呈规模化发展的态势。

表 3-6　西安市休闲农业经营现状

年份	接待游客人数/万人次	经营收入/亿元	从业人数/万人	农民从业人数/万人	带动农户数/万户
2010	640	8.2	1.4	1.3	1
2015	1460	16.1	3	2.5	2

资料来源：根据西安旅游网和农业网资料整理。

（五）现代农业园模式

现代农业园区是为大力开发、提升农业，如种植业，禽畜、水产养殖业，农产品加工业和物流业等各类与农业有关的产业，对一定区域给予较高的资金投入，引入现代技术和现代设施，采用先进的组织和管理方式，进行高效运作并有一定规模的集约化农业园，从而获得高的经济效益、生态效益和社会效益，促进农业可持续发展。现代农业园在总结、保护、展示农业发展成果、农业技术、农耕文化、农业用具、当地特色品种、畜禽品种等方面具有重要的意义。现代农业园区是以技术密集为主要特点，以科技开发、示范、辐射和推广为主要内容，以促进区域农业结构调整和产业升级为目标的新型农业生产组织形式，其对推动传统农业向现代农业发展有着极其重要的作用。现代农业园具有高新技术广泛应用（推广高科技农业科学技术、培育安全高效的农业品种，确保农业科技转化成实际成果）、功能多样化（现代农业园涵盖农林牧副渔等诸多方面，同时涵盖观光生态农业、科普体验农业、新农村建设等多种经营和发展模式）、生产产业化（现代农业以全产业链模式发展，覆盖种植养殖、物流运输、储存、生产、加工和销售等多个环节，后续环节还在不断向第二和第三产业延续，形成系列化和品牌化的经营方式）、追求经济效益兼顾生态效益（在现代农业产业园发展中除了注重农业产出之外，在规划建设和经营过程中还注重生态环境，降低对环境的破坏）等基本特征。截至"十二五"末，陕西省省级现代农业园区达到 300 个，各类农业园区总数突破 2000 个，占全省耕地面积的比例超过 10%。截至 2014 年底，西安市共有现代农业园区 344 个，园区面积达 2.56 万 hm²；2015 年咸阳市省级现代农业园区有 39 个，其中西咸地区有 26 个，建成面积达 4.08 万 hm²。现代农业产业园区产业化的生产中，设施农业、工厂化育苗、无毒繁殖、宽行双矮苹果栽植、反季节水果和蔬菜种植、立体种养等先进技术得到了应用，园区类型有高科技农业示范园区、新农村家园、农副产品产业园（农产品种植养殖区、农产品现代加工区、农副产品集散销售区）、现代生态农业观光体验园区（农业观光、休闲、采摘、生态农业、民俗观光、保健农业、教育农业园等）、大型综合性园区（兼具多种农业区功能）（张新，2015）。

三、西咸地区都市农业发展中的问题

西咸地区都市农业在快速发展过程中也存在一些问题（陕西省统计局，2014）。

（1）种植土地逐年减少。随着副中心城市建设不断推进，西咸城市化进程不断加快，用于发展蔬菜的土地逐步减少，耕地面积的减少对全区蔬菜发展产生了影响。

（2）农业集约化和产业化程度偏低。不断加强对都市农业发展的支持与保护，要建立多形式、多层次、多元化的农业扶持投入机制，推进农业产业化，更加注重第一、第二、第三产业融合发展。依靠农民专业合作社、专业大户、家庭农场等新型经营主体，大力发展农产品精深加工，逐步向生产、加工、仓储、销售一条龙的规模化、集团化发展，形成农业全产业链，提高农产品附加值和竞争力，促进农民增收；充分释放规模化经营的优势，通过多种多样的方式，提高规模化经营水平。以市场为导向，加快供给侧改革，引导农民大力发展绿色产业、循环农业、特色农业和品牌农业，扩大优质特色农产品和高效经济作物生产，把品牌产品做优，把综合效益做高，推动由产加销向销加产转变，加快转变农业发展方式。

（3）观光休闲农业形式单一。近十几年来，尽管西咸地区休闲观光农业得到快速发展，有些区（县、市）现代化都市农业发展取得了显著的成效（如杨凌农业高新技术产业示范区、长安区观光休闲农业也已成为国家级现代都市农业示范区，形成了周至猕猴桃产区、灞桥樱桃产区、临潼石榴产区、长安和鄠邑区鲜食葡萄产区、阎良蔬菜瓜果产区、蓝田肉鸡养殖区、秦岭北麓时令鲜果产区等特色品牌农业），但是休闲观光农业，特别是城郊休闲农业还以农家乐为主，形式单一，产品档次有待进一步提高。在服务形式、服务内容上普遍存在盲目跟风现象，缺乏自身特色的服务品牌，没有准确的发展定位，缺乏长远的发展规划。同时，模糊的农家乐发展定位，无法在激烈的市场竞争中吸引更多的关注，直接影响到从业业主的经济效益和地方经济的发展。

（4）特色农业标准化体系不健全、发展规模小、竞争力不强。目前，西咸城市化地区推行的标准化生产技术规程大多为国家及省行业部门颁布的标准，与当地实际生产存在差异，有待制定既适合本地生产实际，又与国际标准相接轨的标准体系。在特色农业发展过程中，农业经营主体以分散、小规模农户为主，部分区域农地经营的集约化程度较低，发展规模小，竞争力不强，农业的产业化发展水平仍比较低。虽然西咸城市化地区初步形成了"一村一品"示范村、示范镇，但无论是生产基地、发展规模，还是产业集群度都还达不到现代农业发展的要求。例如，2014年西安市示范镇个数仅占全市乡镇的18.7%，"一村一品"示范村仅占行政村总数的15.1%；全市281家龙头企业中销售收入过亿元的仅占14.2%，销售收入过5亿元的占3.2%。

（5）科技创新水平低，支撑能力不强。经过多年的发展，虽然现已形成一批相对成熟的产业综合配套技术，但受技术保障体系不健全、技术推广机制不完善、推广机构的公共服务能力弱等影响，全区综合高效配套技术、标准化技术、环境调控技术、无公害技术、防止病虫害技术、防疫技术、可持续发展技术应用率低，优势特色农业产量、质量、效益不高。此外，许多农产品加工企业处于粗加工阶段，能利用高技术进行深加工的企业极少。有些企业的生产技术落后，设备处于陈旧、老化状态等。

（6）城市化水平提升，农业景观受到威胁。随着西咸地区社会经济的不断发展，城市化水平不断提高，人口规模不断扩大，导致对住房需求和交通压力增大，引起了土地利用景观类型的变化，农业景观面临人工景观扩张的威胁，大块农田趋于破碎化，小块农田正在逐渐消失。具体表现为建设用地不断增加，农业用地不断减少，城市建设与农业发展之间的矛盾逐渐加剧，加上各种化石燃料的使用导致城市生态环境恶化等问题，使得农业的生产也受到制约。此外，大量农药、化肥等的使用，使农业土壤和水体中的硝酸盐、农药残留量增加，对农业生态系统造成一定危害，也降低了农产品的质量。

（7）农情信息滞后影响农业发展。全市每年都会有个别地区出现农产品难买现象，如 2015 年周至县油桃滞销，蓝田县菠菜、临潼区莴笋、周至县芹菜和西葫芦滞销等。有气候因素、市场因素的影响，但主要是供需双方信息不畅。应借助"互联网+农业"，建立农村经济信息平台，及时发布农产品生产及供求信息，对各类农产品价格信息、农作物疫情、灾情、病虫害、农产品生产信息、农业科技信息等进行重点监测预警。同时，通过农业会展、电视、广播、报纸等媒体进行宣传，让农民及时了解农产品产销情况。加强规范农产品市场经营管理，推进农产品保鲜、贮藏、加工包装处理技术，增加产品附加值，确保农产品均衡供应。积极组织农业企业签订农产品购销协议，鼓励、扶持农民专业合作社发展，确保农产品市场顺畅供给。

第四节　西咸农业空间格局演变分析

二十多年来，西安地区农林牧渔结构发生了较大的变化，农业部门结构及类型经历了比较大的转变。在该区农业向现代都市农业转变过程中，农业空间结构也在不断发生演变，形成了不同的农业带（或者板块）。

一、西咸农业空间布局分析

随着经济发展，西咸城市化地区的农业正在向现代都市型农业迈进。根据本地都市农业发展情况，可分为优质粮食、畜牧养殖业、蔬菜、果品产业及花卉苗木五大类。不同类型的都市农业承担着不同的功能，在空间分布上也形成相对集中、连片的不同板块。

（一）粮食及经济作物生产空间格局演变

西咸城市化地区的都市农业地处关中平原，是全国重要小麦、玉米生产区，同时也是陕西省优质粮食的主产区。该区农业在由传统大田农业向城郊农业及现代都市农业发展和转变过程中，由于耕地转变为建设用地，耕地被果园、现代农业园、花卉苗木等挤占，尽管复种指数略有提高，但粮食播种面积持续下降，由 1990 年的 88.02 万 hm^2 下降到 2014 年的 66.07 万 hm^2，年均减少 9145.83hm^2，年均下降幅度为 1.04%（图 3-7）。

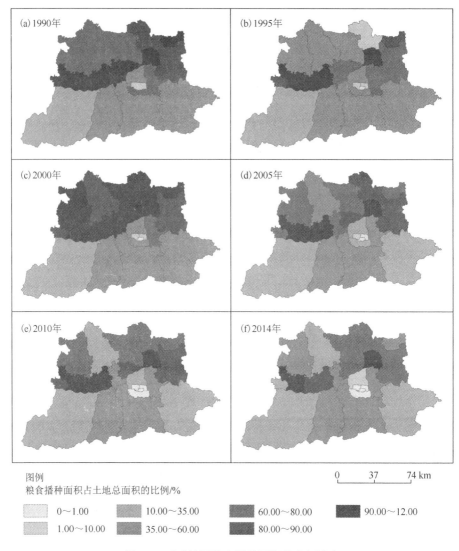

图例
粮食播种面积占土地总面积的比例/%

▢ 0～1.00	▢ 10.00～35.00	▢ 60.00～80.00	▢ 90.00～12.00
▢ 1.00～10.00	▢ 35.00～60.00	▢ 80.00～90.00	

图 3-7　西咸地区粮食播种面积的空间演变

　　该区粮食播种主要分布在城市郊区,无论在传统农业发展阶段还是在现代都市农业发展阶段均是该区粮食的主要生产地。二十多年来,粮食播种面积呈先增加随后大部分区(县、市)都持续减少的趋势。1990～2000 年,该区粮食播种面积增加了 12.50%。1990 年粮食播种面积在 50000hm^2 以上的区(县、市)主要有长安区、临潼区、周至县、蓝田县、乾县、户县、礼泉县、泾阳县和兴平市;2000 年主要分布在乾县、长安区、礼泉县、临潼区、泾阳县、兴平市、蓝田县、三原县、周至县、户县和武功县,远郊的武功县和三原县扩展为主要的粮食产区。2000 年之后,各区(县、市)粮食播种面积普遍减小,粮食主产地逐渐聚集,粮食播种面积在 50000hm^2

以上的区（县、市），2010 年和 2014 年分布在长安区、临潼区、蓝田县、户县、乾县、周至县和泾阳县。如果按粮食播种面积在 60000hm² 以上统计粮食主要生产区（县、市）的变化，由 2000 年的乾县、长安区、礼泉县、临潼区、泾阳县、兴平市、蓝田县、三原县、周至县、户县和武功县 11 个区（县、市），减少到 2010 年的长安区、临潼区、蓝田县、户县和乾县 5 个区（县、市）和到 2014 年的长安区、临潼区和蓝田县 3 个区（县、市）。

　　该区主要的粮食作物是小麦和玉米，1990～2014 年二者播种面积逐步下降。其中，小麦播种面积从 1990 年的 46.98 万 hm² 下降到 36.16 万 hm²，减少了 10.82 万 hm²，降幅达 23.03%，年均下降 4508.33hm² 和 0.96%。玉米播种面积受市场供需变化的影响，波动较大，1990～1995 年播种面积增加，其间增加了 1.88 万 hm²，此后开始下降，2000 年降至 19.3068 万 hm²，到 2005 年增加到 34.2942 万 hm²，此后到 2014 年持续下降。两种主要粮食作物的空间种植格局也发生了比较大的变化。小麦播种面积除武功县增加了 800hm² 左右外，其他区（县、市）均下降，其中碑林区、莲湖区、新城区和雁塔区已经完全退出小麦生产，未央区、杨陵区和礼泉县下降了 50% 以上，秦都区、灞桥区和阎良区降幅在 30% 以上。从小麦生产地来看，播种面积在 30000hm² 以上的区（县、市），1990 年有长安区、乾县、蓝田县、临潼区、礼泉县、周至县、户县和泾阳县 8 个区（县、市），2000 年集中在长安区、临潼区、乾县、蓝田县、周至县、礼泉县和户县 7 个区（县、市），2010 年和 2014 年减少到临潼区、长安区、乾县、蓝田县和户县 5 个区（县）。1990～2014 年玉米生产地的空间格局变化，总体上，除了蓝田县播种面积增加了 3200 多 hm²（增幅 17.41%）之外，其他区（县、市）均减少。从变化幅度上看，西安市的碑林区、莲湖区、新城区和雁塔区均退出了玉米生产，未央区和礼泉县播种面积下降了 90% 以上，杨陵区下降了 61%，秦都区、灞桥区和阎良区等区（县、市）均下降 35%～50%。1990 年玉米播种面积在 20000hm² 以上的区（县、市）有礼泉县、长安区、周至县、临潼区、户县、泾阳县、兴平市和乾县 8 个区（县、市），2000 年减少到长安区、临潼区、户县和周至县 4 个区（县、市），2010 年有所增加，主要有长安区、临潼区、户县、周至县、泾阳县、蓝田县、兴平市、武功县和乾县 9 个区（县、市），2014 年又减少到长安区、临潼区、户县、周至县、泾阳县和蓝田县 6 个区（县）（图 3-8）。

　　西咸地区在粮食作物种植中，稻谷播种比较少，集中在有限的几个区（县、市），1990～2014 年空间分布上也逐渐收缩和集聚。1990 年该区稻谷播种面积为 10653hm²，2014 年下降到 342.58hm²。在稻谷种植空间上，1990 年主要集中在长安区、周至县、蓝田县、户县、未央区、武功县、杨陵区和灞桥区 8 个区（县），2014 年只剩长安区和周至县仅有少量种植，其他区（县、市）均不再种植稻谷，稻谷种植正在退出该区的粮食生产。

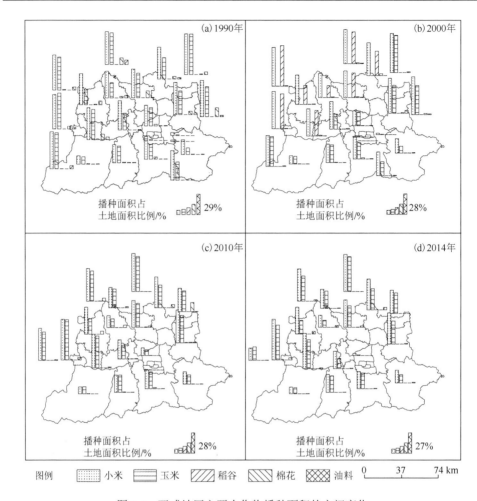

图 3-8　西咸地区主要农作物播种面积的空间变化

　　该区经济作物主要有油料和棉花，其播种格局也发生了较大的变化。历史上，关中平原属于我国棉花的重要生产区；1990 年西咸地区棉花总播种面积为 2.92 万 hm^2，此后逐年下降；2014 年棉花栽植面积仅为 457.12hm^2，大幅下降，年均减少 1197.9hm^2，年均下降 4.10%。在空间分布上，1990 年该区有 18 个区（县、市）种植棉花，其中棉田面积 500hm^2 以上的区（县、市）有泾阳县、临潼区、阎良区、秦都区、三原县、礼泉县、渭城区、兴平市、周至县、乾县、户县和长安区 12 个区（县、市）；2000 年棉花种植减少到 17 个区（县、市），500hm^2 以上的区（县、市）主要包括三原县、礼泉县、泾阳县和临潼区 4 个区（县、市）；到 2010 年只有 9 个区（县、市）种植棉花，500hm^2 以上区（县、市）有阎良区和临潼区 2 个区（县、市）；2014 年棉花种植区（县、市）只有 7 个，播种面积最多的是泾阳县和蓝田县，播种面积分别为 171.2hm^2 和 153.33hm^2，其他区（县、市）

均不到 100hm^2。

该区油料作物主要有油菜籽和花生，以油菜籽为主。1990～2014 年，该区油料作物因受市场供需关系的变化，播种面积波动较大，但总体上面积由 1990 年的 2.43 万 hm^2 下降到 2014 年的 1.65 万 hm^2，年均下降 325hm^2 和 1.34%。在空间分布上，油料种植也由 1990 年的 19 个区（县、市）下降到 2000 年的 18 个区（县、市），2010 年和 2014 年分别减少到 17 个和 16 个区（县、市）。油料作物生产的空间分布也发生了较大的变化，播种面积在 1000hm^2 以上的区（县、市）由 1990 年的乾县、礼泉县、临潼区、武功县、周至县、秦都区、蓝田县、三原县和高陵县 9 个区（县、市），减少到 2000 年的临潼区、蓝田县、长安区和周至县 4 个区（县），2010 年又增加到乾县、礼泉县、三原县、泾阳县、武功县和渭城区 6 个区（县），2014 年又减少到乾县、礼泉县、三原县、蓝田县、泾阳县、武功县和长安区 7 个区（县）。

从粮食总产量来看，由于受粮食复种指数、粮食单产等因素的影响，其与粮食播种面积的变化表现出不同的空间演变格局。粮食产量 1990 年为 312.698 万 t，2010 年为 395.495 万 t，粮食产量增加，增加了 26.48%；但由于耕地面积的减少和其他农业部门对粮食种植用地的挤占，2014 年下降为 312.799 万 t，相对于 1990 年而言，增长了 0.032%，表明 1990～2014 年该区粮食产量基本维持稳定。从粮食总产量的空间分布上看，粮食生产由 20 世纪 90 年代的全区普遍生产到 2014 年逐渐向主要区（县、市）集中，粮食生产的集中程度增加。受农业种植制度、农业技术进步、农业生产方式及单位面积产量等因素的影响，粮食作物总产量在不同时期波动较大，空间分布变化也较大。粮食总产量在 20 万 t 以上的区（县、市），1990 年主要有长安区、户县、乾县、泾阳县、周至县、兴平市和礼泉县 7 个区（县、市）；2000 年增加到 9 个区（县、市），有长安区、临潼区、户县、乾县、周至县、蓝田县、泾阳县、兴平市和高陵县；2010 年增加到 11 个区（县、市），包括长安区、临潼区、户县、蓝田县、乾县、周至县、泾阳县、兴平市、武功县、三原县和高陵县；2014 年又减少到 8 个区（县、市），包括长安区、临潼区、户县、蓝田县、乾县、泾阳县、周至县和兴平市。但总体上，粮食总产量在地域上表现出明显的地域集聚特征，1990～2014 年西安市和咸阳市的城区粮食产量大幅度下降，如碑林区、莲湖区、新城区、雁塔区基本退出粮食生产，杨陵区和未央区也大幅度退出粮食生产，粮食产量下降 90% 以上；秦都区、礼泉县、灞桥区和阎良区等区（县）粮食产量下降 20%～45%。而部分郊县的粮食生产逐渐增加，如临潼区、蓝田县和户县粮食总产量增加 20% 以上，三原县和高陵县粮食总产量分别增加了 16% 和 12%，因此，粮食生产在地域布局上出现分化，逐渐向重点区（县、市）集中（图 3-9）。

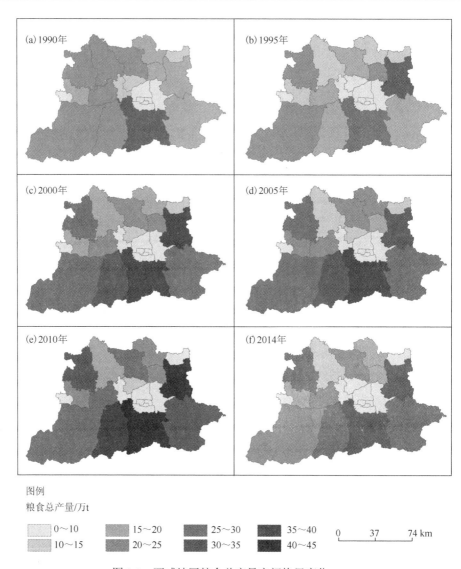

图例

粮食总产量/万t

0～10	15～20	25～30	35～40
10～15	20～25	30～35	40～45

0   37   74 km

图 3-9　西咸地区粮食总产量空间格局变化

　　该区小麦产量在不同年份略有波动，但总体上，1990～2014 年由 168.98 万 t 下降到 161.59 万 t，降幅 4.37%。在各区（县、市）小麦生产上，西安市城区碑林区、莲湖区、新城区和雁塔区已退出小麦生产，未央区和杨陵区小麦生产已经极少，产量降幅达 90% 以上；礼泉县、秦都区和灞桥区的小麦产量降幅为 40%～47%；由于单位产量的增长，也有十几个区（县、市）小麦产量增加，涨幅最大的是户县，达 36%，武功县、高陵县、三原县、泾阳县和临潼区增幅为 10%～16%。从小麦生产的空间格局上，1990～2014 年，小麦产量在 10 万 t 以上的区（县、市）

基本比较稳定，集中在长安、临潼区、乾县、户县、蓝田县、泾阳县、周至县和兴平市 8 个，1990～2000 年，小麦产量较高的礼泉县下降较快；2000 年以后，三原县和武功县小麦产量增加较快，产量达到 10 万 t 以上（图 3-10）。

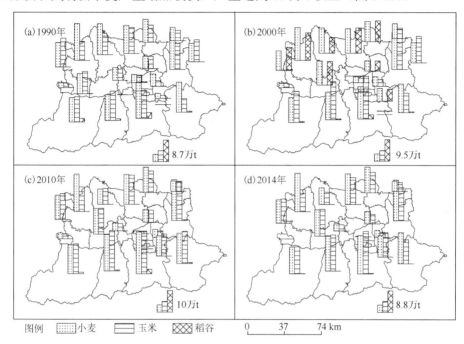

图 3-10　西咸地区主要粮食作物产量的空间变化

该区玉米产量受市场供求的强烈影响，产量波动较大。总体上，1990～2014 年玉米总产量增长了 8.35 万 t，涨幅为 6.14%。各区（县、市）玉米产量变化差异较大，碑林区、新城区、雁塔区、莲湖区、杨陵区和未央区逐步退出了玉米生产，秦都区、礼泉县、渭城区和阎良区等区（县、市）的玉米产量降幅在 10% 以上；蓝田县、长安区、临潼区、户县、三原县等区（县、市）玉米产量增长，增幅在 10% 以上，其中蓝田县增长了 79%，长安区也增长了 52%，属于增加幅度较大的区（县、市）。在玉米生产的空间格局上，20 世纪 90 年代产量在 10 万 t 以上的区（县、市）主要集中在户县、兴平市、长安区、临潼区、泾阳县和周至县，到 2000年分布在长安区、临潼区、户县、周至县和高陵县，至 2010 年又有所增加，扩展到蓝田县、武功县、乾县和三原县等，2014 年随着玉米产量的下降，又减少至长安区、户县、临潼区、周至县、泾阳县、兴平市、高陵区和蓝田县等区（县、市）（图 3-10）。

1990～2014 年稻谷产量也有较大的波动，1990～2000 年稻谷呈大幅度上涨，此后又大幅下降，因此，总体上稻谷产量大幅度下降，几乎退出西咸地区的粮食生产。1990 年稻谷产量为 5.59 万 t，2014 年为 0.25 万 t，降幅为 95.5%。20 世纪 90 年代稻谷主要生产地有 8 个区（县、市），其中产量在 4000t 以上的区（县、市）有长安区、周至县、户县和蓝田县 4 个，2010 年减少到周至县、户县和蓝田县 3 个县，2014 年稻谷生产地仅有长安区和周至县 2 个区（县），产量大幅下降，长安区产量为 2100t，而周至仅有 400t。因此，由于受水资源限制和比价效益下降的影响，稻谷生产大幅度退出该区的粮食生产（图 3-10）。

西咸地区经济作物主要有棉花和油料，油料作物以油菜籽为主。由于受市场经济的影响，经济作物产量波动较大，而且，棉花和油菜籽比较效益相对较低，在农业类型转变过程中，逐渐减少，甚至被其他作物所替代。1990～2014 年该区棉花产量由 1.93 万 t 减少到 0.043 万 t，减少了 97.77%。在空间上，20 世纪 90 年代棉花产量较低，种植分散，有 18 个区（县、市）种植，产量在 2000t 以上的区（县、市）有泾阳县、临潼区和阎良区；2000 年种植范围有所扩展，2000t 以上的区（县、市）有三原县、秦都区、泾阳县、礼泉县、乾县和渭城区；2010 年 2000t 以上的区（县、市）仅有阎良区；2014 年仅有 4 个区（县、市）种植，棉花产量最高的区（县、市）是蓝田县、泾阳县和阎良区，产量都在 200t 以下，因此，目前棉花产量非常低，棉田也正在被果园、瓜果蔬菜等农业类型完全替代。

油料（主要为油菜籽）作为该区重要的食用油来源，由于市场供求、比较利益等诸多因素的影响，油料总产量波动很大，总体上也呈减少趋势，但和棉花种植相比，油料减少幅度和种植范围变化不大，基本比较稳定，由 1990 年 3.77 万 t 减少到 2014 年的 3.42 万 t，降低了 9.29%。在空间分布上，除了城区及近郊区（如雁塔区、新城区、未央区、莲湖区、碑林区、阎良区、杨陵区、高陵区等）由于受城市化的影响大，油料播种及生产退出或者下降之外，其他大部分区（县、市）一直保持较多的油料种植。20 世纪 90 年代该区有 18 个区（县、市）生产油料，一直到 2010 年和 2014 年，仍有 17 个区（县、市）种植油料，因此，该区油料种植相对比较稳定，重点种植区（县、市）有乾县、三原县、武功县、泾阳、蓝田县、长安区、礼泉县、临潼区、渭城区、周至县、兴平市等。

（二）畜牧养殖业的空间格局演变

西咸地区是关中农区畜牧养殖的核心区，在满足当地居民肉奶禽蛋等畜产品方面具有重要地位。在由传统农业向现代农业转型过程中，农区饲养业也由传统生产逐渐向规模化、标准化和集约化发展，畜牧饲养及其主要畜产品结构在空间上发生了很大变化（图 3-11）。

西咸城市化地区的畜牧业发展主要以奶牛为重点，同时发展草食家畜，推广优良畜禽品种，都市圈内的畜牧养殖业可以分为 4 类，即奶牛养殖业、肉牛养殖

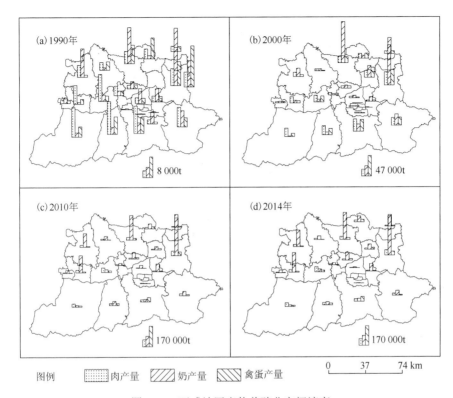

图3-11　西咸地区畜牧养殖业空间演变

业、生猪养殖业及养鸡业。其中，西安市的奶牛养殖业主要集中在临潼区，特别是秦岭北麓环山路两旁都有分布，此外，在武功县、乾县和泾阳县也有分布，2014年奶类总量达到141万t；肉牛养殖业主要分布在秦岭北麓，东起蓝田县，西至周至县；而生猪养殖业和养鸡业在许多区（县、市）均有分布，但大部分是小规模养殖，且分布分散。

1990～2014年，随着西咸地区居民在食物消费结构中对肉类、奶类和蛋类产品需求的增长，畜牧养殖业得到了快速发展，无论是牲畜饲养数量还是主要畜产品的产量都有大幅度提高。大牲畜存栏量由1990年的36.47万头增加到2014年的52.68万头，增加了44.44%；猪存栏量也由146.65万头增加到2014年的230.37万头，增长了57.09%；羊存栏量也由46.68万只增加到89.11万只，增长了90.90%。其中，1990～2014年尽管牛存栏量增长了1.41倍，但由于城乡居民对奶类消费需求的快速增长，奶牛饲养量大幅度增长，其间约增长了13倍。全区肉类总产量由10.34万t增加到32.17万t，增长了2.11倍，年均增长8.79%，其中传统的肉类消费量最大的猪肉增长了1.71倍，同时，羊肉和牛肉也分别增长了1.73倍和1.12倍。在畜产品中奶类总产量是增长最快的，由1990年的10.25万t增长到2014年的141.00万t，增长了12.75倍，年均增长53.13%，其中以牛奶的增加为主，牛奶产量由 4.68 万 t 增加到 120.15 万 t，增长了 24.67 倍，年均增长 102.79%，其间禽蛋产量也从 8.04 万 t 增长到 22.23 万 t，增长了 1.76 倍（表 3-7）。

表 3-7　西咸地区牲畜养殖及畜产品发展

指标	1990 年	2000 年	2010 年	2014 年	1990～2014 年	
					变化率/%	年均变化率/%
大牲畜头数/万头	36.47	39.53	50.14	52.68	44.45	1.85
牛/万头	21.85	38.84	50.58	52.58	140.64	5.86
奶牛/万头	2.58	8.97	33.43	36.46	1313.18	54.72
猪/万头	146.65	199.18	237.37	230.37	57.09	2.38
羊/万只	46.68	72.99	84.67	89.11	90.90	3.79
肉类总产量/万 t	10.34	23.09	26.89	32.17	211.12	8.80
牛肉/万 t	0.98	1.66	1.76	2.07	111.22	4.63
羊肉/万 t	0.34	0.73	0.86	0.93	173.53	7.23
猪肉/万 t	9.03	17.20	21.09	24.48	171.10	7.13
奶类总产量/万 t	10.25	37.63	127.68	141.00	1275.61	53.15
牛奶/万 t	4.68	24.98	109.84	120.15	2467.31	102.80
禽蛋/万 t	8.04	20.08	19.97	22.23	176.49	7.35

　　该区畜牧养殖业的空间特征发生了较大变化（图 3-12）。1990～2014 年，大牲畜饲养量在 3 万头以上的区（县、市）有蓝田县、周至县、乾县和礼泉 4 个，2000 年分布在蓝田县、长安区、临潼区、泾阳县和三原县，2010 年和 2014 年主要在临潼区、泾阳县、乾县、武功县、三原县、蓝田县和周至县 7 个区（县）。在奶类生产上，产量在 1 万 t 以上的区（县、市），1990 年集中在临潼区、泾阳县、乾县和高陵县 4 个区（县），2000 年扩展到阎良、蓝田县和长安区等 7 个区（县），2010 年和 2014 年又进一步扩展到武功县、渭城区、三原县、户县、礼泉县、杨陵区、未央区、兴平市、秦都区和周至县等 17 个区（县、市），除了西安城区之外，各区（县、市）奶类产量都普遍增加。该区主要生产牛奶和羊奶，以牛奶生产为主，1990 年牛奶产量较大（在 3000t 以上）的区（县、市）主要有未央、临潼区、阎良区、雁塔区、灞桥区和高陵县 6 个区（县），较高的是未央区和临潼区分别为 5108t 和 5072t；2000 年牛奶产量比较大（在 3000t 以上）的区（县、市）增加了泾阳县、乾县、长安区、渭城区、蓝田县、兴平市、武功县、杨陵区和户县等 14 个区（县、市），其中 1 万 t 以上的区（县、市）有临潼区、泾阳县、阎良区、高陵县、乾县和长安区 6 个区（县），最高的是临潼区，达 7.00 万 t；2010 年和 2014 年 1 万 t 以上的区（县、市）增加了武功县、灞桥区、渭城区、户县、三原县、礼泉县、杨陵区、未央县、兴平市、秦都区和周至县等 17 个区（县、市），产量最高的是临潼区，2010 年和 2014 年分别达到 28.34 万 t 和 27.96 万 t。这些区（县、市）成为该区的奶牛养殖基地。

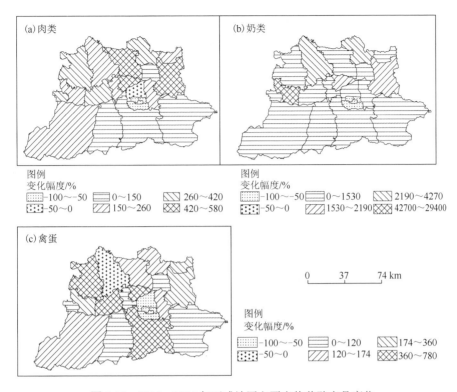

图 3-12　1990～2014 年西咸地区主要畜牧养殖产品变化

西咸地区是关中平原重要的生猪养殖基地，生猪养殖历史悠久。1990 年生猪饲养头数为 146.6 万头，到 2014 年增长到 230.4 万头，生猪养殖数量持续增长。20 世纪 90 年代该区生猪饲养非常普遍，各个区（县、市）都有养殖，饲养数量在 10 万头以上的区（县、市）主要有周至县、户县、长安区、武功县、兴平市和蓝田县 6 个区（县、市），饲养量占全区的 55%；2000 年饲养量在 10 万头以上的区（县、市）集中在临潼区、长安区、户县、周至县、武功县、兴平市和泾阳县，占全区饲养量的 67%，该区 90% 的饲养量集中在 13 个区（县、市）；2010 年和 2014 年生猪饲养规模在 10 万头以上的主要集中在兴平市、武功县、临潼区、周至县、泾阳县、乾县、户县、三原县和长安区 9 个区（县、市），占全区饲养总量的 78%，生猪养殖地域进一步集中。1990～2014 年该区猪肉生产空间进一步扩展，产量在 5000t 以上的区（县、市），1990 年集中在长安区、户县、周至县、兴平市、武功县和蓝田县 6 个区（县、市），产量占全区的 64%；2000 年增加到了 11 个区（县、市），主要分布在长安区、临潼区、户县、周至县、兴平市、武功县、高陵县、泾阳县、蓝田县、乾县和三原县，产量占全区的 85%；到 2010 年和 2014 年，增加到 14 和 15 个区（县、市），主要集中在兴平市、临潼区、周至县、武功县、泾阳县、户县、乾县、长安区、蓝田县、三原县、秦都区、礼泉县、渭城区和灞桥区等区（县、市），产量占全区的92%～95%（图3-13）。

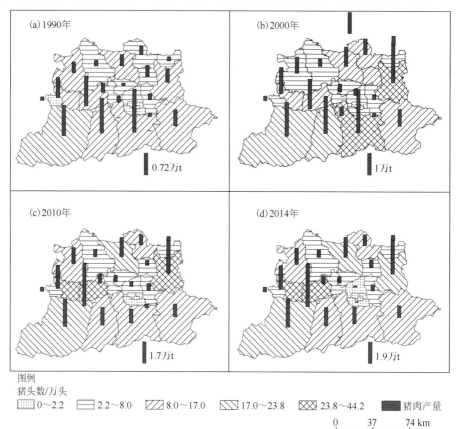

图3-13 西咸地区生猪存栏头数和猪肉产量

该区家禽饲养以鸡为主。2000～2014年家禽饲养量略有下降，从$2.48×10^7$只下降到$2.00×10^7$只，在生产地域上，2000年主要集中在临潼区、长安区、蓝田县、高陵县、泾阳县、户县、三原县和兴平市，饲养量均在100万只以上，占全区饲养量的75.3%；2014年饲养量在100万只以上的区（县、市）包括长安区、临潼区、泾阳县、三原县、高陵县、兴平市、户县和蓝田县等，饲养量占全区总量的73.8%。禽蛋产量总体比较稳定，2000年为20万t，2014年增加到22万t，略有增加。禽蛋生产的地域格局与家禽饲养格局相同，2000～2014年，主要饲养区（县、市）有长安区、临潼区、三原县、高陵县、泾阳县、户县和兴平市7个区（县、市），一直处于禽蛋生产的前列，2014年这7个区（县、市）禽蛋总产量占全区的71%（图3-14）。

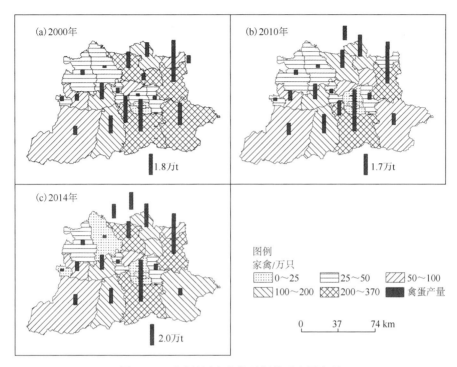

图 3-14　西咸地区家禽养殖规模及禽蛋产量

（三）水果生产的空间格局变化

西咸城市化地区的果品业主要以苹果、葡萄、猕猴桃、石榴为代表。因为果品业对气候、水分、土壤的要求较高，所以区域性很强，分布较为集中，大部分水果生产已经形成规模。该区是关中地区的苹果主产区，气候条件适宜，栽植面积广，各区（县、市）均有种植，仅次于陕北的苹果生产适宜区，隶属于渭北苹果优生区和关中次生区，地处我国苹果优势产业带之中。关中苹果生产品种达 40多个。西咸地区，如周至县、鄠邑区、长安区和灞桥区等区（县）是关中重要的猕猴桃生产基地，具有独特的地域优势和产业发展优势。近年来，该区果业迅速发展，已经形成了规模化种植，也形成了生产、储藏、运输、深加工和批发零售等相关的果业产业化发展。

从图 3-15 可知，西咸地区水果生产增长很快，1990～2014 年，果园面积由4.29 万 hm² 增加到 18.0 万 hm²，增加了约 3.2 倍；水果产量由 15.47 万 t 增加到394.53 万 t，增加了 24.5 倍。在该区水果生产的地域格局上，20 世纪 90 年代至今发生了较大的变化。1990 年果园面积在 4000hm² 以上的产区包括礼泉县、乾县、周至县和蓝田县 4 个县，果园面积占果园总面积的 56.5%，2000 年增加了泾阳县、三原县、兴平市和秦都区 4 个区（县、市），共计 8 个区（县、市），果园面积占总面积的 81%；2014 年果园面积进一步扩大，在 4000hm² 以上的、居前的区（县、市）进一步增加了武功县、户县、长安区、秦都区和临潼区等，共 13 个区（县、市），果园面积占总面积的 95.5%。因此，90 年代以来，果园面积不断扩大，但在空间上，主要以礼泉县、乾县、周至县、泾阳县、三原县、兴平市、蓝田县等为核心区，也逐渐向这些区（县、市）集聚。从水果总产量上来看，水果产量的空间格局与果园面积经历了相似的演变过程，水果产量也主要集中在礼泉县、乾县、周至县、三原县、泾阳县、兴平市、蓝田县、户县、灞桥区、秦都区、临潼区和长安区等区（县、市），水果总产量在 1990 年、2000 年（包括 2014 年）均占全区水果产量的 90% 以上。从各区（县、市）水果生产演变过程来看，1990～2014 年绝大部分区（县、市）水果产量和果园面积都大幅度增加，尽管秦都区水果产量较低，但在此期间水果产量增长了 190 多倍；乾县、渭城区、阎良区、杨陵区和武功县等区（县）水果产量的增长幅度在 50～90 倍，其次灞桥区、三原县、蓝田县、兴平市、礼泉县、周至县、高陵县、雁塔区等区（县、市）水果产量也增加了 20～40 倍；其他区（县、市）增幅也在几倍到十几倍之间。当然，西安市区的碑林区、莲湖区和新城区均没有水果生产，未央区由于城市化对土地占用、农业结构调整等，果园生产收缩，1990～2014 年水果产量下降了 72.5%，果园面积减少了 94.3%。该区水果生产在地域上也不断分化，形成了典型的水果生产基地。葡萄业在该区总体分布规模较小，主要分布在灞桥区、长安区、户县、泾阳县和礼泉县，主要有灞桥区的巨峰葡萄基地、长安的红庙葡萄专业合作社以及户县的户太 8 号万亩优质葡萄基地等，户县、长安区成为西北地区最大的鲜食葡萄产区。猕猴桃主要分布在周至县，在周至县中部形成了猕猴桃经济带，其成为全国最大的猕猴桃生产基地县和唯一的猕猴桃标准化管理示范县，同时也是全球最大的猕猴桃生产基地县，在国际市场上有着"南有新西兰，北有周至县"的美誉；周至县猕猴桃板块发展到 2.8 万 hm²，加上宝鸡市眉县成为全球最大的猕猴桃集中产区。苹果种植主要分布在乾县和礼泉县，两地苹果产量之和占整个西安都市圈的 70% 以上。石榴主要分布在临潼区，生产优质石榴的最佳地区位于骊山北麓华清池两侧和秦始皇陵一带，沿骊山长约 15km 范围内，栽植面积达 0.8 万 hm²，其成为全国最大的石榴基地，年产石榴约 10 万 t，产值达上亿元。此外，灞桥区是西北地区最大的万亩樱桃种植基地，2014 年种植面积为 0.25 万 hm²，年产量达 3.88 万 t。灞桥区成为西北最大、陇海线成熟最早的樱桃产区。围绕时令水果的生产，也形成了新型果酒、果汁饮料等加工及产业化发展，结合水果栽植，建设形成了与第二、第三产业融合的，集休闲、体验、观光等多功能的观光果园。

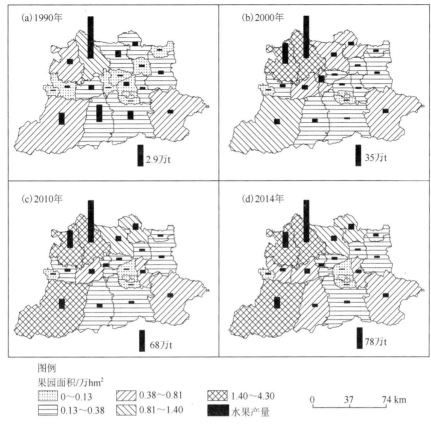

图 3-15　西咸地区果园面积和水果产量空间变化

（四）蔬菜业生产的空间变化

西咸地区蔬菜栽培已成为仅次于粮食、果业和奶业发展的重要产业，目前也已经形成了以杨陵区大棚种植、咸阳市（如武功县、泾阳县、三原县）和西安市部分区（县、市）（如周至县、临潼区、阎良区、高陵区等）为主的栽种设施蔬菜和露地蔬菜生产种植基地，蔬菜栽培品种丰富多样。例如，杨陵区的设施蔬菜品种有草莓、西红柿、甜椒、黄瓜、西瓜、甜瓜等，露地蔬菜品种有洋葱、大蒜、韭菜、小青菜、菠菜等。

自 20 世纪 80 年代中期开始发展城郊农业以来，城市化快速发展，西安市、咸阳市等中心城市和各城镇人口的大规模集聚，促进了蔬菜生产的快速发展，蔬菜播种面积由 1990 年的 5.65 万 hm² 增长到 2014 年的 15.31 万 hm²，增长了 1.71 倍，蔬菜总产量也由 182.7 万 t 增长到 721.7 万 t，增长了 2.95 倍。蔬菜生产的空间格局发生了显著的变化。蔬菜产量在 10 万 t 以上的区（县、市），1990 年集中在秦都区、未央区、户县、灞桥区、雁塔区、三原县、高陵县、临潼区和长安区 9

个区（县），蔬菜产量占全区总产量的 79%，蔬菜播种面积占全区总面积的 67%；2000 年，集中在泾阳县、三原县、秦都区、灞桥区、临潼区、长安、户县、未央区、阎良区、雁塔区和兴平市 11 个区（县、市），产量占全区总产量的 87.4%，播种面积占总面积的 80.7%；2010 年和 2014 年主要蔬菜生产区包括泾阳县、三原县、阎良区、长安区、临潼区、灞桥区、户县、秦都区、兴平市、高陵县、武功县、周至县、蓝田县、渭城区和杨陵区 15 个区（县、市），蔬菜产量占总产量的 97.8%，栽植面积占总面积的 95.6%。1990～2014 年，随着各区（县、市）农业产业结构的调整，蔬菜种植和产量变化在各区（县、市）之间差异显著。16 个区（县、市）的蔬菜生产都大幅度增长，首先，增长最快的有杨陵区、泾阳县和阎良区，蔬菜产量分别增长 35.3 倍、20.1 倍和 14.3 倍，播种面积也分别增长了 5.58 倍、10.21 倍和 8.3 倍；其次，渭城区、三原县、兴平市、礼泉县、蓝田县和周至县，产量增长了 5.07～8.28 倍，播种面积增长 1.95～6.15 倍；最后，长安区、武功县、临潼区、高陵区和乾县蔬菜产量增长了 1.38～4.51 倍，种植面积增长了 1.20～3.89 倍。同时，随着城市化扩展和都市农业用地的减少，西安市和咸阳市城区蔬菜种植面积和产量均下降，其中碑林区、莲湖区和新城区已完全退出蔬菜种植，未央区和雁塔区蔬菜种植面积分别下降了 83.45% 和 89.56%，秦都区蔬菜种植面积和产量也分别下降了 23.69% 和 12.45%（图 3-16）。

　　该区蔬菜生产布局不断演变和分化，逐渐形成了以蔬菜优势生产基地。西咸城市化地区的蔬菜分布相对比较集中，主要分布在城市近郊区，如西阎设施蔬菜产业带、周（至）户（县）西部设施蔬菜产业带、秦岭北麓蔬菜产业带、沿渭河无公害蔬菜产业带，以及咸宋路与西宝高速公路的"V"形蔬菜产业带等。该区农业基础好，资源特色明显，区位条件优越，距离市中心较近，与城市联系密切，蔬菜产品以服务城市功能为主，已建有规模较大的几个蔬菜基地，如长安区的子午设施蔬菜生产基地、大兆设施瓜菜生产基地，灞桥区的恒绿蔬菜基地，临潼区的万亩设施番茄制种基地，阎良区（武屯、新兴、北屯、振兴、关山）的国家级无公害大棚蔬菜基地，高陵区耿镇万亩无公害黄花菜基地，周至县终南镇万亩绿色蔬菜基地等，杨陵区以五泉、揉谷、大寨等乡镇为中心的多个设施蔬菜和露地蔬菜生产基地，咸阳市武功县的大庄等大棚蔬菜生产基地，泾阳县和三原县的蔬菜和瓜类生产基地等。近年来，西安市加大农业结构调整，大体上形成了以灞桥区、临潼区、高陵区蔬菜产业带及沿渭河无公害蔬菜产业带，并逐步延伸到阎良区万亩无公害大棚蔬菜生产基地，以及蓝田县、长安区、周至县的秦岭北麓露地蔬菜生产基地。设施农业面积快速增长，特别是设施蔬菜品种日益丰富，季节差别、地区差别逐渐缩小，设施蔬菜已发展成为全市农业第一大经济作物。特别是以黄瓜、西红柿、青椒、芹菜、食用菌等为特色的设施蔬菜生产，有力促进了蔬菜产业健康发展。2014 年，设施蔬菜种植面积为 1.71 万 hm²，占全市蔬菜种植面积的 25.2%，设施蔬菜总产量为 134.34 万 t，占全市蔬菜总产量的 42.5%。

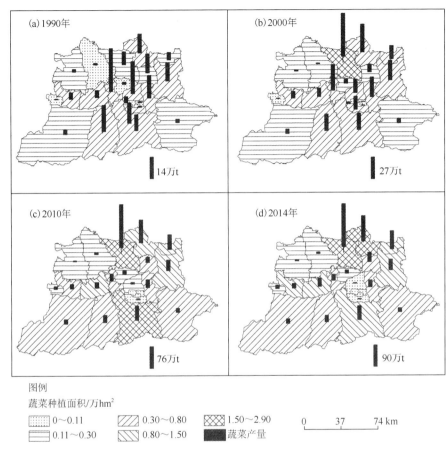

图例

蔬菜种植面积/万hm²

| ▦ 0~0.11 | ▨ 0.30~0.80 | ▧ 1.50~2.90 |
| ▤ 0.11~0.30 | ▨ 0.80~1.50 | ■ 蔬菜产量 |

0　　37　　74 km

图3-16　西咸地区蔬菜种植面积与产量变化

（五）特色苗木花卉空间分布

改革开放以后，西咸地区农业结构打破了"以粮为纲"的农业生产格局，进一步调整了农业内部结构，"大力发展多种经营"，开辟了大雁塔盆景园、清流园、春晓园等，开始了该区花卉业的发展。20 世纪 90 年代陕西省提出大力发展适宜陕西省气候特点的花卉生产，扩大种植规模，增加优质产品，建立了以城市郊区为主的花卉生产基地，促进了西咸地区特色苗木花卉业的快速发展（全玉琴，2005）。2003 年西咸地区的苗木花卉生产规模扩大，基地建设也已初具规模，形成了周至县、杨陵区、长安区观赏苗木基地和西安市市郊的鲜切花基地。关中地势平坦，属暖温带半湿润气候，适宜苗木花卉的发展，随着盆花、切花设施栽培及观赏苗木生产基地的发展，在西安市、咸阳市等大、中城市周围及郊县周至县、杨陵区等地形成了名优花卉基地与产销市场。咸阳市花卉种植主要分布在秦都区、渭城区、三原县、兴平市、泾阳县、礼泉县等区（县、市）。其中，周至县的苗木花卉已成为西北最大的生产基地，主要分布在青华镇、哑柏镇、四屯镇、侯家村镇、翠峰镇等镇，在辛家寨镇、二曲镇、富仁镇、司竹镇、终南镇、尚村镇、九峰镇、集贤镇和楼观镇等地也有分布，主要支柱产业有苗木花卉、猕猴桃、水果蔬菜、休闲观光农业。2014 年，周至县苗木花卉种植面积为 0.79 万 hm²，各类苗木花卉品种达 420 多个，千亩以上苗木基地有 8 个，百亩以上有 65 个，具有二级以上园林绿化资质的企业有 38 家，苗木花卉专业合作社 47 家，苗木花卉协会 12 家，苗木花卉产业每年带动种植户增收 5.3 亿元，亩均年收入 7500 元。

西安市现有林木种苗花卉面积 8674hm²，年产良种壮苗 2 亿多株。在空间布局上，规模最大的是周至县，其已经建成西部最大的苗木生产基地，周至县裕盛绿化苗木基地、长安区年宵花卉基地等均形成了一定的规模。此外，西安市城区及郊县，如雁塔区、长安区、未央区、临潼区等也是苗木花卉生产的重要区域。

咸阳市的苗木花卉生产主要分布在三原县、武功县、渭城区、礼泉县、兴平市等区（县、市），其中三原县苗木花卉发展以三原北部塬区（陵前镇）沟坡地带为重点，以四十里塬坡治理为核心，形成东起徐木乡朱家湾村、西至鲁桥镇峪口村的四十里塬坡苗木花卉产业带 0.67 万 hm²。2016 年，已建设苗木花卉基地 0.14 万 hm²。武功县形成以大庄镇、普集镇、普集街、小村镇渭河滩沿岸及苏坊镇 4 个镇（中心）12 个村从事苗木花卉产业的生产格局。通过产业结构调整，由单一种植、分散经营，逐步向建基地、公司化、专业化、规模化发展，大力发展苗木花卉产业，全县苗木花卉种植规模达到 0.67 万 hm²，先后成立了 14 个苗木花卉繁育公司、4 个专业合作社，100 亩以上的种植大户 15 户；初步形成了渭河沿岸苗木花卉产业带，代家、苏坊、游凤苗木花卉产业带。渭城区形成了以秦汉鲜花港为主的温室花卉大棚，苗木花卉基地 142.13hm²，温室花卉大棚 16 万 m²。礼泉县形成了以黄花果小镇和泾河枫叶小镇；关中环线、旅游路和烟霞昭陵 3 个苗木产业带；袁家特色苗木花卉区、昭陵侧柏生态、桃花大道彩叶苗木花卉区、甘河湿地生态苗木区 4 个重点区域；礼泉遗址公园、关中石榴博览园、百亩荷塘、彩叶观光园、牡丹观光园 5 个主题苗木花卉公园。兴平市以兴北绿林项目为主体，已建成长 8.2km、5000 亩的银杏园、樱花园、七叶树园、松竹园、梅园、枫叶园、乡土树种园、果蔬园 8 个生态景观园区。

陕西省现代特色苗木花卉产业发展将进一步加快，《关于加快现代特色苗木花卉产业发展的意见》中提到，到 2020 年要建成中国暖温带森林文化博览园、10 个苗木花卉产业集聚区、30 个苗木花卉产业示范县（区）、100 个特色苗木花卉产业示范园、10 个苗木花卉种质资源库、5 个国家级重点花卉文化示范基地，全省苗木花卉生产面积达到 33.33 万 hm²；发展形成"一线、两带、三区、多群"的空间发展格局。"一线"是关中环线苗木花卉风景线，"两带"是渭河苗木花卉产业带和五陵塬苗木花卉景观带，"三区"是关中平原名优苗木花卉产业区、陕北高原和风沙草滩耐寒耐旱苗木花卉防护区、陕南山地特色苗木花卉生态区，"多群"是依托西安市、宝鸡市、咸阳市、铜川市、渭南市、榆林市、汉中市等中心城市打造多个苗木花卉产业集群。西咸地区地处"一线、两带、多群"格局的中心地带，也是这一空间格局的主要构成部分，未来苗木花卉产业将进一步快速发展。

二、西咸都市农业发展空间结构分析

按照农业资源在各区（县、市）的分布特点及发展现状，运用农业经济区域布局理论及农业区位理论，并结合大西安都市圈城市总体规划布局，西安市和咸阳市的土地利用总体规划（2006~2020 年）、国民经济和社会发展第十三个五年规划纲要（2016~2020 年），以及西咸城市化地区交通、河流分布状况，将这些空间信息在地图上相互叠加，最终将西咸城市化地区农业发展规划为 3 个不规则的近似同心圆状的圈层（陈昱等，2013；郭乃培，2013；杨卫丽等，2011），每一圈层都有重点发展的产业和方向，在空间上形成了圈层的结构布局（图 3-17）。

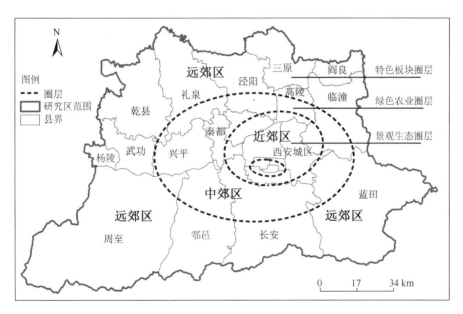

图 3-17 西咸城市化地区农业发展的圈层结构（杨卫丽等，2011）

（一）近郊区的景观生态圈层

其外缘大致以西安市绕城高速公路为界，主要包括未央区、灞桥区与雁塔区，总体范围在 5~20km，即城市近郊区。该圈层距离市中心比较近，与城市联系密切，其产品以城市服务功能为主，主要农业类型为对资金、技术、交通和保质期要求比较高的蔬菜、花卉和加工业。该区域发展形势好，目前已建有蔬菜花卉基地，在未来发展中要规划建设具有物流、贮藏、包装、加工、信息服务功能的农产品市场体系，建设特色精品水果、设施花卉、设施蔬菜农业示范集群。但由于该区地处城乡接合部，受城市化进程影响，农业土地利用难以保证，该圈层还包含未央宫、大明宫、汉城、丰镐 4 个国家级遗址保护区。在遗址区发展都市农业并与周边公园、绿地廊道相结合，可以使本区遗址保护与经济发展的关系得到很好的处理，既促进当地经济发展，形成的环城游憩带又能达到减轻城市污染、提供居民休憩地的目的。

该圈层应以城乡互动发展模式为主，辅以其他模式，重点发展农业科技园、生态农业园、农业观光采摘园、花卉园等现代都市农业类型，提高农业的社会化水平，在发展过程中注意生态环境保护，少施农药、化肥，提高生态环境安全水平。

（二）中郊区的绿色农业圈层

其距离市中心 20～50km，主要区域包括秦都区、渭城区的全部、鄠邑区、长安区、蓝田县、临潼区、高陵区、泾阳县、兴平市的部分区域，南部基本上以秦岭北麓为界。该圈层环绕西安市区分布，有川有塬，面积大，资源丰富，农业生产条件优越，以种植业为主，建设有无公害蔬菜基地、果业生产加工基地、畜牧饲养基地，是都市农业发展的最理想区域。因此，该区域应建设无公害农产品、绿色食品、有机食品生产基地，着重打造优势农业板块，发展生态农业、设施农业、籽种农业和加工农业。在未来的发展中，要重视北部生态环境改造，提高其安全水平，南部加强林木覆盖；提高农民的文化素质，增强农民信息获取的能力，加大政府对农业的扶持程度，以加快提高农业的保障水平。

该圈层农业景观丰富，应以特色农业发展为主导，以其他农业共同发展为辅助。北郊要继续加强以西安都市农业综合开发区为主的综合性农业项目区建设；东部地带以几十平方千米的石榴种植区为基础，依山就水，加强基础设施建设；南部秦岭北麓充分利用森林资源优势，大力发展苗木花卉及果品业，促进鄠邑区、周至县葡萄园基地建设；西部平原区利用渭河的优势，大力发展蔬菜产业，重点打造沿渭河无公害蔬菜产业带；此外，还要促进各类集生产、采摘体验、观光、休闲、科学教育为一体的农业园的建设。

（三）远郊区的特色板块圈层

其介于第二圈层外缘与市域行政区划界线之间，呈不规则状，主要包括周至县、杨陵区、武功县、乾县、礼泉县、三原县、阎良区的全部，鄠邑区、长安区、蓝田县、临潼区的边缘区域，以及泾阳县、高陵区的北部区域。该区域距离市中心较远，土地资源丰富，地价相对便宜，是发展优质粮食作物的理想场所，特别是长安区、鄠邑区、临潼区、武功县发展优质粮食产业的潜力巨大；该区现已建设有周至猕猴桃、临潼万亩石榴园、阎良无公害蔬菜等板块；秦岭北麓拥有丰富的旅游资源，可将农业与旅游业相结合，发展农业观光、生态旅游。总体上，该圈层重点建设水果、蔬菜板块，大力发展优质粮食产业及旅游观光农业。

　　未来在远郊区的南部，即秦岭北麓及主要公路、河流沿线，应以生态保护为导向，结合旅游景点开发，加强对特色农产品的培育，建设农产品基地，发展生态农业，建设以休闲观光体验为主的时令果蔬旅游基地，如周至县的猕猴桃园；发展以民俗为导向的旅游业，如鄠邑区刺绣、农民画、蓝田玉文化等。远郊区北部的三原县、泾阳县和礼泉县等，利用区位优势，重点发展农业生产，建立商品粮、畜牧养殖基地，大力发展蔬菜水果产业；西部外围圈层，由于离核心区比较远，应充分利用发挥果品业的基础优势，大力发展水果产业。而长安区、鄠邑区、临潼区、武功县应在既有优势的基础上，继续发展优质粮食产业；阎良区则继续推进无公害瓜菜产业的发展。该区域内的杨凌示范区是农业高新技术开发区，以高科技农业和农业展览会为主要发展方向。在未来农业发展过程中要注意生态环境的保护，提高农业的社会保障水平。

第五节　农业发展趋势与未来方向

一、世界农业发展趋势

　　在经济全球化背景下，发达国家现代农业的发展代表着世界农业发展的高峰，同时也引领着世界农业发展的潮流，而目前大部分发展中国家还正处于农业的现代化建设过程中，立足国情学习借鉴发达国家农业发展的成功经验，对加快我国现代农业发展步伐具有重要意义。

　　（一）食物需求的增加将迫使农业快速增长

　　据联合国人口署和联合国经济与社会事务署预测，2030 年世界人口将达到85.5 亿人（United Nations，2017），2050 年将达到 91 亿人，比现在人口数量高出34%，新增加人口几乎主要来自发展中国家；世界城市化平均水平也将达到 70%，为供养大规模新增人口、更多的城市人口和更高消费水平的人口，食物生产必须增加 70%，其中谷物年产量将由现在的 21 亿 t 增加到 30 亿 t，肉类年产量需要增加 2 亿 t，达到 4.7 亿 t。未来粮食、肉奶和水产品生产仍将是人类主要的食物来源。大部分发展中国家及广大乡村地区解决食物供给的主要途径是通过增加农业投资、新技术的应用和可利用土地资源的开垦来提高农业产出，同时，通过国际粮食贸易市场来解决粮食的不足。尽管当前世界农业可供开发的土地资源和水资源不足、单位面积产量的提高也已接近极限，加上生态环境问题、全球气候变化、自然灾害等一系列不确定性因素，未来农业增产将日益困难，但农业在国民经济发展中的基础性地位仍将进一步加强，也将迫使农业部门生产能力及其生产方式进一步转变。

（二）现代技术将主导农业发展方向，革新农业生产方式

对于水土资源不足或存在气候与土壤问题的国家或地区，在农业生产中投入新技术将日益迫切，如生物技术、信息技术、设施农业技术、特种肥料及施用技术、节水灌溉技术、生态工程技术、绿色环保技术等，对这些地区提高食物安全保障起着非常重要的作用。

现代生物技术的进步是推动农业农产品产出增加、满足人们食物需求、解决食物资源不足的重要方式，有助于提高农业生产能力和农民增收，减轻对生态环境的压力，增强对干旱、洪涝灾害、土壤酸化、盐碱化和极端气候、病虫害等的抗御能力。21世纪以来，分子育种、基因测序、转基因技术、生物质投入品等尖端农业生物技术相继研发和运用，如生物育种、生物农药和生物固氮等。发达国家大力发展转基因生物技术，加快转基因技术研发和推广应用，已经抢占现代农业技术制高点。2010年全球有29个国家批准了转基因作物的商业化应用，世界转基因作物播种面积达到1.48亿hm²，其中大豆、玉米、棉花、油菜等转基因品种占总面积的比例分别为50%、31%、14%、5%，每年全球转基因作物种植面积年均增加10%。当然，转基因技术在农业中的应用也存在诸多风险，如基因污染通过基因漂移使本地种的基因多样性下降、作物杂草化，带来生态系统和食品安全等风险。

现代信息技术逐渐渗透到农业领域，对传统农业产生重要影响。农业信息技术可为农业生产者、经营者、管理者和研究者提供信息支持和服务。农业信息化可以改善资源利用方法，提高资源利用率和劳动生产率，减少甚至消除对生态环境的负面影响。现代农业正在向以互联网为媒介，将网络科技深度融于农业生产经营决策、农业生产精细管理、农产品运输销售等各个环节，以实现农业的智能化、精准化、定制化。互联网时代的来临为农业转型升级带来了巨大的发展机遇，特别是大数据、云计算、物联网、电子农情监测等现代信息技术在农业领域的应用越来越广泛，促使世界农业加快转型升级。例如，精准农业发展可在农作物种植、田间管理到收获全过程，运用信息技术，实时获取每小块农田的土壤、作物生长及疫病信息，诊断作物空间差异的原因，并对不同农田有针对性地制定措施，定位、定量、定时地在每个农田上进行精确的灌溉、施肥、喷洒农药，最大限度地提高水、肥、农药利用率，减少污染。农业大数据的应用可以从多种来源获取数据，建立农业综合性数据库（农业资源、技术、市场、政策、气象等），支持作

物生产决策管理。全球信息资源网络也将为农业高新技术的跨国家、远距离研究、交流和转让创造条件。信息技术对农业的改造，可以实现农业生产的实时监测、精准控制、产品调运和销售、生产管理与辅助决策等多个方面。因此，农业信息化体现在现代信息技术向农业领域的全面渗透，包括产品、业务和市场融合，使得信息农业日渐成为现代农业发展的潮流。数字农业和精确农业等信息农业态日渐兴起，成为 21 世纪农业发展的新趋势。

（三）农业生产的生态化和可持续化

目前，人类面临诸多生态环境问题，如人口剧增、大气与水污染、土壤退化和沙漠化、环境公害增加等，20 世纪 80 年代科学家提出了走区域可持续发展之路。食品安全和生态环境安全是世界农业发展的重要目标之一。人们生活水平的提高，对农产品的需求趋于种类多样化，要求生态环境安全，食用美味、可口、营养丰富，而且无害。农产品生产要求多样化、无害化、生产方式不断创新，如生态农业、循环农业、低碳农业等新兴农业生产模式不断出现。

生态农业是根据生态系统内物质循环和能量转化规律建立起来的一个复合型生产结构，具体来说，是按照生态学原理和经济学原理，运用现代科学技术成果和现代管理手段，以及传统农业的有效经验建立起来的，能获得较高的经济效益、生态效益和社会效益的现代化农业。大力发展无公害食品、绿色食品和有机食品等体现健康、生态、公平和关爱原则的有机农业和绿色农业，实现农业的可持续发展，同时保障食物供给安全、环境可持续和经济发展，已成为 21 世纪农业发展的趋势和要求。

（四）农业产业化和规模化发展

农业产业化概念最早在 20 世纪 50 年代后期提出，指从供应投入到食品加工者和零售商的、由一系列公司和社会团体所组成的有序链条，即"农产品供应链"，60 年代西方发达国家农业产业化进入高级发展阶段。农业产业化是农业技术进步和发展的产物，农业产业化带动和促进了农业结构调整、农业规模化经营的发展，改变了农业生产者在经济系统中的地位和角色，使农民由初级农产品供应者转变为最终产品或中间产品的生产者和供应商，使得农业生产者和食品供应链重组和整合，提高了农业竞争力，增加了农民收入，也带动了产业制度、组织制度和管理制度的改革和调整。世界各国农产品加工的广度和深度均增加，特别是发达国家增加到占产品总量的 80% 以上。

（五）农业组织创新形成新的生产力格局

近些年来，世界各国加快培育适应现代农业发展的新型农业组织机构，进一步提高农业生产经营的组织化、规模化、联盟化、标准化水平，农业组织创新越发成为新的生产力。美国、欧洲等农业发达国家和地区的农业企业、家庭农场等规模经营主体加快发展，特别是一些跨国公司凭借其资金实力、技术垄断及市场控制能力，在全球农业中扮演着越来越重要的角色。据统计，杜邦、孟山都、先正达 3 家跨国公司控制着世界 50%以上的种子市场，6 家生产农药的公司控制着76%的市场，10 家大公司控制着41%的化肥市场。在日本、韩国等国家和地区，农协、联盟等组织机构的影响力日渐提高，体现了巨大的组织、协调和谈判能力。全球农业跨国公司利用资金、品牌、管理等优势，进一步加快垂直整合与联盟，强化全球粮源、物流、贸易、加工、销售"全产业链"布局，已经控制全球 80%的粮食贸易、70%的油籽贸易。

（六）世界农业支持保护政策呈现新动向

美国、欧盟等发达国家完成工业化后都对农业实行了高度保护政策。农业补贴是指所有有利于农业生产者或农业部门的政府支持措施。农业支持保护是国际普遍的做法。近些年来，在世界贸易组织（World Trade Organization，WTO）的框架下，世界各国不断调整完善本国农业支持保护法。2014 年，美国签署了新农业法案，推出农业保险补贴替代方案，大幅度提高农业保险补贴额度，扩大保险范围，实行价格损失保险计划和农业风险保险计划两项政策。2014 年美国的《农业法案》在修订中加强了农村宽带服务、远距离学习和医疗、污水处理与利用、垃圾处理及节能项目等基础设施建设；支持农村食品加工业发展，如对符合条件的生产具有附加值农产品的农场给予补贴。欧盟出台共同农业政策，在各国自行补贴的基础上，2014~2020 年，欧盟以每年最高达 500 亿欧元的农业补贴在各成员国之间进行分配，2014 年欧盟的共同农业政策中通过对农民以直接支付替代原有的价格支持，直接支付水平达到 30%。日本的各类农业补贴项目达到 470 种，日本农民收入来源主要靠政府补贴。

（七）农业的市场化和国际化高度发展

农业国际化就是充分利用国际、国内农业资源和市场，参与农业国际分工与交换，以达到优化农业资源配置，增加农产品有效供给，增加农民收入，实现农业可持续发展的目标。农业生产直接面对国内外市场，尤其是国际市场，农产品的商品率很高，农产品、农业生产资料、农业技术和农业品种等也在全球市场进行贸易和配置。发达国家农业生产的国际化、市场和销售的国际化、投资和金融的国际化、竞争的国际化程度都在不断提高。

二、我国农业发展大趋势

目前我国农业发展正处在传统农业向现代农业的加速转型时期。在这一背景下，农业发展正面临社会对农产品需求结构升级、农业生产的资源环境承载日趋饱和、国际低价农产品冲击和农民增收困难等严峻问题，因此，推进农业由粗放经营型向集约经营型的转变，消除粗放经营方式所带来的资源浪费、效率低、环境污染等严重的消极后果，形成农业与农村经济和生态环境的协调互动发展，构建多种类型的农业发展模式，尤其是发展高科技农业，促进非持续型农业发展模式向可持续农业发展模式的转变，从而推动 21 世纪中国农业与农村经济发展将朝着有中国特色的现代化、市场化、知识化、生态化、可持续化等相互融合与协调发展，是当前我国农业发展的主要方向。在经济全球化背景下，随着我国农业类型的逐步转变，农业持续增长动力不足，农产品市场供求结构的显著变化，深度调整我国农业发展结构、提升农业综合竞争力、加快农业的国际化、推动农业可持续发展，是我国农业面临的重要课题。

（一）提升粮食生产能力，保障粮食安全

随着我国人口的持续增长、城市化的快速推进和人民生活水平的提高，以及食品消费结构的转变，我国粮食生产和需求的缺口仍然较大。立足国内粮食生产、适度进口是确保我国粮食安全的重要战略。但目前粮食种植的比较效益不高，受城市化以及经济作物、饲料作物及林果发展的挤压、优质耕地面积减少、耕地质量下降、农民种粮的积极性不高、环境污染等诸多因素的影响，粮食增产日益困难，增产的资源环境代价也日趋高昂。我国粮食生产的综合能力不强，多年持续增产导致的资源透支和环境污染问题凸显，后续大幅增产的潜力和空间有限。因此，通过农业科技投入，推进农业基础设施建设和高标准农田建设，修复农业生态环境，改变农业种植模式，优化粮食品种和品质结构，着力提高粮食单产，保护耕地，稳定粮食播种面积，建立粮食生产功能区，优化粮食生产布局，加强粮食生产后备区建设等，稳定和保护粮食综合生产能力仍将是我国农业发展的主要方向和重中之重。

（二）因地制宜发展特色农业

目前，我国农业结构不合理，优良品种区域化、规模化生产水平不高，同质化严重，农业生产结构层次偏低，竞争力不强，现代农业产业体系尚未建立起来。"要扎实推进特色现代农业建设"是我国农业做大做强、提高竞争力和走向国际化的重要方向。在"大食物"理念的指导下，要全方位、多途径地开发食物资源，以应对社会对农产品消费的多元化需求，同时，立足我国各地区农业气候条件多样、农业资源丰富、农业生产的资源环境独特等优势,因地制宜、科学种植、大力发展特色农业,将是我国农业发展的主要方向。加强对不同地域、不同气候、不同农作物生长条件及各地社会经济发展特色的研究,因地制宜地发展特色种植业、养殖业、林果业、农业园区和农业服务业,调整和优化农产品及农业产业结构;通过建设与市场需求相适应、与区域资源特征相匹配的农业产品结构、农业生产结构和空间布局,提高农业综合效益,培育农业知名品牌,构建我国现代农业产业体系,以特制胜,增强我国农业在国际上的竞争力。

(三)加强生态修复,发展绿色农业

目前,我国农业持续发展正面临严峻的资源环境问题,化肥、农药和农膜超量使用,导致耕地、水体受到不同程度的污染,其中农产品主产区,如长江三角洲和珠江三角洲,土壤重金属污染形势严峻,农业生产长期粗放经营,耕地保护薄弱,导致耕地质量下降也比较严重。资源环境问题成为制约我国农业发展的瓶颈问题,也成为影响我国农产品质量及食品安全的重要隐患。因此,大规模实施农业节水工程,继续推进退耕还林还草、退牧还草工程;集中治理农业环境突出问题,重点推进重金属污染地区土壤修复与治理,实施生态修复;推行高效生态循环农业、低碳农业等绿色生产方式,发展绿色生态农业,优化城乡绿地空间格局;完善农业生态功能,生态系统稳定,产地环境良好,既是提高我国农产品质量和食品安全的保障,也是增强我国农业可持续发展能力的重要途径。

(四)推动产业融合,构建乡村发展新业态

产业融合是世界产业发展的重要趋势。我国农村经济发展水平普遍较低,产业发展层次低,产业要素瓶颈约束突出,主体带动能力弱,以农业生产为主导的农村经济难以大幅提高农民收入,更难以保持农民稳定持续增收和推动农村经济的发展。因此,统筹城乡发展、破除城乡经济要素自由流动的障碍,以技术、资本为代表的现代生产要素、新的商业模式和新业态向农业、农村渗透,重组农村和农业生产方式,拓展农业功能,促进农业产业链和价值链建设,提升农业的附加效益,促进农村第一、第二、第三产业融合,构建农村新产业和新业态,形成农村新兴的支柱产业,既可以满足城市居民人口增加和消费结构升级所产生的社会需求,又可以促进农民收入的持续增长,带动乡村发展。推动农村产业融合是我国正在实施的乡村振兴战略的重要组成部分,也是农业发展的重要方向。鼓励农村产业融合多模式并存发展,推进种养结合型、链条延伸型、农业功能拓展型、技术渗透型和复合型融合发展,引导农村产业空间有机融合,促进农产品加工业和休闲农业等集群化发展,推动农林牧渔结合、种养加一体,拓展"现代涉农产业",打造农业发展综合体;充分发挥农村的独特优势,挖掘农业的多种功能,依托乡村优美的自然环境、田园风光和乡土文化资源，以"旅游+农业""生态+农业""文化+农业"模式推进农业与旅游、教育、文化、康养等产业深度融合，大力发展休闲农业和乡村旅游；实施"互联网+"现代农业行动计划，发展农村电子商务和建设农村电商产业园，构建以农作物重大病虫害监测预警和防控、动物防疫、新型农业经营主体培训等为主的农村产业融合发展的公共服务体系，大力发展智慧农业和休闲农业，提升设施农业发展层次，培育和推动农业众筹、个性化定制农业等新业态的发展。

（五）应用先进科学技术，推动农业产业升级

目前，我国农业的科技含量越来越高，2017年农业科技贡献率达到57.5%，有效提升了农业质量效益竞争力。但我国农业发展的科技水平仍然较低，推进农业现代化的根本出路是科技创新。以科技为引领，以创新为驱动，推动农业的产业升级和农业产业竞争力仍是我国农业发展的重要途径。例如，加大现代生物技术、农业灌溉技术、种植技术在农业中的应用，有利于提高农产品品质和农业产出；推进现代信息技术在农业中的应用，建设"互联网+农业"的公共服务平台，可以提升农业生产智能化、农业管理信息化、农业信息服务便捷化水平，提高农业生产组织服务能力；运用先进科学技术、先进工业装备和先进管理理念，能够促进农产品安全、生态安全、资源安全和农业综合经济效益的协调统一，消除农业生产对资源环境的负面影响。因此，加大高新技术研发和推广应用力度，着力提升主导产业技术创新水平，打造具有竞争优势的农业高新技术产业集群，强化"农业科技创新+产业集群"发展路径，推动向产业链中高端延伸，提升农业的劳动生产率、土地产出率和绿色发展水平，推动我国农业产业升级，提高现代农业国际核心竞争力，是未来我国农业发展的重要趋势。

（六）提升农业组织化程度，农业国际化程度将进一步增强

农业组织化是用现代经营形式推进农业发展的核心。通过培育和发展各种各样的农业合作组织，引导支持返乡下乡创业创新，着力构建新型农业经营体系，加强对新型职业农民的技术培训，可以提高其经营能力，全面提升农业组织化程度。

加入WTO十几年以来，我国农业对外开放的广度和深度不断拓展。尽管目前我国存在主要农产品价格倒挂、国际农产品对国内市场压力加大、部分农产品对外依存度不断走高、农产品出口贸易摩擦增多、农业对外投资竞争压力加大等一系列问题，但我国正处于工业化、城镇化快速发展阶段，在今后相当长的时期内，粮食需求刚性增长、水土资源约束不断加大等双重压力越来越大，进口国外农产品、利用国外农业资源将不可避免，因此，未来我国农业的对外开放深度和

广度仍将进一步提高。通过农业国际贸易与交流，引进国外资源、国外先进的生产技术、机械装备及高端人才等现代农业要素，能更好地缓解紧缺农产品的供求关系，减轻国内农业发展对资源环境的压力；按照我国农业发展的比较优势、大力发展特色农业、精品农业和品牌农业，积极推动我国优势农产品出口，培育具有国际竞争力的大企业集团，有利于拓展农业发展空间，提升我国农业在全球农业价值链分工中的地位，增强我国利用国际资源调控国内农产品价格的能力。

（七）积极发展适度规模经营，加大农业扶持力度

适度规模经营是推进现代农业建设的基础。我国农业土地相对分散，农业平均经营规模小，不利于实行规模化经营和应对大市场，特别是国际市场。因此，培育新型农业经营主体，推进农村土地流转、经营权流转、代耕代种、土地托管等多种方式，引导土地向适度规模经营集中，发展多种形式的规模经营，加快规模化生产、集约化经营，提高农业生产的经济效益。

在当前我国"以工哺农"的农业发展阶段，将持续加大对农业的投入，增强政策制定和实施程序的透明度，提高政策的针对性、有效性，正确处理好政府支持与市场配置的关系，引入竞争机制，发挥政策效应最大化，提高财政支农比例，创新财政投入方式，优化财政支农结构，加大对农业的各种补贴额度，实施农业生态补偿制度。

（八）新型农业地域形态将进一步形成和发展

随着产业融合、农业优势地域的形成，我国农业发展中一些新型地域形态将进一步发展和形成。例如，在我国粮食稳定发展过程中，随着高标准农田建设和粮食功能区、重要农产品保护区的进一步建设和发展，粮食生产功能区和农产品保护区将成为我国农业发展的重要地域类型区；在现代生产要素集聚过程中，将建设和形成在技术集成、产业融合、创业平台、核心辐射等功能方面发挥作用的"生产+加工+科技"的现代农业产业园；在现代食品产业发展过程中，通过引导加工企业向主产区、优势产区、产业园区集中，将发展和形成优势农产品加工产业集群；在农村创意农业发展过程中，集循环农业、创意农业、农事体验于一体的农业田园综合体将进一步形成和发展；随着现代农业科技的发展，工厂化农业、立体农业也将进一步发展；在农业国际化过程中，现代农业创新园区、国际合作园区、科技探索园区、标准化产业示范园区等也将进一步发展。

三、西咸城市化地区农业未来发展方向

随着西部大开发的深入推进和"一带一路"倡议的实施，西安市向现代化国际大都市迈进，西咸地区的城乡格局正发生着深刻改变，该区农业也正由20世纪

的城郊型农业向都市型农业转变，都市农业发展水平和规模不断提高，正日益成为促进区域经济发展、社会公平和生态环境改善的最重要的产业。当前，西咸地区都市农业正在向高水平、高层次转变；由特色农业向高科技设施型农业迈进；各农业生产基地逐步向标准化现代农业精品园区方向发展，农产品加工企业向生产产业化、产品优质化、品种多样化方向发展，农产品市场开拓能力也在不断提升；同时，该区还依托周边的自然山水、田园风光、社会民俗文化，建设了一批集休闲、观光、餐饮、度假于一体的多功能特色农业园，农业与旅游业融合，促进了乡村旅游业的快速发展。近年来，西咸城市化地区为全面贯彻落实国务院办公厅《关于加快转变农业发展方式的意见》和《陕西省人民政府办公厅关于加快转变农业发展方式的实施意见》精神，开始加快该区农业发展和发展方式的转变，调整都市农业结构，优化特色农业的空间布局，推动农业转型升级，实现农业增效农民增收；同时，针对都市农业发展过程中对水土资源、农业生态环境的负面影响等问题，加快了绿色农业、生态农业、低碳农业和循环农业的发展，促进了农业的可持续发展。

（一）提升农业综合生产能力，建设优质高效的农业生产功能区

快速城市化对耕地的占用、城市人口消费水平的提高和消费结构的转变升级、粮食生产效益低下等是当前影响西咸地区粮食稳产增产的关键问题。今后，保护耕地，确保粮食播种面积不减少，粮食产量稳定或增长，提高粮食自给率，是该区农业发展的重要目标。

西咸地区应加强农田水利设施建设，大力发展节水灌溉，扩大农田有效灌溉面积，机耕道路建设，电网林网配套等农田基础设施建设；划定永久基本农田，推进高标准农田建设，实施耕地质量保护与提升，推进中低产田改造，推广秸秆还田、增施有机肥等措施提高土壤肥力，强化土地治理，稳定粮食播种面积；优化品种结构，加快节水灌溉技术、良种良法相配套、测土配方施肥、病虫害专业化防治、耕种收等综合先进技术组装等农业集成技术的推广和应用，提高单产，改善粮食作物品质，加强粮食生产能力建设，稳步提高粮食综合生产能力；围绕国家重点粮食生产基地（临潼区）和省级粮食生产大县，建设一批产量稳定、技术先进、机制创新的粮食高产示范区，形成稳定的粮食生产功能区。

加大设施农业建设力度，完善设施农业基础设施建设，改造水、电、路等基础设置，升级老旧棚；优化种植品种结构，发展设施高档蔬菜，引进先进农业施用技术，推广高效栽培模式，发展专业育苗；大力发展设施瓜菜、绿色（有机）蔬菜，发展各类反季节蔬菜、中高档蔬菜等，努力提高地产蔬菜的自给率，保障该区蔬菜播种面积和设施蔬菜面积稳定，发展露地精细菜生产，丰富"菜篮子"品种，形成蔬菜生产功能区。

（二）推进农业转型升级，做大做强优势特色产业

（1）推进果业转型升级。以苹果、猕猴桃、葡萄、樱桃等一批优质果品为重点，改良水果品质，丰富水果品种，错时调整品种结构，稳步调减晚熟品种，合理发展中早熟品种，适度发展加工品种，实现早中熟与晚熟、鲜食与加工品种合理搭配，创新现代果业发展模式，扩大水果生产规模，拓展水果加工产业链，积极推进水果标准化生产，努力培育果品及形成水果名优品牌，走精品果业道路，促进果业转型升级。

（2）推进畜牧业转型升级。以肉牛、奶牛、生猪和畜禽养殖等为主，开展畜禽标准化规模养殖，通过资源集约利用、要素集中配置，进一步扩大规模化生产；整合资源，推进畜牧业发展方式转变，提升区域整体畜牧发展水平。

（3）推进林业产业转型升级。持续管好现有林，扩大新造林，优化林业结构，进一步增加林木资源，增强森林生态系统的整体功能。大力发展林下经济等林业新兴产业，增加林业附加值，使生态与产业更好地实现相互促进与和谐共赢。

（4）推进农产品加工业转型升级。提高农副产品就地转化力度，积极发展农产品精深加工，努力挖掘加工增殖潜力，打造特色现代农业产业集群。支持龙头企业技术创新，积极争取项目扶持企业开发或引进新技术、新装备、新工艺、新产品，推动龙头企业创新能力和工艺水平的提高。

（5）大力发展休闲农业。大力开发观光游览、采摘体验、品尝体验、农耕体验、科普教育等功能，实现"产区变景区"、"田园变公园"、"产品变礼品"；依托泾渭湿地自然保护区和"泾渭分明"自然景观，将泾渭河沿岸打造为西安国际化大都市的滨河湿地公园，大力发展水面农业和水下农业，提升休闲农业发展水平，创建具有代表性的特色休闲农业名牌。

（6）优化农业生产功能空间格局，形成自然资源、环境与特色农业生产相匹配的农业生产功能格局。例如，形成以鄠邑区葡萄、周至县猕猴桃、灞桥区樱桃、临潼区石榴、礼泉县苹果为重点的特色果业；以高陵区、阎良区、泾阳县、三原县、兴平市为重点绿色（有机）蔬菜、特色瓜菜产业和设施蔬菜；以长安区为重点花卉产业区；以临潼区的奶牛，蓝田县的奶山羊、肉鸡产业为畜业区；以秦岭北麓、渭河沿岸和白鹿原为重点的休闲农业。

（三）开拓农业的多种功能，促进产业融合

现代型都市农业不仅为广大市民提供生活所需要的新鲜、安全、卫生的农产品，还能把西咸城市化的郊外变成广大市民休闲度假区。充分发挥农村的独特优势，深度挖掘农业的多种功能，培育壮大农村的新型产业，将推动产业融合发展成为农民增收的重要支撑。

　　首先，发挥农业生态服务功能，构建城市化地区绿色屏障。在城市化区及农业耕作区，农作物及植被承担着构建和提供现代都市生态系统服务的功能。西咸城市化地区都市农业发展要秉承绿色发展理念，营造绿色景观和适宜的人居环境，把西安国际化大都市的建设与其后花园秦巴山区的生态安全屏障建设有机结合起来，把都市农业发展（包括果业、花卉苗木等）与秦岭国家中央公园、秦岭国家植物园和秦岭北麓文化生态旅游带建设有机融合起来，发展"林业+种植业+旅游+教育"等融合的现代型都市农业新业态，形成资源利用更加高效、生态系统更加稳定、生活居住环境更加优美的农业发展新格局。

　　其次，依托区域资源环境及文化优势，发展休闲农业，构建第一、第二、第三产业融合的新业态。依托区域自然、历史和民俗文化等优势，西安市周边的生态休闲和旅游文化资源十分丰富，这些资源保持和继承了农业和农耕文化的传统，开发休闲农庄、特色民宿、乡村酒店及旅游观光、创意农业、农耕体验、乡村手工艺、户外运动等乡村休闲度假产品，让广大市民在参与和体验中品味乡村生活，进而增进身心健康；通过实施休闲农业和乡村旅游提升和振兴乡村传统手工艺计划等，提高农业的现代化水平，把这些资源转化成为现代型都市农业发展的新业态、新产业。

（四）提高农业产业化、组织化和国际化水平

　　支持有条件的区（县、市）开展多规融合，完善区域产业空间布局和功能定位。加快提升现代农业园区建设水平，完善配套服务体系，拓展园区功能。完善农业产业化组织模式，积极发展集生产、加工和服务于一体的农业产业化联合体，发展订单农业、股份合作等形式多样的利益联结模式，提升农业产业化经营水平。推进农产品精深加工，培育一批产业链条长、产品附加值高、市场竞争力强、品牌影响力大的龙头企业。发展"一村一品""一乡一业"的农产品深加工、农产品创意、农业特色小镇，加快培育乡村手工艺品和农村土特产品品牌，推进农产品品牌建设，构建现代农业经营体系。

　　稳步推进土地经营权有序流转，鼓励发展土地托管、土地股份合作等多种形式的适度规模经营。鼓励支持专业合作社、家庭农场、种养大户等新型农业经营主体，发展多种形式的适度规模经营。

　　加强"一带一路"沿线农业合作，着力加快农业国际化步伐，提高农业国际化程度，发挥西咸地区，尤其是杨凌农业高新技术产业示范区的技术、人才、农资、区位、交通、成果等优势，通过创建国内国际农业研发联盟，依托国家和省部级实验室、研究中心，利用现代农业创新园区、国际合作园区、科技探索园区、标准化产业示范园区等载体，加大种质研究攻关、农产品成果展示、农产品质量品牌培育、农作物生长环境推广力度，努力把杨凌农业自贸区打造成世界农业交

流合作中心。按照该区农业发展的比较优势，发展特色农业、精品农业和品牌农业，培育具有国际竞争力的大企业集团，拓展农业发展空间，提高农业发展的国际化程度。

（五）农业科技的应用将推动该区农业的创新与发展

农业高新技术正在推动世界发达国家农业的发展，依靠农业科技推动农业创新是世界农业发展的基本趋势。农业生物技术、互联网及信息技术等向现代农业的渗透，将改变和重组西咸地区现代农业生产、组织管理模式，提高农业生产效率、附加值，多业融合，创新农业发展类型和新业态。例如，"互联网+农业"将在农业综合信息监测预警、农业科技服务、农业管理执法、农村电子商务等方面促进农业的创新与发展；农业绿色生产技术与方式将在农业生产中的应用日益广泛。

（六）农业保护和支持力度将增加

随着经济全球化的推进，在农业国际化程度不断提高的过程中，政府对农业生产的多个环节、多个方面都将进行政策支持；为降低农用生产资料的价格和农业服务的成本，将对农业生产的多环节、多类别补贴，补贴范围将进一步扩大，补贴额度将进一步增加；农产品生产保险制度将进一步推广。

农业政策扶持和补贴将向高新技术推广、名优产品生产及加工、农民科技培训等方面倾斜，将不断建立和完善农业生态补偿、禁牧休牧生态补偿、农村和农业资源循环利用与环境保护补偿、农业自然灾害补偿或者农产品生产保险。

第四章　西咸都市农业生态系统服务时空演变研究

第一节　农业生态系统服务的理论与研究

一、农业生态系统概述

（一）农业生态系统的定义

生态系统（ecosystem）指由生物群落与无机环境构成的统一整体。1935 年，英国生态学家坦斯利（Tansley）定义，"生态系统是一个整体的系统（whole system），不仅包括复杂的生物有机体，而且包括所有的无机环境要素（physical factors）"。根据人类活动对生态系统的干预程度，生态系统被分为自然生态系统、半自然生态系统和人工生态系统。农业生态系统是生态系统的主要类型之一。不同学者对农业生态系统给出的定义虽有不同，但比较相似，具体有以下几种。

（1）农业生态系统是以农业生物为主要组分，受人类调控，以农业生产为主要目标的生态系统。农业生态系统受自然规律和社会经济规律的共同制约。

（2）农业生态系统指人们在一定时空范围内，利用农业生物与非生物环境之间，以及生物种群间相互作用建立起来的，并在人为和自然共同支配下进行农副产品生产的综合体。

（3）农业生态系统是农业生物与环境之间的能量和物质联系建立起来的功能整体。

（4）农业生态系统是指有机和无机组分及其相互作用构成的在空间和功能上农业活动的相关功能单元（coherent unit）（AEHP，1996）。

（二）农业生态系统的组成

农业生态系统主要由生物组分和环境组分两大部分构成。生物组分包括生产者、消费者和分解者。其中，生产者主要指农业生物，如绿色作物或植物、家畜、家禽等，以及与这些生物有密切联系的病虫害、杂草等；消费者就是人类，这是最重要的大型消费者；分解者主要指微生物。环境组分部分一般包括光能、水分、空气、土壤、营养元素和生物种群，以及人的生产活动。因受到人类不同程度的调节和影响，有些环境如温室、禽舍等完全是人工环境。

（三）农业生态系统的特点

农业生态系统是被驯化了的自然生态系统，它既保留了自然生态系统的一般特点，又具有很多人类改造、控制、调节、干扰甚至破坏所带来的新特点：①比较强烈的受人类控制，表现在植物或农作物的组分、空间分布等方面；②通过人类的调控，农业生态系统具有比一般自然生态系统更高的净生产力；③农业生态系统在组分、营养结构等方面简化，组分比较单一，营养结构简单，因此，自我稳定性较差；④在人类控制下，系统的物质与能量的交换规模大且受多种因素的影响，系统的开放性更强；⑤受自然与社会经济"双重"规律的制约，如人类投入各种农业资源进行生产，能量与物质的输出和输入深受商品交换的影响，因此，在一定程度上所造成的农业生态系统的功能是由人类经济活动所决定的；⑥受自然条件与资源的影响较强，具有明显的地域性，不同地域形成明显的农业地域类型。

（四）农业生态系统结构

农业生态系统结构是指农业生态系统在自然、社会和经济等诸多因素的影响下表现出的在时空上生物组分的格局与配置的差异，主要包括物种（组分）结构、空间结构、时间结构、营养结构等几个方面。

（1）物种（组分）结构指在农业生态系统内，农业生物种类的组成、数量及其相互关系。

（2）空间结构指生物群落在空间上表现在垂直和水平方向上的格局变化，主要包括水平结构和垂直结构。水平结构指自然环境条件（如气候、土壤分布的空间差异、地形条件与地貌部位差异等）和社会经济条件（如人口密度、城乡密度、交通、市场、技术、资金和信息等）的空间差异，使得农业生态系统表现出的空间差异，如农业在不同气候和土壤条件下表现出的分异，在一个流域内的不同地形或地貌部位出现的分异等。垂直结构是指由地理位置和地形变化引起的在垂直方向上的格局变化，如山区在不同海拔的农业类型的分异，田间表现在立体上的物种差异（如农林间作，不同株高、不同根深、不同营养特性的差异），水体在竖直方向上鱼类的分层放养等。

（3）时间结构是指在生态系统内安排各种生物群落，使它们的生长发育及生物量积累时间错落有序，如长、短生育期搭配，早、中、晚品种搭配，喜光作物与耐阴作物时序交错，籽料作物和叶类、块根类作物交错等。

（4）营养结构是指生态系统中生物之间构成的营养供求关系，包括食物链与食物网结构等。

农业生态系统除了物种结构、时间结构、空间结构和营养结构之外，从产业经济的角度讲，还具有产业结构。不同农业生态系统结构的空间叠加、集合或镶嵌，构成了更大尺度上的农业景观结构或景观格局。

二、农业生态系统的主要类型

农业生态系统的主要类型包括农田生态系统、草地生态系统、林地生态系统、内陆水域（湿地）生态系统等。

（一）农田生态系统

农田生态系统是指由作物与其有关的光、温、水、气、肥、土及伴生生物等环境组成的，并完成农产品生产的农业生态系统，是依靠土地、光、温、水分等自然要素及人为投入（如种子、化肥、农药、灌溉、机械等），利用农田生物与非生物环境之间及农田生物种群之间的关系来进行食物、纤维和其他农产品生产的半自然生态系统，是人工建立和控制的陆地生态系统。农田生态系统中动植物种类较少、群落结构单一（以一种或几种农作物为优势种，伴生生物有杂草、昆虫、土壤微生物、鼠类、鸟类及其他小动物），人类的农业活动，如播种、施肥、除草等起着非常关键的作用，使得农田生态系统朝着对人类有益的方向发展。该系统的养分循环主要靠人类从系统外部输入，土地生产力远高于自然生态系统，一旦人类的作用消失，则作为优势组分的农作物会很快被杂草及其他植物替代，系统会退化。农田生物多样性是农田生态系统提供生态系统产品和服务的基础。农田生态系统以种植业为主，为人类提供粮食、纤维、燃料、害虫控制、授粉、景观愉悦、生物多样性维持等多种产品或服务。2000 年以来，随着全球城市化进程的加快，生态系统服务稀缺性变得越来越突出，农田生态系统的多功能性研究受到了空前的重视（谢高地等，2013）。

（二）草地生态系统

草地生态系统指以多年生草本植物，如天然牧草、人工牧草及草食性农业动物为主体的生物种及其生育环境条件构成，并完成肉、奶、皮、毛、蛋等动物性农产品生产的农业生态系统。草地是世界上分布最广的植被类型之一，占陆地总面积的 20%左右，是陆地生态系统的重要组成部分（Huyghe，2010）。草地生态系统在其类型组分、生态过程、自然环境条件及其效用等方面与其他生态系统具有完全不同的特点。草地生态系统是以土壤-草地-家畜-人类为一体的生物群落与生态环境间在能量和物质交换及其相互作用过程中所构成的一种复合生态系统，对维持自然生态系统格局、保护生态安全屏障起着重要作用。草地生态系统为人类提供了净初级物质生产、碳蓄积与碳汇、调节气候、涵养水源、水土保持和防风固沙、改良土壤、维持生物多样性等服务功能，这些服务功能是自然生态系统及其所属物种支撑和维持人类生存的条件和过程，也是人类直接或间接从草地生态系统中获得生态系统服务价值的物质基础。

然而，受人类活动与自然因素的干扰，草地的生态系统服务功能退化或以非理性方式被开发利用，使草地生态系统景观破碎，植物群落多样性发生改变，导致草地生态系统结构和功能变化，维持生态过程所必需的生态功能下降甚至丧失，不仅给生态环境造成了难以承受的压力，也产生了一系列生态、经济、环境和社会问题。随着人类对草地生态系统服务功能不可替代性的深入认识，通过定量地评估生态系统服务功能及其价值来反映生态系统健康状况变化的研究越来越受到重视（刘兴元等，2012）。

（三）林地生态系统

林地生态系统指由木本植物为主体的生物及与其生长发育有关的光、温、水、气、肥、土及伴生生物等环境组成，并完成特定的林产品生产和农业水土保持功能的农业生态系统。森林作为地球上陆地生态系统的主体，是人类不可缺少的自然资源。森林生态系统一般分布在湿润或较湿润的地区，生物种类繁多，其中植物主要由乔木、灌木和草本构成，动物包括草食动物和肉食动物，营养结构复杂，生态系统状态稳定。森林作为自然界最丰富、最稳定和最完善的有机碳库、基因库、资源库、能源库，在维持自然界生态平衡、保护人类生存环境方面起着非常重要的作用。森林生态系统能为人类提供多种林果产品、木材、燃料、药材等物质产品，同时，还能提供固氮释氧、调节气候、调节水文、净化水源、休闲娱乐等服务。然而，长期以来，人们大量采伐森林资源，导致森林面积逐渐减少，森林质量随之下降，森林生态系统提供的各种服务功能减弱。随着对资源环境可持续发展机制研究的深入，人们逐渐意识到森林生态系统服务功能是实现社会经济可持续发展的基础之一，维持和保育森林生态系统对人类生存至关重要。Costanza 等（1997）在全球生态系统服务价值评价中对森林生态系统价值进行了评估；此后，国内外学者对森林生态系统的服务功能进行了大量研究，主要倾向于森林生态系统服务的价值评估、森林生态系统作用机制及过程、生态服务评价体系等方面。

（四）内陆水域（湿地）生态系统

内陆水域生态系统，指人们为发展农业生产，特别是渔业经济而加以利用和改造的湿地、溪流、江河、池塘等水域系统的总称，是由水域环境中栖息的各种生物及其周围的自然环境共同构成的基本功能单位。内陆水域生态系统的生产者主要由浮游植物、底栖藻类和水生种子植物等构成；消费者包括小型浮游动物、少数以底栖藻类为食的动物、水生肉食性动物（大型浮游生物如甲壳动物、鱼类等）、杂食性浮游动物等。湿地生态系统是指被浅水和暂时性或间隙性积水覆盖的低地，包括湖泊、沼泽、河漫滩、沿海滩涂等，湿地生态系统不仅为人类提供原材料、食物、水资源等生态产品，而且在气候调节、洪水调蓄、生物多样性保护等方面具有不可替代的作用。水域（湿地）生态系统服务研究逐渐成为生态学和经济学研究的热点。

三、农业生态系统服务的概念

（一）农业生态系统服务的研究概述

20 世纪 70 年代初生态系统服务概念提出后，生态系统服务研究逐渐成为生态学研究的主要内容和热点。随后 Holdern 等（1974）研究了全球环境系统服务功能、自然服务功能。90 年代后，生态系统服务的研究达到了新高潮，取得了很大进展，尤以 Costanza 等（1997）的研究最为突出。随着学者们对生态系统服务研究的不断深入，对生态系统研究不断系统化，但研究多聚焦于陆地生态系统、海洋生态系统、森林生态系统、湿地生态系统等生态服务功能的评价指标和价值测评研究等方面。

对农业生态系统服务的价值评价研究起步较晚。Bjorklund 等（1999）研究了瑞典农业土地利用变化对生态系统服务的影响，认为农业集约化不断提高促进了生产力增长，但也导致农业生态系统服务的下降。《全球生态系统示范分析——农业生态系统》(*Pilot Analysis of Global Ecosystem*（*PAGE*）: *Agroecosystem*) 中认为，农业正在日益成为全球生态系统服务下降的主宰因子，农业生态系统的生态环境压力在不断增大（Wood et al.，2000）。Tilman 等（2002）阐述了农业集约化生产对生态系统服务的影响。澳大利亚联邦科学与工业研究组织（Commonwealth Scientific and Industrial Research Organisation，CSIRO）对 Goulburn Broken 流域农林复合系统的服务功能、影响因子、恢复对策等进行了研究（Binning et al.，2001）。

国内对农业生态系统服务的研究较少。20 世纪 80 年代初期，随着国外生态系统服务理论的引入，国内开始对农业生态系统服务进行研究，除欧阳志云等、肖寒等、刘向华等对生态服务功能评价的基本理论与方法进行探讨外，林地、草地、农田生态系统服务方面的研究也取得了系列成果（杨正勇等，2009），但对农业生态系统服务的研究多借鉴国外或生态系统服务研究的方法体系。赵荣钦等（2003）分析了农田生态系统的主要服务包括提供农产品和轻工业原材料、固碳、改良土壤、维持生态平衡、提供自然环境美学、社会文化、科学教育、精神等文化价值。章家恩等（2004）认为农业生态系统具有高效、直接的产品生产功能、环境服务功能、旅游服务功能、文化教育与美学功能。赵海珍等（2004）对拉萨河谷的青稞农田生态系统服务做了价值评价。肖玉等（2005）研究了施肥对稻田生态系统调节功能的影响。杨志新等（2005）研究了北京郊区农田生态系统服务的价值。梁滨等（2005）研究了环境污染对农业生态系统主要服务的影响等。总体上对农业生态系统服务的研究较少，由于农业生态系统服务的退化对全球生态安全有着重要的影响，并随着城市化的快速发展，人口集聚，耕地资源减少，正对农业生态系统产生深远影响，因而农业生态系统服务的研究逐渐引起学者关注，也由研究农业生态系统的特性转向应用层面。

总体上，学者们开始重视对农业生态系统服务的研究，如农业可持续性及集约生产的成本-效益（Tilman et al.，2002）、农业的多功能性（Boody et al.，2005）、农业生态系统服务价值评价指标（Bockstael et al.，1995）、农业生态系统的正负服务（Zhang et al.，2007）等，尤其集中在农业生态服务评价指标的构建及服务之间的关系研究。

（二）农业生态系统服务的概念

农业生态系统是生态系统的重要类型之一，对农业生态系统服务的研究多借鉴生态系统服务研究的定义和方法体系。由于不同农业生态系统类型差别较大，对农业生态系统服务的概念也未形成统一标准。

目前对农业生态系统服务的定义主要有以下几个。

（1）农业生态系统服务是指农业生态系统在农业生态过程中把太阳光转变成人类幸福和健康生活的效用价值，主要从农业生态系统作为联系人类社会系统与自然生态系统的视角来定义（祝文烽等，2010）。

（2）农业生态系统服务是指农业生态系统及其生态经济过程向人类所提供的一系列功能与效益和所维持的人类赖以生存的环境（陈源泉，2006）。

（3）农业生物多样性（agrobiodiversity）等同于农业生态系统服务，有 9 条生态系统服务的保护原则。

（4）农业生态系统服务功能有广义和狭义两种。广义上，农业生态系统服务功能是指农业生态系统所产生的现实的、潜在的、自然的和社会经济的影响人类和整个生物圈的所有作用。狭义上，农业生态系统服务功能指特定农业生态系统产生的包括农产品生产的经济功能，以及影响当前生态环境质量和维持现有农业资源数量的作用（王勇等，2008）。

（5）农业生态系统作为生态系统的一个重要组成部分，农业生态系统服务指农业生态系统所提供的生态系统服务的那部分服务（Shiferaw et al.，2005；AEHP，1996）。

（6）农业生态系统服务指农业生态系统可以为人类提供的供给服务，如食物、纤维、木材和燃料，也为人类提供调节服务和文化休闲服务，如水资源供给、土壤保持、气候调节、景观审美等；农业生态系统还产生负服务（disservice），包括动物栖息地的减少或丧失、营养元素的流失、施用杀虫剂对非害虫的其他物种的毒害、牲畜饲养带来的异味、生物多样性下降等（Swinton et al.，2007；Zhang et al.，2007）。

综上所述，由于农业生态系统是构成全球生态系统的重要组成类型之一，从更大的空间视野来看，农业生态系统镶嵌于自然生态系统的网络之中。农业生态系统既提供生态系统服务，同时也依赖于区域生态系统服务而存在。对农业生态系统服务可以基于生态系统服务的概念进一步概括，即生态系统服务是指生态系统给人类带来的益处。农业生态系统服务可以概括为人类产生的有益的供给服务、调节服务、支持服务、文化休闲服务等。但同时，农业生态系统及农业生产活动也会给人们或其他生物带来负面的影响，即负服务。只要农业生产活动和农业生态系统存在，这种负面的影响就不可避免（李梦桃等，2016；Shapiro et al.，2014）。因此，我们可以把农业生态系统服务界定为农业生产活动及农业生态系统给人类带来的益处和负面影响，即带来的损益。

四、农业生态系统服务的分类与内涵

作为生态系统的重要组成部分，农业生态系统与周围生态系统相联系，为人类提供多种生态系统服务，除了提供食物和原材料等产品外，还在调节气候、固碳释氧、涵养水源等方面发挥重要作用，对全球生态系统服务具有重要贡献。

（一）农业生态系统服务的分类

由于对农业生态系统服务的研究尚少，测评方法体系不完善，同时，农业生态系统具有半自然半人工特性，农业生态系统服务在很大程度上取决于其所处的区位和空间环境。不同农业生态系统的服务存在很大差异，使得对农业生态系统服务进行估价时存在一定困难。因此，农业生态系统服务的研究应结合具体农业生态系统特点。不同学者对农业生态系统服务的认识差异较大。

1. MA 的生态系统服务分类

MA（2005）将生态系统服务划分为供给服务、调节服务、文化服务及支持服务四大类，主要（农业）生态系统提供的产品和服务如下。

（1）供给服务：食物资源（农作物、家畜、鱼类、野生动植物等）、纤维资源、基因资源、天然生物药物资源、观赏性资源和淡水资源。

（2）调节服务：大气调节（如 O_3、氨、NO_x、SO_2 和 CH_4）、气候调节、水文调节、土壤侵蚀调节、水净化和废物处理、传染疾病调节、病虫害控制、授粉、自然灾害调控（对极端自然灾害的缓冲作用）。

（3）文化服务：文化多样性、精神和宗教价值、知识体系、教育价值、灵感价值、审美价值、社会关系、地方感、文化遗产价值、休闲和生态旅游。

（4）支持服务：土壤形成、光合作用、初级生产、营养循环和水循环。

2．TEEB 的生态系统服务分类

TEEB 把生态系统服务分成四大类，主要包括以下内容。

（1）供给服务：食物、水、原材料、基因资源、生物药物、观赏性资源。

（2）调节服务：空气净化、气候调节（包括碳储存）、抗干扰、水文调节、废物处理（水净化）、土壤侵蚀控制、土壤肥力保持、授粉、生物控制。

（3）栖息地：生命循环保持、基因池保护。

（4）文化和审美：审美价值，休闲和旅游，文化、艺术和设计灵感，精神阅历，认识的发展。

3．CICES 的生态系统服务分类

通用国际分类方案（Common International Classification of Ecosystem Services，CICES）的分类包括三大类 9 个服务组（Haines-Young et al.，2010）。

（1）供给服务：营养（如各种农作物种植、渔业捕获、野生动物捕获、水存储和水净化等服务）、材料（非食用动植物纤维、装饰资源、基因资源、药用资源、矿产资源等）、能源（可再生生物质燃料如动植物资源，非可再生生物质燃料如风、水、太阳、潮汐、地热能等）。

（2）调节和维持服务：废物调节（生物处理、稀释和封存）、流量调节（气流调节如防风林，水流调节如减少径流、水储存等，质量流调节如侵蚀保护、雪崩保护）、物理环境调节（大气调节如全球和局地气候调节，水质调节如水质净化和氧化、冷却水，成土过程和土壤质量调节如土壤肥力维护、土壤结构维护）。

（3）文化服务：象征性的智慧（审美和文物如特色景观、文化景观，精神如荒原和自然地、神圣的地方或物种）和体验（娱乐及社区活动如吸引人的、标志性的野生动物及其栖息地，狩猎或收集，信息与知识如科学、教育）。

4．Power 提出的农业生态系统服务

Power（2010）在研究中界定的农业生态系所涉及的主要服务如下。

（1）生态系统服务：包括害虫控制、授粉、营养元素循环、土壤结构和肥力保护、水质水量供给、固碳、生物多样性保护等。

（2）生态系统负服务（ecosystem disservice）：生物多样性损失、野生生物栖息地丧失、营养元素流失、河道沉积、杀虫剂毒害、温室气体排放等。

5．Swinton 等提出的农业生态系统服务

Swinton 等（2007）提出的生态系统服务主要指与农业生产及农业生态系统相关的服务，具体包括以下内容。

（1）农业生态系统提供的服务：食物和纤维供给、美感服务、休闲娱乐服务、固碳服务、生物多样性保护。

（2）农业生态系统产生的负服务：水污染、（牲畜养殖的）异味、健康风险（如杀虫剂和营养元素的过剩）、生物多样性损失。

6. Zhang 等提出的农业生态系统服务

Zhang 等（2007）提出与农业生态系统相关的服务主要有以下几种。

（1）供给服务：食物、纤维、燃料生产。

（2）非市场化服务：水源供给、土壤保持、缓解气候变化、景观审美、野生生物栖息地。

（3）生态系统负服务：栖息地损失、营养元素流失、杀虫剂对非目标物种的毒害等。

7. 基于农业多功能性视角的农业生态系服务功能分类

农业多功能性是集农业经济属性、社会属性、生态属性于一体的农业多元价值属性的综合表现，是农业及其发展的客观属性。在农业多功能类型划分上，不同学者划分结果差别较大，具体有以下几种（彭建等，2014）。

（1）两功能：观点一分为物质产品功能和非物质产品功能；观点二分为商品生产功能和非商品生产功能；观点三分为经济生产功能和非经济生产功能。

（2）三功能：观点一分为经济功能、社会功能和环境功能；观点二分为经济功能（农产品供给）、生态环境功能和文化功能。

（3）四功能：观点一分为食品保障功能、环境功能、经济功能和社会功能；观点二分为保障国家粮食安全和社会稳定、为广大农村富余劳动力提供就业机会、保护水土资源和生态环境、改善农业生产条件和居住环境；观点三分为产品生产功能、经济社会功能、生态环境功能和文化休闲功能。

（4）五功能：观点一分为食品安全功能、经济功能、社会功能、文化功能和生态功能；观点二分为经济功能、政治功能、社会功能、文化功能和生态功能；观点三分为产品功能、就业增收功能、文化传承功能、观光休闲功能和生态保护功能。

（5）六功能：观点一分为食物生产功能、食物安全保障功能、环境功能、社会功能、经济功能和文化功能；观点二分为生产农产品功能、社会功能、经济功能、生态功能、环境功能和社会稳定功能；观点三分为农产品供给功能、社会安全保障功能、产业奉献功能、就业保障功能、生态功能和生活休闲功能；观点四分为提供农副产品、促进社会发展、保持政治稳定、传承历史文化、调节自然生态和实现国民经济协调发展。

（6）八功能：食品保障功能、原料供给功能、市场功能、就业增收功能、劳动力输出功能、生态保护功能、生物质能源功能、观光休闲和文化传承功能等。

（二）农业生态系统服务功能及内涵

农业生态系统镶嵌于自然生态系统的网络之中，农业生态系统从区域生态系统获得生态系统服务，既包括正向服务（如气候调节、水源供给、土壤保护、授粉、害虫控制、基因多样性等），也包括负向服务（如害虫、疾病、与其他生物的资源竞争等）。农业生产及农业生态系统也向人类提供正向和负向两种生态系统服务。

1. 农业生态系统正向服务

（1）供给服务。供给服务指人们通过农业生产，从农业生态系统获取的各种农产品，主要包括农产品、林产品、畜产品及水产品等。①食物和纤维生产：包括取自植物、动物和微生物的大量食物产品，以及从生态系统获得的各种原料（如木材、棉花、麻类、丝绸、皮毛和其他产品），即总初级生产中可作为食物部分的生产。②原材料生产：主要包括燃料，如木材、牲畜粪便，以及用作能源的其他生物原料和饲料的生产。③基因资源：特用生物材料和产品，包括用于动植物繁育和生物工艺的基因和遗传信息，如传统作物品种、抵抗植物病原和作物病虫害的基因。④生化药剂：天然药物和医药用品，包括来自农业生态系统的许多医药、生物杀灭剂、食物添加剂（如藻酸盐）和生物原料等。⑤观赏及装饰资源：如来自农业生态系统的用作装饰品的一些动物产品（如宠物）和花卉（园艺植物品种），因不同社会文化习俗不同，这些资源的价值也不同；此外还有淡水资源。

（2）调节服务。调节服务指人类从农业生态系统过程的调节作用中获取的各种收益。①调节气体：农业生态系统向大气中释放化学物质和从大气中吸收化学物质，调节大气化学组成，对空气质量产生影响。例如，农业生态系统中通过生产者光合作用和呼吸作用等固定大气中的二氧化碳同时释放氧气，调节大气中二氧化碳及氧气之间的平衡，调节区域大气，即固碳释氧功能，维持 CO_2 与 O_2 平衡，O_3 对紫外线的防护等。②调节气候：农业生态系统与其他生物参与调节局地甚至全球气候，如绿色植物可以增湿、调节温度，在局地尺度上的农业景观对气温和降水产生影响，在全球尺度上通过吸收和排放温室气体对气候产生影响。③调节水分：农业景观（如农田、森林、湿地、水域等）会对河流的径流量、洪水形成时间和蓄水层的补给等产生强烈影响。例如，植被或农作物及大量枯枝落叶层能保持和涵养大量水分，促进水分渗入土壤层；同时，植被可改变降水的分布、流量和流速，使降水不致产生大量地面径流，即农业生态系统具有对降水截留、吸收和存储等水源涵养功能。④控制侵蚀：指植被及农作物与农田工程（如梯田、地埂等）在保持土壤和防止滑坡方面具有重要作用。⑤净化环境功能：农业生态系统对易流失养分的再获取、多余养分和化合物的去除或降解作用，即起到废物处理、污染控制和解毒作用。例如，农业生态系统不但是淡水杂质的吸收源，而且它们还可以帮助滤除和分解进入到内陆水域和海滨及海洋生态系统的有机废弃物，净化水质和处理废弃物；农业生态系统中农作物、草地、林地在生长过程中通过物理、化学或者代谢作用可以有效地吸收、降解大气中有害气体，如 SO_2、粉尘等，对大气净化起到促进作用。⑥调控人类疾病：农业生态系统的变化可以直接改变人类病原体（如霍乱）的多度（abundance），改变带菌媒介（如蚊子）的多度，控制疾病的流行。⑦控制生物：捕食者对被捕食者的控制，通过天敌可以控制病害虫。⑧授粉：农业生态系统为植物种群的繁殖提供传粉媒介，农业景观的变化可以影响授粉媒的分布、多度和效力。⑨减缓灾害，避免遭受风暴侵袭：森林资源特别是红树林和珊瑚礁等海滨生态系统可以显著地降低飓风和大浪造成的损害，防风林对风沙防护等，农业生态系统通过涵养水源减缓旱涝灾害，湿地系统控制洪水。

（3）文化服务。文化服务指人们通过精神满足、认知发展、思考、消遣和美学体验而从农业生态系统获得的非物质收益。①文化多元性：农业生态系统的多样性是影响文化多元性的因素之一。②知识系统（传统的和正式的）：农业生态系统可以对不同文化背景发展而来的知识类型产生影响，如当地农业耕作方式、农业生产知识和经验等，实现文化传承。③科研教育价值：特有的农业作物及牲畜物种、生产或养殖过程等可以为社会开展相关的科学研究和教育，如特定的农业生态系统可以为科研提供观测、研究和认识农业生态系统的机会；人们亲自体验农业活动，观看或参与民俗表演，使得人们获得农业知识，体验农村文化。④灵感：农业生态系统中的各类景观、生产场景、农业社会的习俗等可以为艺术、民间传说、民族象征、建筑和广告提供丰富的灵感源泉。⑤美学价值：许多人可以从农业生态系统的某些方面发现美的东西或美学价值。⑥社会关系：农业生态系统可以对建立在特定文化基础之上的多种社会关系产生影响，渔业社会、游牧群落、农耕社会等的社会关系有许多不同之处。⑦地方感：许多人认为和他们生活环境中已经被认同了的特征（包括农业生态系统的不同方面）有关的"地方感"具有重要价值。⑧文化遗产价值：许多社会对维护历史上的重要景观（"人文景观"）或者具有显著文化价值的物种赋予了很高的价值。⑨消遣和生态旅游：特定的自然景观或者栽培景观为区域提供休闲活动的机会。随着城市化及人们对旅游休闲需求的增长，观光农业、休闲农业逐渐发展起来，一方面保障了农业的发展，增加了农户收入；另一方面也为人们提供了休闲娱乐的场所，如生态旅游、体育垂钓及其他室外休闲活动。

（4）支持服务。支持服务是为生产其他所有的生态系统服务而必需的那些农业生态系统服务，这类服务对人类的影响是间接的，或者发生在一个很长的时间内，有些支持服务也可以划分为供给服务或者调节服务。①土壤形成与保护：农作物根系的生物作用、残枝落叶及死亡根系等有利于岩石风化及土壤的形成、有机质的增加；农业耕作及施肥也促进土壤耕作层的形成，提供肥沃的土地资源；农业植物通过对降水和径流的拦截，减少雨水对土壤的溅蚀和径流对土壤的冲刷，保护土壤；植物根系的机械固土作用和根系分泌物的有机物胶结土壤，可以保护土壤免受冲刷。②养分循环：农业生态系统需要大量养分投入，如无机或有机肥等，土壤-植物或农作物根系通过吸附、降解、迁移、转化与植物吸收等过程促进

N、P、K 等养分循环，在相对集约的耕作农业下，由于过量化肥、农药的施用，一些土壤养分过剩。③水分循环：农作物通过蒸腾作用、农业灌溉和排水、农产品运输等调节水的流动，参与及影响水循环过程。④生物多样性与栖息地功能，农业景观如农田、森林、草地、湿地等能够为动物种群的定居、育雏、迁徙、越冬等提供栖息地和庇护地，保护生物多样性。

（5）经济社会服务。①食物安全保障：在经济全球化背景下，国际农产品市场供给、农产品价格变化与政策等对粮食进口国的食物安全具有重要的影响，通过粮食生产提高粮食自给有利于保障国家的社会安定、经济稳定发展和外交上不受制于国际农产品市场的影响（吕耀等，2007）。②经济价值：农业的直接经济价值主要指农业生态系统提供的农产品与工业原材料的价值（如麻类、橡胶、糖料、油料等），即供给服务；此外，经济功能的含义还包括通过农产品出口为国家赚取的外汇收入，使经济结构多元化；农业经济发展可以增强区域经济实力，提高生活水平等。③社会保障功能：指在城市化发展水平较低、城市不能吸纳来自农村富余劳动力的情况下，农民通过农业活动获得收入，农业为农民提供就业岗位，缓解就业与社会安全保障面临的压力。

2. 农业生态系统负向服务

农业生态系统会对农业资源环境质量产生正面或负面的作用，即产生正向服务和负向服务。农业生态系统负向服务可以定义为对人类福利产生负面影响的生态系统的功能或者属性（Lyytimäki et al.，2009），即负向服务是指对人类或其他生态系统产生的不利影响，表现为减少生产力或者增加生产成本（Swinton et al.，2007）。主要包括以下几种。

（1）农业生态环境污染：农业生产过程中化肥和农药的过量使用对土壤和地表及地下水造成污染；农药进入其他的非农业生态系统而对其产生不期望的影响。

（2）温室气体排放：农业生产过程中大量使用农业机械和化石燃料，排放大量温室气体，如 N_2O 和 CO_2。

（3）自然生态系统转变为农业土地利用会引起深远的环境影响：农业用地转变为城镇用地会导致某些生态系统服务的减少，如地下水补给服务。

（4）病虫草害：农业生产中病虫害与农作物竞争水分、营养元素等，导致农业产量下降。

（5）花粉过敏：一些植物（如花粉和苗木）中释放的花粉导致人类皮肤过敏，引起皮肤病。

（6）外来物种入侵：农产品贸易运输中导致外来物种入侵。

（7）土壤流失：农业开垦和耕作导致土壤流失，同时也引起氮、磷等营养元素的流失（Ma et al.，2015）；水域中过量的 N 和 P 导致水域和海洋富营养化。

（8）其他负服务。例如，农业的发展导致栖息地减少，耕地灌溉导致河流改道、地下水消耗，过牧导致草场土壤侵蚀和沙漠化，庄稼地及农作物吸引野生动物，如大型哺乳动物（如野猪、大象等）毁坏庄稼、威胁村民安全。

（三）当前农业生态系统服务研究的主要内容

1.农田生态系统生态服务研究

目前，对于农业生态系统服务的研究多为对农田生态系统服务的研究，对大农业背景下的农业生态系统研究较少。农田生态系统是依靠自然要素及人为投入，利用农田生物与非生物环境之间，以及农田生物种群之间的关系进行食物、纤维和其他农产品生产的半自然生态系统，不包含林地、草地等。高旺盛等（2003）运用市场价值法、替代工程法、机会成本法等，对黄土高原丘陵沟壑区安塞县的产品服务、土壤保持、涵养水分、维持营养物质循环等的农业生态系统服务价值进行了分析评价。赵荣钦等（2003）对农田生态系统服务功能进行了界定和分类，并对部分指标价值评估方法进行探讨。刘鸣达等（2008）综述了国内外农田生态系统服务价值评估的研究进展，将其服务功能类型划分为生产功能、生态功能和生活功能。袁伟玲等（2007）基于农田生态系统服务及价值形成机理，总结了农田生态系统主要服务的价值评价指标与方法，提出维持其服务功能的可持续发展策略。尹飞等（2006）从农田生态系统的非生物环境特征、生物特征、生态过程和人类活动影响4个方面对农田生态系统服务功能及形成机制的研究现状进行了总结。陈丹等（2005）和黄清云（2007）分别研究微观的稻田、稻鸭生态系统，对这两种农业生态系统模式的实际服务价值进行评估，探索农田生态系统的可持续利用模式。

2.都市农业生态系统服务研究

随着城市化进程的不断推进，城市化地区的农业受城市社会、经济、技术等的影响，吸收各种现代生产理念和要素，逐渐由传统农业发展成为具有多元功能的新型都市农业产业形态。都市农业是以城市发展为依托且服务于城市居民的农业产业类型，指位于城市及其周边地区的种植业，包括耕地、园地、林地和草地等。都市农业生态系统作为农业生态系统的组成部分，除了为城市居民提供产品服务之外，在净化和调节城市大气、塑造城市绿色景观等方面的生态功能价值与作用也日益凸显，对改善生态环境、维持城市及郊区可持续发展起着重要的作用。随着城市生态环境问题日益突出，都市农业的生态服务功能对维护与营造优良的城市环境愈加重要（杨文艳，2014）。随着生态旅游成为时尚，集种植、养殖、加工、旅游、休闲度假、农业观光于一体的都市农业生态系统服务越来越受到人们的青睐。

3.农业生态系统健康安全及耦合机制评价

自生态系统健康概念的提出至今，生态系统健康尚未形成标准的概念。关于"生态系统健康"的概念，许多学者分别从不同的角度对生态系统健康的概念进行了阐述。梁文举等（2002）认为农业生态系统健康是指农业生态系统免受"失调综合征"、处理胁迫的状态和满足持续生产农产品的能力。

农业生产是一种需要高度集约利用资源的大规模产业，最基本的功能就是依靠日渐减少的资源供养越来越多的人口，因此农业集约化生产仍然是学者们研究的主要问题。农业生产面临的主要矛盾是如何在进一步提高食物产量的同时注重产品的质量，并最大限度地保护资源环境。农业生态系统作为区域生态系统的重要组成部分及物品与服务的重要提供者，其安全与否在维持和保障生态安全方面具有十分重要的价值。农业生态系统健康与人类、社会、经济、环境等具有密切关系，如果农业生态系统生产能力持续性和系统稳定性受到严重冲击，则农业生态系统脆弱性加强，生态安全面临着巨大威胁。因此，研究农业生态系统的健康安全尤为迫切。对农业生态系统健康安全进行研究是维持农业生态系统可持续发展的重要基础。

王继军等（2009）通过建立农业生态经济系统演变过程的动态耦合模型，探讨了农业生态经济系统"破坏-修复"这一完整演变过程下的耦合规律，以期为该流域农业生态经济系统可持续发展方案的制订提供科学依据。结果表明，农业生态经济系统的耦合过程可以划分为 4 个阶段：经济系统依赖生态资源进行原始化农业生产阶段；农业生产掠夺式利用生态资源，生态系统供给能力不断减少阶段；农业经济系统与生态系统协调化发展阶段，以及降低农业发展速度，促使生态系统重建阶段。农业生态经济系统耦合的研究与实践对于实现农业产业与资源一致性，建立持续、高效的农业生态经济系统具有重要意义；耦合度可以阐明农业经济系统与农业生态系统的互动关系，判定农业生态经济系统的耦合态势。曹明宏等（2000）通过分析湖北省农业生态环境系统与社会经济系统耦合机制，认为当前农业发展的主要障碍在于"生态-经济"复合系统良性耦合机制残缺，指出发展绿色农业是湖北省农业持续发展的可行选择。张殿发等（2000）将土地生态系统与土地经济系统耦合成为土地生态经济系统，并对其进行了分析，认为土地资源可持续利用的目标是在土地开发利用过程中实现生态、经济和社会效益的有机统一。冯海建等（2014a）通过构建城市化与都市功能系统评价指标体系，运用灰色关联分析法，探讨了西安都市圈城市化与都市农业功能交互耦合关系、耦合度演变的时序规律及空间分布特征，表明两者之间存在复杂的交互耦合关系，二者耦合协调发展水平具有时序阶段性与空间差异性特征。可见，探讨农业生态经济系统的协调发展问题是农业耦合机制分析的重要方向。

农业生态系统健康在国际上日益受到关注，并成为农业生态学研究的热点和前沿领域之一。农业生态系统健康是食物安全和人类健康的基础。农业生态系统健康是指具有良好的生态环境、健康的农业生物、合理的时空结构、清洁的生产方式，以及适度的生物多样性和持续农业生产力的一种系统状态和动态过程。农业生态系统是一类典型的人工-自然复合生态系统，其健康状况在很大程度上受人类活动的调控与影响，并往往以农产品品质、食物安全和生物安全为标准。农业生态系统健康可采用生物学、环境学、生态经济学几个方面的指标进行综合评价，其评价方法可采用综合指数法、生态毒理学方法、生态风险评估方法等。生态系统健康（ecosystem health）是近十多年来出现的一个新的研究领域，它的产生具有一定的时代背景。人类社会自产生以来，就开始关注自身的健康，但从来没有像今天这样关注过生态环境或生态系统的健康。只有人类长期干扰与破坏导致全球生态环境恶化威胁到人类自身健康时，人类才逐步意识到生态环境健康与人类自身健康息息相关。农业生态系统健康与食物安全和人类健康直接相关，因此，近年来农业生态系统健康研究在国际上也日益受到多学科学者的关注，成为农业生态学研究的热点和前沿领域之一。

4. 农业生态系统服务负效益（服务）研究

生态系统服务是指人类从生态系统获得的收益或好处，但生态系统在向人类提供好处的同时，也不可避免地对人类产生一些负面影响，即负向生态系统服务。作为生态系统的组成成分，农业生态系统在提供各种有利服务的同时也会产生相应的负向服务。农业生态系统是一种包含人工、自然资本存量的复杂系统，深受自然环境及人类改造活动的影响，除了提供食物纤维、土壤肥力保持、营养物质循环及文化娱乐等正向生态系统服务之外，在耕作中还会产生化肥流失、土壤肥力降低、生物多样性降低等负向生态系统服务。城市化推动了传统农业向现代都市农业的转变，但在城市扩张过程中，大量耕地、林地、果园等被占用，农业用地类型快速转变，使农业结构发生改变，农业生态系统结构、格局与过程发生改变，影响农业生态系统提供服务的能力，同时人类活动强度增加也带来水资源消耗、化肥流失、农药污染及旅游碳排放等负面影响，造成农业生态环境破坏，阻碍农业发展，甚至影响区域可持续发展。早在20世纪中末期国外学者就开始关注农业生态系统服务的研究，且涉及农业负向生态系统服务的研究。而国内学者近年来才开始关注农业生态系统服务的研究，概念及研究方法尚无统一，且以正向生态系统服务评价为主，对负向生态系统服务的研究很少。例如元媛等（2011）利用环境经济学方法，对栾城县农田生态系统正负经济效益进行综合评价，表明农田生态系统仍以提供正向服务为主，负服务呈增加趋势。叶延琼等（2012）在借鉴自然生态系统价值评估方法的基础上，对佛山市农田生态系统的生态损益价值进行了评价，表明农田生态系统的正效益远远大于负效益，且差距在逐年扩大。马凤娇等（2014）运用能值分析法，对栾城区农业生态系统服务的正负效益进行评价分析，表明农业生态系统为人类提供供给服务的同时也会产生负向生态系统服务。农业活动消耗大量的资源，尤其是不可再生资源，农业社会应该采取措施，如控制无机肥料过剩投入，改善水和化肥的使用效率，确保农业可持续发展。农业生态系统既为人类社会提供了生存所需的食物及多项生态系统服务，也对人类社会和自然环境产生了各种消极影响。人类在农田生态系统中开展农业生产活动时，通过施肥、灌溉、施加农药等对农田生态系统及其环境产生了负面影响。为了片面提高农作物产量，农田过量施用化肥和农药，这些化肥和农药被吸收进入作物体内，对作物品质和安全性造成影响。面对农业提供的多项生态系统服务及其环境负效应，如何来权衡农田生态系统在农业生产中的各项利弊是农业可持续发展面临的重要问题。Zhang 等（2007）认为农田生态系统除为人类社会提供粮食和纤维、水供给、土壤保持及美学景观等有益服务之外，还可能产生栖息地丧失、养分流失、物种丧失等负向服务。Foley 等（2005）认为农业的发展以不断侵占自然生态系统为代价，局部地区的土地利用变化带来了社会和经济效益，但可能导致局地、区域乃至全球尺度的生态退化。

第二节　西咸农业生态系统服务的演变过程

都市农业是与城市经济关联最为密切的农业，也是受城市化影响最深刻的农业生态系统，是一种典型的自然过程与人文过程紧密结合的复合生态系统。近二十多年来，西咸地区城市化快速发展，首先，城市网络化快速扩张，如各类开发区、生态旅游景区开发、大学城及住宅区的快速形成，对都市农业空间格局产生了显著的影响；其次，市民对农业生产、观光、休闲等功能需求的日益增长与多样化，促进了西咸地区城市周边现代园艺业、观光与休闲体验农业等新型都市农业的出现，农业生态系统类型和组分也发生了较大变化；最后，当前西咸地区城市化、工业化及农业类型转变引起水土资源匮乏、农业生态环境污染和恶化等环境问题。因此，在这一快速城市化背景下，农业生态系统提供的生态系统服务和功能发生了什么变化？如何从更精细的空间尺度（像元)定量测评都市农业功能？农业生态系统服务的空间格局发生了怎样的演变？这些都是我国快速城市化地区都市农业发展面临的重要科学和实践问题。

一、西咸农业生态系统服务及测评方法

（一）西咸农业生态系统的主要服务

1. 西咸地区主要农业生产类型

西咸地区属于温带大陆性半湿润季风气候，多年平均气温 26℃，多年降水量 520～720mm。在我国综合农业区划中，南缘的秦岭山地属于秦岭大巴山林业区；中部和北部的渭河平原、渭北黄土台塬和黄土丘陵区属于汾渭谷地农业区，是我国旱作农业区的重要组成部分。该区主要耕地类型有旱地（含水浇地）和水田，绝大部分是旱地。2014 年旱地占耕地总面积的 99.63%，其中水浇地占耕地总面积

的 74.24%,水田和水浇地合计占耕地总面积的 74.61%,大部分地区可以进行农业灌溉。都市农业结构也称为都市农业产业(生产)结构,包括都市农业内部各部门之间的构成及其内在关系。二十多年来,伴随着城市化过程,该区农业结构或类型发生了很大变化。1990 年前后,该区农业发展以种植业为主,种植业生产则以大田农业为主。在农业生产结构上,首先以粮食生产所占比例最大,主要种植小麦、玉米、红薯、大豆等作物和少量高粱和稻谷;其次是经济作物,主要有油料作物,以油菜籽种植比例最大,纤维类作物主要有棉花和少量麻类;最后,该区栽植蔬菜和瓜类的产量也比较大。林业经济也是该区主要农业类型之一,但果业发展水平低,果园面积和产量都比较低,水果主要有苹果、梨、葡萄、桃、柿子、杏和枣等树种,此外经济林果主要有板栗、核桃、花椒等种类;木材采伐量和育苗面积等都比较低。畜牧业发展以农区牲畜和家畜家禽饲养为主,饲养种类主要有牛、马、驴和骡等大牲畜,家畜和家禽主要有猪、羊和鸡。由于水域面积小,渔业很不发达,只有少数区(县、市)进行水产养殖,养殖面积和水产品产量都非常低。直到 2010 年前后,随着城市化的快速推进,农业类型由 20 世纪 90 年代初的传统大田农业转向都市农业,并向多样化、特色化、绿色化、休闲化,以及能提供多样和丰富生态服务的农业结构类型转变。目前,果业、粮食与蔬菜种植、奶牛养殖、现代休闲农业等得到快速发展。种植业中粮食种植以小麦和玉米为主,蔬菜种植种类增加,向多样化发展。果业生产中苹果、猕猴桃、葡萄、石榴等果园面积大幅度增加,而板栗等经济林果大幅度萎缩,木材砍伐基本停止,转而以植树和森林养护为主,其中平原地区苗木花卉业大幅度增加。养殖业以奶牛、肉牛、猪和鸡等增加幅度最大,马、驴、骡等大牲畜饲养量大幅下降。渔业养殖面积和产量有较大幅度增长。同时,三产融合的新型农业类型——现代农业生态园集水果生产与采摘、苗木花卉、休闲娱乐和餐饮于一体,得到快速发展,形成了现代农业生态园、市民农园、农业公园、观光农业、度假农场等多种形式,休闲农业快速发展。

纵观近二十多年西咸地区农业类型转变过程,该区的农业生产类型主要有"小麦+玉米"粮食生产、"粮食+蔬菜+瓜果"生产、"蔬菜+瓜果"生产、"粮食+畜禽养殖"生产、"粮食+油料"生产、"大田+大棚蔬菜"生产、"奶牛或肉牛"养殖、水果(苹果、猕猴桃、葡萄等)生产、苗木花卉生产、"苗木花卉+休闲"生产、森林生态系统和"多产融合"的现代农业园生产等。

2. 农业生态系统的主要服务及内涵

基于该区主要的农业生产类型,从生态景观的角度看,主要的农业景观类型包括耕地、园地、林地、草地和水域等类型。农业生态系统类型主要包括农田生态系统、森林生态系统、草地生态系统和内陆水域(湿地)生态系统等。因此,按照该区农业生态系统、农业生产的基本特点,基于农业多功能性的视角,确定该区农业生态系统的主要服务功能包括供给服务、调节服务、支持服务、社会服务功能和文化休闲功能五大类，有正向生态系统服务和负向生态系统服务两个方面（表4-1）。

表4-1　西咸地区农业生态系统的主要服务类型及含义

主要服务类型	主要生态系统服务	内涵
供给服务	经济生产功能	农林牧渔等部门为人类生产提供的各种农产品，主要包括粮食、水果、蔬菜、家畜、家禽、水产品、林产品等
正向服务	调节服务	固碳释氧	农业生态系统中农作物、草地、林地等通过自身生命活动固定二氧化碳释放氧气，实现区域气候调节
		气候调节	农作物、森林、草地、水域等农业景观对大气湿度、温度的调节
		水源涵养	农业景观如农作物、林地和草地等植被对降水的截留、拦蓄、吸收和存储功能，增加降水向土壤的渗透，补充地下水等
		土壤保护	农业植被（如农作物及森林、草地、果树等）的植物根系具有的机械固土作用、根系分泌物的有机物胶结土壤，保护土壤免受冲刷；农田工程（如修建水平梯田、修建田埂、田埂栽植植被、梯田坡面崩塌防治工程、排洪渠系等）拦截降水、径流，减缓对土壤溅蚀和冲刷，保护表层土壤等
		环境净化	农作物和森林、果树及草地等植被，通过物理、化学或者代谢作用吸收或降解大气中的有害物质（如 SO_2、NO_x、灰尘、细菌和病毒等）；通过农作物及林草（包括果树）植被的生物活动过程，对土壤及地下水中的废物、污染物等起到控制及降解作用，从而达到环境净化的目的
		授粉	农业生态系统为植物种群的繁殖提供传粉媒介，如蜜蜂等昆虫的栖息地
	支持服务	土壤形成	森林生态系统及果园生态系统中，植物根系的生物作用、残枝落叶及死亡根系等有利于岩石风化及土壤的形成、有机质的增加；农田生态系统中，农业耕作及施肥也促进土壤耕作层的形成，提供肥沃的土地资源
		养分循环	农业生产中大量肥料的人工投入，通过土壤与植物或农作物根系，将N、P、K等养分以吸附、降解、迁移、转化等过程促进养分循环，在相对集约的耕作农业下，由于化肥、农药的过量施用，一些土壤养分出现过剩
		生物多样性与栖息地	农业景观如农田、森林、草地、湿地等为动物种群的定居、育雏、迁徙、越冬等提供栖息地和庇护地，保存生物多样性
		水分循环	农作物通过蒸腾作用、农业灌溉和排水、农产品运输等调节水的流动，参与及影响水循环过程
	社会服务功能	食物安全保障	通过粮食及其他农产品的生产，提高农产品自给率，保障区域经济社会稳定
		就业保障	农业为农民提供就业岗位，缓解就业与社会安全保障面临的压力
	文化休闲功能	旅游与休闲	通过对特定农业自然景观或者栽培景观的区域和场所的开发，发展观光农业和休闲农业，为城市居民提供休闲娱乐的场所和服务

续表

主要服务 类型	主要生态系 统服务	内涵
负向 服务	农业生态 环境影响 农业生态 环境污染	农业生产过程中化肥和农药的过量使用对土壤和地表及地下水造成污染；农药进入其他非农业生态系统而对其产生不期望的影响，如对其他天敌、物种的误杀等
	气候影响 温室气 体排放	农业生产过程中大量农业机械和化石燃料的施用，导致温室气体如 N_2O 和 CO_2 大量排放
	健康影响 花粉过敏	一些植物（如花粉和苗木）中释放的花粉导致皮肤过敏，引起皮肤病

本书按照西咸地区自然地理条件、农业生态系统主要类型和农业生产模式的特点，农业生态系统服务测评所需数据的可获得性，对该区农业生态系统服务进行筛选。该区地貌类型除了秦岭山区外，农业生产主要分布在渭河平原和黄土台塬上，地形起伏小，土壤侵蚀不是非常严重。历史上，该区是我国重要的农业起源地，农业耕作历史悠久，已经形成了深厚的耕作土层。因此，研究中舍弃了土壤形成和土壤保护服务功能。由于数据获取困难，以及当前农业生态服务研究方法方面的不足，也舍弃了农业生态系统的负向服务功能，以及授粉服务、水分循环、养分循环、食物安全保障和提供栖息地等服务功能。本书主要选择农业生态系统正向服务中的经济生产、固碳服务、释氧服务、气候调节服务、生物多样性保护、环境净化服务、水源涵养服务、社会保障功能、旅游与休闲服务 9 个服务功能，能够比较全面地反映二十多年来该区在城市化及主要农业类型转变过程中引起的农业生态系统服务变化的主要方面。

（二）农业生态系统服务测评方法

当前对农业生态系统服务价值的测评，因缺乏小区域范围内的高空间分辨率的测评方法，大多是基于区（县、市）尺度的测评，不利于农业生态系统服务空间演变的研究。尽管国际生态系统服务测评研究模型中提出了许多基于空间栅格尺度的测评模型，如 InVEST 模型等，但没有如农业的社会安全保障、经济产出和环境净化等服务的测评模块。农业生态系统提供的服务功能中，既有适合进行空间测评的服务，如固碳释氧、气候调节等，又有一些生态系统服务，如社会安全、休闲服务等。一般采用如价值感知调查、意愿支付调查、专家咨询等进行测评，但其不适合于空间测评。因此，不同农业生态系统服务功能在测评的空间尺度上存在不匹配的问题。基于此，本书的研究借鉴前人成果及地理空间分析方法，构建了基于栅格尺度（像元）的农业生态系统服务测评方法（Zhou et al., 2017），可以把不同类型的农业生态系统服务测评统一到用价值度量和更精细的像元尺度上，从而有利于开展农业生态系统服务功能的空间变化研究。

（1）经济生产功能。经济生产功能指农业的主要产出的总水平，在测评过程中采用农林牧渔总产值进行度量。由于农林牧渔总产值是以行政区（省、区（县、市）、乡镇等）为单元的统计值，在研究中需要进行空间化处理。从农林牧渔的产出来看，主要包括农业、林业、牧业和渔业产值，分别与耕地、园地、林地、草地和养殖水域面积有直接关系。本书利用土地利用现状图对各区（县、市）的农林牧渔总产值进行空间化处理，形成农业生态系统经济生产功能的价值测评图层，具体方法如下。

$$V_{ij} = \frac{v_{ij}}{s_{ij}} \qquad (4\text{-}1)$$

式中，V_{ij} 为第 i 个区（县、市）的第 j 种农业用地类型单位面积上的经济产出服务价值；v_{ij} 为第 i 个区（县、市）的第 j 种农业用地类型的农业经济总产出；s_{ij} 为第 i 个区（县、市）第 j 种农业用地类型的总面积。

（2）社会安全保障功能。社会安全保障功能是指在政府不能为农村人口提供最低生计保障的情况下，农村人口的生计主要依赖于农业生态系统及农业生产活动，这是农村人口能够从农业获取的可持续的、最基本的生计保障，即农业为农村人口提供的基本食物和基本生活消费的收入。本书主要根据各区（县、市）的农林牧渔总产值与恩格尔系数的乘积来进行测算；然后，采用农业用地类型图层进行空间化。

$$K_{ij} = G_{ij} \times w \qquad (4\text{-}2)$$

式中，K_{ij} 为第 i 个区（县、市）的第 j 种农业用地类型上的社会安全保障价值；G_{ij} 为第 i 个区（县、市）的第 j 种农业用地类型的农林牧渔总产值；w 为第 i 个区（县、市）的恩格尔系数。

（3）旅游与休闲服务功能。休闲服务功能指农业生态系统及农业活动能够提供旅游与休闲服务的潜在价值，采用不同农业用地类型的单位面积上农业休闲服务的价值来表示。由于这种休闲服务价值与人们的需求具有密切关系，在测算中，采用各区（县、市）的人口密度进一步修正。

$$Q_{ij} = v_j \times p_i \qquad (4\text{-}3)$$

式中，Q_{ij} 为第 i 个区（县、市）的第 j 种农业用地类型上的农业休闲服务功能；p_i 为第 i 个区（县、市）的人口密度占研究区平均人口密度的比例；v_j 为第 j 种农业用地类型单位面积上的休闲服务功能价值（表 4-2）。

表 4-2　西咸地区不同农业用地类型单位面积的休闲服务价值 [单位：10^4 元/(hm² · a)]

年份	耕地	林地	草地	水体	果园
1999	0.00082	0.10480	0.00328	0.35533	0.05404
2006	0.00142	0.18099	0.00565	0.58299	0.09333
2015	0.00252	0.32276	0.01009	1.09436	0.16642

（4）固碳释氧服务。固碳释氧服务属于气候调节的主要服务之一，只考虑农业生态系统中农作物、林木、果树及草地在生长过程中通过光合作用等生物化学过程固定碳和释放氧气的功能。书中采用光合作用原理进行测评。

$$V_{Ci} = 1.63 \times B_i \times R_C \times P_C \tag{4-4}$$

式中，V_{Ci} 为第 i 种农业用地类型单位面积的 C 固定价值；R_C 为 CO_2 中 C 的含量（27.27%）；B_i 为第 i 种农业用地类型的净初级生产力（NPP）（表 4-3）；P_C 为 C 的单位价值（260.9 元/t）。

表 4-3　西咸地区农业用地单位面积的 NPP　　　［单位：t/(hm² · a)］

年份	耕地	林地	草地	水体	果园
1999	3.6235	7.3043	2.5339	2.0016	4.0168
2006	3.5277	7.2066	2.5082	1799	3.8176
2013	3.0757	6.8075	2.4594	1.8765	3.0065

$$V_{o_2 i} = 1.19 \times B_i \times P_{o_2} \tag{4-5}$$

式中，$V_{o_2 i}$ 为第 i 种农业用地类型单位面积的释氧量；P_{o_2} 为 O_2 的单价（376.47 元/t）。

（5）环境净化服务。环境净化服务是指绿色植被吸收、吸附和降解大气中的污染物质，如 SO_2、NO_x、HF 和灰尘的功能，以及通过植被生态生理作用对水体、土壤中的化学离子、重金属等的吸收、降解作用。本书仅考虑农作物及植被对大气污染物净化功能的价值。

$$W_{ij} = A_{ij} \times P_{ij} \tag{4-6}$$

式中，W_{ij} 为第 i 种农业景观吸收第 j 类污染物的单位面积的价值；A_{ij} 为单位面积吸收第 j 类污染物的数量；P_{ij} 为处理单位质量的第 j 类污染物的成本（SO_2：0.6 元/kg；HF：0.9 元/kg；NO_x：0.63 元/kg；灰尘：0.17 元/kg）（表 4-4）。

表 4-4　西咸地区农业景观单位面积吸收污染物的数量　　　［单位：kg/(hm² · a)］

农业景观类型	污染物			
	SO_2	NO_x	HF	灰尘
林地	291.03	215.36	9.94	44300.00
草地	21.70	16.06	1.20	120.00
耕地	45.00	33.30	0.33	940.00
果园	90.00	66.60	0.79	9000.00
水体	427.15	316.17	3.56	8.86

（6）水源涵养服务。水源涵养服务价值主要通过农业用地中土壤层对水分的存储量来测度。

$$V_1 = W \times C \tag{4-7}$$

$$W = \rho \times h \times p \times s \tag{4-8}$$

式中，V_1 为单位面积耕地水源涵养服务价值；W 为单位面积耕地的水资源涵养量；

C 为我国水库平均每单位水容量修建水坝的成本（0.67 元/m^3）；ρ 为土壤容重；h 为土壤厚度（取耕作层厚度 0.2m）；p 为土壤含水率（22.3%）；s 为耕地面积。

水源涵养服务主要由林地、果园、草地等提供，计算中采用综合蓄水法来计算。

$$V_2 = (Q_1 + Q_2 + Q_3) \times C \tag{4-9}$$

$$Q_1 = r \times l \times s \tag{4-10}$$

$$Q_2 = f \times q \times s \tag{4-11}$$

$$Q_3 = h \times k \times s \tag{4-12}$$

式中，V_2 为林地、果园和草地的水源涵养价值；Q_1、Q_2 和 Q_3 分别为林冠对降水的截留量、枯枝落叶层的持水量和土壤储存水量；r 为降水量；l 为林冠截留率；s 为林地、草地和果园面积；f 为枯枝落叶层的干重；q 为饱和吸水率；k 为非毛管孔隙度（表 4-5）。

表 4-5　西咸地区不同农业景观下的水源涵养参数（刘宇等，2016）

农业景观类型	枯枝落叶层干重/（t/hm^2）	饱和吸水率/%	林冠截留率/%	非毛管孔隙度/%
林地	24.56	276.45	19.35	13.46
果园	9.27	155.00	6.56	6.34
草地	4.43	40.74	4.10	6.07

（7）气候调节和生物多样性保护。气候调节和生物多样性保护功能价值测评，依据谢高地等（2008，2015）的生态服务当量因子法进行。在此基础上，根据西咸地区的区域特征对价值当量参数进行修正（表 4-6）（胡忠秀等，2013；周忠学，2011）。

表 4-6　西咸地区农业用地的单位面积气候调节和生物多样性保护价值当量

［单位：10^4 元/（hm^2·a）］

生态系统服务	耕地	林地	草地	水体	果园
气候调节	0.135	0.409	0.136	0.350	0.273
生物多样性保护	0.108	0.591	0.295	0.002	0.442

二、生态系统服务测评数据及来源

（一）遥感影像

在农业生态系统主要服务功能测评及空间化过程中，参考的土地利用图是通过对遥感影像解译获取的。采用 1988 年和 2006 年的 Landsat Thematic Mapper（TM）影像和 2015 年的 Operational Land Imager（OLI）影像（下载自 http://earthexplorer.usgs.gov/），空间分辨率为 30m。在遥感解译过程中，参考当地相应时期的土地利用现状图、植被类型图、农业区划与规划图，以及野外调查等多种图件和信息进行辅助解译和验证。研究中把土地利用类型分成建设用地、耕地、林地、园地、草地、水域和未利用地 7 种类型。本书对建设用地和未利用地等非农业用地未做农业生态系统服务功能测评。

（二）社会经济统计数据

社会经济统计数据有两类：一类是人口数据、农业数据和社会经济数据，主要来源于 1989 年、2001 年、2015 年的《陕西统计年鉴》《西安统计年鉴》，1988 年、2000 年和 2014 年的《咸阳统计年鉴》，杨凌农业高新技术产业示范区国民经济和社会发展统计公报（1999～2013 年）；《全国农产品成本收益资料汇编》（1999～2013 年），以及西安、咸阳相关年份的地理志，从中获取农业发展数据和有关的社会经济数据；另一类是通过《中国农村统计年鉴》获取粮食作物价格等数据，进行不同年份物价影响订正。

（三）实地调研数据

通过实地访问调研，获得研究区农业生产状况、资源消耗等实地数据，对果园、苗木花卉等在遥感解译过程中进行野外选点观测和验证。

三、西咸农业生态系统服务变化测评

本书采用上述生态系统服务测评方法，从像元尺度对西咸地区农业生态系统为人类提供的主要正向服务价值进行测评。测评中主要选择 1988 年、2000 年和 2015 年 3 个时间断面进行空间评价和时空演变分析，揭示西咸地区城市化与农业类型转变过程中农业生态系统服务功能的变化特点和空间演变规律。

（一）西咸地区农业生态系统服务变化

1. 农业生态系统总服务的变化

20 世纪 80 年代以来，随着城市化及农业类型的转变，农业生态系统服务发生了很大变化。1988 年农业生态系统服务提供的总服务为 $32.93×10^9$ 元，2015 年增加到 $57.69×10^9$ 元，增长了 75.2%（表 4-7）。单位面积土地上提供的农业生态系统服务也有较大幅度的增长，由 1988 年的 $2.18×10^4$ 元/hm² 增长到 $3.83×10^4$ 元/hm²，增长了 75.7%。

表 4-7　西咸地区农业生态系统服务价值变化

年份	服务价值/10^9 元									
	气候调节	固碳服务	释氧服务	水源涵养	生物多样性维持	环境净化	经济产出	社会保障	旅游与休闲	服务功能总值
1988	3.13	1.04	4.02	0.81	4.91	3.42	11.31	4.12	0.17	32.93
2000	4.34	0.92	3.55	0.83	5.66	4.76	15.85	5.77	0.22	41.90
2015	4.83	0.82	3.15	0.81	5.75	5.31	26.95	9.82	0.25	57.69
1988～2015 年变化/%	54.31	-21.56	-21.52	-0.55	17.20	55.25	138.28	138.35	47.06	75.19

　　由表 4-7 可知，1988～2015 年，农业生态系统提供的各项服务功能变化表现出明显的差异。首先，经济产出和社会保障服务功能增长幅度最大，涨幅均在 130%以上；其次，环境净化功能和旅游与休闲功能也有较大幅度的提高，涨幅分别为55.25% 和 44.90%，气候调节功能也提高了 54% 左右；而大部分生态服务均有所下降，固碳释氧功能均下降了约 22%，降幅较大，水源涵养功能基本没变。

　　西咸地区农业属于都市农业，与一般农业生产相比较，更多地受到人类活动的影响，即农业生产规模化、集约化，以提供各种农产品为主，在农业生态系统提供的所有服务中，以经济产出的比例最大，远高于其他服务功能，表明都市农业生态系统的服务功能以经济生产功能为主导。1988～2015 年生态系统结构也发生了较大幅度的变化（图 4-1），在该区农业生态系统提供的服务中，比例最大的经济产出服务功能仍在不断提高，其所占比例由 1988 年的 34.34% 增加到 2000 年的 37.82%，2015 年增加到 46.72%，表明经济产出功能在总服务功能中的作用日益增强。随着生活成本的增加，农业所提供的确保最低生活水平的社会保障服务功能也随之增加，其比例由 1988 年的 12.51% 增加到 2015 年的 17.02%；在此期间，气候调节服务价值不断提高，但越往后期增长幅度越小，其在总服务价值中的比例 1988～2000 年略有上升，2000～2015 年则下降了约 2 个百分点；其他生态系统服务功能的比例均相对下降，如释氧服务、生物多样性维持服务等均有较大幅度的下降。都市农业的发展朝着生态化、绿色化方向发展，其中生态系统服务功能（气候调节、固碳释氧、水源涵养、生物多样性保护和环境净化服务之和）价值增加了 3.34×10^9 元，增加了 19.27%，但从农业生态系统服务的结构来看，生态系统服务功能的比例在 1988 年占 52.63%，2015 年占 35.84%，明显削弱；而社会功能（社会保障功能）和经济功能（经济产出）明显增强，其中经济功能比例上升幅度最大，社会功能比例也上升了 4.5 个百分点；文化服务功能（旅游与休闲服务）价值在增加，但在整个生态系统提供的服务中占比很低，其所占比例

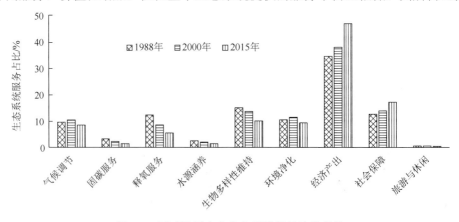

图 4-1　西咸地区农业生态系统服务结构变化

略有下降。总之，从某种意义上来说，西咸地区都市农业生产的经济目的性仍在加强，以经济产出为目标的都市农业发展必将对其他生态系统服务产生重要的负面影响，尤其是导致生态系统服务下降。

2. 不同农业景观提供的生态系统服务的变化

西咸地区城市化过程导致土地利用与土地覆被发生了较大变化。随着城镇和农村居民点、工矿用地的扩张，各种产业园的建设，旅游景区（景点）的建设，以及交通道路与其他设施的建设（如商务区、西咸新区、三星城等），农业生产方式的转变、农业类型（结构）转变及其空间分布格局的调整，区域生态环境建设等极大地推动了该区农业景观格局的变化，如耕地大幅度下降、建设用地大幅度增加、农用地内部的频繁转变等都对农业生态系统服务及其空间格局产生了显著的影响。

耕地是该区最重要的农业景观，提供了大部分农业生态系统服务，对农业生态系统总服务的贡献最大。1988 年耕地提供的农业生态系统服务为 186.97×10^8 元，2015 年增加到 309.11×10^8 元，增长了 122.14×10^8 元，增长了 65.33%。林地以秦岭林区森林及平原地区的苗圃、苗木和防护林等为主，1988 年提供生态系统服务总价值为 136.31×10^8 元，2015 年上升到 165.56×10^8 元，增长了 21.46%。园地以果园（苹果、猕猴桃、葡萄等）为主，随着果园面积的扩大，其提供的生态系统服务也由 1988 年的 5.57×10^8 元增长到 2015 年的 10.11×10^8 元，增长了 81.51%。水域提供的生态系统服务由 1988 年的 0.45×10^8 元增加到 2015 年的 0.86×10^8 元，尽管价值量不高，但增长幅度达到 91%，各项生态系统服务的空间格局也发生了较大变化（图 4-2～图 4-4）。

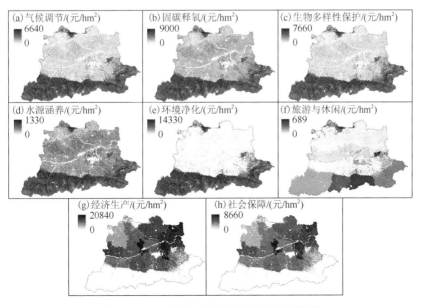

图 4-2　1988 年西咸地区农业生态系统服务

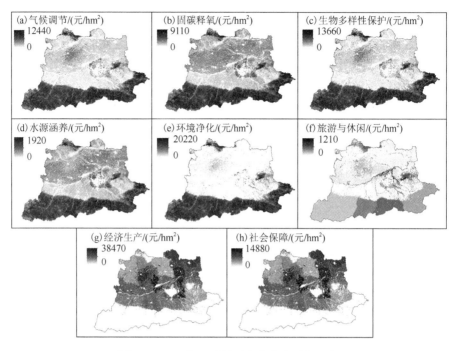

图 4-3 2000 年西咸地区农业生态系统服务

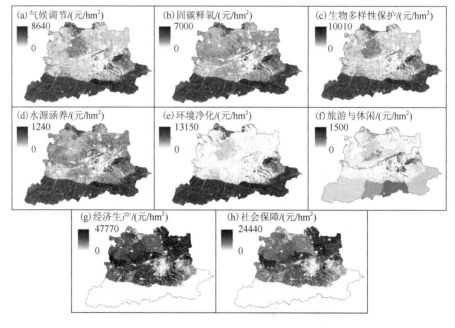

图 4-4 2015 年西咸地区农业生态系统服务

从不同年份主要农业景观对生态系统服务总价值的贡献（表 4-8～表 4-10）来看，对农业生态系统服务贡献最大的农业景观主要来自耕地和林地，1988 年对服务总价值的贡献分别达到 56.78%和 41.39%，其他景观类型对服务总价值的贡献不到 2%；2015 年仍然以耕地和林地贡献最大，分别达 53.58%和 28.69%，但随着果园面积的增加，园地的贡献明显提高，由 1988 年的 1.69%提高到 2015 年的 17.52%；该区水域面积不大，但人们对水产品的需求及对水域提供的游乐和休闲需求增加，水域提供的生态系统服务对服务总价值的贡献也由 1988 年的 0.14%提高到 2015 年的 0.15%。

表 4-8　1988 年主要农业景观提供的生态系统服务占总价值的比例　　（单位：%）

农业景观类型	气候调节	固碳服务	释氧服务	水源涵养	生物多样性维持	环境净化	经济产出	社会保障	旅游与休闲	合计
耕地	2.4127	1.1321	4.3733	1.0854	0.5517	2.5370	32.6824	11.9079	0.0935	56.78
园地	0.1306	0.0312	0.1205	0.0150	0.0898	0.1433	0.8424	0.3069	0.0124	1.69
林地	6.9410	1.9962	7.7113	1.3598	14.2702	7.6914	0.7434	0.2709	0.4080	41.39
草地	0.0005	0.0001	0.0004	0.0001	0	0.0006	0.0011	0.0004	0.0001	0.00
水域	0.0111	0.0014	0.0055	0	0.0026	0.0185	0.0699	0.0255	0.0021	0.14

表 4-9　2000 年主要农业景观提供的生态系统服务占总价值的比例　　（单位：%）

农业景观类型	气候调节	固碳服务	释氧服务	水源涵养	生物多样性维持	环境净化	经济产出	社会保障	旅游与休闲	合计
耕地	1.9963	0.7304	2.8216	0.7116	0.3617	2.0992	33.3544	12.1526	0.0767	54.30
园地	0.4278	0.0668	0.2580	0.0389	0.2332	0.4694	4.1894	1.5264	0.0303	7.24
林地	7.9230	1.3927	5.3802	1.2299	12.9071	8.7796	0.1662	0.0605	0.3618	38.20
草地	0.0008	0.001	0.0023	0.0003	0.0001	0.0054	0.0002	0.0008	0.0007	0.01
水域	0.0138	0.0013	0.0051	0	0.0026	0.0229	0.1147	0.0418	0.0517	0.25

表 4-10　2015 年主要农业景观提供的生态系统服务占总价值的比例　　（单位：%）

农业景观类型	气候调节	固碳服务	释氧服务	水源涵养	生物多样性维持	环境净化	经济产出	社会保障	旅游与休闲	合计
耕地	1.2885	0.3739	1.4443	0.4291	0.2181	1.3550	35.4921	12.9316	0.0445	53.58
园地	0.9945	0.1086	0.4194	0.0846	0.5065	1.0912	10.4357	3.8022	0.0768	17.52
林地	6.0769	0.9301	3.5931	0.8813	9.2488	6.7338	0.7001	0.2551	0.2770	28.69
草地	0.0128	0.0018	0.0071	0.0013	0.0003	0.0154	0.0132	0.0048	0.0017	0.06
水域	0.0061	0.0005	0.0020	0	0.0011	0.0102	0.0749	0.0273	0.0267	0.15

从不同农业景观提供的不同生态系统服务价值结构（图 4-5）来看，耕地以提供经济产出和社会保障服务为主，1988 年耕地的经济产出功能和社会保障功能分别占服务总价值的 57.6%和 21.0%，其次是释氧服务、环境净化和气候调节功能，分别占 7.7%、4.47%和 4.25%；2015 年，由于耕地种植的作物结构和单位面

积产量的变化，提供的生态服务结构也发生了变化。总体上，提供的生态系统服务由大到小依次为经济产出功能、社会保障功能、释氧服务、环境净化和气候调节服务，但所占比例略微发生了变化，经济产出服务和社会保障服务的比例分别提高了 2.8 个百分点和 1.0 个百分点，表明经济功能和社会保障功能进一步增强，而环境净化等服务的比例略有下降。林地提供的生态系统服务功能则以生物多样性维持、释氧服务、环境净化和气候调节服务为主，1988 年分别占到服务总价值的 34.5%、18.63%、18.58% 和 16.77%，2015 年尽管各项生态系统服务的比例略有变化，环境净化功能和气候调节功能比例上升，但仍然以上述服务为主。总体上，以生态系统服务功能供给为主，而经济产出、社会功能和旅游与休闲服务所占比例较小，1988 年和 2015 年分别只占到 3.43% 和 4.29%。近二十多年来，随着果业的发展，果园面积大幅度增加，果树种类结构也在不断变化。园地提供的生态系统服务总价值中，以经济产出、社会保障为主，1988 年分别占 49.8% 和 18.1%，2015 年上升到 59.6% 和 21.7%，表明其经济社会功能进一步加强；其次为环境净化、生物多样性维持和气候调节服务功能，1988 年和 2015 年分别占到总服务价值的 21.5% 和 14.8%。

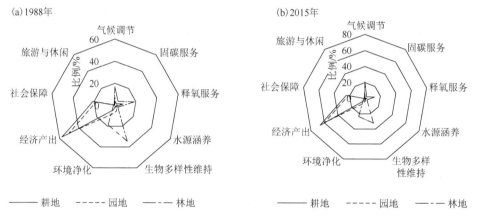

图 4-5 不同农业景观提供的生态系统服务变化

3. 区（县、市）农业生态系统服务供给的变化

由于各区（县、市）受城市化、农业产业结构及类型变化、农业板块化布局等差异的影响，农业生态系统提供的服务也存在很大差别，其间也发生了较大程度的变化。从空间上看，该区农业生态系统服务功能总价值最高的主要分布在周至县、蓝田县、长安区和礼泉县等区（县），而农业生态系统服务较低的区（县、市）主要分布在城市城区，如碑林区、新城区、莲湖区和雁塔区等，杨陵区、未央区、渭城区和秦都区等也较低（图 4-6）。

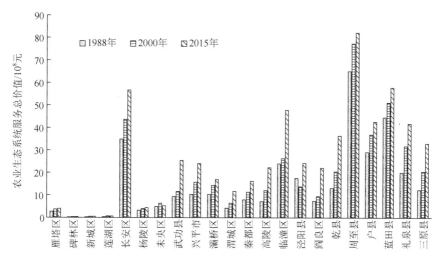

图 4-6 西咸地区各区（县、市）农业生态系统服务功能价值

1988~2015 年各区（县、市）农业生态系统服务功能都普遍增长，其中增长幅度最大的是高陵县和阎良区，增长了 2 倍以上；乾县、渭城区、武功县、三原县、兴平市、礼泉县和秦都区等区（县、市）增长幅度也在 1 倍以上；临潼区、碑林区、灞桥区、长安区、莲湖区和新城区等区（县、市）增长也在 50%以上（图 4-7）。

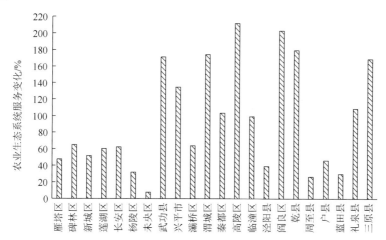

图 4-7 1988~2015 年西咸地区各区（县、市）农业生态系服务变化幅度

在各区（县、市）的生态服务功能中，总体上气候调节服务、生物多样性维持、环境净化、经济产出、社会保障和旅游与休闲等服务均有所增加，而固碳释氧和水源涵养服务均有所下降。通过对 1988~2015 年各区（县、市）不同生态系统服务增长幅度的系统聚类分析可以看出，各项服务功能在不同区（县、市）的

变化差异较大，可以分成以下几类：第一类主要包括雁塔区、未央区和灞桥区，一部分是城市建成区，并且所占面积比例较大，剩余部分为农业生产用地，由于农业种植面积随着城市用地大幅度扩张，种植面积减少，因此农业生态系统的经济产出和社会保障功能增长幅度比较低，甚至出现负增长，而园林、公园、草地等绿色空间的大面积建设，气候调节、生物多样性维持和环境净化服务等经历了高增长，增幅最大，同时，由于其属于城区，人口密度大，城市内部的公园等绿色空间及城郊农业提供了较高的休闲服务，旅游与休闲服务经历了最大幅度的增长，增幅在 2.5 倍以上；第二类是长安区、杨陵区、泾阳县、周至县、户县和蓝田县，除杨凌国家农业高新技术产业示范区外，其余属于西安市与咸阳市的郊县，受城市农产品市场的影响，都市农业发展速度快，果业、苗木花卉、休闲农业发展水平较高，提供的生态系统服务中经济产出、社会保障功能增长幅度中等，气候调节和生物多样性维持增幅中等，环境净化服务增幅较低，水源涵养和旅游与休闲服务的变化差异较大；第三类是武功县、渭城区、高陵区、阎良区和乾县，离中心城市相对稍远，粮食种植和大棚蔬菜、果业发展较快，在生态系统服务变化上，经济产出和社会保障经历了最大幅度的增长，气候调节和生物多样性维持增长幅度中等，旅游与休闲服务增幅中等，固碳释氧和水源涵养经历了较大幅度的下降；四是兴平市、秦都区、临潼区、礼泉县和三原县，经济产出、社会保障经历了中等幅度增长，旅游与休闲服务最大幅度增长，气候调节、生物多样性维持和环境净化也经历了中上幅度的增长，水源涵养大幅度减少（表4-11）。

表 4-11　1988～2015 年西咸地区各区（县、市）农业生态系统服务的变化

（单位：%）

区（县、市）	气候调节	固碳释氧	水源涵养	生物多样性维持	环境净化	经济产出	社会保障	旅游与休闲
雁塔区	133.33	-16.67	-16.67	143.75	237.50	30.00	29.41	266.67
长安区	55.58	-19.47	5.38	55.76	20.94	138.76	138.89	40.63
杨陵区	61.54	-21.43	0.00	57.14	40.00	34.54	33.80	100.00
未央区	100.00	-19.30	-18.18	103.45	208.33	-10.32	-10.87	350.00
武功县	39.47	-19.05	0.00	42.50	16.67	211.98	211.44	50.00
兴平市	79.17	-20.75	-10.00	82.35	93.75	168.24	167.94	133.33
灞桥区	142.50	-7.41	0.00	152.38	230.77	56.60	56.56	275.00
渭城区	47.83	-19.61	-10.00	50.00	57.14	236.28	237.80	100.00
秦都区	86.96	-20.00	-20.00	91.67	142.86	116.77	117.22	200.00
高陵区	48.15	-20.00	-8.33	50.00	37.50	256.41	257.05	200.00
临潼区	72.97	-11.93	5.00	74.79	84.44	117.81	117.66	85.71
泾阳县	42.22	-21.79	-6.06	42.27	4.23	49.41	49.42	20.00
阎良区	34.78	-19.61	-10.00	33.33	14.29	237.34	237.13	100.00
乾县	64.42	-18.47	-4.76	65.77	41.82	287.63	287.86	75.00
周至县	44.83	-25.39	0.50	44.95	6.93	103.23	103.08	6.45
户县	45.51	-23.03	2.53	45.79	10.22	115.17	115.38	13.64

区（县、区）	气候调节	固碳释氧	水源涵养	生物多样性维持	环境净化	经济产出	社会保障	旅游与休闲
蓝田县	47.44	-22.26	5.26	47.75	12.48	88.54	88.21	-6.45
礼泉县	106.21	-21.89	-15.22	110.26	51.32	146.71	146.99	100.00
三原县	68.52	-13.68	0.00	71.93	131.82	205.10	205.45	66.67

由于西咸地区农业景观以耕地为主，农业种植类型具有较大的相似性，各区（县、市）农业生态系统提供的服务功能结构也比较相似，总体上以经济产出为主，其次是社会保障功能。但由于农业种植面积、果园和林地等在各区（县、市）之间仍然具有一定的差异，各区（县、市）提供的生态系统服务结构也表现出相对比较明显的分异。1988～2015 年各区（县、市）生态系统服务大体上也经历了相似的变化。通过对 1988 年和 2015 年各区（县、市）8 个生态系统服务结构的变化数据进行系统聚类分析（图 4-8，图 4-9）可以看出，生态系统服务结构的变化可以分为 3 类：第一类是雁塔区和灞桥区，随着现代都市农业的发展，如果业、苗木花卉等，在生态系统服务构成中，固碳释氧、水源涵养服务的比例略有下降，生物多样性维持和气候调节服务的比例上升，旅游与休闲服务比例上升幅度最大，经济产出与社会保障功能的比例均下降；第二类是莲湖区、乾县、长安区、武功县、兴平市表现出大体相似的结构变化，经济产出和社会保障功能比例增幅最大，其他如气候调节、固碳释氧、水源涵养、生物多样性保护和环境净化等服务的比例均降低；第三类是其他区（县、市），经济产出和社会保障功能的比例增加，而其他服务的比例均降低。

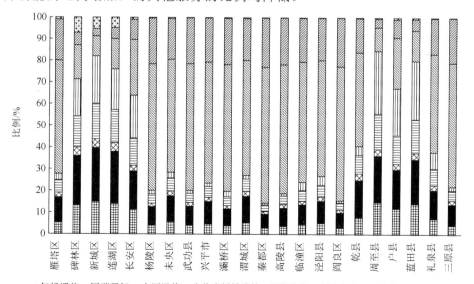

图 4-8　1988 年西咸地区各区（县、市）农业生态系统服务结构

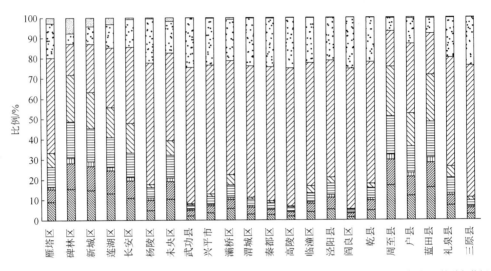

图 4-9　2015 年西咸地区各区（县、市）农业生态系统服务结构

（二）农业生态系统服务空间演变

1. 总价值空间格局演变分析

　　根据 1988 年、2000 年及 2015 年的农业生态系统服务的栅格图层,利用 ArcGIS 对各生态系统服务功能图层进行叠加计算,得到农业生态系统服务总价值的图层。根据叠加计算结果,将农业生态服务价值分为 5 个区间,即低值区（低于 10000 元/hm²）、中低值区（10000~30000 元/hm²）、中值区（30000~40000 元/hm²）、中高值区（40000~50000 元/hm²）和高值区（大于 50000 元/hm²）。1988 年、2000 年、2015 年的农业生态系统服务空间差异明显,总体来看,1988 年整个区域农业生态系统提供的总价值普遍偏低,大部分地区处于中值和中低值水平,很少一部分是中高值水平;2000 年中值区域、中高值区域显著增加,高值区域也增加;2015 年全区生态系统服务价值普遍提高,以中值区、中高值区和高值区为主,当然,随着城市区域的扩展,市区及周围地域的低值区也有所扩大。从空间格局来看,南部秦岭一直处于低值区,中部平原耕地、园地处于高值区。这是由于南部秦岭林区生产功能很弱,尽管在水源涵养、生物多样性保护、气候调节等生态服务方面产出较高,但是经济生产功能远不及平原区的生产功能,故成为总产出的低值区;而生产功能、基本生活保障、就业价值占总产出的比例较大,能够为人们提供有效的物质保障、就业机会的耕地、园地分布区成为总产出较高的地区。1988 年的中高值区分布在灞桥区、秦都区、阎良区等区域,由于这些区域以农业为主,农业发展条件优越,且以种植棉花、蔬菜等经济作物为主,经济产出大。礼泉县、周至县、蓝田县的北部及乾县等耕地分布区经济产出不高,而且在固碳释氧、环

境净化等生态服务方面贡献较小，形成总正向生态系统服务价值的中低值区。2000年农业用地效益高值区分布范围有所扩大，秦都区、灞桥区、高陵县及礼泉县的部分区域成为高值区，土地利用效益达到 $5.0×10^4～7.7×10^4$ 元/hm^2，该区分布有大面积耕地，且逐步形成了小麦、玉米、水果、蔬菜、油菜等多元化农业，生产价值高，成为土地利用效益的高值区。武功县、兴平市、渭城区、临潼区等地区随着产出价值增长，农业用地效益有所提高。2015年平原大部分耕地、园地分布区农业用地效益较高，基本都在 $5.0×10^4$ 元/hm^2 以上，杨陵区、高陵区、泾阳县、阎良区、渭城区等地区因园地规模化发展、高价值经济作物的种植、农业高新技术示范区的建立等，农业产出大幅度增加。周至县、户县、长安区的北部地区开始发挥土地资源优势，发展果业、设施农业、观光农业，在提高经济产出的同时，增加了旅游与休闲服务价值，使得总产出价值增加（图4-10）。

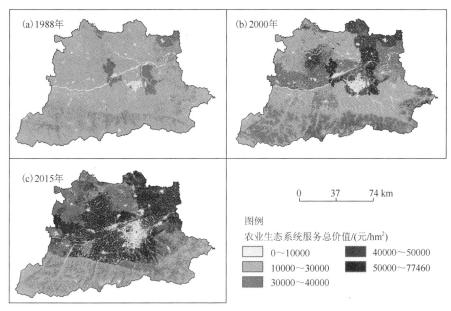

图 4-10　西咸地区农业生态系统服务总价值

　　根据 1988 年、2000 年、2015 年的农业生态系统服务总价值的栅格图层，对其进行叠加计算，得到 1988～2000 年、2000～2015 年、1988～2015 年的农业生态系统服务总价值的空间变化图。从 1988～2000 年的变化图中可以看出，农业生态系统服务总价值增加大的区域位于高陵县、灞桥区、秦都区等距中心城市较近的区域，受城区城市化影响较大，这些地区由传统的农耕模式逐渐转变为多种植果树、油料、蔬菜等高价值经济作物，发展旅游观光农业、采摘园等，使得农业经济产出、固碳释氧等功能价值在区间范围内增加，形成高值区，因此农业生态系统服务总价值增加最大。而乾县、泾阳县、礼泉县等地区为中等增加地区，这些区域距离城区较远，受城市化影响较弱，因此其价值虽有增加但幅度不大。泾阳县、蓝田县为较低增长地区，这些地区发展较慢，且受城市化影响小，以传统的农耕模式为主，但土壤肥力下降及人们对环境的破坏，导致总农业生态系统服务价值呈现负增长。从 2000～2015 年的变化图可以看出，高增长地区进一步增大，下降地区面积也增大，尤以南部秦岭地区和城市中心地区最为明显。下降区面积增加的原因在于，随着城市的发展，城区第一产业占比不断下降，以第二、第三产业发展为主，农业生态系统服务价值降低。城市化推进使人们逐渐开始追求精神需求，南部秦岭地区成为人们休闲娱乐的目的地，有关秦岭地区的旅游开发活动逐渐展开。农用地减少，环境破坏，农业生态系统服务降低。从 1988～2015 年总体变化表现可以看出，由于南部秦岭林区因退耕还林还草、天然林保护等，生态系统服务总价值略有增加。但在空间分布上，由于局部地区人为对林地采伐、管护及退耕，加上不同高度和坡向林种的差异，其提供的生态系统服务基本没变，变化在-50%～50%。中部和北部农业耕作区大部分地区农业生态系统服务总价值均有很大幅度的提高，增长幅度在 1～5 倍；城镇新扩张地域和农村居民点新扩张地域随着土地利用类型和农业景观的转变，生态系统服务总价值均明显下降（图 4-11）。

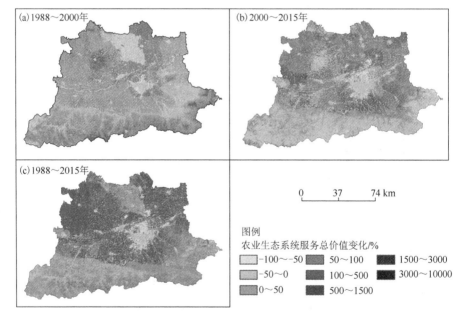

图 4-11　西咸地区农业生态系统服务总价值变化

　　综上，随着经济的发展，农业的产业结构得到调整，集果园、旅游与休闲为一体的休闲农业的发展不仅带动了农业生产功能的提高，也带动了就业功能及休闲娱乐、社会功能的提高。秦岭自然保护区的建立，使涵养水源、保持水土、保护生物多样性等生态服务功能提高，整体上该区农业生态系统服务总价值的空间格局发生了较大的变化。

2. 各功能价值的空间格局演变分析

（1）经济生产功能。根据设定的指标体系及计算方法，计算出生产功能价值并进行空间化处理，得到 1988 年、2000 年、2015 年生产功能的空间格局（图 4-12）。根据计算的农业生产功能的价值，将其分为 5 个区间，分别为低值区（小于 5000 元/hm²）、中低值区（5000~9000 元/hm²）、中值区（9000~20000 元/hm²）、中高值区（20000~30000 元/hm²）和高值区（大于 30000 元/hm²）。从生产功能的空间分布格局来看，1988~2015 年高值区和中高值区范围不断扩大，中值区、中低值区等范围缩小，低值区在中部和北部农业耕作区扩展。秦岭地区经济生产功能弱，以生态功能为主，一直处于较低的状态。1988 年生态系统服务的中高值区位于灞桥区、秦都区和阎良区，秦都区土地肥沃，主要种植小麦、玉米等粮食作物，农业用地单产较高，生产功能大于其他区域。2000 年农业生态系统提供产品服务的空间格局大致呈现出中心区高于周围区域的分布趋势，中高值区位于秦都区、灞桥区、高陵县、临潼区、阎良区等区域。从 2015 年的生产功能空间分布来看，研究区高值区范围扩大，低值区范围缩小。随着城市化发展，农业耕作技术、机械化水平等不断提高，研究区大部分地区的生产功能得以提高，由于林地、草地的经济生产功能较低，秦岭地区的生产功能一直处于低值区。

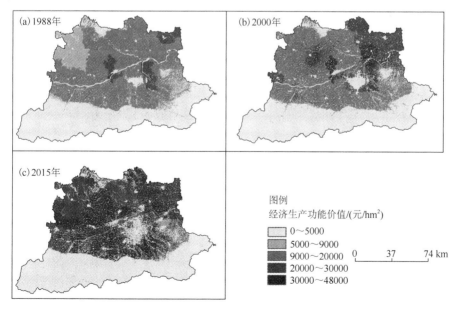

图 4-12　西咸地区经济生产功能空间格局

　　根据 1988 年、2000 年、2015 年的农业生产功能的空间栅格图层,对其进行叠加计算,得到 1998~2000 年、2000~2015 年的农业生产功能空间变化图(图 4-13)。西咸地区农业提供产品服务的变化主要体现在研究区南部及北部地区,农业提供产品服务的价值增加的区域面积逐渐增大,而减少区的面积逐渐减少,且主要位于城区及距离城区较远的边远区。1988~2000 年,经济生产功能以增加为主,且大面积分布于研究区中部一带,面积较少,主要分布于长安区、蓝田县、户县和周至县的部分区域。秦岭山区位于研究区南部地区,以林地为主,直接为人类提供产品的价值较少,且受城市化发展影响,建设用地不断增加,占用农业用地,使得农业提供产品服务价值下降。而乾县、兴平市、高陵县等地提供的产品服务价值增加,这些区域离城区较近,受城市农业技术、资本及信息等的支持,农业发展水平较高,农业提供的产品功能价值增加。从 2000~2015 年的变化图可以看出,该区经济生产功能普遍提高,仅有少部分如城区呈现减少态势。城市化促进西咸地区农业耕作技术的提升,且随着城市居民对粮食、水果需求的增加,研究区各农业区(县、市)逐渐形成自己的特色农产品产业,如周至县以生产猕猴桃为主,鄠邑区以生产葡萄为主等,且随着单位面积产量增加,农业产品价格的增长,区域内农业提供的产品功能价值大幅提升。未央区、雁塔区、高陵区及灞桥区的部分区域呈现减少的情况,这是由于城市化不断加快,建设用地不断扩张,城市用地占用农业用地,农业面积减少,导致提供农产品的产量不断下降,出现农业产品价值减少,成为经济生产功能减少区。

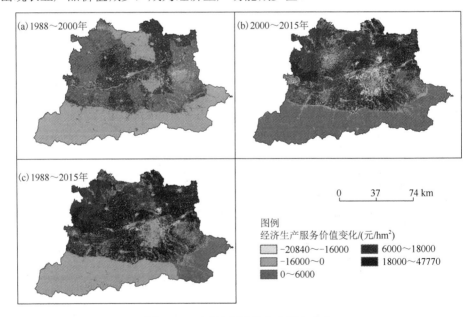

图 4-13　西咸地区经济生产服务变化

（2）固碳释氧服务。1988年、2000年、2015年西咸地区固碳释氧功能的服务价值呈现出中心城区低，而西北部、东南部的林地及南部秦岭山区普遍较高的空间分布规律（图4-14）。固碳释氧提供能力从强到弱的景观分别为林地、园地、耕地、草地、水域，因此南部秦岭山区普遍高于北部平原区；礼泉县的北部、蓝田县的中部分布有林地，固碳释氧能力也较强；此外，礼泉县作为重要的苹果生产基地，中部地区分布有大面积的苹果园，固碳释氧能力也较强。北部平原地区位于关中平原，地势平坦、土壤肥沃，以耕地为主，因此固碳释氧能力较弱。后来，周至县和礼泉县不断发展水果产业，周至县中部分布有猕猴桃园、礼泉县中部分布有苹果园，而园地具有较高的固碳释氧能力，因此，周至县北部和礼泉县中部的固碳释氧能力提高。1988～2015年随着都市圈城市化的快速发展，城市建设用地迅速扩张，使得农业用地面积减小，农业景观被人工景观所替代，农作物及绿色植被减少、覆盖率迅速降低。农业生态系统的固碳释氧功能减弱，所提供的服务价值由 1.04×10^9 元下降到 0.82×10^9 元。

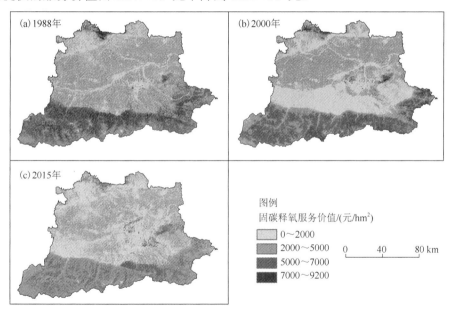

图4-14 西咸地区固碳释氧服务空间格局

根据1988年、2000年和2015年的农业生态系统固碳释氧功能服务价值的空间格局，对不同时期栅格图层进行叠加计算，得到西咸城市化地区1988～2000年、2000～2015年的农业固碳释氧功能服务价值的空间变化图（图4-15）。1988～2000年西咸城市化地区的固碳释氧功能的服务价值以轻微减少为主，价值变化量介于 $-1130～0$ 元/hm²，秦岭山区的山麓地带与平原区的交界地带因人类活动较为频繁，价值量减少幅度最大；未央区、雁塔区、灞桥区部分地区和高陵县西南部的固碳释氧功能的服务价值有增加的趋势。2000~2015 年，随着西咸地区园地面积的增加，如户县葡萄园、周至县猕猴桃园等，固碳释氧功能服务价值的轻微增加区面积增加，价值变化量介于 0~1030 元/hm^2，蓝田县北部和中部地带固碳释氧功能的服务价值增加显著。随着城市化的快速发展，人们对农产品生产功能的追求，自然景观减少导致研究区生态系统固定 CO_2、释放 O_2 的功能有所下降，服务价值随之减少。

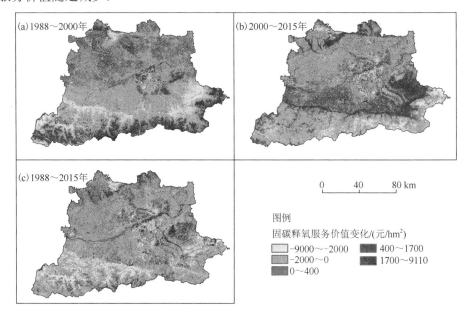

图 4-15　西咸地区固碳释氧服务变化

（3）水源涵养。1988 年、2000 年、2015 年研究区内水源涵养功能价值的低（小于 200 元/hm^2）、中低（200~400 元/hm^2）、中（400~600 元/hm^2）、中高值（600~900 元/hm^2）、高值（900 元/hm^2 以上）分布区变化明显，且分布格局空间差异显著（图 4-16）。西咸城市化地区农业的水源涵养功能服务价值在空间格局上呈现出中心城区和北部较低而南部山区较高的特点。在各景观类型中，林地的水源涵养功能最强，耕地次之，园地和草地的水源涵养功能较弱。1988~2000 年，西咸城市化地区中部平原的农业景观以耕地为主，耕地垦殖率较高，受人类耕作的干扰，水源涵养功能不高；礼泉县北部及研究区南部秦岭山区分布有大量林地，林地枝叶茂密，具有颇为发达的根系、厚实的枯枝落叶层和庞大的树冠，具有很强的蓄水、保水能力，该区域水源涵养功能的服务价值最大，服务价值介于 520~1920元/hm^2。2015 年水源涵养功能的空间分布更加分散，园地面积的不断增加，使得园地景观水源涵养功能的服务价值面积逐渐扩大；城市化的快速发展，城市周边的大量耕地被建设用地所占用，林地和耕地面积迅速减小，耕地的减少严重影响了植被对降水的拦截能力，加上城区不透水地面的增加，使得水流的下渗能力降低，地表径流增加，最终导致农业水源涵养功能服务价值不断降低（图4-16）。

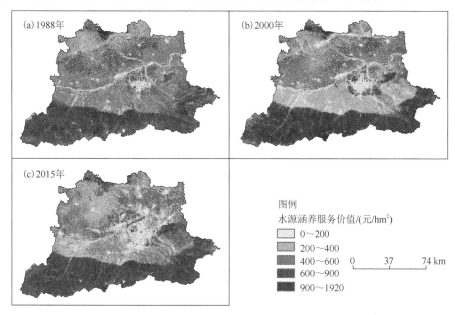

图例
水源涵养服务价值/(元/hm²)

- 0～200
- 200～400
- 400～600
- 600～900
- 900～1920

0　　　37　　　74 km

图4-16　西咸地区水源涵养服务空间格局

根据 1988 年、2000 年和 2015 年的农业生态系统水源涵养功能服务价值的空间格局栅格图层，对栅格图层进行叠加计算，得到西咸城市化地区 1988～2000 年、2000～2015 年的农业水源涵养功能服务价值的空间变化图（图4-17）。1988～2000 年，西咸城市化地区农业生态系统水源涵养功能服务价值主要呈现减少趋势，当然零星分布有水源涵养功能值增加的点，变化趋势在-283.3～0 元/hm²，主要分布在耕地景观区域；其次在有林地景观分布的区域水源涵养功能的服务价值呈现出轻微增加的趋势，变化趋势在 0～716.7 元/hm²。2000～2015 年，西咸城市化地区农业生态系统的水源涵养功能的服务价值仍以轻微减少为主，这一时期轻微增加区的面积有所增加，且主要分布在园地景观内。总体来看，由于随着城市化水平的不断提高，西咸城市化地区人口快速增长，建设用地、道路用地面积不断增加，农作物及绿色用地面积不断减少，严重影响了植被对降水的拦截能力，农业用地的破碎化又阻碍了土壤养分的循环，土壤孔隙度下降，导致水流的下渗能力降低，地表径流增加，直接影响区域内的水循环。随着人们对美好环境的追求，人们生态环境意识的增强，一系列环境保护政策的出台，以改善这种环境逐渐变差的趋势，如生态工程、生态恢复与重建等，使得研究区某些区域农业的水源涵养功能得到了一定程度的改善。

图 4-17 西咸地区水源涵养服务变化

（4）气候调节。根据前述指标体系及计算方法，测出气候调节价值并进行空间化处理，得到气候调节功能的 1988 年、2000 年、2015 年空间格局的栅格图层。将其分为 5 个区间，即低值区（小于 700 元/hm²）、中低值区（700～2000 元/hm²）、中值区（2000～5000 元/hm²）、中高值区（5000～7000 元/hm²）和高值区（大于 7000 元/hm²）。从空间分布来看，高值区分布于南部秦岭地区，以及礼泉县、泾阳县北部的部分区域，而中值区处于三原县、渭城区、兴平市、阎良区等区域，低值区分布于城区及近郊和河流附近。这是由于秦岭山区以林地为主，而树木在气候调节功能上发挥着主要作用。而城区以建设用地为主，植被相对较少，其气候调节价值较低。从 1988 年空间分布图来看，高值区分布与总服务分布一致，中值区分布广泛，而城区处于低值区，面积相对小，这是由于城市化发展处于初始阶段，城市化水平尚低，对城市影响较低，城市尚未大面积扩张。从 2000 年的空间布局图来看，高值区分布依旧处于南部秦岭及北部部分区域，但明显可以看出，中低值区面积明显增大，主要分布于长安区、户县、蓝田县及周至县等区域，兴平市、秦都区、武功县等区域依旧为中高值区，而城区为低值区。中低值区面积增加的原因在于随着城市化发展，距离市区较近的地区建设用地扩张和植被减少，气候调节价值降低。从 2015 年的空间分布图来看，高值区分布格局变化不大，变化较大的为低值区分布范围，随着城市化发展，城区面积不断扩张，农用地不断被占用，建筑面积增加，导致气候调节价值下降（图 4-18）。

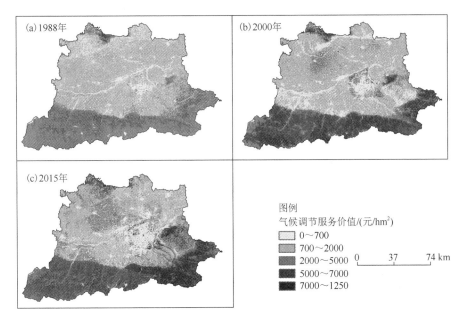

图 4-18 西咸地区气候调节服务空间格局

根据 1988 年、2000 年、2015 年的气候调节功能的空间栅格图层，对其进行叠加计算，得到 1998～2000 年、2000～2015 年的气候调节功能的空间变化图（图 4-19）。总体上，1988～2015 年农业耕作区以粮食为主的生产区域气候调节服务价值下降，果业发展、蔬菜瓜果种植区和林区气候调节服务普遍增加。

图 4-19 西咸地区气候调节服务变化

（5）环境净化。测评西咸地区环境净化功能价值并进行空间化处理，得到 1988 年、2000 年、2015 年的空间格局图（图 4-20）。依据环境净化功能的价值将其分为 5 个区间，即低值区（2000 元/hm² 以下）、中低值区（2000~5000 元/hm²）、中值区（5000~8000 元/hm²）、中高值区（8000~10000 元/hm²）和高值区（10000 元/hm² 以上）。总体来看，这 3 个年份的环境净化价值普遍较高，且高值区主要分布于南部秦岭地区及北部礼泉县的部分区域。这是由于在环境净化功能上，林地发挥着至关重要的作用，且价值大于同等条件下的其他用地类型，在林地分布区环境净化呈现高值分布。低值区则分布在城区及其附近区域，以及河流两旁，环境净化主要由农业生态系统中的林地、园地、耕地等提供，水域及以建设用地为主的城区环境净化功能较弱甚至为零，成为环境净化的低值区。从 1988 年空间分布图来看，全区范围以高值和中高值为主，中高值区分布在河流两侧及城区附近。由于研究区地处关中平原地带，农业发展条件较好，在河流附近的耕地由于具备水源优势，农业发展优于其他地区，环境净化服务高于其他农业地区。城区为低值区，以建设用地为主。从 2000 年空间分布图来看，中低值区面积明显增大，大面积分布于长安区、户县等农业地区，以及礼泉县、乾县等部分区域。这是由于随着城市化发展，人们生产生活理念发展转变，由传统的农耕业逐渐向工业、旅游业等转变，导致其在环境净化功能上出现下降，成为中低值区。从 2015 年空间分布图来看，高值分布与 2000 年相似，而低值区面积增大，且以城区为中

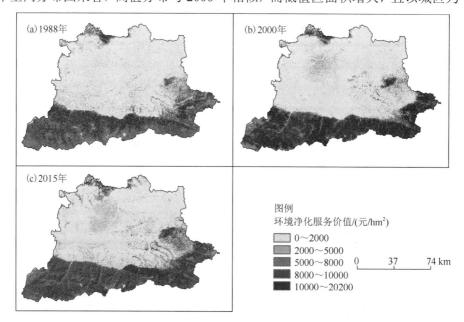

图 4-20　西咸地区环境净化服务空间格局

心向邻区扩展，这是由于随着城市化发展，城区面积扩张，农业用地减少，建筑面积增加，导致环境净化功能减少，成为低值区。

　　根据 1988 年、2000 年、2015 年的环境净化功能的空间栅格图层，对其进行叠加计算，得到 1998～2000、2000～2015 年的农业生态系统环境净化功能的空间变化图（图 4-21）。1988～2015 年环境净化功能略有提高。林区环境净化服务基本维持不变，在耕地转变为林地、果园的地区显著提高，而建设用地扩张区则显著下降。

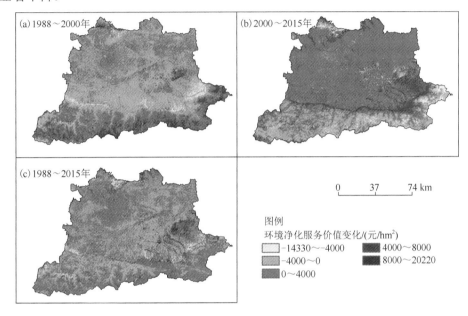

图 4-21　西咸地区环境净化服务变化

　　（6）生物多样性维持。由 1988 年、2000 年、2015 年研究区内生物多样性维持功能的服务价值空间分布图（图 4-22）可知，1988～2015 年西咸城市化地区生物多样性维持功能的服务价值在空间上呈下降趋势，低值区的范围逐步扩大，并由中心城区逐渐向周边区（县、市）扩展，南部秦岭山区的价值基本保持不变。其中，礼泉县南部、周至县北部随着园地面积的增加，生物多样性增加；研究区内耕地种植结构单一，耕地主要用于种植玉米或小麦，耕地景观以单纯的农作物为主，生物多样性较低。研究区耕地向园地转化，当种植结构发生变化之后，因园地种植结构较为多样化，生物多样性随之增加。蓝田县北部地区的生物多样性逐渐减弱，山地坡度比较平缓，人类开发利用程度大，对林地破坏比较严重，生物多样性减少。除上述地区生物多样性变化较大外，其他地区生物多样性变化不大，泾阳县、三原县、武功县、阎良区等地区为大面积的耕地景观，由于耕地种植作物单一，且受人为影响较大，如施肥、施农药等农业活动不利于小昆虫、微生物的存活，生物多样性较差，单位面积生物多样性服务价值为600～5000元/hm²。礼泉县北部及南部秦岭地区分布有大片林地，生物多样性维持功能的服务价值最大，因为山区林地受人类活动干扰小，交通道路、城市建设用地对景观的分割程度低，其中秦岭地区作为国家自然保护区，生物多样性高。

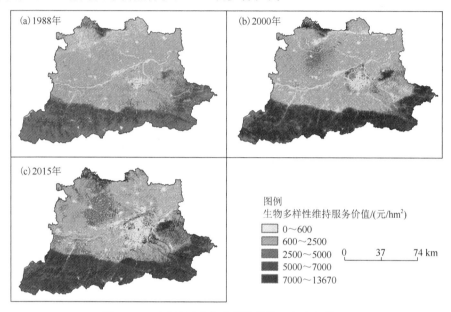

图4-22 西咸地区生物多样性维持服务空间格局

根据1988年、2000年和2015年的农业生态系统生物多样性功能服务价值的空间格局图，对栅格图层进行叠加计算，得到西咸城市化地区1988～2000年、2000～2015年的农业生物多样性功能服务价值的空间变化图（图4-23）。1988～2000年，西咸城市化地区农业生态系统的生物多样性功能的服务价值主要呈现出轻微增加趋势，增加价值量在0～4000元/hm²，在礼泉县南部、临潼区部分山区和南部秦岭的大部分区域，生物多样性功能的服务价值增加明显，增加的价值量介于4000～7000元/hm²；周至县与户县北部生物多样性功能的服务价值的变化主要呈现出轻微减少的趋势，价值量的变化介于-1700～0元/hm²。2000～2015年，西咸城市化地区农业生态系统的生物多样性功能的服务价值减少区的范围扩大，在城镇周边和秦岭山区的部分区域价值量变化在-13660～-1700元/hm²；在这一时期，价值轻微增加区仍主要分布于耕地景观。主要原因是随着城市化进程的加快，中心城区建设用地扩张迅速，交通及城市周边区（县、市）对农业景观的占用、分割程度逐渐加大，西咸城市化地区景观破碎化过程由中心城区向周边区（县、市）扩展，导致研究区生物多样性维持功能的服务价值呈现递减趋势。

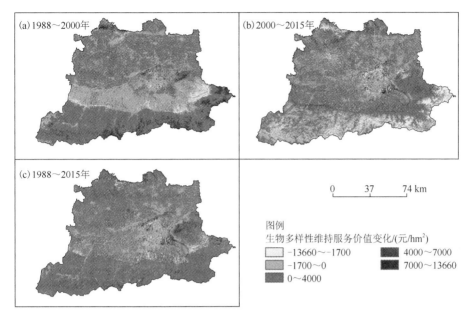

图4-23　西咸地区生物多样性维持服务变化

（7）旅游与休闲。将计算结果（图4-24）按照高、中、低分为5个等级，即高值区（900～1500 元/hm²）、中高值区（500～900 元/hm²）、中值区（200～500 元/hm²）、中低值区（100～200 元/hm²）、低值区（100 元/hm² 以下）。总体来看，

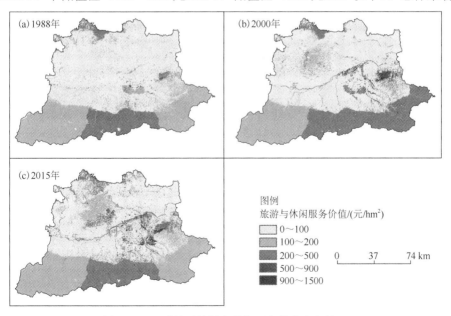

图4-24　西咸地区旅游与休闲服务价值空间格局

研究区农业生态系统的旅游与休闲功能呈现出由中心城区向外围递减的趋势。从不同时期分布图来看，高值区、中高值区不断扩大，集中在接近城区及礼泉县的南部，受距离消费市场的距离及人口密度的影响，城市近郊城市公园、农业大型观光园、农家乐等休闲服务发达，如灞桥区的白鹿原现代农业观光园、浐灞湿地生态园等。同时，研究区南部以林地为主，受城市化及人类精神需求的影响，在保护秦岭生态的基础上，建设了一批秦岭生态旅游休闲项目，如秦岭峡谷乐园、祥峪森林公园等，使其旅游与休闲价值处于中高值区。礼泉县南部和周至县东北部以其苹果和猕猴桃产业处于旅游与休闲高值区。兴平市、乾县等地一直处于旅游与休闲的低值区，主要是由于距离市中心较远，且以传统的农业耕地为主，故价值处于低值区。

根据1988年、2000年、2015年的旅游与休闲功能的空间栅格图层，对其进行叠加计算，得到1998~2000年、2000~2015年的旅游与休闲功能的空间变化图（图4-25）。1988~2000年研究区的旅游与休闲功能以增加为主，在泾阳县、秦都区等部分区域出现旅游与休闲服务功能减少。随着研究区城市发展，社会经济不断提高，人们对休闲与旅游的需求增加，在旅游市场不断扩大的背景下，如现代农业观光园、农家乐、采摘园等特色的农业旅游得以发展，人们逐渐意识到农业旅游的价值，农业旅游得以发展，农业旅游与休闲价值增加。2000~2015年农业旅游与休闲功能以减少为主，且研究区南部秦岭地区及北部的部分地区减少

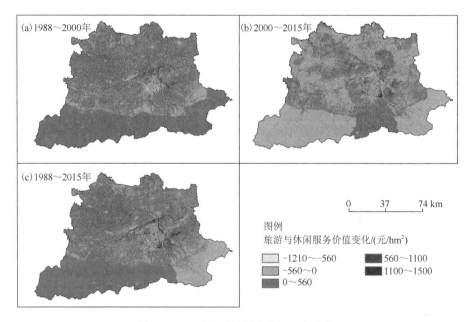

图 4-25 西咸地区旅游与休闲服务变化

最为明显，而在城市内部及相邻地带，如临潼区、兴平市等地，旅游与休闲价值虽有减少，但减少幅度较小，且有零星的增加区分布。由于城内及城市近郊，基础设施较为完善，旅游市场、交通等较为成熟，其价值虽有变化，但幅度并不大。

（8）社会保障功能。从社会保障功能空间格局（图 4-26）来看，南部秦岭山区价值量低，北部平原地区要高于南部秦岭山区，高值区（14000 元/hm² 以上）与低值区（1000 元/hm² 以下）面积均不断扩大。高值区在北部平原地区不断扩大，而低值区以城市中心，不断向外围扩展。2000 年的高值区位于秦都区、阎良区等，离城区较远，城市化水平较低，乡村劳动力以农业种植为主，社会保障功能为高值区。此后由于城市化发展，社会保障功能在空间上分布也比较分散。2015 年社会保障功能的高值区分布面积较广，在中部和北部的农业耕作区，农业经济生产水平高，可提供的社会保障功能也高，尤其是三原县、阎良区、泾阳县等区域；而低值区依旧分布在南部林区，由于经济生产功能低。

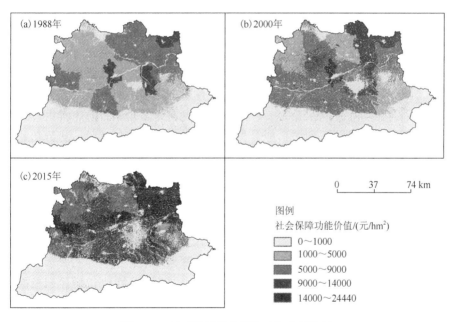

图 4-26　西咸地区社会保障功能空间格局

　　根据 1988 年、2000 年、2015 年的社会保障功能的空间图层，对其进行叠加计算，得到 1998～2000 年、2000～2015 年的旅游与休闲服务功能的空间变化图（图 4-27）。可以看出，大部分区域社会保障服务功能增加；减少区主要位于城区及附近区域，以及南部秦岭林区。1988～2000 年除南部秦岭地区、北部部分区域及城区呈现就业功能减少外，其余区域在不同程度上均在增加。这是由于城

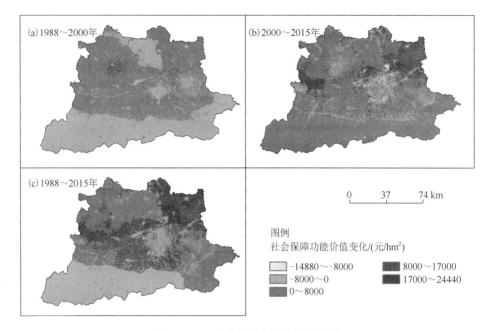

图 4-27 西咸地区社会保障功能变化

市化发展刺激都市农业发展，城区及附近区域农业受如投入增加、就业方式多样化，居民就业意识也逐渐发生转变，越来越多的人开始脱离农业生产活动，农业就业人数下降，农业就业价值普遍增加。而南部秦岭地区，城市发展、交通等基础设施的改善、秦岭旅游业的发展，使得居民在就业上有了更多的选择，有部分居民选择离开秦岭山区到城区打工就业，农业就业人口减少，农业发展水平下降，提供的社会保障功能下降。而在兴平市、杨陵区等地就业价值呈现增长趋势，由于这些区域地处平原地带，农业生产条件相对秦岭等山地较好，有利于农业发展，加之，政府各项促进农业发展政策的实施，推动了当地农业水平的迅速提高，使得农业的社会保障功能价值增加。2000~2015 年该区社会保障功能以大面积的增加区为主导，这是由于都市农业的日趋发展和多样化，农业产品市场需求及价值的不断增加，适宜城市居民需求的农业生产结构建立，加上政府一系列的惠农政策，促进了农业的快速发展，农业提供的社会保障价值增加。1988~2015 年整个区域农业由传统大田农业向都市农业转变，现代农业产业体系逐步形成，都市农业发展水平提升，整体上农业提供的社会保障功能增加。而南部秦岭林区由以前的林业经济生产逐步转向以投入为主的育林、管护和生态保护的森林建设，林业可以提供的经济产出大幅度下降，成为社会保障功能普遍下降的地区。

四、西咸地区农业生态系统服务功能分区及演变

生态区是指具有相似生态系统或预期发挥相似生态功能的陆地或水域（Crowly，1967）。生态区的划分是地理分区研究在生态学领域的应用，此后，学者们对城市周边地区农业和自然用地的多功能性等进行了大量的研究。Heal 等（2001）提出了生态系统服务区的概念模型，即把上游的森林、中游的农地和下游的城市 3 个部分通过河水流动联系起来形成一个整体，研究这一体系中主要生态系统服务，如食物供给、木材供给、洪水控制等之间的权衡关系，旨在建立上下游联合、跨行政区的管理体制。Feldman 等（2007）也提出了生态系统服务区在环境管理中的作用。国内学者如黄姣（2012）对北京市周边的生态系统服务区进行了划分，提出城市边缘带、近服务带和远服务带的空间结构。生态系统服务区能够明确城市生态系统服务的来源和供应机制，加强城市与周边的功能联系，有利于建立生态系统服务赖以产生的生态系统结构和功能完整的地理单元，以及对其进行跨越行政边界的管理（李双成等，2014）。因此，生态系统服务区可以有效识别某些生态系统服务产生的生态地理范围及其空间异质性，更重要的是基于这一范围可以实现跨行政区的生态系统服务管理，协调城市与周边乡村地区的发展。

（一）农业生态系统服务功能分区方法

生态系统服务分区就是按照生态系统服务的空间异质性或相似性对其进行的区域划分。通过分区可以识别不同区域的生态系统服务供给与消费状况，为管理生态系统服务及使其发挥最大的区域支持效能提供有效的政策。生态系统服务分区的主要内容包括对生态系统结构、过程与功能的识别，明晰生态系统服务的传递机制，确定生态系统服务区的空间范畴等。分区过程包括：区域自然地理结构与过程的整体分析，识别各个功能单元间的功能联系及生态系统服务的传递路径，量化生态系统服务（评估生态系统服务的物质量或价值量）及空间制图，应用地理区划的理论与方法开展生态系统服务分区（李双成等，2014）。

1. 农业生态系统服务功能分区

（1）农业生态系统服务功能分区的概念。农业生态系统服务功能分区是依据农业生态系统提供的生态系统服务状况划分农业生态系统服务供给单元。农业生态系统提供的服务功能状况（服务功能的大小及其结构）与农业生态系类型、结构、过程及其农业生产方式、投入产出、农业发展规划等诸多因素有关。因此，在农业功能区划分中要充分考虑区域自然条件，特别是农业生态系统的类型（或农业景观类型）和人文要素中农业生产方式的空间特征，尤其是要考量农业生态系统所提供的生态系统服务的大小及其结构特征。

（2）农业生态系统服务功能分区的目的。农业生态系统服务功能分区的目的主要是对农业生态系统及其提供的生态系统服务进行有效的管理，为农业发展规划与农业生产管理提供依据。农业生态系统服务功能分区可以揭示农业类型转变过程中农业生态系统提供的生态系统服务功能的空间演变格局。

当前世界农业的发展正从生产主义（productivism）向后生产主义（post-productivism）转变。农业生产主义是指一种集约化、基于工业驱动的农业发展模式，农业发展的主要目的是获得食物产量及提高农业生产能力，主要表现为农业的工业化，及以增加农业的产品产出。农业生产主义是基于食物生产的最大化，采用集约化农场及化肥的投入，其对生态环境造成了损害（environmentally destructive nature）。后农业生产主义是一种多功能农业、多样化农业和高品质商品农业、环境保护及重建生物栖息地的可持续农业。通过农业生态系统服务分区，可以从农业功能的视角研究农业生态系统甚至农业生产活动功能的空间特征。

（3）农业生态系统服务功能分区的原则如下。

第一，农业生态系统（农业景观）分异的原则。农业生态系统服务的供给及其空间分异特征主要依赖于农业生态系统（即农业景观）的类型。农业生态系统（农业景观）的结构、功能与过程决定了农业生态系统所提供的服务功能的类型及其价值量。因此，农业生态系统服务功能的分类、价值测评及其生态系统服务区的划分要基于对区域农业生态系统的全面分析，明确其空间分布及其联系。

第二，综合性与主导型相结合的原则。全面考虑农业生产的相关自然与人文要素，特别是综合分析农业生态系统提供的多种服务的价值量及其服务结构；同时在确定农业生态系统服务功能区的性质及特征时要以农业生态系统服务为主导，确定农业生态系统服务区的主体功能。

第三，农业系统类型与生产方式相结合的原则。农业生态系统及其农业生产活动是受自然过程与人文过程双重影响的复合生态系统。农业生产的目的、生产方式和投入产出等都会严重影响农业生态系统的组成、过程与功能，影响农业生态系统服务的提供。在农业生态系统服务区划分中，要重点考虑农业生产方式的特殊性及差异。

第四，农业生态系统方便管理的原则。农业生态系统服务功能分区的主要目的是便于对农业生态系统（农业景观或生产类型）进行管理，在分区过程中要考虑便于管理政策的实施，因此，农业生态系统服务功能分区要尽量与行政区划相结合，生态系统服务区界线与行政界线相一致。

2. 西咸地区农业生态系统服务功能分区的方法

（1）西咸农业生态系统服务指标。如前文所述，研究中基于对西咸地区自然地理结构、农业生态系统（农业景观）及其生产的主要类型的分析，确定了该区农业生态系统的主要服务功能及其含义。鉴于当前农业生态系统服务研究中某些生态系统服务测评方法的不足，以及测评数据获取困难，本书选取气候调节、固碳释氧、生物多样性维持、水源涵养、环境净化、经济生产、社会保障和旅游与休闲等服务作为指标，进行生态系统服务分区。

（2）分区方法与过程。①生态系统服务分区方法。在本书中采用地理区划的基本方法，即"自下而上"（合并法）和"自上而下"（顺序法）相结合的方法。对生态系统服务在像元尺度上采用定量分析方法开展测评、空间制图、空间分析等，同时在农业生态系统类型划分、主要生态系统服务界定及生态系统服务分区中采用定性分析的方法。②分区过程。本书研究中农业生态系统服务分区过程和采用的方法如下：第一，采用前述的测评方法，基于栅格尺度（像元）对研究区的生态系统服务价值进行测评，并采用直方图（histogram）方法分析评价图层中的由算法原因产生的奇异值，并对其进行修正，最终形成各项服务价值的测评图层。第二，对各项农业生态系统服务的价值数据进行空间概括分析。基于像元尺度（30m×30m）的生态系统服务数据量太大，在空间差异性的表达上过于复杂，会出现很多琐碎的斑块，空间概括力度不够，对生态系统服务分区造成困难。因此，在研究中生成了该区 450m×450m 的格网数据，采用求和的方式对像元尺度的生态系统服务数据进行概括分析。第三，聚类分析。基于各项服务的格网数据，在 SPSS 中进行聚类分析。由于分析的数据样本量太大，为减少分析运行时间，本书研究中采用快速聚类分析方法——K-mean 聚类分析。在聚类分析中，为了便于后期进行自下而上的"合并"，聚类分析的类型数目高于生态系统服务区的数量，本书中生态系统服务区的数量为 4 类，聚类分析中确定的分类数量采用了 10 类。第四，"自下而上"合并分析。在聚类分析的结果上，通过统计分析各个聚类类型各项生态系统服务价值的均值及生态系统服务结构，同时，考察各个聚类类型在空间上的分布关系、农业景观及生产方式的差异等并进行合并分析，由小类合并成大类。第五，图层整饰。通过聚类分析获取的生态系统服务分区图有很多琐碎的、面积很小的杂斑，本书采用 ArcMAP 中的邻域分析（neighborhood analysis）工具，采用 5×5 窗口和多数（majority）方法对分剔除杂斑，整饰分区图层。第六，根据该区自然地理状况特别是气候、地貌、土壤分异，农业（或景观）类型分布，如森林、草地、果园和农作物等类型，以及农业生产方式的差异和行政界线等，逐步调整分区界线，最终形成该区的农业生态系统服务区。第七，农业生态系统服务区命名。对每个农业生态系统服务区中的样本，通过因子分析（主成分分析）方法定量确定其主导功能，然后再根据生态系统服务区的服务结构特征和农业生产类型，按照主导原则进行定性分析，对农业生态系统服务分区命名（图4-28）。

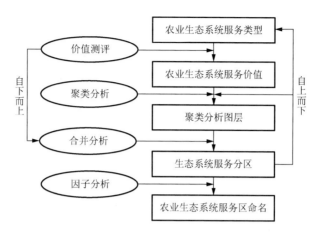

图 4-28　农业生态系统服务分区过程

（二）西咸农业生态系统服务分区结果

1. 1988 年农业生态系统服务功能分区

对 1988 年农业生态系统提供的服务功能，按照主成分分析法和生态系统服务结构统计特征值来确定各区的主导服务功能，其结果见表 4-12。

表 4-12　1988 年西咸地区农业生态系统服务功能分区统计

服务功能分区	统计参数	固碳释氧	环境净化	经济生产	旅游与休闲	气候调节	社会保障	生物多样性维持	水源涵养
类型一	均值/元	74868.54	83728.18	111628.61	2965.41	48740.69	40675.39	53594.71	11466.52
	标准差/元	12986.85	19819.20	1331.50	224.51	9384.15	485.10	10371.60	1796.99
	服务结构/%	17.51	19.58	26.10	0.69	11.40	9.51	12.53	2.68
类型二	均值/元	48240.65	6482.40	403195.06	1412.50	22038.33	152916.77	23273.16	9306.92
	标准差/元	10953.94	4140.41	19403.51	530.13	5537.06	12442.56	5930.51	2132.95
	服务结构/%	7.23	0.97	60.46	0.21	3.30	22.93	3.49	1.41
类型三	均值/元	109726.29	160550.97	11514.30	4156.65	78352.80	4195.39	86830.13	15395.23
	标准差/元	21583.56	32206.71	10981.05	1738.73	15511.97	4001.50	17192.87	3015.60
	服务结构/%	23.31	34.11	2.45	0.88	16.65	0.89	18.44	3.27
类型四	均值/元	43858.04	9630.31	230068.86	994.36	20644.43	83919.20	21926.98	8344.42
	标准差/元	13057.52	10512.76	66726.11	813.18	6897.45	24417.32	7454.56	2491.41
	服务结构/%	10.46	2.30	54.86	0.24	4.91	20.01	5.23	1.99

（1）类型一，经济-生态-文化服务区。通过因子分析，该类型区前 3 个生态系统服务的贡献率达到 97.580%（表 4-13），因此，可以用前 3 个主成分来表示该区的主要功能。从主成分因子载荷矩阵（表 4-14）可以看出，第一主成分载荷较高的因子有固碳释氧、气候调节、生物多样性维持、水源涵养和环境净化服务，主要反映农业生态系统服务的生态服务方面；第二主成分的主要贡献因子是经济

生产和社会保障服务，这些因子主要代表农业的经济和社会服务功能；第三主成分的主要贡献因子是旅游与休闲服务，代表农业生态系统的文化休闲服务功能。该类型区农业生态系统服务功能比较全面，但从表 4-12 可以看出，在主要生态系统服务结构中，经济生产比例最大，其次是环境净化和固碳释氧服务。

表 4-13　解释的总方差

成分	初始特征值		
	合计	方差的百分比/%	累积百分比/%
1	4.702	58.777	58.777
2	2.149	26.860	85.637
3	0.955	11.943	97.580
4	0.145	1.815	99.395
5	0.048	0.600	99.995
6	0.000	0.005	99.999
7	0.000	0.000	100.000

表 4-14　旋转因子载荷矩阵

生态系统服务	成分			
	1	2	3	4
固碳释氧	0.991	0.065	0.028	0.108
气候调节	0.988	−0.034	0.098	0.069
生物多样性维持	0.985	−0.044	0.107	−0.077
水源涵养	0.932	0.164	−0.043	0.312
环境净化	0.909	−0.289	0.147	−0.210
社会保障	−0.017	0.999	−0.043	0.021
经济生产	−0.017	0.999	−0.044	0.022
旅游与休闲	0.108	−0.063	0.992	−0.010

（2）类型二，经济-生态-社会服务区。该区主成分分析结果表明，前 3 个主成分累积贡献率达到 94.593%（表 4-15），完全能够代表其他主成分的主要信息。从因子载荷矩阵（表 4-16）来看，第一主成分载荷较高的因子有固碳释氧、水源涵养、气候调节和生物多样性维持等，因子载荷均在 0.85 以上，主要表达农业的主要生态系统服务；第二主成分载荷较高的因子有旅游与休闲和环境净化服务，表达生态调节服务和文化休闲服务；第三主成分贡献较高的因子有社会保障服务，载荷为 0.956，远高于其他因子载荷，代表农业的社会服务功能。从表 4-12 服务功能结构来看，比例较高的生态系统服务依次是经济生产和社会保障服务。因此，该区经济、社会、生态及文化休闲服务兼顾。

表 4-15　解释的总方差

成分	初始特征值		
	合计	方差的百分比/%	累积百分比/%
1	4.448	55.605	55.605
2	1.923	24.040	79.645
3	1.196	14.948	94.593
4	0.235	2.940	97.533
5	0.131	1.640	99.173
6	0.066	0.826	99.999
7	9.616×10^{-5}	0.001	100.000

表 4-16　旋转因子载荷矩阵

生态系统服务	成分			
	1	2	3	4
固碳释氧	0.980	0.131	0.089	0.103
水源涵养	0.969	-0.056	0.120	0.137
气候调节	0.891	0.433	0.026	0.030
生物多样性维持	0.878	0.456	0.019	0.022
旅游与休闲	0.073	0.967	0.129	0.038
环境净化	0.421	0.824	-0.158	-0.187
社会保障	0.088	0.044	0.956	0.271
经济生产	0.196	-0.089	0.517	0.826

（3）类型三，生态-文化休闲服务区。该区因子分析结果表明，前 3 个主成分的方差累计贡献率达到约 99.971%（表 4-17），完全可以代表所有主成分的信息。第一主成分因子载荷较高的因子有水源涵养、固碳释氧、气候调节、生物多样性维持和环境净化服务，其反映了生态系统的主要生态服务；第二主成分的主要贡献因子有经济生产和社会保障，代表农业的经济社会功能；第三主成分的主要贡献因子是旅游与休闲，代表文化休闲服务（表 4-18）。从生态系统服务功能的结构来看，比例较高的服务依次是环境净化、固碳释氧、生物多样性维持和气候调节服务，其他服务功能的比例都较低。因此，该区生态系统服务主要有生态功能，即生态支持功能和调节功能。

表 4-17　解释的总方差

成分	初始特征值		
	合计	方差的百分比/%	累积百分比/%
1	5.077	63.460	63.460
2	1.925	24.065	87.525
3	0.996	12.446	99.971
4	0.002	0.022	99.993
5	0.000	0.006	99.999
6	0.000	0.001	100.000

表4-18 旋转因子载荷矩阵

生态系统服务	成分			
	1	2	3	4
水源涵养	0.999	-0.026	0.019	-0.033
固碳释氧	0.998	-0.054	0.020	-0.009
气候调节	0.996	-0.080	0.021	0.014
生物多样性维持	0.996	-0.081	0.021	0.018
环境净化	0.990	-0.134	0.021	0.011
经济生产	-0.084	0.996	0.004	0.000
社会保障	-0.084	0.996	0.004	0.000
旅游与休闲	0.034	0.007	0.999	0.000

（4）类型四，经济-社会-生态服务区。该区因子分析结果表明，前3个主成分对总信息量的解释可以达到94.633%以上（表4-19），完全能够代表其他主成分包含的信息。第一主成分载荷较高的因子有固碳释氧、水源涵养、气候调节和生物多样性维持，主要代表农业的调节和支持服务，即生态系统服务；第二主成分载荷较高的因子有经济生产和社会保障，代表农业的经济生产功能和社会功能；第三主成分载荷较高的因子有环境净化，代表农业的生态调节服务（表4-20）。从生态系统服务结构来看，比例较高的服务依次有经济生产和社会保障服务、固碳释氧服务。因此，该区主导的服务功能为经济生产功能、社会功能和大气调节功能。

表4-19 解释的总方差

成分	初始特征值		
	合计	方差的百分比/%	累积百分比/%
1	4.180	52.248	52.248
2	2.193	27.409	79.657
3	1.198	14.976	94.633
4	0.364	4.549	99.182
5	0.064	0.804	99.986
6	0.001	0.009	99.995
7	0.000	0.006	100.001

表4-20 旋转因子载荷矩阵

生态系统服务	成分			
	1	2	3	4
固碳释氧	0.988	0.098	0.101	0.045
水源涵养	0.976	0.134	-0.065	-0.061
气候调节	0.894	0.023	0.375	0.216
生物多样性维持	0.875	0.012	0.404	0.233

生态系统服务	成分			
	1	2	3	4
社会保障	0.084	0.993	-0.076	0.000
经济生产	0.088	0.993	-0.077	-0.003
环境净化	0.277	-0.181	0.877	0.330
旅游与休闲	0.111	0.008	0.256	0.960

2. 2015 年农业生态系统服务功能分区

在对 2015 年农业生态系统服务功能分区的基础上,采用主成分分析法和生态系统服务结构的统计特征值,对该区农业生态系统提供的服务功能进行分析,来确定各服务区的主导服务功能,其结果见表 4-21。

(1)类型一,经济-生态-社会服务区。对该区农业生态系统提供的服务功能进行因子分析可以看出,前 3 个主成分可以解释总信息的 91.605%(表 4-22),可以代表其他主成分承载的信息。第一主成分信息载荷较高的因子有环境净化、生物多样性维持和气候调节服务,代表生态系统的支持服务和调节服务;第二主成分载荷较高的因子有水源涵养和固碳释氧服务,也代表生态系统的调节服务和支持服务;第三主成分载荷较高的因子有经济生产和社会保障,代表农业生态系统的经济生产和社会功能(表 4-23)。从农业生态系统服务的结构统计来看,比例较高的生态系统服务主要为经济生产、环境净化、生物多样性维持、社会保障和气候调节。因此该区的主导服务功能是经济功能、生态功能和社会功能。

表 4-21　2015 年农业生态系统服务功能分区统计

服务功能分区	统计参数	固碳释氧	环境净化	经济生产	旅游与休闲	气候调节	社会保障	生物多样性维持	水源涵养
类型一	均值/元	61942.62	102386.19	231243.56	4879.33	77648.68	84882.42	85852.49	12305.20
	标准差/元	18058.86	42323.04	93320.18	3899.93	25571.14	34545.38	28786.62	3338.48
	服务结构/%	9.37	15.49	34.98	0.74	11.74	12.84	12.98	1.86
类型二	均值/元	43456.91	9772.59	911127.44	2020.51	36518.80	377532.50	38843.35	9881.64
	标准差/元	10375.88	10224.17	47082.26	2131.966	15663.4	56843.64	17320.11	2437.075
	服务结构/%	3.04	0.68	63.75	0.14	2.56	26.42	2.72	0.69
类型三	均值/元	86627.59	176911.43	9010.50	4501.73	116313.78	3286.41	128924.81	16870.72
	标准差/元	13491.79	27426.96	10343.22	2662.27	17998.36	3797.63	20024.02	2606.66
	服务结构/%	15.97	32.61	1.66	0.83	21.44	0.61	23.77	3.11
类型四	均值/元	31471.53	14122.10	494181.18	1912.58	30486.78	185719.65	32850.54	6865.91
	标准差/元	13424.64	17309.10	170028.55	2640.74	16936.06	69085.63	18791.07	2973.66
	服务结构/%	3.95	1.77	61.96	0.24	3.82	23.28	4.12	0.86

表 4-22　解释的总方差

成分	初始特征值		
	合计	方差的百分比/%	累积百分比/%
1	4.437	55.468	55.468
2	1.846	23.075	78.543
3	1.045	13.062	91.605
4	0.491	6.136	97.741
5	0.149	1.857	99.598
6	0.031	0.389	99.987
7	0.001	0.012	99.999
8	0.000	0.001	100.000

表 4-23　旋转因子载荷矩阵

生态系统服务	成分			
	1	2	3	4
环境净化	0.933	0.120	−0.071	0.181
生物多样性维持	0.859	0.387	0.178	0.226
气候调节	0.851	0.409	0.189	0.206
水源涵养	0.219	0.948	0.212	−0.026
固碳释氧	0.426	0.876	0.214	0.065
社会保障	0.056	0.148	0.977	0.042
经济生产	0.084	0.215	0.964	0.016
旅游与休闲	0.324	0.009	0.039	0.945

（2）类型二，经济-社会-生态服务区。对该区农业提供的服务功能进行因子分析，表明前3个主成分的信息解释量可以达到90%以上，可以代表整个主成分承载的信息（表4-24）。第一主成分载荷较高的因子主要有环境净化、旅游与休闲、生物多样性维持和气候调节服务，分别代表生态系统的支持服务、调节服务和文化休闲服务；第二主成分载荷较高的因子主要有水源涵养和固碳释氧服务，代表生态系统的调节服务；第三主成分载荷较高的因子主要有社会保障功能，代表农业的社会功能（表4-25）。从生态系统服务功能结构统计来看，比例较高的生态系统功能主要有经济生产、社会保障功能。因此，该区主导的生态系统服务功能是经济功能、社会功能及生态支持服务和调节服务。

表 4-24　解释的总方差

成分	初始特征值		
	合计	方差的百分比/%	累积百分比/%
1	4.087	51.086	51.086
2	1.981	24.757	75.843
3	1.139	14.241	90.084
4	0.644	8.055	98.139
5	0.108	1.346	99.485
6	0.041	0.508	99.993
7	0.001	0.007	100.000

表 4-25　旋转因子载荷矩阵

生态系统服务	成分			
	1	2	3	4
环境净化	0.973	−0.008	−0.038	−0.073
旅游与休闲	0.954	−0.063	0.068	−0.092
生物多样性维持	0.946	0.304	−0.021	−0.024
气候调节	0.938	0.327	−0.020	−0.021
水源涵养	−0.010	0.992	0.076	0.071
固碳释氧	0.318	0.944	0.057	0.051
社会保障	0.000	0.097	0.980	0.172
经济生产	−0.104	0.088	0.175	0.975

（3）类型三，生态-文化休闲服务区。通过对该区生态系统服务进行因子分析，结果表明前 3 个主成分的解释量可以达到 99.976%（表 4-26）。第一主成分载荷较高的因子有水源涵养、气候调节、环境净化、生物多样性维持和固碳释氧，代表农业生态系统的生态调节和支持服务；第二主成分载荷较高的因子有经济生产和社会保障功能，代表农业的经济功能和社会功能；第三主成分载荷较高的因子主要有旅游与休闲服务，代表文化休闲服务（表 4-27）。从生态系统服务功能结构的比例来看，比例较大的功能有环境净化、生物多样性维持、气候调节和固碳释氧等服务。因此，该区的主导服务功能有生态服务和文化休闲服务。

表 4-26　解释的总方差

成分	初始特征值		
	合计	方差的百分比/%	累积百分比/%
1	5.103	63.785	63.785
2	2.028	25.351	89.136
3	0.867	10.840	99.976
4	0.001	0.012	99.988
5	0.000	0.006	99.994
6	0.000	0.004	99.998
7	0.000	0.002	100.000

表 4-27　旋转因子载荷矩阵

生态系统服务	成分			
	1	2	3	4
水源涵养	0.994	-0.005	0.104	-0.014
气候调节	0.994	-0.010	0.106	-0.008
环境净化	0.994	-0.029	0.104	-0.010
生物多样性维持	0.994	-0.004	0.113	0.010
固碳释氧	0.993	0.006	0.118	0.022
经济生产	-0.012	0.999	0.045	-0.006
社会保障	-0.011	0.999	0.049	0.006
旅游与休闲	0.189	0.078	0.979	0.000

（4）类型四，经济-社会-生态-文化休闲服务区。对该区农业生态系统服务进行因子分析结果表明，前 3 个主成分信息解释能力达到 91.605%，可以代表所有主成分信息（表 4-28）。第一主成分载荷较高的因子有环境净化、生物多样性维持、气候调节、固碳释氧和旅游与休闲服务，代表生态系统的支持和调节服务与休闲服务；第二主成分载荷较高的因子有水源涵养和固碳释氧服务，代表生态系统的调节和支持服务；第三主成分载荷较高的因子主要有经济生产和社会保障，代表农业生态系统的经济功能和社会功能（表 4-29）。从农业生态系统服务功能的结构来看，比例居前的服务主要有经济生产和社会保障功能，代表农业的经济和社会功能。因此，该区的主导服务功能是经济功能、社会功能和生态功能。

表 4-28　解释的总方差

成分	初始特征值		
	合计	方差的百分比/%	累积百分比/%
1	4.437	55.468	55.468
2	1.846	23.075	78.543
3	1.045	13.062	91.605
4	0.491	6.136	97.741
5	0.149	1.857	99.598
6	0.031	0.389	99.987
7	0.001	0.012	99.999
8	0.000	0.001	100.000

表 4-29　旋转因子载荷矩阵

生态系统服务	成分			
	1	2	3	4
环境净化	0.933	0.120	−0.071	0.181
生物多样性维持	0.859	0.387	0.178	0.226
气候调节	0.851	0.409	0.189	0.206
水源涵养	0.219	0.948	0.212	−0.026
固碳释氧	0.426	0.876	0.214	0.065
社会保障	0.056	0.148	0.977	0.042
经济生产	0.084	0.215	0.964	0.016
旅游与休闲	0.324	0.009	0.039	0.945

（三）西咸农业生态系统服务功能的空间演变

从农业生态系统服务的主导功能来看，尽管 1988 年和 2015 年的主要生态系统服务区在功能上和空间分布上，如经济-生态-文化服务区与经济-生态-社会服务区，经济-生态-社会服务区与经济-社会-生态服务区，生态-文化休闲服务区与生态-文化休闲服务区，经济-社会-生态服务区与经济-社会-生态文化休闲服务区等大体相当，但实际上，各功能区的主导功能，包括农业景观都发生了较大的变化。非农业区主要指城镇及居民点、未利用地及部分水域，在 1988 年和 2015 年含义相同，除此之外，其他功能区均有较大的差异。生态-文化休闲区均在该区的森林和林地分布区，尽管其主导服务功能相同，但 2015 年森林和林地分布区更大限度地发挥了其旅游与休闲服务功能；以农业耕作为主的生态系统服务区，与 1988 年相比较，2015 年增加了大面积的果园、蔬菜地和苗木花卉等农业类型，也增加了数量较多的现代都市农业园区等农业生产类型，导致主导生态系统服务功能发生了变化（图 4-29）。

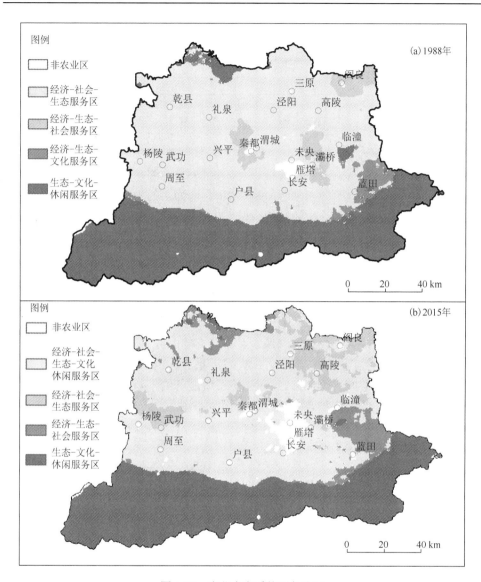

图 4-29 农业生态系统服务分区

三十多年来,随着农业类型的转变,农业生态系统综合服务功能发生了较大的变化(表 4-30)。简单地来看,1988 年的经济-生态-文化服务区与 2015 年的经济-生态-社会服务区在主导生态服务功能上大体相当,面积增加了 4.56 万 hm²,经济-生态-社会服务区与经济-社会-生态服务区相比面积增加了 69.92%,生态-文化休闲区面积略有减少,减少 3.60%,经济-社会-生态服务区与经济-社会-生态-文化休闲服务区相比较,减少了 12.2%。

表 4-30　1988 年、2015 年农业生态系服务区变化

1988 年		2015 年	
生态系统服务区	面积/hm²	生态系统服务区	面积/hm²
非农业区	23581.31	非农业区	51442.76
经济-生态-文化服务区	42176.85	经济-生态-社会服务区	87726.90
经济-生态-社会服务区	66335.65	经济-社会-生态服务区	112714.48
生态-文化休闲服务区	544314.27	生态-文化休闲服务区	524739.31
经济-社会-生态服务区	821591.92	经济-社会-生态-文化休闲服务区	721376.55

从生态系统服务区的分布来看，以森林和林地为主的生态-文化休闲服务区基本保持没变；以农业耕作为主的经济-社会-生态服务区因向非农地转变，耕地向果园和苗木花卉用地转变而面积减少，但在空间布局上，因农业基地的"成组成片"政策，表现出分散化布局和均衡化布局的特点。

1988 年以来，西咸地区的工业化与城市化迅速发展，耕地被交通道路、工矿及居民用地所占用，直接导致自然、半自然景观减少，农业生态景观减少，景观格局破碎。农业类型转变导致区域生态系统服务总量增加，但其增加以经济产出为主，增长幅度也最大；而在生态系统服务的支持服务和调节服务中，部分服务出现下降。在农业类型转变过程中，大力发展果业、苗木花卉、休闲农业，以及天然林保护、退耕还林（草）等政策对生态系统服务的下降具有一定的抵消作用，表明社会生产方式的改变导致农林用地结构的变化，也带来农林生态系统服务价值的增加，因此，快速城市化地区，根据区域实际，通过改变农业用地结构、调减农业结构中生态系统服务供给较低的农业用地，合理布局和优化农业景观格局，可以提高生态系统服务、改善生态环境。从区域生态系统服务功能保护的角度考虑，林地、水域和园地均应作为快速城市化地区重点保护的农林用地类型。

第五章　西咸城市化对农业生态系统服务的影响

城市化与生态系统之间的相互作用已成为国内外人地关系研究的焦点和热点。城市化过程中的人口聚集、工业化、土地利用变化是导致生态景观格局、生物物理过程和生物栖息地、生物地球化学循环改变的主要原因，冲击着区域生态系统的结构、功能及其空间演化过程，特别是严重影响生态系统为人类提供生命支持和福祉的生态系统服务的能力，进而对生态系统服务功能产生重要影响（周忠学，2011）。都市农业服务城市依托城市，容易受城市发展影响。城市化进程的加快会向环境索取更多的资源，以满足日益增长的生活需求，直接或间接地影响农业生态系统的功能及服务能力。一方面，因城市扩张需要，大量耕地、林地、果园等被占用，农业生态系统用地类型快速转变，使农业结构发生变化，对农业生态系统产生影响；另一方面，城市化发展，对农产品的大规模需求，为农业发展提供先进的种植、养殖等农业技术及资本支持，提高了农业生产效率和生产力，促进农业发展及其结构的转变。农业生产一直是以环境消耗获取产品服务能力的最大输出，这种发展方式导致农业生态系统出现一系列环境危机，其服务功能不断弱化甚至丧失。西安地区近30年快速城市化过程对区域农业生态系统（近十几年转变为现代都市农业生态系统）服务产生了什么影响？城市化对都市农业功能演变存在什么样的作用机理及耦合关系？这是快速城市化的农业耕作区、大城市近郊地域发展面临的重要科学问题，对区域农业发展、城市发展及其城乡功能的协调、城市化的农业地区可持续发展具有重要的科学及实践意义。

第一节　城市化过程中农业生态系统服务变化影响机制分析

一、城市化对农业系统服务的宏观影响机制

城市化（又称城镇化），指农业人口转化为非农业人口、农村地域转化为城市地域、农业活动转化为非农业活动的过程。城市化是一个区域人口、产业经济、资本、技术和文化等诸多要素向城市空间聚集的地理过程，是社会经济发展的必然结果，是衡量一个国家和地区社会及发展程度的重要标志。城市化通过人口集聚、第二及第三产业发展和集聚、城市地域扩张，以及基础设施网络向外扩展、城市与乡村地域之间的各种交互作用等，对区域人口分布格局、市场分布格局产生影响，对区域土地利用及农业水土资源、农业产业结构等产生影响，对区域农业生态系统产生显著影响（图5-1）。

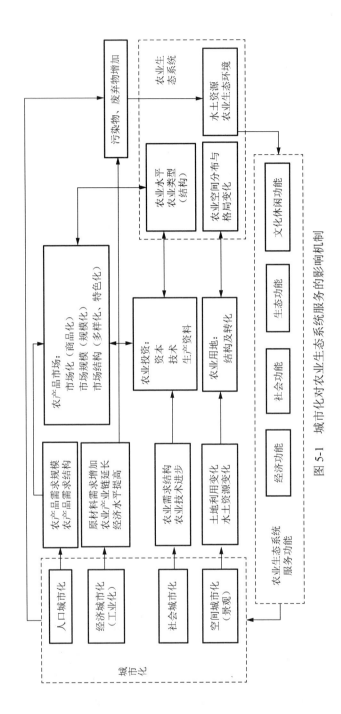

图 5-1 城市化对农业生态系统服务的影响机制

在城市化过程中，城镇人口规模的增长、人口向城市地域集聚对农产品需求量和需求结构产生了很大影响，调节农产品市场，同时为农业发展提供劳动力，促进都市农业发展，也会产生大量的废弃物和污染物，污染农业生态环境；城市第二、第三产业的发展及向城市的集聚，区域经济发展水平和农产品深加工能力的提高，增加了对农业原材料的市场需求、农业资本投资，促进了农业产业化发展，但也会产生大量废弃物，污染水土资源；社会城市化推动了居民生活方式、价值观念、文化素养、劳动技能等的提高，影响了农产品的需求层次，同时，推动了农业技术进步，促进农业产出水平及结构变化；空间城市化主要以农业土地利用的方式影响都市农业发展的水土资源及其空间格局，影响都市农业类型转变及其空间格局变化。总体上，城市化会影响都市农业的发展规模、农业类型及结构变化、空间分布格局，以及农业水土资源及农业生态环境，进而影响农业生态系统的服务功能。农业生态系统服务功能的演变又会通过区域规划、城市规划和农业规划，城市、农业和区域发展政策，生态环境建设与保护政策等反馈机制对城市化产生影响。

二、不同城市化对农业生态系统服务的影响机制分析

（一）人口城市化

随着城市的快速发展，乡村人口向城市人口转变，城市人口规模不断扩大，人口密度增加，人口向城市大规模集聚产生了3个方面的影响：第一，大量人口向城市聚集并转变为非农业人口，城市成为区域最为突出的农产品需求市场，农产品需求由原来分散需求转化为大规模的集中消费需求；人口的增加、社会文化的发展，特别是社会需求结构逐渐发生转变，对农产品需求提出了新的要求，由原来的以粮食、肉食和蔬菜等需求为主，特别是对农产品的安全、对生态环境的需求、对文化休闲的需求等日益增加，转向规模化、多样化、高级化和特色化，这种市场需求通过市场机制反映到农业生产上，迫使农业必须进行生产结构的调整，促进农业的规模化、集约化、多样化、生态化和多产融合的生产方式与新型业态的形成。这种变化促使农业部门结构的演变和农业生产类型的转变，在这一过程中，受市场机制的调节和政府政策的调控，农业部门结构发生了两个方面的相对变化：一方面，在传统以大田粮食生产为主的部门结构的基础上，开始出现分化，除了粮食生产基地和生产大县之外，粮食生产逐渐减少，而高利润和高回报的农作物生产大幅度增加，逐步引进和形成一些新兴的农业生产部门，如经济作物、花卉、园林苗木、特色养殖等；另一方面，在农业功能上，又出现了逐渐向多功能集成的新兴农业生产转变，力图在一个较小的农业生产地域发挥农业的多功能性，为城市居民提供更多的农业功能，以此提高农业经营者的利润，出现

农业功能或者生产方式的融合，如设施蔬菜和水果采摘、QQ 农场、农业休闲观光园等，既可以提供农产品，也可以提供农业休闲、文化教育等功能。第二，人口向城市的聚集，科学技术和文化的进步，为农业生产提供了高素质技术人才和新兴农业技术，促进区域农业生产水平的提高、农业结构的转变和农业地域布局的变化，如在农业生产布局形式上形成了多功能的现代农业产业园，主要布局于城市近郊；水果生产基地和粮食生产基地也基于比较效益原则布局在农业生产条件最为优越的地方，塑造地理标志产品，农业用地表现出集中化、规模化趋势。市场变化节奏加快，这两种变化通过农业生产投资方向的变化和农用地在农业内部的频繁转变，导致农业景观类型和农业景观格局的转变，进而影响农业生态系统过程及其功能，最终影响到农业生态系统服务的变化。第三，大量人口向城市的集中，城市扩张造成对农业生产的水土资源的占用和消耗，产生大量的生活废弃物；农业的规模化和集约化生产，向农业生态系统投入大量的化石能源，如化肥、农药和机械动力，对农业生态环境产生影响和破坏，如土壤板结、富营养化、农业残余垃圾等，对农业生态系统服务产生负面影响（图 5-2）。

（二）经济城市化

经济城市化主要指城市快速发展对当地经济发展的带动，以及区域经济的发展反过来对城市化过程的推动作用。在这一经济互动过程中，城市和区域经济发展水平都得到了提高，经济的发展使 GDP、社会固定资产投资及工业总产值都有所增长。区域经济水平的提高促进农业产业化发展，进一步促进农业商品化发展，一是促进农业产业化发展，对初级农产品的需求规模加大；二是区域居民生活水平的提高增大了对农产品的消费需求，表现出农产品消费的高级化和特色化；三是区域经济水平的提高，有利于增加农业投资，加大对农业技术、设施等的投入，促进设施农业、高效集约农业的快速发展；四是经济快速发展使水资源和能源资源消耗量增大，农业产业化发展在农产品各个加工环节对环境带来污染，影响农业生态环境。农产品商品化发展对农产品的供需市场和农业物资供需市场产生影响，进而影响农业经济系统，引起农业生产方式的变化（如反季节蔬菜具有较高的价格及利润促进了大棚设施蔬菜的发展），引起了农业生产规模的变化（如果业大发展促进了西咸地区苹果基地、猕猴桃生产基地等的建设），又进一步导致农业结构、农业空间布局的变化。农业经济系统的变化对农业生态系统产生重要影响，如农业景观类型及其格局转变、农业生态环境的转变等，粮食种植向果园、苗木花卉、蔬菜瓜果种植的转变，引起农业景观格局的变化，进而对农业生态系统服务产生影响（图 5-3）。

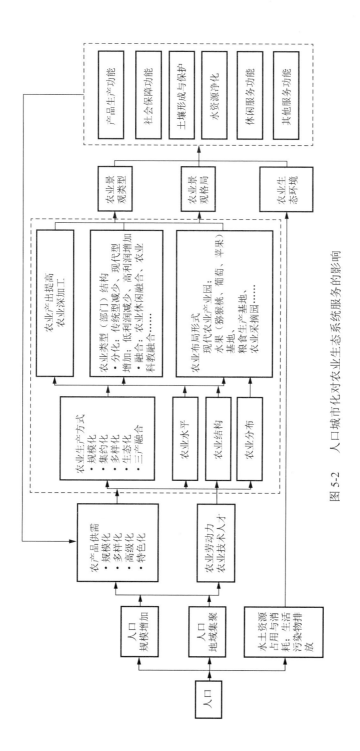

图 5-2　人口城市化对农业生态系统服务的影响

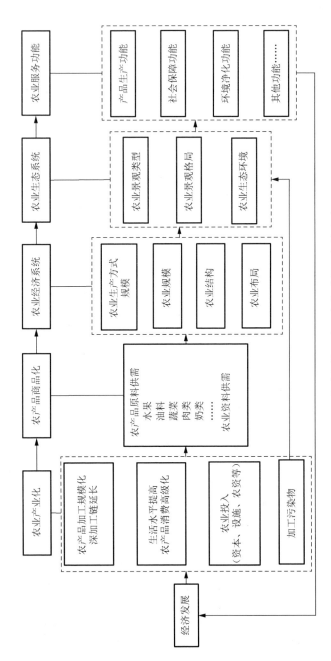

图 5-3 经济城市化对农业生态系统服务的影响

（三）社会城市化

社会城市化是指乡村人口转变为城市人口、乡村生活方式转变为城市生活方式的过程。在社会城市化过程中，一方面，随着经济发展、城市居民生活质量的不断提高，居民生活方式的转变，特别是消费观念和消费行为的转变，人们对精神生活、文化生活的要求提高，对休闲需求增加。休闲需求、猎奇体验、绿色健康、营养多样化等对农产品供需市场产生显著影响，迫使农业和农村经济结构与生产方式发生变化，以此来提供相应服务，如建立农业公园等，为城市居民提供观光、度假、休憩和参与劳动的场所，缓解压力；另一方面，社会城市化促进农业科技的进步和农业劳动力素质的提高，加强了农业劳动力及科技的投入，推动农业经济结构的转变，具体表现在如休闲农业、花卉苗木、果业、蔬菜等方面的快速发展，又进一步对农业生态系统产生影响（如农业景观类型、格局和农业生态环境），进而影响到农业系统服务的供给（图5-4）。

（四）空间城市化

空间城市化主要指由乡村景观转变为城市景观的过程。城市化过程驱动区域土地利用与土地覆盖的巨大变化，具体表现在城市用地扩张、农村居民点用地扩张、交通道路及其他基础设施扩张，区域旅游景区（点）及城市新区、开发区扩张导致区域土地利用和农用地发生巨大变化，总体上体现为耕地减少、建设用地增加、果园面积增加，使大面积连片的基本农田、优质耕地或园地被小片的果园、苗圃和花卉基地及纵横交错的交通道路绿带等所分割，生态景观日益破碎化和异质化（如农业用地多样性增加、大棚等设施农业用地增加、农业用地之间的相互转化频繁等）。区域土地利用/土地覆盖变化进一步影响农业生态系统的变化，如农业生态系统结构、农业景观格局和农业生态环境的变化，影响农业生态系统过程、功能及生物地球化学循环等，进而影响 NPP、O_2、CO_2、农业生物多样性、生物生境、农业景观破碎度等，如耕地面积减少，耕地转化为果园、苗圃（或花卉基地）及兼业休闲用地，导致区域土地覆被/利用及其格局发生显著变化，最终使得植被覆盖度、生态系统初级生产力下降，植被对 O_2 的释放和 CO_2 的固定能力下降。在城市绿地、广场、公园等的建设和道路绿化中，引入大量外来物种，导致当地物种减少，生物多样性发生明显改变，进而影响生物生境的变化。在这一过程中，交通网络的延伸，特别是城市外围农业开发及生产方式的转变，导致生物生境破碎化，改变生态景观的连接性，如水文过程、有机质与营养物质循环过程等，破坏或阻断了生态系统水分和养分保持能力，影响物种的分布、运动和迁移，改变了生态过程。由此导致农业生态系统服务的孕育、传递及其格局的巨大变化，使得农业生态系统供给和维持服务的能力发生变化（图5-5）（周忠学，2011）。

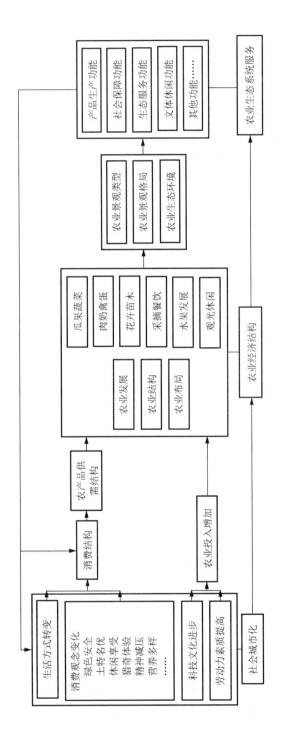

图 5-4 社会城市化对都市农业生态系统服务的影响

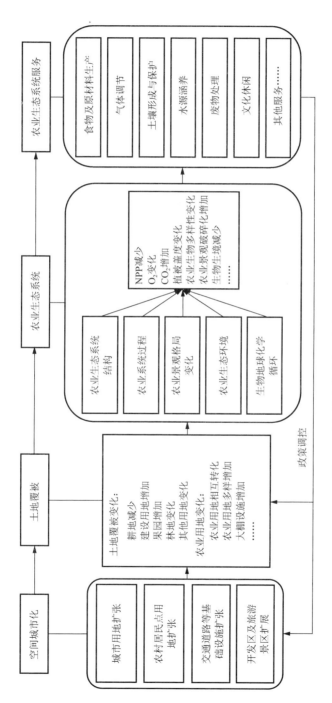

图 5-5　空间城市化对农业生态系统服务的影响

　　总之，在城市化过程中，人口聚集、工业化和建设用地扩展，直接影响区域生态系统结构、生态系统过程和生境，对生态系统服务产生巨大冲击。城市发展对都市农业生态系统产生了很大影响，特别是在快速城市化地区，城市经济总量不断提高，人口规模扩大，城市空间扩张，使都市农业土地利用类型及其空间格局发生巨大变化，如城市郊区土地大面积由耕地转为建设用地、乳畜基地、果园和苗圃花卉基地等，进而直接或间接影响到都市农业生态系统服务功能变化。城市化进程造成大量能源、资源的消耗，以及大量生活、生产废弃物排放引发一系列生态环境问题，削弱或破坏了农业生态系统的结构与格局，也严重影响了都市农业景观格局及其生态系统的多种功能。都市农业景观演变对生态系统的影响是一个潜在、长期的过程，加上都市农业生态系统受人类的控制和支配，其影响过程变得更加复杂。都市农业生态系统服务功能在景观结构和生态过程中形成，不同的景观结构和生态过程决定着生态系统服务的变化。都市农业景观格局的演变改变了生态系统原有的格局和结构，并通过与生物过程和非生物过程的相互作用，最终导致生态系统服务发生变化。都市农业生态系统的演变对生态系统服务的影响因时间尺度和空间规模的变化而变化。都市农业景观变化改变了生态景观的斑块面积、形状、廊道，然后通过生物过程和非生物过程向周边生态系统传递并产生影响，最终导致都市农业生态系统中的作物、土壤等生态系统组分与结构的改变，并且这种作用会在时间和空间上产生积累效应。

　　当然，反过来，都市农业伴随着城市化、工业化和社会经济的不断发展而发展，都市农业的发展也是城市化、工业化进程的必然要求。都市农业可以改善城市生态环境，为城市居民提供鲜活的农产品。在都市农业发展中在市区内及近郊等空间形成的庄稼地、公园等创造了绿色景观，起到美化城市、提供休闲娱乐场所、发挥保护生态、减缓热岛效应的作用。农作物、花草树木、绿地等吸收城市排放的污染物，净化大气、调节气候；枯枝落叶等分解为腐殖质，提高土壤肥力。此外，还具有涵养水源、固着土壤、防止水土流失、净化水质等作用。都市农业可以充分、合理、高效地利用资源，缓解因城市化、工业化所带来的对农业资源的占用压力。

第二节　西咸城市化对农业生态系统景观格局的影响

　　在不同阶段，城市的数量及规模结构、城市扩张方式及影响范围、城市间联系的紧密程度，以及区域交通网络的延伸与密集程度等都具有很大的差异。因而，从景观生态学的视角来看，区域城市化过程是由单中心到多中心结构再向一体化结构演变的过程。这一过程对区域生态环境与景观的影响范围与程度将更广、更深远。区域生态景观格局与过程、生物多样性及生态系统服务是人类生存的基础和生命支持系统。近年来在我国快速城市化过程中出现了一列生态环境问题，危及区域生态安全与可持续发展。2014 年《国家新型城镇化规划（2014—2020 年）》提出走"集约、智能、绿色、低碳"的新型城镇化道路，要求把生态文明理念融入城镇化的全过程，在绿色城镇化过程中要实现气候及生态优化、碳排放量下降、维护区域生态安全。那么，在区域城市化的不同阶段，对区域生态景观格局的影响方式和影响程度有何不同？揭示区域城市化对生态系统与景观格局的影响机制与规律，对深入认识快速城市化地区人类活动与生态系统的关系具有重要意义，也是研究城市化生态效应的重要方面，对探索和选择我国生态安全的绿色城镇化路径具有重要的现实意义。

一、景观格局指标与测度

景观生态格局主要从景观破碎化和复杂化两个方面测度，本书选用斑块密度（PD）、景观分裂指数（DIVISION）、连接度（CONNECT）、边缘密度（ED）、景观形状指数（LSI）和最大斑块指数（LPI）等指标。各景观指数的测评采用 Fragstats 4.2 来提取，计算各区（县、市）景观水平和类型水平上的景观生态指标值。

二、城市化对农业生态景观过程及生态系统服务的影响机制探讨

首先，在快速城市化地区，城市景观本身向外扩张，对区域农业结构与类型转变产生双重影响，极大地改变了区域土地利用及其景观格局、生态过程、生物生境等景观过程，进而影响区域生态系统的结构、功能及其空间演化，最终对生态系统服务产生影响。大量人口向城市的聚集、城市工业和商业的快速发展，一方面，导致城市建设用地和交通建设用地等快速向外扩张及呈网状延伸，侵占和分割耕地、园地、林地和草地，极大地推动区域土地利用及其景观格局的变化；另一方面，城市人口聚集形成的巨大农产品消费市场，导致区域农业类型由传统的大田粮食生产转向以水果、蔬菜及肉奶蛋、园艺花卉、观光休闲等为主导的现代型都市农业，造成耕地减少，园地、苗木园艺用地增加，休闲农庄出现等，其进一步促进农业土地利用格局变化，推动生态景观格局的破碎化、复杂化，进而影响生态系统服务。其次，城市人口、工商业和农业经济的发展对区域能源资源的大量消耗：一方面，导致区域能源资源的大规模及过度开发利用，如自然植被覆盖、水资源储存量减少等资源退化；另一方面，大量废弃物、污染物排放，加剧了对土壤、水、大气环境污染，导致生态环境退化，使得景观生态系统的生产能力、降解能力及环境容量下降，削弱了生态系统服务的提供能力。最后，城市居民生活方式由物质需求为主向精神需求转变，使居民亲近自然和娱乐休闲需求的增加直接刺激了城郊及远郊乡村地域农业旅游观光园等兼业服务的大规模发

展。一方面，促进土地利用与景观格局的变化，如大量旅游景区（景点）、农家乐、农业采摘园等的建设；另一方面，也促进了人们对自然生态系统文化休闲服务需求的提升，改变了生态系统服务价值。

从城市化对景观生态格局与过程、生态系统服务影响的传导机制（图 5-6）来看，在区域单中心城市化空间结构阶段和多中心城市化空间结构阶段，这种影响及作用方式与程度明显不同。在单中心城市化空间结构阶段，中心城市向外围的扩张，以及对区域农业类型转变的影响强度及范围明显有限，加之区域交通道路等级低、线路密度小，对生态景观侵占、转变和分割阻断，甚至对生态环境的污染等影响仅限于中心城市和小城镇的外围、交通道路两侧等局部范围和地区，因此，对景观生态格局及其生态服务产生的影响也有限；但在多中心城市化空间结构或一体化阶段，更多的城市建成区向外扩展，区域高等级交通道路网络密集发展并网络化扩展，城市对区域农业结构及类型转变的影响，更多城镇成为能源资源的消费

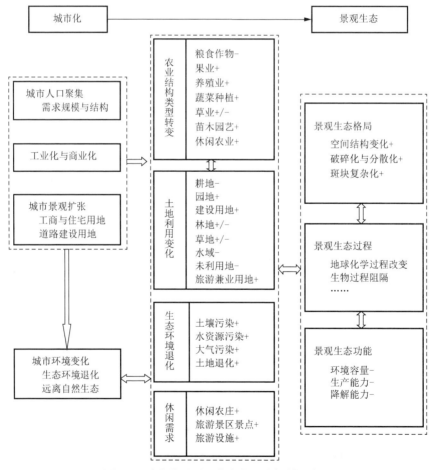

图 5-6　城市化对景观生态的影响机制示意图

及废物排放中心而加大了对环境的污染，在此阶段对生态景观的侵占、转变与分割、损毁及污染等将出现面状态势，城市化影响更为强烈，会对区域景观格局及其生态系统服务会产生更为广泛和深远的负面影响。

三、区域城市化对景观格局变化的影响

2000 年以前，西咸地区城市化以单中心城市化空间结构为特征，在此之后，多中心城市化空间结构突出，尤其是 2015 年的城市化空间结构可以看成是多中心城市化阶段。因此，通过分析 1988 年和 2015 年两个不同阶段的城市化空间结构与景观生态格局之间的关系，可以揭示不同城市化空间结构阶段对区域景观生态的影响特征与规律。城市化率与景观生态指数之间的相关系数表明，1988 年、2015 年由于区域城市化空间结构不同，相关关系存在较大的差异（表 5-1）。

表 5-1　西咸地区城市化率与景观生态指数相关系数

城市化 类型	1988 年					2015 年				
	PD	LPI	ED	CONNECT	DIVISION	PD	LPI	ED	CONNECT	DIVISION
人口城市化	0.35	0.076	0.029	0.091	-0.032	0.672**	-0.282	0.588*	0.434	0.342
经济城市化	0.154	-0.473	0.143	-0.4	0.483	0.036	-0.234	0.037	0.243	0.253
空间城市化	0.634**	-0.076	0.137	0.315	0.041	0.704**	-0.462	0.696**	0.206	0.504*
区域网络化	0.457	0.247	-0.069	0.348	-0.258	0.764**	-0.502*	0.793**	0.223	0.526*
综合城市化	0.296	-0.214	0.094	-0.158	0.242	0.559*	-0.328	0.502*	0.408	0.379

*表示 0.05 水平显著性检验；**表示 0.01 水平显著性检验。

从西安都市圈景观水平来看，城市化导致农田、草地、森林甚至区域基础设施等景观破碎化，因此，无论在 1988 年的单中心城市化空间结构阶段还是在 2015 年的多中心城市化阶段，城市化水平与斑块密度表现出明显的正相关，尤其在 2015 年相关系数均高于 1988 年，且检验显著；连接度和景观分裂指数在 1988 年既存在比较弱的正相关，也存在负相关，且没通过显著性检验，表明其与城市化关系不明确；但在 2015 年二者均表现出弱的正相关性，表明随着城市化水平的提高，景观分裂指数增加，空间城市化和区域网络化与景观分裂指数之间具有较高的正相关性，相关系数达到 0.5 以上，且通过显著性检验。因此，可以推断多中心城市化空间结构阶段对景观破碎化具有更显著的影响。从景观复杂性来看，边缘密度在 1988 年和 2015 年与城市化水平大体均呈正相关，但 1988 年相关系数未通过显著性检验，表明相关性不明确；2015 年边缘密度与城市化水平之间表现出

明显的正相关。最大斑块指数与城市化水平之间基本表现出负相关，即随着城市化水平的提高，斑块形状越趋复杂化，尤其是 2015 年区域网络化明显改变了景观斑块的复杂程度，相关性达 0.5 以上。1988～2015 年，全区城镇用地面积净增 $5.6 \times 10^4 \text{hm}^2$，年均增加 10.9%；交通用地面积增加 $1.5 \times 10^4 \text{hm}^2$，年均增加 2.65%。表明在多中心城市化空间结构阶段，城市化是导致区域景观复杂化的主要原因。高速公路等交通道路建设，使沿线区域建设用地增加、耕地大量流失；同时道路的建设和运营，以及由此带来的沿线区域经济发展中增强的人工干扰程度，导致景观斑块密度增加、斑块形状趋向复杂、景观破碎化加剧，因而道路建设对原始农村、农田生态景观或自然景观的影响要比对已开发利用的城市景观的影响更加显著。在城市化过程中，加大对城市边缘带绿地景观，如大片林地、草地、果园甚至农田的保护及建设，对维护该区自然或半自然景观格局具有重要意义。

对于以农业耕作为主的西安都市圈来说，在城市化过程中对区域耕地、林地的挤占、切割及穿孔破碎等的方式影响景观生态；城市化也引起都市农业发展，特别是果业进一步发展、园地面积逐步增加。通过分析城市化与耕地、林地景观指数之间的相关性表明，不同城市化空间结构阶段对三者景观格局的影响程度不同。城市化对耕地景观格局的影响主要表现在区域网络化方面，无论在单中心城市化阶段还是在多中心城市化阶段，区域网络化与耕地景观指数之间具有明显的相关性（表 5-2）。1988 年区域网络化与耕地的主要指标斑块密度、最大斑块指数、景观形状指数、景观分裂指数之间具有显著的相关性，网络化程度越高，越占用耕地，耕地越破碎。1988～2015 年，耕地持续减少，净减少 $18.7 \times 10^4 \text{hm}^2$，年均减少率为 1.3%。2015 年，耕地景观的破碎化也随着城市化水平的提高而提高，人口城市化、空间城市化和区域网络化水平与斑块密度呈显著正相关，三者与斑块边缘密度呈显著正相关，表明网络城市化会导致耕地景观斑块的复杂化。

表 5-2　城市化与耕地景观指数相关系数

城市化 类型	1988 年					2015 年				
	PD	LPI	ED	LSI	DIVISION	PD	LPI	ED	LSI	DIVISION
人口城 市化	−0.357	0.356	0.02	−0.356	−0.318	0.508*	0.056	0.504*	−0.135	−0.033
经济城 市化	0.035	−0.252	0.087	0.137	0.327	0.09	−0.162	0.027	−0.112	0.2
空间城 市化	−0.464	0.375	0.147	−0.474	−0.351	0.608*	−0.026	0.611*	0.065	0.05
区域网 络化	−0.566*	0.668**	−0.037	−0.669**	−0.646**	0.578*	0.143	0.750**	−0.033	−0.116
综合城 市化	−0.197	0.078	0.059	−0.143	−0.015	0.447	−0.008	0.434	−0.131	0.039

*表示 0.05 水平显著性检验；**表示 0.01 水平显著性检验。

1988～2015 年西安都市圈因退耕还林等原因，林地净增加 $7.5×10^4hm^2$，年均增加 0.7%。但无论从 1988 年还是 2015 年来看，人口城市化、空间城市化和区域网络化水平与 PLAND 呈显著负相关，表明城市化水平越高，林地斑块占景观面积比例越小，即越破碎化；2015 年景观城市化和区域网络化对林地破碎化的影响更加强烈。2015 年对林地最大斑块指数产生较大负面影响的是空间城市化和区域网络化，且比 1988 年的影响更大，而经济城市化对林地最大斑块指数的影响已经很弱，综合城市化对林地最大斑块指数的负面影响在加强，但未能通过显著性检验，二者相关关系尚不能确定；2015 年比 1988 年空间城市化和区域网络化对林地破碎化的影响也在加强，并且比较显著；2015 年城市化水平越高，对林地聚集程度的负面影响也越显著（表 5-3）。

表 5-3 城市化与林地景观指数的相关系数

城市化类型	1988 年							2015 年						
	PLAND	PD	LPI	ED	LSI	DIVISION	AI	PLAND	PD	LPI	ED	LSI	DIVISION	AI
人口城市化	-0.544*	-0.057	-0.538*	-0.392	0.040	0.489	-0.544*	-0.553*	-0.326	-0.510	-0.641*	-0.652*	0.483	-0.702**
经济城市化	0.070	-0.009	0.074	-0.034	0.048	0.041	0.041	0.063	0.064	0.122	-0.202	-0.445	-0.034	-0.146
空间城市化	-0.633**	0.314	-0.631**	-0.393	-0.042	0.611*	-0.587*	-0.669**	-0.231	-0.634*	-0.371	-0.241	0.649*	-0.744**
区域网络化	-0.834**	0.096	-0.825**	-0.553*	-0.060	0.786**	-0.825**	-0.929**	-0.526	-0.906**	-0.516	-0.165	0.884**	-0.874**
综合城市化	-0.289	0.032	-0.283	-0.253	0.046	0.273	-0.304	-0.418	-0.227	-0.359	-0.563*	-0.656*	0.381	-0.612*

*表示 0.05 水平显著性检验；**表示 0.01 水平显著性检验。

区域城市化导致生态景观破碎化和复杂化，进而导致生态系统服务减少。在区域单中心城市化空间结构阶段，城市化对生态景观格局与过程、生态系统服务的影响明显小于多中心城市化空间结构阶段。在多中心城市化空间结构过程中，城市扩张、交通网络延伸与密集化，以及复合的传统大田农业向都市与休闲农业的转变过程，更强烈地推动了西安都市圈生态景观格局与过程的变化，导致生态系统服务提供能力的降低。在多中心城市化空间结构过程中，城市化对城乡过渡地带和交通道路沿线两侧施加的影响最为强烈，保留或者加强建设这些区域的大片林地、草地、果园甚至农田景观，可以减缓区域自然与半自然景观的破碎化，减缓区域生态系统服务的大幅度下降；大力发展果业、苗木花卉园艺业和建设道路、河流沿线的生态景观廊道，有助于增强景观连通性，提高区域生态系统服务能力。

第三节　西咸城市化对农业生态系统服务的影响

一、西咸地区城市化对生态系统服务影响机制

如前所述，城市化与生态系统之间存在非常复杂的相互作用，城镇发展及扩张既对生态系统产生正面影响，也存在负面影响。这种影响会深刻地冲击生态系统的组成、过程与功能、空间格局等，从而对生态系统服务产生影响（图5-7）。二十多年来，西咸城市化及由此引发的农业转型过程对该区农业生态系统服务产生了什么影响？或者城市化与农业生态系服务之间存在什么样的互动关系？这些研究对揭示该区城市化的生态效应具有重要的意义。

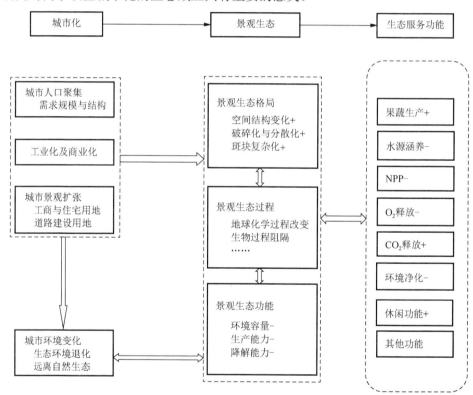

图 5-7　西咸城市化对生态系统服务的影响机制

二、研究方法

城市化与生态系统之间存在非常复杂的相互作用关系，而且在不同区域、城市化过程、特征及其区域生态系统类型、过程与格局等都具有强烈的地域特性，

目前的科学研究还无法从机理上深入揭示二者之间的定量关系，但城市化与生态系统之间的密切联系则毋庸置疑。本书把城市化和农业生态系统看成两个系统，采用相关分析方法对二者之间的关联关系进行定量分析。

（一）典型相关分析法

典型相关分析（canonical correlation analysis）是由 Hotelling 在 1936 年提出的。典型相关分析用来分析两组变量之间的相关性。它是利用综合变量对之间的相关关系来反映两组指标之间的整体相关性的一种多元统计分析方法。典型相关分析的基本原理就是采用主成分分析的降维思想，从总体上把握两组变量之间的相关关系，对每一组变量分别寻找其线性组合，生成新的综合变量，以此代表原来变量承载的信息；这样形成一对新的综合变量，称为第一对典型相关变量；同样地，寻找第二对、第三对等多对典型变量（各对典型变量相关变量之间互不相关）。然后，分析新生成的综合变量之间的相关性，即计算典型相关系数。可见，典型相关分析就是将求两组变量之间的相关关系分析转化成为几对典型变量之间的相关分析，并且尽量使所构建的两个典型变量之间的相关系数最大化，从中分析这两组变量之间的相关性。当典型相关系数足够大时，可以像回归分析那样，由一组变量的数值预测另一组变量的线性组合的数值。

（二）指标体系

（1）城市化指标。如前所述，本书的研究中把城市化分成人口城市化（U_p）、经济城市化（U_e）、社会城市化（U_s）和空间城市化（U_l）4 个方面，采用前面测评的这 4 个城市化水平指数表达不同时期城市化的状态，如前文所述。

（2）农业生态系统服务指标。根据该区农业生态系统及农业生产的基本特点，主要选取经济生产功能（J）、社会保障功能（S_h）、旅游与休闲服务（L）、固碳释氧服务（G）、环境净化服务（H）、水源涵养服务（S_y）、气候调节服务（Q）和生物多样性维持（S_w）等 8 个生态系统服务来表达不同时期农业生态系统的功能状态。

三、西咸地区城市化与农业生态系统服务之间的关系分析

本书以 1988 年、2000 年和 2015 年为 3 个时间断面，通过典型相关分析来揭示城市化与农业生态系统服务之间的定量关联。

（一）综合城市化与生态系统服务的相关性

通过对 1988 年、2000 年和 2015 年 3 个时期综合城市化水平与农业生态系统服务总价值之间的关系进行相关分析可以看出（表 5-4），尽管 1988 年综合城市化

水平与生态系统服务总价值之间的相关关系没有通过显著性检验，但城市化与生态系统服务之间存在明显的负相关；2000 年和 2015 年城市化水平与生态系统服务之间存在明显的负相关，并且均通过了显著性检验。总体来看，1988~2015 年，综合城市化水平与生态系统服务总价值之间存在较强的负相关，并且二者相关系数的绝对值逐渐增大，表明该区城市化过程对生态系统服务产生了显著的负面影响，并随着城市化水平的提高，对生态系统服务的负面影响越大。

表 5-4　西咸地区综合城市化水平与生态系统服务总价值之间的相关系数

年份	相关系数	显著性（双侧）
1988	−0.414	0.055
2000	−0.514	0.014
2015	−0.623	0.002

（二）城市化与农业生态系统服务的典型相关分析

1. 1988 年典型相关分析

对 1988 年衡量城市化水平的主要指数（人口城市化指数、经济城市化指数、社会城市化指数和空间城市化指数）和农业生态系统服务价值之间进行典型相关分析，结果如表 5-5。可以看出，Wilks 检验的显著性小于 0.05，表明相关系数具有统计学意义。

表 5-5　Wilks 相关性检验

	检验值	F 值	假设 df	误差 df	显著性水平
Wilks	0.0453	2.5637	24.00	43.07	0.003

从典型相关分析的特征根及所占的比例（表 5-6）来看，第一对典型变量（V_1，W_1）已经达到了85%以上，因此，第一对特征变量承载的信息可以概括地表示其他特征变量的信息。V_1 与 W_1 的相关系数达到了 0.9419，表明二者强相关。

表 5-6　特征根与典型相关系数

典型变量	特征根	特征根所占百分比/%	累积百分比/%	典型相关系数	平方根
1	7.8569	87.2358	87.2358	0.9419	0.8871
2	0.7054	7.8320	95.0678	0.6431	0.4136
3	0.3977	4.4152	99.4829	0.5334	0.2845
4	0.0466	0.5171	100.000	0.2110	0.0445

典型变量 V_1 对应于第一个特征根，即最重要的特征根。从标准化系数（表 5-7）可以看出，V_1 与人口城市化呈正相关，表明人口城市化水平越高，典型变量 V_1 的增加正面影响越大；经济城市化、社会城市化和空间城市化与 V_1 之间呈负

相关，其中空间城市化对 V_1 的负面影响相对较高。V_1 可以用式（5-1）表示：

$$V_1 = 1.6026U_p - 0.07282U_e - 0.13937U_s - 0.82988U_l \qquad (5-1)$$

表 5-7　标准化系数

变量名	1	2	3	4
U_p	1.6026	-0.8737	-1.3698	0.4535
U_e	-0.0728	0.0578	-0.0545	1.0411
U_s	-0.1394	2.2939	1.9298	-0.9293
U_l	-0.8299	-1.9090	0.1231	0.6066

从综合变量 W_1 与协变量之间的系数来看，固碳释氧对其负面影响较大，而气候调节、水源涵养对其正面影响较大（表 5-8）。W_1 可以用式（5-2）表达出来：

$$W_1 = 840.55Q - 1458.94G + 680.58Sy - 60.55H - 0.37J - 0.15L \qquad (5-2)$$

表 5-8　典型变量与生态系统服务变量的系数

变量名	1	2	3	4
Q	840.5531	-8662.1513	12628.3963	1519.3396
G	-1458.9419	15673.3553	-23058.1231	-2686.5268
Sy	680.5844	-7513.7780	11094.6858	1268.9860
Sw	0	0	0	0
H	-60.5481	479.7161	-633.4784	100.1199
J	-0.3666	1.4841	-0.8854	0.6545
Sh	0	0	0	0
L	-0.14988	1.1203	1.7707	0.9950

从表 5-9 可以看出，V_1 与人口城市化水平呈正相关，相关系数达到 0.8286，表明二者之间存在显著相关关系。

表 5-9　城市化变量与典型标量之间的相关性

变量名	1	2	3	4
U_p	0.8286	-0.2990	0.4628	0.0988
U_e	-0.0301	0.3180	0.0747	0.9447
U_s	0.5681	-0.1665	0.8008	0.0909
U_l	0.3024	-0.5774	0.7527	0.0926

从城市化水平指数与各项农业生态系统服务之间的典型变量结构图（图 5-8）可以看出，代表城市化信息的综合变量 V_1 与代表生态系统服务信息的综合变量之间表现出显著的相关性，表明城市化与农业生态系统服务之间存在显著的相互作用与相互影响。并且，从 V_1 与城市化水平变量之间的相关系数，以及 W_2 与生态系统服务变量之间的相关系数总体判断，城市化对生态系统服务具有负面影响。

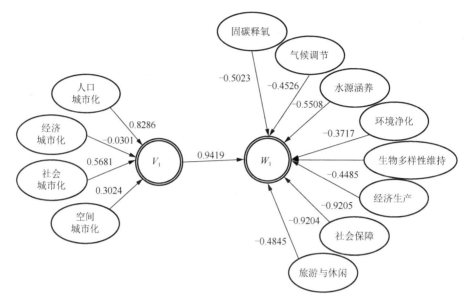

图 5-8　1988 年西咸地区城市化水平与生态系统服务典型变量结构图

2. 2000 年典型相关分析

对 2000 年人口城市化指数、经济城市化指数、社会城市化指数和空间城市化指数和农业生态系统服务变量之间做典型相关分析，结果如表 5-10。可以看出，Wilks 检验的显著性为 0.005，小于 0.05，表明相关系数具有统计学意义，典型变量对之间存在相关关系。

表 5-10　Wilks 显著性分析

	检验值	F 值	假设 df	误差 df	显著性水平
Wilks	0.0292	2.4415	28.00	41.08	0.005

从表 5-11 中特征根的累积百分比来看，前两对典型变量的特征根比例达到94.7%，这两对典型变量可以代表总信息量的 90%以上。第一对典型变量（V_1，W_1）比例约为 82%，相关系数约为 0.9454，表明二者之间强相关；第二对典型变量（V_2，W_2）承载的信息相对较小，约占 12.4%，二者之间的相关系数约为 0.7480，表明 V_2 与 W_2 二者之间存在较强的正相关关系。

表 5-11　特征根与相关系数

典型变量	特征根	特征根所占百分比/%	累积百分比/%	典型相关系数	平方根
1	8.40596	82.26460	82.26460	0.94535	0.89368
2	1.26996	12.42838	94.69298	0.74797	0.55946
3	0.38564	3.77410	98.46708	0.52755	0.27831
4	0.15664	1.53292	100.00000	0.36800	0.13542

从典型变量 V_1 与城市化水平变量之间的标准化系数（表 5-12，图 5-9）来看，V_1 与人口城市化呈负相关，表明人口城市化水平越高，对新生产的综合变量 V_1 的增加负面影响越大；经济城市化、社会城市化和空间城市化与 V_1 之间也呈负相关，其中经济城市化和社会城市化对 V_1 的影响相对较高，空间城市化与典型变量 V_1 的相关性较低。

表 5-12 城市化水平变量与典型变量 V_1 之间的标准化系数及相关系数

变量名	标准化系数	相关系数
U_p	−1.6740	−0.8665
U_e	−0.0630	−0.6508
U_s	0.2860	−0.6161
U_l	0.7509	−0.4210

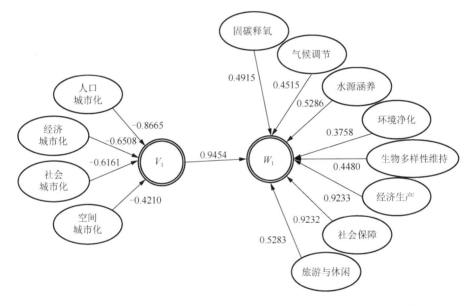

图 5-9 2000 年城市化水平与生态系统服务之间典型变量（V_1，W_1）结构图

农业生态系统服务变量与典型变量 W_1 之间的关系见表 5-13 和图 5-10。可以看出，农业生态系统服务与典型变量 W_1 之间都呈现出正相关，其中经济生产功能、旅游休闲功能和水源涵养功能的相关性较高。但从各项生态系统服务对 W_1 的贡献来看，差异较大，气候调节对 W_1 是负影响，标准化系数为−409.5421，生物多样性维持对 W_1 的正向贡献较大，标准化系数为 409.9607；其他生态系统服务变量对 W_1 的影响均比较小。

$$V_1 = -1.6749U_p - 0.0630U_e - 0.2860U_s - 0.7509U_l \tag{5-3}$$

$$W_1 = -409.54Q - 4.02G + 15.81Sy + 409.96Sw - 11.64H + 0.45J - 0.28L \tag{5-4}$$

表 5-13　生态系统服务变量与典型变量 W_1 之间的标准化系数及相关系数

变量名	标准化系数	相关系数
Q	-409.5421	0.4515
G	-4.0186	0.4915
Sy	15.8138	0.5286
Sw	409.9607	0.4480
H	-11.6393	0.3758
J	0.4468	0.9233
Sh	0.0000	0.9232
L	-0.2834	0.5283

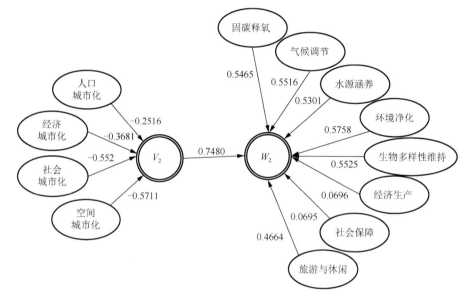

图 5-10　2000 年城市化水平与生态系统服务之间典型变量（V_2，W_2）结构图

第二对典型变量（V_2，W_2）的特征根占总信息量的 12.43%。典型变量 V_2 与城市化水平指标之间的相关性普遍较低，相关系数绝对值最大的是空间城市化，二者相关系数为-0.5711，其他城市化水平指标与 V_2 的相关性均较低，存在低的负相关。但从城市化水平指标对 V_2 的贡献来看，空间城市化水平的负向影响系数为-1.5023，社会城市化对 V_2 具有正向贡献，系数为 1.3592，其他变量的均较低（表 5-14）。

表 5-14　城市化水平变量与 V_2 之间的标准化系数和相关系数

变量名	标准化系数	相关系数
U_p	0.4245	-0.2516
U_e	-0.8780	-0.3681
U_s	1.3592	-0.0552
U_l	-1.5023	-0.5711

典型变量 W_2 与主要生态系统服务指标之间均呈正相关，除了与经济生产和社会保障及旅游与休闲的相关系数较低之外，与其他服务之间的相关系数均为 0.50～0.60（表 5-15）。这对典型变量（V_2, W_2）可以表示为

$$V_2 = 0.4245U_p - 0.8780U_e + 1.3592U_s - 1.5023U_l \qquad (5-5)$$

$$W_2 = 2192.95Q - 48.02G - 77.17Sy - 2213.48Sw + 66.38H + 0.62J + 3.93L \qquad (5-6)$$

表 5-15　生态系统服务变量与 W_2 之间的标准化系数和相关系数

变量名	标准化系数	相关系数
Q	2172.9494	0.5516
G	48.0216	0.5465
Sy	−77.1677	0.5301
Sw	−2213.4774	0.5525
H	66.3808	0.5758
J	0.6223	0.0696
Sh	0.0000	0.0696
L	3.9310	0.4664

3. 2015 年典型相关分析

2015 年人口城市化指数、经济城市化指数、社会城市化指数和空间城市化指数与农业生态系统服务变量之间做典型相关分析的结果见表 5-16。可以看出，Wilks 检验的显著性为 0.0028，小于 0.05，表明相关系数通过了显著性检验，具有统计学意义，典型变量对之间存在相关关系。

表 5-16　Wilks 显著性检验

	检验值	F 值	假设 df	误差 df	显著性水平
Wilks	0.0228	2.7218	28.00	41.08	0.002

从典型相关分析的结果来看，前两对典型变量的特征根的累积百分比达到 89.3920%（表 5-17），对总信息量的代表性接近 90%。因此，可以用前两对典型变量之间的关系来表示城市化水平变量与农业生态系统服务变量之间的关联关系。第一对典型变量（V_1, W_1）比例为 72.0780%，相关系数 0.9331，表明二者之间存在强相关；第二对典型变量（V_2, W_2）承载的信息相对较小，占 17.3140%，二者之间的相关系数为 0.7861，表明 V_2 与 W_2 二者之间存在较强的正相关关系。

表 5-17　特征根与相关系数

典型变量	特征根	特征根所占百分比/%	累积百分比/%	典型相关系数	平方根
1	6.7325	72.0780	72.0780	0.9331	0.8707
2	1.6172	17.3140	89.3920	0.7861	0.6179
3	0.7520	8.0507	97.4427	0.6552	0.4292
4	0.2389	2.5573	100.0000	0.4391	0.1928

从典型变量 V_1 与城市化水平变量之间的标准化系数（表 5-18）来看，$V1$ 与城市化水平变量之间均呈负相关，表明人口城市化水平越高，相关系数绝对值也越大，最大为-0.8337，对新生产的综合变量 V_1 的增加负面影响越大。其中，从城市化水平变量对典型变量 V_1 的贡献来看，人口城市化起到负面作用，影响较大，其次是空间城市化起正面作用。

表 5-18　城市化水平变量与典型变量 V_1 之间的标准化系数及相关系数

变量名	标准化系数	相关系数
U_p	-1.3188	-0.8337
U_e	-0.1164	-0.3378
U_s	0.2814	-0.3281
U_l	0.5617	-0.0826

典型变量 W_1 与生态系统服务指标之间均呈正相关，而且相关系数相对比较高，基本为 0.6~0.8，相关性差异不是很大（表 5-19）。从各生态系统服务对综合变量 W_2 的贡献来看，最大的是生物多样性维持，起到正面作用，其次是气候调节和固碳释氧，起到负面作用。这对典型变量 (V_2, W_2) 可以表示为

$$V_1 = -1.3188U_p - 0.1164U_e + 0.2814U_s + 0.5617U_l \qquad (5-7)$$
$$W_1 = -979.71Q - 901.13G + 656.15Sy + 1264.50Sw - 38.51H - 0.25J + 0.37L \qquad (5-8)$$

表 5-19　生态系统服务变量与典型变量 W_1 之间的标准化系数及相关系数

变量名	标准化系数	相关系数
Q	-979.7107	0.6220
G	-901.1339	0.6577
Sy	656.1548	0.6724
Sw	1264.4994	0.6193
H	-38.5107	0.5528
J	-0.2541	0.7318
Sh	0.0000	0.7318
L	0.3681	0.7223

尽管第二对典型变量相关系数比较低，但也呈较强的相关性。V_2 与城市化水平变量之间均呈负相关，相关性较高的有经济城市化水平和空间城市化，分别为 -0.8519 和-0.6443（表 5-20）。W_2 与大部分生态系统服务之间呈正相关，总体上，相关系数均比较低，最高的相关系数约为 0.3184，呈明显的弱相关（表 5-21）。

$$V_2 = 3026U_p - 1.0264U_e + 0.4824U_s - 0.7729U_l \qquad (5-9)$$

$$W_2 = 3838.65Q + 2858.36G - 2083.81Sy - 4738.35Sw$$
$$+ 122.91H + 0.58J - 0.65L \tag{5-10}$$

表 5-20　城市化水平变量与典型变量 V_2 之间的标准化系数及相关系数

变量名	标准化系数	相关系数
U_p	0.3026	-0.3210
U_e	-1.0264	-0.8519
U_s	0.4824	-0.5706
U_l	-0.7729	-0.6443

表 5-21　生态系统服务变量与典型变量 W_2 之间的标准化系数及相关系数

变量名	标准化系数	相关系数
Q	3838.6500	0.2996
G	2858.3647	0.3069
Sy	-2083.8090	0.3098
Sw	-4738.3454	0.2988
H	122.9123	0.2844
J	0.5795	0.3184
Sh	0.0000	0.3183
L	-0.6535	-0.0687

从 2015 年城市化水平指数与各项农业生态系统服务之间的典型变量结构图可以反映出,城市化水平与生态系统服务之间也呈显著的负相关(图 5-11,图 5-12)。

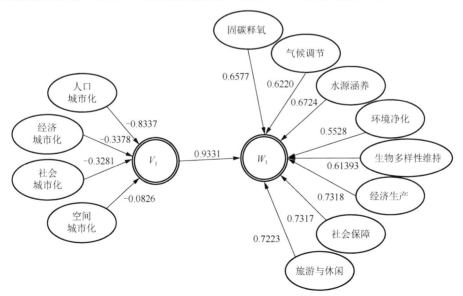

图 5-11　2015 年城市化水平与生态系统服务之间典型变量（V_1，W_1）结构图

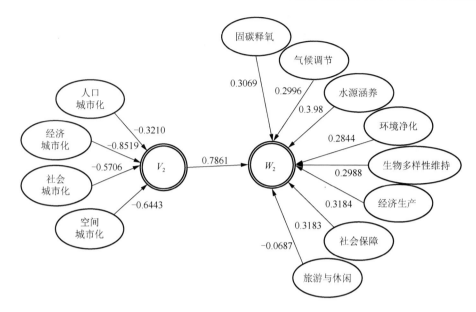

图 5-12　2015 年城市化水平与生态系统服务之间典型变量（V_2，W_2）结构图

（三）城市化与农业生态系统服务关系分区

城市化与生态系统之间存在显著的相互作用，任何一个时刻的城市化状态和生态系统状态均是这种相互作用的结果。由于受其区位条件、中心城市的产业经济及科技文化，以及交通通达性等影响，区域城市化水平存在较大空间差异，对生态系统产生的影响也不尽相同。那么在城市圈的不同区位，城市化与生态系统服之间的相互作用（即城市化状态与生态系统状态共同表现出的状态）具有什么样的空间差异？

本书采用城市化水平指数和农业生态系统服务价值等指标来表达城市化-生态系统联合状态,通过系统聚类分析来研究西咸地区城市化-生态系统作用的地域差异。

以区（县、市）为单元，通过对 1988 年、2000 年和 2015 年的城市化-生态系统服务状态进行聚类分析可以看出，该区城市化-生态系统作用存在明显的地域差异。1988 年、2000 年和 2015 年聚类分析结果如表 5-22 所示。

Ⅰ低城市化-高生态服务区，离中心城市较远，以秦岭林区、种植业、果园和花卉苗木等为主，生态系统服务水平高，但城市化水平最低。从 1988～2015 年来看，城市化水平逐渐提高，生态系统服务由 65.3131 亿元提高到 82.3073 亿元，城市化与生态系统服务双赢。但除了经济生产功能、社会保障功能和旅游与休闲服务之外，包括支持服务和调节服务在内的生态系统服务由 55.27 亿元提高到 62.20亿元。

表 5-22　西咸地区城市化—生态服务综合分区结果

年份	分类	分区名称	综合城市化水平		生态系统服务总价值/亿元		主要区（县、市）
			范围	均值	范围	均值	
1988	I	低城市化-高生态服务	0.0625	0.0625	65.31	65.3131	周至县
	II	中低城市化-中高生态服务	0.0464~0.0921	0.0745	28.99~44.40	35.9860	长安区、户县、蓝田县
	III	中城市化-中生态服务	0.0403~0.1284	0.0875	2.67~24.08	10.5020	灞桥区、高陵县、泾阳县、临潼区、礼泉县、乾县、三原县、渭城区、未央区、武功县、兴平市、杨陵区、阎良区、雁塔区
	IV	中高城市化-中低生态服务	0.1126	0.1126	7.91	7.9107	秦都区
	V	高城市化-低生态服务	0.3239~0.3577	0.3355	0.25-0.39	0.3294	碑林区、莲湖区、新城区
2000	I	低城市化-高生态服务	0.0868	0.0868	78.62	78.6228	周至县
	II	中低城市化-中高生态服务	0.0708~0.1175	0.0968	37.33~51.69	44.3161	长安区、户县、蓝田县
	III	中城市化-中生态服务	0.0657~0.1567	0.1051	4.06~32.25	16.6825	灞桥区、高陵县、泾阳县、临潼区、礼泉县、乾县、三原县、武功县、兴平市、杨陵区、阎良区
	IV	中高城市化-中低生态服务	0.1678~0.2522	0.1945	3.70~11.58	7.0491	秦都区、渭城区、未央区、雁塔区
	V	高城市化-低生态服务	0.3820~0.4157	0.3933	0.43~0.71	0.5527	碑林区、莲湖区、新城区
2015	I	低城市化-高生态服务	0.1709	0.1709	82.31	82.3073	周至县
	II	中低城市化-中高生态服务	0.1866~0.2193	0.2030	42.46~57.74	50.0967	户县、蓝田县
	III	中城市化-中生态服务	0.1762~0.4572	0.2730	4.36~47.83	25.1728	灞桥区、高陵县、泾阳县、临潼区、礼泉县、乾县、秦都区、三原县、渭城区、武功县、兴平市、杨陵区、阎良区
	IV	中高城市化-中低生态服务	0.4332	0.4332	56.45	56.4507	长安区
	V	高城市化-低生态服务	0.5726~0.6837	0.6084	0.39~5.22	2.1285	碑林区、莲湖区、未央区、新城区、雁塔区

II 中低城市化-中高生态服务区，离中心城市较近，受城市化影响较大，城市化水平处于中低水平，如林区、果业、苗木花卉等景观面积大，生态系统服务中高。1988~2015 城市化水平提高，生态系统服务由 35.9860 亿元提高到 50.0967 亿元。该区城市化与生态系统服务双赢发展。仅包括支持服务和调节服务在内的生态系统服务由 25.71 亿元提高到 31.78 亿元。

Ⅲ 中城市化-中生态服务区，属于中心城市的一部分或者交通干线节点上的重要城镇，城市化水平中等，生态系统服务也中等。1988~2015 年城市化水平提高了 2.1 倍，生态系统服务提高 1.40 倍。仅包括支持服务和调节服务在内的生态系统服务由 2.78 亿元提高到 3.82 亿元。

Ⅳ 中高城市化-中低生态服务区，紧邻中心城市，城市化水平中高，生态系统服务中低。1988~2015 年城市化水平提高 2.8 倍，生态系统服务价值提高 6.1 倍。仅包括支持服务和调节服务在内的生态系统服务由 1.14 亿元提高到 27.0 亿元。

Ⅴ 高城市化-低生态服务区，城市中心区，城市化水平最高，生态绿地面积覆盖小。1988~2015 年城市化水平提高 0.81 倍，生态系统服务提高 5.46 倍。包括支持服务和调节服务在内的生态系统服务由 0.25 亿元提高到 0.86 亿元。

总体来看，该区城市化水平提高的同时，生态系统服务也在提高，但事实上，不同类型区在不同时期包括的区（县、市）及其数量在不断变化，其在一定程度上削弱了高度城市化地区生态系统服务的降低。

第六章 城市化与都市农业发展的协调管理

第一节 西咸城市化地区都市农业发展问题

西咸地区城镇的快速扩张，一方面对农业景观及农业生产的各个方面带来负面影响——农业用地被侵占、农业景观破碎、耕地质量下降、水土资源污染等，使农业生态系统遭到负面冲击，潜在影响农产品质量安全，出现农业生态问题；另一方面，在快速城市化过程中，农业劳动力资源的商品化、土地资源的商品化，以及农产品市场的波动性等使其逐渐向非农行业转移，农业劳动力资源不足、农产品供销不畅等问题凸显，农业发展与城镇化进程不协调。亟须从绿色、全面、协调、可持续发展的角度来解决城市化过程中农业发展存在的问题，协调管理城市发展与农业发展。

一、农业生产问题

（一）耕地资源问题

土地资源是最基础的农业生产资料也是劳动对象，土地的可持续利用是农业可持续发展的前提和基础。我国人均耕地资源紧张，而且东多西少，空间分布不均，同时耕种条件参差不齐，耕地资源问题尤为突出。历史上西咸地区是我国农业耕作最早的地区之一，西咸地区耕地资源比较紧张，近年来随着区域人口的快速增长和城市化扩张，耕地数量减少、耕地资源破坏比较严重。

1. 耕地数量减少

2015 年，全国耕地面积为 1.35 亿 hm^2（20.25 亿亩），年内净减少耕地面积 6.6 万 hm^2（99 万亩），相当于一个粮食大县的耕地面积，减少 0.05%（《2015 中国国土资源公报》）。陕西省第二次土地调查结果（标准时点 2009 年 12 月 31 日）表明，与 1996 年第一次土地调查结果相比，建设用地从 75.93 万 hm^2 增加到 83.53 万 hm^2，增加了 7.6 万 hm^2；耕地从 514 万 hm^2 减少到 399.73 万 hm^2，减少了 114.27 万 hm^2，年均减少 1.59%；耕地持续减少，质量总体不高，受城市化影响，西咸地区耕地保护形势更加严峻（陕西省人民政府网，2015）。从人均耕地来看，陕西省人均耕地由第一次土地调查的 $0.143hm^2$（2.145 亩）下降到 $0.106hm^2$（1.59 亩），人均耕地不到世界人均水平的一半，而在西咸地区人均耕地面积甚至不到 $0.033hm^2$（0.495 亩）（表 6-1）。西咸地区很多城郊，受城市扩张中土地征用的影响，一些耕作土地利用率不高，长期处于荒废状态或弃土堆场；部分区域移民建镇，迁出区域并没有恢复耕地地貌，土地整理不到位，造成耕地资源浪费。

表 6-1　西咸地区的建设用地与耕地面积的变化

年份	西咸地区耕地面积/万 hm²	人均耕地面积/hm²		建设用地面积/km²	
		西安市	咸阳市	西安市	咸阳市
2000	29.6	0.0400	0.0800	187	43
2005	26.7	0.0333	0.0733	231	57.8
2010	25.6	0.0467	0.0733	395	95
2015	23.8	0.0267	0.0667	548.6	90

数据来源：《西安统计年鉴》（2001 年，2006 年，2011 年，2016 年），《咸阳统计年鉴》（2000 年，2005 年，2010 年，2015 年）。

表 6-2 表明，西咸地区耕地总面积在快速减少，城市建设用地面积的快速增加，城市化进程侵占了大量的耕地。同时随着人口的增加，人均耕地也在快速减少。

表 6-2　主要年份耕地面积增减变化

年份	开垦荒地面积/hm²		总净减少耕地面积/hm²		国家基建占用面积/hm²		占比/%		退耕还林（草）面积/hm²		占比/%	
	西安市	咸阳市	西安市	咸阳市	西安市	咸阳市	西安市	咸阳市	西安市	咸阳市	西安市	咸阳市
2000	148.00	275.00	6121.00	11375.00	1455.00	345.00	23.80	3.00	3751.00	10424.00	61.30	91.60
2005	467.00	39.00	6883.00	2653.00	1309.00	325.00	19.00	12.30	3628.00	2298.00	52.70	86.60
2010	142.93	406.33	4248.07	3824.80	3024.47	1224.00	71.20	32.00	636.47	0.00	15.00	0.00
2015	54.00	1628.40	3008.47	4940.73	1330.93	3327.67	44.20	67.40	1367.33	12.13	45.40	0.24

数据来源：《西安统计年鉴》（2001 年，2006 年，2011 年，2016 年），《咸阳统计年鉴》（2000 年，2005 年，2010 年，2015 年）。

近十几年来，尽管西咸地区不断增大开荒力度，对耕地的减少起到了一定的补偿作用，但是从耕地转换后的用途来看，在减少的耕地中，国家基建占了很大比例。随着退耕还林还草政策的逐步实施，一部分不适宜耕作的土地退出耕地，转变为草地和林地，加剧了耕地总量的减少。在城市化过程中，耕地的非粮化生产趋势明显，进一步威胁到耕地的总量和粮食安全。在我国农村土地使用权流转中尽管制定了 "不得改变土地集体所有性质，不得改变土地用途，不得损害农民土地承包权益" 3 个原则，明确了土地用途不能改变，但事实上，受市场机制的影响，有些地方耕地流转后，不再用于种植粮食作物而转为非农业用地，租赁者在耕地上建设永久性建筑物，甚至建造工厂，从根本上改变了土地的农业用途；耕地转变为非种植业、养殖业、花卉苗木产业、生态农业、观光休闲农业等用地。据调查，农户对协会、农户对企业、农户对种养殖大户的土地流转，多数为 "非粮化" 流转，并且这一趋势还在加快。

随着人们对水果及奶制品、肉类的需求量增加，有很大一部分耕地转变为园地、牧地，乡村基建占用耕地，部分耕地由于污染、水土流失、地质灾害破坏，无法正常进行生产等，加剧可用耕地面积的减少。

2. 耕地质量低

关中地区的各类耕地中，优质耕地较少，中等耕地不多，而劣等地占比较大。按照全国耕地自然质量等级，1 等最好，15 等最差。《陕西省耕地质量等级成果补充完善技术报告》表明：关中地区的所有耕地质量等级类别中，7～8 等地占47.74%，而 11 等以上的地占40.24%（唐亚平，2014）。西咸地区受城市化影响，大量优质良田被城镇建设占用，导致耕地的质量状况进一步下降。

农业耕作方式的变化，以及生产中农药、化肥、塑料薄膜等不合理利用对耕地造成污染，导致土壤结构、有机质含量、氮磷等营养元素变化，引起土壤肥力下降，地下水位下降造成土地干涸等使得耕地质量下降。现代农业生产使用大量的化肥和农药来提高农产品的产量，导致耕地质量下降。2014 年西安市年化肥施用量为 25.12 万 t，咸阳市为 47.59 万 t，总的化肥平均利用率仅 30%左右，平均施用量高达 $840kg/hm^2$，远超出全国平均值 $480kg/hm^2$ 的水平和发达国家 $225kg/hm^2$ 的安全上限。过量的化肥未被农作物吸收利用而残留在土壤和水体中造成污染。多余的化肥被土壤胶体吸附并沉积到植物根系密集层以下，使耕地土壤酸化、板结，植物根系难以舒展，作物生长受阻。农药残留导致土壤有益微生物种类急剧降低，如草甘膦的使用，使耕作层几乎所有的动植物死亡，促使植物根系腐烂，土壤黏性降低。

农用地膜成为农业生产的一个重要污染源，我国长期使用地膜覆盖技术的部分农田中地膜残留量为 $71.9～259.1kg/hm^2$。随着农用薄膜用量的不断增加，土壤中农用地膜的残留量逐年增加，给农业生态环境和人体健康带来严重的负面影响，对农业可持续发展构成威胁。2015 年西安市年地膜使用量为 265.78 万 kg，咸阳市塑料薄膜使用量为 0.76 万 kg，农用地膜使用量为 0.31 万 kg，总的回收率仅 42%，亩残留地膜为 1.8kg。地膜残留主要分布在 0～30cm 的耕作层中，因其极难降解，会造成土壤的通透性下降、土壤板结，土壤理化环境遭到破坏，阻碍植物根系的扩展及土壤微生物的活动，使土壤系统受到严重损害。

土地利用日益集约化，耕种强度提高，不间断地耕作快速消耗了土壤的营养元素，使耕地地力下降。西咸地区相比关中其他地区土地利用强度更高。根据对西安市主要蔬菜产区的调研，不同种类的蔬菜连续种植，耕地基本没有间歇期。尤其是大棚设施的广泛使用，土地在高强度使用 3 年后，肥力基本上全部依靠化肥来支撑。无间歇的土地使用带来的另外一个不良后果是土地有害细菌数量大量增加，对农作物产生严重影响，甚至导致绝收。解决措施一般是大量使用专用的杀虫杀菌农药，如专门治理线虫的药物，但会使土地产生赖药性，严重影响土地质量。

　　长期的浅层耕作方式也会影响耕地质量。根据陕西省县级耕地地力评价报告，陕西省粮食主产区连年的浅耕种植致使耕层过浅、犁底层致密，平均耕层只有17.3cm，近七成农田耕层厚度达不到要求，超过五成农田犁底层过厚，严重影响作物根系下扎，土壤蓄水保墒能力差，抗逆减灾能力弱，耕地质量下降。

　　污水灌溉也是严重影响耕地质量的重要因素。西咸地区污水灌溉区域以沣惠灌区为主，主要集中在西安市北郊和西北郊，20世纪80年代达到1.2万hm²（杜忠朝，1998）。污水灌溉导致重金属，如镉、砷和多环芳烃污染，使耕地质量受到严重损害，随着灌溉年限的增加，污染逐渐加重，短时期内也无法根治。

　　在现实的"占补平衡"过程中，占优补劣、占而不补、占多补少等现象，对耕地质量下降也产生一定影响。土地流转中耕地的"非粮化"使土地肥力下降，田间的水利设施、灌溉系统破坏，土壤层发生改变，将难以恢复为种植粮食的农田。

（二）农业水资源问题

　　水源是农业生产的关键，充足的水源、良好的水质是维持灌溉农业生产的可持续发展的保障。西咸地区属于旱作农业区，水浇地面积占耕地总面积的70%以上，水资源对农业生产非常重要。该区水资源禀赋不足，水资源供给量小，当前工业化和城市化快速推进，人口数量增长，生产生活用水日益增加；加上大量废污水的排放，水资源污染，更加剧了农业用水与城镇居民生活用水、生产用水、生态用水之间的矛盾，水资源短缺是制约西咸地区发展的关键。

　　1. 农业水资源禀赋不足

　　陕西省位于西北内陆地区，是全国水资源最紧缺的省份之一。2016年陕西省降水量为626.2mm，地表径流小，水资源量居全国各省份的第24位。2015年陕西省水资源总量为333.43亿m³，地表水为309.22亿m³，地下水为120.61亿m³，重复计算量为96.40亿m³（表6-3）。西咸地区地表水和地下水均比较短缺，水资源时空分布不均，65%集中在汛期（7～8月份），整体上增加了水资源供给风险（刘引鸽等，2012）。

表6-3　陕西省水资源总量　　　　　　　　　　（单位：亿m³）

地点	地表水资源量	地下水资源量	水资源总量
陕西省	309.22	120.61	333.43
关中地区	51.05	41.74	66.10
西安市	18.74	11.37	22.48
咸阳市	2.78	5.04	5.37

数据来源：陕西省2015年水资源公报（http://www.sxmwy.gov.cn/gb-2xfw-news-3list-75454.2018-7-3）。

2. 农业生产对水资源的需求增加

西咸地区经济发展，尤其是农业发展对水资源需求集中且需求量大。西咸地区是关中地区人口最密集、经济最发达的地方，是水资源需求与供给的核心地带，承担着果蔬粮生产的重要任务，存在巨大的水资源压力。2016 年，西咸地区耕地面积占陕西省的 20.23%，占关中耕地总面积的 40.45%；人口占陕西省的 35.78%，占关中地区的 57.7%。西咸地区人均水资源量只有 1847m³，每亩耕地平均只有 272m³，而全国平均水平为人均 2300m³，亩均水资源量为 1400m³，陕西省人均水资源量为 881.16m³，亩均水资源量为 765.4m³。西咸地区水资源量远低于绝对缺水线，属严重缺水地区。西咸地区人口稠密，耕地集中，需水量巨大，农业灌溉缺水严重。

现代农业生产方式对水资源提出更高的要求，农业用水在水资源使用总量中占有很大的比例（表 6-4）。随着城市化推进和人口的增加，非农部门需水量也在成倍增加。目前，水资源开采量已经达到地表水资源量的极限，部分地区地下水超采严重。

表 6-4　陕西省各地区用水量　　　　（单位：亿 m³）

地点	农业灌溉	林牧渔畜	工业	城镇公共	乡村生活	生态环境	总用水量
陕西省	48.83	9.11	14.22	10.79	5.30	2.90	91.16
关中地区	25.94	5.22	9.40	7.95	2.91	2.38	53.80
西安市	5.61	0.98	4.21	4.57	0.96	1.89	18.20
咸阳市	6.01	1.26	1.97	1.01	0.7	0.18	11.13

数据来源：《陕西统计年鉴 2016》。

3. 农业水源污染问题

西咸地区污染型缺水也比较严重。据陕西省环境保护厅报告（2017 年 1 月）渭河干流支流断面监测结果，西安市出境断面氨氮浓度超标 1.29 倍，较 2015 年同期上升 71.3%；渭河的 21 条支流的 27 个断面中 9 个断面的化学需氧量、氨氮和溶解氧浓度均未达标；渭河总的 24 条支流中，除了黑河等 7 条支流水质优良外，其余的 15 条支流均出现不同程度的污染。这些河流均为西咸地区农业灌溉的水源。河流水体污染除了来自工业生产和居民生活废弃物之外，农业活动也产生大量的污染，对农业灌溉水源和渔业养殖水面造成污染，又通过灌溉污染土壤，对农作物造成危害。关中地区的农业灌溉主要依赖于泾河和渭河等数十条河流，这些河流补给和维持地下水资源，河流的污染将带来整个地下水系统的污染，直接危害西咸地区地下水水质安全。

二、粮食供需问题

2015 年陕西省人均粮食生产总量为 323.4kg，2000 年为 302.1kg，人均粮食产量远低于全国平均水平（403.4kg）；粮食总量不能满足当地需求，粮食生产与消费缺口越来越大，年需调进 25 亿 kg 左右，其中小麦需求量的四分之一、水稻需求量的一半以上需要调入；粮食自给率低于 85%，口粮自给率低于 75%，由过去产销基本平衡变为需求大于供给，人均粮食占有量低于国际公认的人均 370kg 的粮食安全警戒线。2015 年西安和咸阳两市粮食总产量为 373.24 万 t，而粮食总需求量达到 551.77 万 t，粮食供给缺口达到 178.53 万 t，将近三分之一的粮食需要依赖其他地区调入。因此，保障基本农田，保持粮食稳定生产，对保障该区粮食安全具有重要意义。

该区粮食自给率下降主要由于粮食种植面积减少，粮食增产速度缓慢，粮食消费量大幅增长。2000～2015 年西咸地区主要粮食作物总的播种面积减少了将近 20 万 hm^2。一方面是耕地数量的减少，耕地向非农用地转换，尤其是受行业比较利益的影响，粮食种植转化为蔬菜、葡萄、果园等其他类型的作物种植；另一方面，农业劳动力流失，很多区域出现了季节性的空心化现象，部分青壮年劳动力处于农忙时候务农、农闲时候打工的"兼业"状态，并且有越来越多的年轻一代放弃了粮食种植而长期在城市务工。土地复种率相比以往逐渐降低，很多地方粮食种植基本是满足农户自身的粮食需求，或由于粮食价格低与粮食生产成本居高不下，农民积极性不高，部分耕地处于间歇性撂荒状态。另外，受耕种技术进步缓慢，生产方式和管理模式落后，以及耕地自身质量因素限制，地区粮食单产偏低。

随着西咸地区消费结构发生改变，即口粮消费减少、肉蛋奶消费增加，副食生产是由更多的主食转化而来，导致饲料用粮增长。2000 年西咸两市肉类产量为 24.59 万 t，禽蛋产量为 20.51 万 t，奶产量为 40.24 万 t，到 2015 年分别增加到 37.45 万 t、26.11 万 t 和 136.55 万 t。不断增加的肉奶消费，导致饲料用粮快速增加，在很大程度上增加了粮食的消耗。此外，副食消费增加、生物燃料、食品加工、其他工业需要等使粮食的消耗量也在快速增加，如 2015 年西安市人均消耗各类酒品 5.5kg，其中啤酒 4.4kg，白酒 1.1kg，由此增加的粮食消耗量约为 0.7 万 t，人均消耗量还在不断增加。

三、农产品质量安全问题

农产品质量是指农产品的外观和品质，即农产品的商品价值和使用价值，如气味、口感、营养成分、加工特性、包装、标志等；农产品主要是指食用植物性农产品，包括谷物等粮食、大豆等油料及水果蔬菜等（吕巧枝，2007）。安全是指农产品的危害因素，如农药残留、兽药残留、重金属污染等对公众健康、生态安全、动植物卫生等的影响。农产品质量安全是指农产品质量符合保障人的健康、安全的要求（安建等，2006）。

西咸地区威胁农产品质量安全的因素主要有重金属、生物性污染、蔬菜水果农药残留,以及其他外源添加物超标。重金属污染包括工业含重金属污水排放、农药重金属含量超标、食品添加剂中重金属含量超标,以及其他生产加工过程中由操作不规范导致的食品中重金属含量超标。生物性污染主要指黄曲霉毒素、呕吐毒素、玉米赤霉烯酮、赭曲霉毒素、棒曲霉毒素和伏马毒素、寄生虫、致病细菌、病毒、虫卵等对食物的污染。农药残留主要指在农业生产中施用农药后一部分农药直接或间接残存于谷物、蔬菜、果品、畜产品、水产品中,以及土壤和水体中的现象。外源添加剂的潜在危害主要表现为外援添加物自身难降解、不同外源添加物相互反应、外援添加物与食物组分发生相互作用、对有外源添加物的食物进行不同的加工方式等都会产生比原添加物毒性更强、危害更大的有毒物(徐振林等,2012)。

例如,2009 年陕西省宝鸡市血铅超标事件;凤翔地区曝光的羊肉掺假致死事件;2013 年 3 月~2014 年 11 月对杨陵区农户种植蔬菜进行采样检测,有机磷农药总检出率为 7.50%,超标率为 3.25%;叶菜类有机磷类农药残留检出率和超标率均最高,分别为 10.00%和 5.71%;夏季蔬菜有机磷类农药残留检出率为 10.91%,超标率 6.36%;10 种有机磷类农药中,甲胺磷检出率和超标率均最高,分别为 1.75%和 0.75%(王文光等,2015)。

导致农产品质量安全问题的主要原因有:第一,农业生态环境污染。指农产品产地环境中的污染物对农产品质量安全生产的危害,主要指农产品的产地土壤、水源等污染。农村生产生活废弃物、农业畜牧养殖排放物等不合理的排放,使水源、耕地受到污染。2015 年西安-咸阳地区的禽畜养殖户有 35%的规模化养殖户没有专门的禽畜粪便处理设施,粪水只经过简单甚至未经处理排放,含有大量的大肠杆菌、致病细菌、虫卵甚至病毒,氮、磷等有机物的含量也很高,形成有机源污染,过量排放容易导致水土污染,进而污染农产品。此外,污水灌溉,导致重金属污染,通过作物的吸收富集,农产品中的重金属含量超标。通过对西安市污水灌区的小麦和蔬菜样品中的重金属含量进行检测发现,区域内小麦样品中 Pb 和 Cr 的含量超标率分别达到 80%和 70%,而蔬菜中 Cd、Cr、Pb 均有不同程度的超标,尤其是花菜和叶菜类的 Cd、Cr、和 Pb 含量全面超标(庞妍,2015)。第二,农药过量和不科学使用。过多使用农药,使用高毒农药加大农药残留,直接影响到农产品的质量。部分农药在喷洒后一段时期内没有被分解成无害物质,残留于生物体、农产品,甚至在土壤、水体和大气中形成污染。根据《西安统计年鉴 2016》和《咸阳统计年鉴 2015》,西安市农药使用量为 122.06 万 kg,咸阳市为 179.39 万 kg,与耕地数量相比,每亩使用的量远远高于全国平均水平。第三,对农产品从生产到消费的整个过程中的质量安全监管困难。当前我国农产品的生产与经营分散,规模化生产程度还不够,政府监管很难全面覆盖,在一定程度上增加了农产品质量风险。当前大部分农产品从生产者到消费者手中很容易脱离质量安全监测，质量检测很难覆盖到数量众多、规模小而分散的农产品交易，生产者质量安全意识淡薄，农产品质量的检测不全面，不合格农产品进入市场后，消费者难以鉴别等，都易发生农产品质量风险。

四、农产品产销问题

由于农产品生产信息与市场需求信息不对称，农产品供给难以与市场需求同步，农产品价格很容易出现较大幅度的波动，跟风种植、盲目扩张导致普通及低质量农产品过剩，农产品质量或者品种等不符合市场需求，或商品品牌效应不够，突发的气象灾害容易导致作物的产量急剧下降，加上流通领域的高成本、农产品流通渠道不畅等诸多原因，造成农产品产销矛盾，损害农户和消费者利益，对农业发展形成阻碍。例如，2015 年周至县油桃种植面积超过 400hm²，产量超过 1.2 万 t，出现严重的滞销现象，在油桃收获旺季收购商却很少，价格不及往年的三分之一，大量油桃滞销，果农只能将油桃倾倒在附近的小河中。陕西省是苹果种植大省，产量占全国苹果产量的四分之一。西咸地区是陕西省苹果的重要产地，礼泉县和淳化县是优质苹果的重要出处，2015 年两县超过 10 万 t 苹果滞销，大量苹果烂库。2015 年咸阳市礼泉县出现近百万斤[①]贡梨滞销，三原县 26.67hm² 新鲜蔬菜无人收购，乾县万亩西瓜丰收，价格却降到 0.4 元/kg 等。但在城区水果和蔬菜价格持续偏高，因此，流通不畅、成本高给农业发展带来巨大阻碍，对农业抵御市场风险的能力和农民增收产生极大的负面影响。

五、农业生产比较效益低下

农业生产比较效益是指在市场经济条件下,农业与其他经济活动在投入产出、成本收益之间的相互比较,是体现农业生产利润率相对高低、衡量农业生产效益的重要指标。受国内外农产品市场因素和国家政策的干预,农产品收购价格上升幅度赶不上农业生产资料和劳动力成本的上升幅度,农业生产利润低,甚至出现负效益。农业生产效益的降低成为制约我国农业快速发展的关键问题。在我国众多农产品生产类型中,粮食种植的比较效益最低,在多数农产品的纯收益明显增长的情况下,自 2004 年以来,粮食种植的收益率已经连续出现下跌（马晓河,2011）。我国粮食平均生产成本收益率,1990 年为 46.91%,2011 年为 31.70%,到 2014 年只有 11.68%,1990 年主要农产品的每亩生产成本纯收益率为 46.91%,减税纯收益为 65.65 元,每百千克减税纯收益为 16.88 元,到 2000 年分别为 14.09%、43.65 元和 11.98 元,到 2014 年分别为 11.68%,710.44 元和 26.02 元,如果考虑

---

① 1 斤=500g。

到物价水平和购买力等情况，农业生产的效益实际上是在下降的。

从 2015 年初开始，陕西省粮食价格总体处于稳中有降的趋势，尤其是秋粮上市后，根据陕西省在大荔县、武功县的粮食定点监测数据，小麦等年平均收购价为 0.61 元/kg，全年累计降幅 12.68%，比 2014 年下降 6.29%。玉米价格为 0.53 元/kg，全年累计降幅 21.55%，比 2014 年下降 6.54%。根据陕西省粮食局 2016 年公布的夏粮企业收购价格（2016 年 6 月 25 日～8 月 25 日），西安市不同地区的三级混合麦的企业收购价格为 0.45～0.58 元/kg，咸阳市为 0.525～0.555 元/kg，均处于较低水平。

农业生产比较效益下降的主要原因：第一，生产成本高。劳动力成本及生产资料价格上涨快，农业生产成本主要包括种子、化肥、农药、农膜、机械作业、排灌、土地租金、劳动力等，其中劳动力成本占总成本 80%以上（2014 年 3 月 14 日，《人民日报》），农产品价格上涨缓慢；小规模分散化经营，无法机械化规模化生产，难以降低平均成本。第二，农业生产风险大及生产周期长，如气候风险（靠天吃饭，自然灾害），市场风险；生产周期长，难以根据市场变化调整农业生产。第三，劳动力供应不足。青壮年进城打工，老人妇女种田，劳动力不足。

六、经营分散，规模化程度低

（一）粮食生产方面

集约化程度不高，经营分散，现代农业发展进程缓慢。目前，陕西省农业生产方式以农户为主体，规模小、效益低，抵御风险能力差，农业企业和农业大户较少，制约陕西省农业生产水平的提升。加之优质农田比例较低，许多农产品亩均产量和劳均产量在全国位次低于种植面积和总产量的位次。从全国来看，陕西省种植业设施总规模仍然偏小，不到山东省的七分之一，不到辽宁省的四分之一，特别是千亩、万亩连片的更少。2014 年陕西省耕地流转面积仅占承包地面积的 15.8%，比全国平均水平低 13 个百分点。2014 年末陕西省生猪规模养殖存栏比例（500 头以上）为 15.9%，比全国低 5.5 个百分点；牛（100 头以上）10.4%，比全国高 5.4 个百分点；羊（500 只以上）3.2%，比全国低 0.6 个百分点；家禽（1万只以上）20.2%，比全国低 0.5 个百分点。农业生产经营分散、人均耕地占用量少、新型市场主体发展滞后、土地流转服务平台与激励机制缺失等，使陕西省土地流转比例不足全国平均的一半，粮食新型市场主体经营规模小、带动能力弱。

（二）果业方面

水果单产水平低，果业生产大而不强。水果产业特别是苹果产业是陕西省农业生产中具有比较优势和竞争力的主导产业，果业发展速度快，2014 年陕西省苹

果园面积、产量均居全国第一位，苹果园面积和产量占全国的比例分别为 29.3%
和 24.4%，面积提高 1.2 个百分点，产量下降 1.3 个百分点。2014 年山东省苹果亩
均产量为 2034.8kg，陕西省苹果亩均产量为 1000.2kg，陕西省苹果亩产比全国低
200.5kg，比山东省低 1034.6kg。陕西省苹果发展主要依靠规模扩张，增加产量，
果业生产大而不强。

（三）养殖业方面

规模养殖发展慢，畜牧业生产低水平徘徊。为了确保市场供给，促进农民增
收，陕西省启动 3 个百万头生猪大县和万头生猪示范村建设，但由于规模养殖始
终没有跟上散养户退出步伐，导致陕西省畜牧业发展放缓。近年来，陕西省生猪、
牛存栏始终在全国第 20 位，羊存栏在第 14 位，肉类总产量在第 22 位徘徊。2010
年，陕西省人均肉类占有量 31kg，比 2010 年提高 3.7kg，但仍比全国平均水平低
32.8kg，居全国第 27 位。受土地等诸多因素制约，畜牧业产业化发展较慢。

第二节　西咸地区城市化与农业协调发展措施与途径

一、城市化与农业协调发展的意义

城市化及工业化进程的不断加速，带动了都市农业的快速发展，但同时城市
内经济生产与居民生活对城市生态系统结构与功能、城市环境、郊区甚至乡村地
区的生态系统造成了巨大的冲击，严重影响了这些地区经济和社会的持续发展。
第一，随着城市化的不断推进，城市人口越来越多，城市用地不断扩张，农田、
林地甚至城市绿地、水面逐渐被建设用地挤占，都市农业赖以存在的土地资源日
益稀缺；第二，城市生产生活过程中对水资源的巨大需求也挤占了农业及生态用
水，使都市农业发展的水资源短缺；第三，城市发展过程中产生的各种废弃物严
重污染了农业发展的水土资源，使城市生态环境恶化，生态系统严重失调，影响
人类的身心健康，都市农业在与城市化、工业化发展不断对抗又相互依赖的交互
过程中不断发展；第四，城市化导致都市农业景观结构和格局发生巨大改变，尤
其是建筑和道路等景观面积的不断扩张导致都市农业景观类型面积急剧减少，景
观破碎化程度加大，生物多样性降低，同时，加剧了水体污染及土壤退化。城市
化以其强烈的市场效应与辐射功能带动都市农业的发展，但同时对都市农业的水
土资源、生态环境造成负面影响；都市农业通过提供生产、社会及生态功能推动
城市化发展。揭示两者之间的作用规律，对解决城市经济、社会和生态问题，快
速推动都市农业发展，协调城乡关系具有重要意义（齐爱荣等，2013）。总体上，
城市化是对城区及近郊都市农业景观的挤压和替代，影响区域都市农业景观生态

系统的稳定性，威胁区域都市农业的可持续发展。但如果在城市化过程中能正确认识和协调都市农业与城市化之间的相互关系，综合平衡城市化进程与农业发展，处理好二者的关系，积极发挥城市化与都市农业发展之间的互惠功能，克服城市化对都市农业的不利因素，通过都市农业多功能性的发挥来弥补城市化自身的不足，解决城市化带来的系列生态问题，统筹考虑城市与乡村的一体化发展，在解决城市化区域的生态环境问题和可持续发展方面将具有重要的现实意义。

二、城市化与农业协调发展的目标

城市化带动都市农业发展，都市农业发展又为城市发展提供鲜活的农产品、生态服务及文化休闲服务，但城市化对都市农业发展产生负面影响，这种影响会引起都市农业的萎缩，导致都市农业为城市居民提供休闲文化服务、为城市提供生态支持和生态调节等的基础服务减弱，严重影响城市化地区农业的可持续发展。因此，协调城市化与都市农业的关系，既可推动城市化的正常发展，又能消除其对都市农业的负面影响，保护和促进都市农业的发展是该区域可持续发展的重要目标。

城市化与农业协调发展的目标：①最小化或消除城市化对都市农业生态系统带来的负面影响，最大限度地保护都市农业的发展；②最大限度地发挥都市农业的正向生态系统服务功能，为城市化地区及其居民提供更好的生态系统服务、社会服务功能及文化休闲服务功能；③通过都市农业在城市化地区的合理布局与发展，优化该区域生态景观格局，提高该区域生态系统支撑能力，解决城市化带来的生态环境问题；④构建和推动以都市农业景观为主导的生态城市发展，推动生态城市化，发挥城市在区域经济、社会功能的同时，更注重生态功能的建设，使其真正成为人类宜居的家园。

三、城市化与农业协调发展的原则

（一）可持续发展原则

都市农业发展是城市化的必需组成部分，对城市化正常发展起到非常重要的推动作用和保障功能。城市化地区最根本的问题是城市化过程对自然景观（或自然生态系统、生态环境）等的破坏和代替，使人类远离自然，削弱了生态系统对人类提供的生态系统服务，威胁人类生命支撑的生态基础。解决这一问题的关键就是最大限度地发挥都市农业的生态服务，即发展都市农业提供的生态支持和生态调节服务来弥补城市化过程中产生的生态问题及社会问题，确保城市发展的生态基础。因此，生态服务是其最根本的、最重要的服务。在都市农业发展中不能单纯追求经济、社会与文化等服务功能，而更应注重都市农业生态支持和调节功能的发挥和维持，都市农业通过调节大气、调节气候、涵养水源、保持土壤和维持营养物质循环、减少污染、营造绿色景观、维持生态平衡及防御灾害等功能的发挥，为城市复合生态系统的协调和城市可持续发展提供有力的生态支撑，保障城市化地区可持续发展的生态基础。

（二）农业多功能发展原则

农业的多功能性是农业发展的基本特征，农业具有生产功能、经济功能、社会功能和生态功能等多种功能，但我国农业政策长期重视生产功能和经济功能，政策的构建也只从农业经济功能出发，忽视了农业的社会功能和生态功能。在经济、社会高度发展的城市化地区，农业的发展不仅仅为城市居民提供鲜活的农产品，发挥物质生产功能，更重要的是满足城市居民及工业生产中更多样化的需求，如对农产品及原材料的大规模需求、旅游休闲需求、文化与教育需求，以及对洁净大气、水资源等基本生态系统调节和支撑服务的需求，因此，要通过都市农业发展模式和农业经营方式的多样化发挥其多功能特征，满足该区对农业的多样化需求，促进城市发展，促进农业的可持续发展。

（三）城市生态化发展原则

城市作为人类重要的聚落类型之一，除了具有经济、社会、政治和文化等重要功能之外，最根本的功能就是人类的居住和生活功能。在城市发展中要摒弃单纯追求城市经济和社会发展、城市景观大幅度无序扩张的城市化观念，要构建社会、经济、自然协调发展的新型社会关系，有效利用环境资源，形成可持续发展的生产和生活方式，把城市建成高效、和谐、健康、可持续发展的人类宜居家园。城市发展中要提高人们自觉的生态意识和环境价值观，创造生活质量、健康水平与社会进步和经济发展相适应的社会环境；经济发展中要采用可持续发展的生产、消费、交通和居住发展模式，实现清洁生产和文明消费，推广生态产业和生态工程技术，提高资源的再生和综合利用水平，节约能源，提高热能利用率，降低矿物燃料使用率，研究开发替代能源，实现经济生态化；城市发展要以保护自然为基础，与环境的承载能力相协调。使自然环境及其演进过程得到最大限度的保护，合理利用一切自然资源，保护生命支持系统，开发建设始终保持在环境承载能力之内，从根本上克服城市化对区域生态系统（包括农业生态系统）的负面影响，实现合理的土地利用，构建良好的生态环境，充足的绿地系统，完善的基础设施，实现环境的生态化。

（四）城乡一体化发展原则

在城市化地区发展中，消除城乡二元结构，从城乡一体化的视角综合考虑城市与农业发展关系，把都市农业发展看成是城市发展的有机组成部分，即把都市农业经济看成是城市化地区经济发展的基础经济（为城市提供农产品及原材料，是城市第二、第三产业发展即城市非农经济的基础经济），把农业景观及农业生态系统看作是城市化地区重要的生态基础（为城市化地区提供必要的生态支持与调节服务）。把都市农业发展与城市建设相结合，把都市农业发展与城市规划相结合。在城市化过程中消除或减少对农业生态系统及农业生态环境的负面影响，在城市发展中为都市农业发展预留发展空间，保护都市农业用地和农业生态环境，把城市绿色空间建设与都市农业发展相结合，把都市农业景观融入城市景观中，通过农业景观（如农作物、果园、林地等）来解决城市生态环境问题，为城市居民提供绿色空间和休闲娱乐空间。因此，都市农业是城市化地区发展的经济基础和生态基础，在城市发展中应最大限度地消除或减轻城市发展对都市农业的负面影响，把城市景观与农业景观、城市功能与农业功能有机结合，形成互惠互利、相互促进的城乡一体化协同发展格局。

四、城市化与都市农业协调发展管理建议

（一）严格保护耕地，确保耕地质量

耕地保护是关系我国经济和社会发展的全局性问题，也是国家发展的关键问题。在保护耕地的基础上推进城市化，长期坚持"十分珍惜和合理利用土地，切实保护耕地"的基本国策。正确处理经济发展用地和农业用地的关系，切实加强耕地保护和基本农田建设力度，推行"坡改梯"及旧庄基地复垦，保持农用耕地总量相对稳定。西咸地区快速城市化占用大量耕地，积极落实基本农田保护政策，控制城市建设用地的无序扩张，划定城市发展"红线"。坚持"用养并重，藏粮于地"，严格控制耕地的占用，提高土地利用集约度，减少低效用地，同时结合现代农业科技，提升耕地综合生产能力，提高耕地质量。实施集约节约利用土地的城市化模式，控制城市建设用地总规模，严格建设用地标准，提高土地的容积率、利用率和产出率。严格执行土地用途管制制度，"严格限制农用地转为建设用地，控制建设用地总量，对耕地实行特殊保护。"划定好基本农田保护区，尤其是建设用地比较混乱的区域应当规划好土地用途，加强土地用途的管制与监督。加强基本农田建设，大力实施高标准农田建设；对于耕地质量下降与退化问题，通过扩大绿肥种植，推广秸秆机械粉碎还田、腐熟还田、过腹还田；加大生态有机肥的推广力度，实施生态有机肥补助，增加农田有机肥用量，提高土壤有机质含量，提升耕地肥力水平，在长安区、周至县、蓝田县、高陵县、兴平市、武功县等粮食生产大区（县、市），引导农民多使用农家肥或者有机肥料，合理利用化肥和农药，提高耕地质量。

（二）加快土地流转速度，加强规模化、集约化生产

发挥西咸地区种植养殖果业大户、家庭农场、农民合作社等新型经营主体的作用，发挥多种形式的适度规模经营，加强农业社会化服务，提高规模化经营产出水平。积极引导农户加快农村土地使用权流转，促进土地向农业企业和种粮大户、果业基地的集中和转移，实行连片开发，规模化生产，集约化管理，产业化经营，提高土地产出率、资源利用率和农业劳动生产率，使农业从传统的小农生产经营逐步向规模化、市场化、现代化方向发展。

节约集约用地，发展设施农业，加大现代温室、植物工厂的建设，通过构建设施提供植物生长所需的温度、湿度、光、水等条件，实现作物的无土栽培，从而更好地节约土地资源；大力发展立体农业，开发立体种植、立体养殖、间套复种等技术，创新农业生产方式。

（三）加快农业基础设施建设与农业科技发展，改善农业生产条件

强化农业基础设施建设是推动农村经济发展、促进农业和农村现代化的重要措施之一。加大农业灌溉、给排水设施，以及机耕道的建设与修缮，加强道路、水利、农机服务机构、农资销售网点、农业技术服务机构、农业示范区、农田林网等基础设施建设。加强西咸地区农业给排水设施的建设、整治和修复，因地制宜地推广使用节水灌溉设施，加强节水灌溉设施的建设，将灌溉水渠与供给水站点（灌溉水井）连通成完善的水利网，形成良好的给排水设施网。采用先进灌水技术，如喷灌、滴灌等技术，减少水资源损耗；探索节水灌溉模式，实施节水型灌溉制度，加强节水灌溉工程的相关配套及管理工作，提高灌溉效率。

增强西咸地区农业教育、农业科研、农业技术推广及农业气象的监测。在农业教育方面，注重农业生产的传统经验与新技术、新理论的结合，关注农业生产过程中出现的新问题与新动态，定期对农民给予农业培训，培养农业产业工人。推进灌溉节水技术、生态施肥技术、病虫害防治技术、新型农作物育种技术、畜禽生态养殖技术等的发展与应用。构建全区农业生产状况及农业气象灾害监测与预警系统。建立农业技术与信息综合服务网络，利用互联网等信息技术提升农业生产的管理水平，增强农业综合生产能力，提高资源与环境、农业科技、防灾减灾等信息化管理与服务水平。

（四）调整与优化都市农业功能结构

大力调整农村产业结构，提高农业科技含量，构建新兴的西咸都市农业体系，以充分发挥都市农业的四大功能，即经济生产功能、社会功能、文化休闲功能和生态功能。不断开拓农业的生态、休闲和观光功能，挖掘农耕文化潜力，增强体

验观光、休闲娱乐功能，开展现代农业高新技术的试验示范与推广，打造现代农业园区，形成各具特色的都市农业发展模式，如果业及水果采摘、农耕文化体验和休闲、乡村文化景观开发、现代农业观光、绿化产业、农业高新技术产业化等发展模式，满足城市居民的多种消费需求，同时，促进农业产业结构不断优化升级，实现农业的生产、经济、环境、社会功能的协调发展及生产、经济、社会和环境效益的共同提升。发展融生产、生态、观光于一体，高层次、高科技、高品位的绿色都市农业，实现由传统郊区农业向现代都市农业的转化，把农业基地建设成为现代化农业示范区、休闲观光旅游区和鲜活绿色食品的供应基地，围绕市场需求，重点发展优质特色果品、无公害蔬菜、精品设施蔬菜、花卉苗木、养殖业和观光农业等，把花卉生产与城市园林观赏结合起来，把农业结构调整与建设观赏农业、生态农业结合起来，用农业形成的自然景观配合一些人文景观吸引城市游客，全面提高农业的综合效益。

（五）推进农业产业化经营，打造优势品牌

大力推进农业产业化经营，建设龙头企业联合合作组织，带动农户的农业产业化体系，以农业产业化经营促进农业结构调整向深度发展，重点培育一批带动能力强、具有竞争优势的大型龙头企业，积极发展农业的第二、第三产业，延长农业产业链条，拓展农业外部增收渠道，实施蔬菜、林果、奶制品、肉制品等产业化发展，形成特色农业产业链；建设农副产品加工工业园区，加大优势资源的整合力度，增强农业及农副产品加工企业的市场竞争力。

依托"陕果、陕茶、陕中药材、陕牧"的生产优势及品牌优势，加快深加工的技术研发和品牌创建，全力打造西咸地区的"户县葡萄""周至猕猴桃"和"临潼石榴"等国际品牌。

（六）加强农业生态环境污染综合治理，建立都市农业生态环境的经济补偿机制

都市农业多以城市郊区为生产基地。长期以来，生态恶化和环境污染缺乏有效治理，都市农业成为依附在城市边缘生态环境脆弱地区、生态代价最低的产业。发展都市农业实质是发展大农业，使农业向第二、第三产业扩展、延伸和融合，但生态恶化和环境污染使都市农业难以可持续发展。加强城镇生活废水与工业废污水、农业生产生活废污水的集中处理，治理城镇和工业污染物向农村农业的转移扩散；推进农业生态环境污染综合治理，建立农业残余垃圾的集中处理设施；减少农药化肥使用量，将生物防治与高效低毒农药防治结合起来，降低农药使用力度；充分利用农艺、物理、生态、生物等综合防治技术替代高毒高残留化学农药；提高农药喷施效率。建立化肥、农药等化学投入品的监管体系，建立高效的

农业面源污染及重大事故预报预警系统。

在工业化城市化进程中给都市农业生态环境带来的负外部性要构造完善的生态环境补偿机制，建立一系列制度和政策，大力推进自然资源和生态环境的有偿使用制度，将城市化的经济活动给生态环境带来的负外部性进行内部化，从而构建完善的生态环境补偿机制。

（七）加强农产品流通体系建设，开拓全球市场

都市农业的高度开放性决定了生产、加工、销售以适应城市自身需求和国内外市场需求为出发点，实行全方位开放。通过市场网络把千家万户的农民与市内、国内和世界市场紧密联结在一起，依靠市场来实现农业资源和生产要素的优化配置，实现农产品的大流通、大贸易，提高都市农业的外向化程度。依托陕西省、西安市在西部大开发和"一带一路"建设中的区位优势和交通条件，大力发展农产品供应商与零售商联盟的物流模式，降低农产品流通成本，拓展农产品流通渠道，开拓农产品国内、国际两个市场，提高农产品商品化率；有效利用现代化的通信网络技术，构建农产品网络营销模式，辅之以现代化仓储体系和冷链加工体系，进一步拓展农村商贸流通业的发展空间。

（八）都市农业发展与城市规划和建设有机结合

在大西安及关中平原城市群建设中，为保障城市居民充分享受农业生态系统提供的各种服务功能，从生态系统多样性出发，把农业景观融入城市景观建设之中，维持适度面积的农业生态景观，为当地提供生态系统服务。都市农业发展与城市规划创新相结合，城市总体规划要安排好都市农业发展用地，为都市农业发展预留一定的发展空间，特别是在城市绿地空间建设中要以农业植被（农作物及林木）为主导，把城市生态建设与农业布局有机结合。都市农业发展与城市建设创新相结合，在城市建设中要突显都市农业生态服务和文化休闲服务功能，结合城市景观建设建立农业主题公园，把都市农业的休闲、娱乐、观赏、体验及教育等多种功能融入城市建设，发展现代农业综合园区。

（九）优化城市化区农业景观格局

在宏观上，根据发展都市农业的优势和生态环境条件，实施西咸地区都市农业圈层发展战略。内圈层城区重点培育休闲观光型都市农业，重点生产蔬菜、鲜果等鲜活农产品，发展能够提供更多生态系统服务的果园、苗木花卉、农业观光休闲等农业部门，以期为人口稠密的都市区提供充足的生态系统服务和优美的生态环境，为市民提供休闲场所；中圈层近郊区重点生产粮食、蔬菜、瓜果、肉奶、禽蛋和水产品，建设现代设施农业和科技示范型都市农业，为都市提供更多的鲜

活农产品（瓜果蔬菜）和休闲服务场所；外圈层远郊县重点发展生态农业、高效农业及大型专业农场，发展经济效益相对较低的粮食种植、果业和经济林果生产，同时，大力发展森林生态旅游，优化"一压、三带、七板块"的布局格局，提升功能水平。

　　在微观上，通过开辟都市农业主题公园和修建农业观光旅游景点等方式，净化城市空气，涵养城市水源，防止生态破坏和环境污染，把发展都市农业与推进污染治理和城市绿化工程紧密结合；积极发展城市立体农业，兴建森林公园、观光果园、垂钓鱼塘和综合性园艺会所，营造优美宜人的城市生态景观，全力推进绿色城市化；减少对都市农业景观的过度破坏，保证其稳定性、通达性，保证一定数量的大斑块都市农业景观的存在，增加农业景观的通达性，减少景观的破碎程度。

参 考 文 献

安建, 张穹, 牛盾, 2006. 中华人民共和国农产品质量安全法释义[M]. 北京: 法律出版社.

鲍超, 方创琳, 2006. 河西走廊城市化与水资源利用关系的量化研究[J]. 自然资源学报, 21(2): 301-310.

鲍超, 方创琳, 2008. 干旱区水资源对城市化约束强度的时空变化分析[J]. 地理学报, 63(11): 1140-1150.

毕然, 魏津瑜, 陈锐, 2008. ANP 方法在都市型农业评价指标体系中的应用[J]. 中国农机化, (6): 30-33.

曹尔琴, 1989. 论唐代关中的农业[J]. 中国历史地理论丛, (2): 45-75.

曹俊杰, 2012. 工业化、城镇化与农业现代化互动关系研究综述[J]. 山东理工大学学报(社会科学版), 28(4): 27-30.

曹林奎, 2001. 都市农业概论[M]. 北京: 中国农业出版社.

曹林奎, 陆贻通, 李亚红, 2002. 都市农业的基本特征与功能开发[J]. 农业现代化研究, 23(4): 270-273.

曹敏, 马建明, 闫佼丽, 2012. 陕西工业化与城市化进程中农村劳动力的转移——以新中国成立到 21 世纪初为例[J]. 西安工程大学学报, 26(2): 241-245.

曹明宏, 雷书彦, 姜学民, 2000. 论生态经济良性耦合与湖北农业运作机制创新[J]. 湖北农业科学, (6): 7-9.

常明明, 2015. 农业合作化运动中农业技术改造考察[J]. 中国农史, (4): 62-72.

车伍, 吕放放, 李俊奇, 等, 2009. 发达国家典型雨洪管理体系及启示[J]. 中国给水排水, 25(20): 12-17.

陈丹, 陈菁, 罗朝晖, 2005. 稻田生态系统服务及其经济价值评估方法探讨[J]. 环境科学与技术, 28(6): 61-63.

陈蝶, 卫伟, 陈利顶, 等, 2016. 梯田生态系统服务与管理研究进展[J]. 山地学报, 34(3): 374-384.

陈东湘, 周生路, 吴绍华, 2017. 基于遥感评价城市扩张对耕地质量等级结构及产能的影响[J]. 农业工程学报, 33(13): 264-269.

陈琳, 2015. 西安蔬菜产销发展现状的调查和思考[J]. 陕西农业科学, 61(11): 105-107.

陈明星, 2013. 城市化与经济发展关系的研究综述[J]. 城市发展研究, 20(8): 16-23.

陈明星, 2015. 城市化领域的研究进展和科学问题[J]. 地理研究, 34(4): 614-630.

陈明星, 陆大道, 刘慧, 2010. 中国城市化与经济发展水平关系的省际格局[J]. 地理学报, 65(12): 1443-1453.

陈秋珍, Sumelius J, 2007. 国内外农业多功能性研究文献综述[J]. 中国农村观察, (3): 71-79.

陈夏花, 2010. 快速城市化进程对山东省粮食生产影响研究[D]. 淄博: 山东理工大学.

陈夏花, 吴佩林, 2008. 快速城市化背景下的山东农业资源可持续利用[J]. 安徽农学通报, 14(9): 1-4.

陈肖飞, 姚士谋, 张落成, 2015. 1990 年以来长江三角洲耕地资源变化及驱动因子研究[J]. 长江流域资源与环境, 24(9): 1521-1527.

陈欣, 唐建军, 2013. 农业系统中生物多样性利用的研究现状与未来思考[J]. 中国生态农业学报, 21(1): 54-60.

陈昱, 师谦友, 王曼, 等, 2013. 西安都市农业空间格局及产业-地域模式研究[J]. 农业现代化研究, 34(2): 221-225.

陈源泉, 2006. 农业生态系统服务: 理论、方法及其应用[D]. 北京: 中国农业大学.

陈哲, 刘学敏, 2012. "城市病"研究进展和评述[J]. 首都经济贸易大学学报, (1): 101-108.

陈忠暖, 阎小培, 2001. 中国东南 6 省区城市职能特点与分类[J]. 经济地理, (6): 709-713.

程怀儒, 2010. 中国实现农业现代化的路径选择[J]. 南方农村, 4: 20-23.

丛茵, 2007. 试论铁岭市的城市化与农业结构调整[J]. 辽宁师专学报(社会科学版), 4: 26-27.

崔广柏, 张其成, 湛忠宇, 等, 2016. 海绵城市建设研究进展与若干问题探讨[J]. 水资源保护, 32(2): 1-4.

代光烁, 娜日苏, 董孝斌, 等, 2014. 内蒙古草原人类福祉与生态系统服务及其动态变化——以锡林郭勒草原为例[J]. 生态学报, 34(9): 2422-2430.

戴尔阜, 王晓莉, 朱建佳, 等, 2015. 生态系统服务权衡/协同研究进展与趋势展望[J]. 地球科学进展, 30(11): 1250-1259.

戴君虎, 王焕炯, 王红丽, 等, 2012. 生态系统服务价值评估理论框架与生态补偿实践[J]. 地理科学进展, 31(7): 963-969.

党国印, 1998. 关于都市农业的若干认识问题[J]. 中国农村经济, (3): 62-67.

邓楚雄, 谢炳庚, 2010. 上海都市农业可持续发展的定量综合评价[J]. 自然资源学报, (9): 1577-1579.

董志凯, 吴江, 2004 新中国工业的奠基石——156 项建设研究[M]. 广州: 广东经济出版社.

杜忠朝, 1998. 咸阳农业生态环境与区域生态农业发展模式研究[J]. 咸阳师范学院学报(自然科学版), 13(6): 34-38.

方创琳, 2014. 中国城市群研究取得的重要进展与未来发展方向[J]. 地理学报, 69(8): 1130-1144.

方创琳, 刘晓丽, 蔺雪芹, 2008. 中国城市化发展阶段的修正及规律性分析[J]. 干旱区地理, 31(4): 512-523.

方创琳, 杨玉梅, 2006. 城市化与生态环境交互耦合系统的基本定律[J]. 干旱区地理, 29(1): 1-8.

方志权, 吴卫芳, 王威, 2008. 中国都市农业理论研究若干争议问题综述[J]. 中国农学通报, 24(8): 521-525.

房志, 徐卫华, 张晶晶, 等, 2017. 基于生物多样性与生态系统服务功能的秦岭山系自然保护体系规划[J]. 生态学报, 37(16): 5334-5341.

冯海建, 周忠学, 2014a. 城市化与都市农业功能交互耦合关系及时空特征分析[J]. 地理与地理信息科学, 30(6): 57-63.

冯海建, 周忠学, 2014b. 都市农业功能空间分异研究——以西安都市圈为例[J]. 中国生态农业学报, 22(3): 201-207.

冯伟林, 李树苗, 李聪, 2013. 生态系统服务与人类福祉——文献综述与分析框架[J]. 资源科学, 35(7): 1482-1489.

冯晓刚, 李锐, 2011. 西安咸阳一体化进程中城市扩张与驱动力研究[J]. 测绘科学, 36(1): 72,102-104.

傅斌, 王玉宽, 徐佩, 等, 2017. 农户生计与生态系统服务耦合关系研究进展[J]. 生态经济, 33(1): 142-145, 151.

傅伯杰, 张立伟, 2014. 土地利用变化与生态系统服务: 概念, 方法与进展[J]. 地理科学进展, 33(4): 441-446.

傅晨, 2014. 城市化进程中我国农业转移人口市民化研究[J]. 城市观察, 1: 153-159.

高地, 鲁春霞, 冷允法, 等, 2003. 青藏高原生态资产的价值评估[J]. 自然资源学报, 18(2): 189-196.

高东, 何霞红, 朱有勇, 2010. 农业生物多样性持续控制有害生物的机理研究进展[J]. 植物生态学报, 34(9): 1107-1116.

高旺盛, 董孝斌, 2003. 黄土高原丘陵沟壑区脆弱农业生态系统服务评价——以安塞县为例[J]. 自然资源学报, 18(2): 183-188.

耿甜伟, 2017. 西安市城市扩展时空特征、空间分异及其动力机制研究[D]. 西安: 西安外国语大学.

顾朝林, 2004. 改革开放以来中国城市化与经济社会发展关系研究[J]. 人文地理, 19(2): 1-5.

顾海英, 蔡意中, 于冷, 2002. 现代都市农业可持续发展研究[M]. 北京: 中国农业科学技术出版社.

顾海英, 周小伟, 2001. 现代都市农业可持续发展的意义及内涵[J]. 农业现代化研究, 22(1): 20-23.

顾吾浩, 1996. 建设具有上海特点的都市型农业[J]. 中国农村经济, (10): 45-48.

顾晓君, 2007. 都市农业多功能发展研究[D]. 北京: 中国农业大学.

关海玲, 2010. 都市农业发展评价与对策研究——以太原市为例[D]. 北京: 北京林业大学.

关兴良, 方创琳, 鲁莎莎, 2010. 中国耕地变化的空间格局与重心曲线动态分析[J]. 自然资源学报, 25(12): 1997-2006.

管曦, 2009. 建设茶业多功能性的研究[J]. 江西农业学报, (1): 178-179.

郭辉军, 李恒, 刀志灵, 2000a. 社会经济发展与生物多样性相互作用机制研究——以高黎贡山为例[J]. 云南植物研究, (S1): 42-51.

郭辉军, PADOCH C, 付永能, 等, 2000b. 农业生物多样性评价与就地保护[J]. 云南植物研究, (S1): 27-41.

郭剑雄, 2003. 城市化与中国农业的现代化[J]. 经济问题, (11): 48-50.

郭剑雄, 2004. 城市化与粮食安全目标间的协调[J]. 农业现代化研究, 25(4): 279-281.

郭剑雄, 王学真, 2002. 城市化与农业结构调整的相关性分析[J]. 财经问题研究, 3: 25-28.

郭乃培, 2013. 西安都市圈都市农业现代化水平评价及发展模式研究[D]. 西安: 陕西师范大学.

郭晓燕, 胡志全, 2007. 农业的多功能性及其评价指标初探[J]. 中国农业科技导报, 9(1): 69-73.

郭震, 2013. 工业化、城市化、农业现代化发展的区域差异研究——基于中国 1978—2009 年省级面板数据的实证[J]. 河南社会科学, 21(2): 44-46.

国家发展改革委, 住房城乡建设部, 2018. 关中平原城市群发展规划[EB/OL]. http://www.ndrc.gov.cn/zcfb/zcfbtz/201802/wo20180214323326911143.pdf[2018-02-02].

国家统计局, 2017. 城镇化水平持续提高, 城市综合实力显著增强——党的十八大以来经济社会发展成就系列之九[EB/OL]. http://www.stats.gov.cn/tjsj/sjjd/201707/t20170711_1511794.html[2017-07-11].

国家统计局城市社会经济调查总队, 2005. 中国城市发展报告 2004[M]. 北京: 中国统计出版社.

果雅静, 高尚宾, 吴华杰, 等, 2008. 都市型现代农业综合发展水平评价方法研究[J]. 中国生态农业学报, 16(2): 495-501.

韩非, 蔡建明, 刘军萍, 2010. 北京都市农业的空间分异探究[J]. 化农业系统科学与综合研究, 26(3): 293-298.

韩士元, 2002. 都市农业的内涵特征和评价标准[J]. 天津社会科学, (2): 85-87.

韩晔, 周忠学, 2016. 西安市农业生态系统服务间关系及空间分异[J]. 冰川冻土, 38(5): 1447-1458.

何平均, 2012. 日本工业化、城市化与农业现代化的互动发展与启示[J]. 农业经济, 6: 9-11.

胡忠秀, 周忠学, 2013. 西安市绿地生态系统服务功能测算及其空间格局研究[J]. 干旱区地理, 36(3): 553-361.

黄姣, 2012. 基于生态系统服务区的北京周边土地利用管理——以北京为例的探索研究[D]. 北京: 北京大学.

黄金川, 方创琳, 2003. 城市化与生态环境交互耦合机制与规律性分析[J]. 地理研究, 22(2): 211-220.

黄清云, 2007. 稻鸭生态种养的生态系统服务功能分析[J]. 作物研究, (2): 104-107, 110.

黄昭奋, 黎瑞波, 麦全法, 等, 2005. 海南农业生物多样性与社会经济发展水平关系研究[J]. 热带农业科学, 25(2): 25-28.

姜国忠, 2004. 论我国功能多样性农业发展模式与农业竞争优势的构建[J]. 理论探讨, (3): 42-44.

句芳, 张正河, 黄映晖, 2007. 都市农业到底具备多少项功能[J]. 北方经济, (4):15-16.

赖敏, 吴绍洪, 尹云鹤, 等, 2015. 三江源区基于生态系统服务价值的生态补偿额度[J]. 生态学报, 35(2): 227-236.

黎斌, 何建华, 屈赛, 2018. 基于贝叶斯网络的城市生态红线划定方法[J]. 生态学报, 38(3): 800-811.

黎青松, 傅国华, 2017. 经济增长与农业生物多样性关系研究[J]. 金融经济, (12): 44-45.

李惠梅, 张安录, 2013a. 基于福祉视角的生态补偿研究[J]. 生态学报, 33(4): 1065-1070.

李惠梅, 张安录, 2013b. 生态环境保护与福祉[J]. 生态学报, 33(3): 825-833.

李建伟, 刘科伟, 刘林, 2015. 城市空间扩张转型与新区形成时机——西安实证分析与讨论[J]. 城市规划, 39(4): 58-64.

李金平, 2007. 西安城市化进程中的生态效应研究[D]. 西安: 西北大学.

李玲, 仇方道, 朱传耿, 等, 2012. 城市发展转型研究进展及展望[J]. 地域研究与开发, 31(2): 45-48, 72.

李梦桃, 周忠学, 2016. 西安市城市景观的正负生态系统服务测算及空间格局[J]. 地理学报, 71(7): 1215-1230.

李明, 彭培好, 王玉宽, 等, 2014. 农业生物多样性研究进展[J]. 中国农学通报, 30(9): 7-14.

李娜, 2011. 西安城市增长驱动力研究[D]. 西安: 西北大学.

李南芳, 王玥, 2014. 日本城市化与工业化、农业现代化的协同发展经验与启示[J]. 辽宁经济, 12: 58-59.

李南洁, 曹国勇, 何丙辉, 等, 2017. 农户福祉与生态系统服务变化关系研究——以重庆市武陵-秦巴连片特困区为例[J]. 西南大学学报(自然科学版), 39(7): 136-142.

李荣雪, 顾晓波, 2015. 我国城市化水平测度指标体系研究综述[J]. 经济师, (2): 8-10.

李树国, 2012. 快速工业化和城市化对农业生态环境质量的影响研究[D]. 淄博: 山东理工大学.

李双成, 2014. 生态系统服务地理学[M]. 北京: 科学出版社.

李双成, 张才玉, 刘金龙, 等, 2013. 生态系统服务权衡与协同研究进展及地理学研究议题[J]. 地理研究, 2013, 32(8): 1379-1390.

李铜山, 2007. 论农业多功能性及我国的发展方略[J]. 重庆社会科学, (5): 13-16.

李秀霞, 温欣欣, 2010. 农村剩余劳动力转移与城市化协调发展实证研究[J]. 人口学刊, 1: 57-61.

李雪芳, 王文岩, 上官宇先, 等, 2014. 西安市郊菜地土壤重金属污染及其与蔬菜重金属质量分数的相关性[J]. 西北农业学报, 23(8): 173-181.

李郇, 徐现祥, 陈浩辉, 2005. 20 世纪 90 年代中国城市效率的时空变化[J]. 地理学报, 60(4): 615-621.

李琰, 李双成, 高阳, 等, 2013. 连接多层次人类福祉的生态系统服务分类框架[J]. 地理学报, 68(8): 1038-1047.

李屹峰, 罗跃初, 刘纲, 等, 2013. 土地利用变化对生态系统服务功能的影响——以密云水库流域为例[J]. 生态学报, 33(3): 726-736.

梁滨, 陶丽华, 周青, 等, 2005. 环境污染对农业生态系统服务功能的影响[J]. 中国农学通报, 21(1): 293-295.

梁文举, 武志杰, 闻大中, 2002. 21 世纪初农业生态系统健康研究方向[J]. 应用生态学报, 13(8): 1022-1026.

廖森泰, 周灿芳, 郑业鲁, 2007. 都市农业发展的传统理论与创新思路[J]. 广东农业科学, (1): 83-86.

凌怡莹, 徐建华, 2003. 长江三角洲地区城市职能分类研究[J]. 规划师, (2): 77-79, 83.

刘爱琳, 匡文慧, 张弛, 2017. 1990—2015 年中国工矿用地扩张及其对粮食安全的潜在影响[J]. 地理科学进展, 36(5): 618-625.

刘海滨, 刘振灵, 2009. 辽宁中部城市群城市职能结构及其转换研究[J]. 经济地理, (8): 1293-1297.

刘慧敏, 范玉龙, 丁圣彦, 2016. 生态系统服务流研究进展[J]. 应用生态学报, 27(7): 2161-2171.

刘慧敏, 刘绿怡, 任嘉衍, 等, 2017. 生态系统服务流定量化研究进展[J]. 应用生态学报, 28(8): 2723-2730.

刘科伟, 陈宗兴, 1995. 陕西省城镇发展的回顾与展望[J]. 经济地理, 15(3): 41-45.

刘璐, 2015. 哈尔滨都市农业与城市化互动发展关系研究[D]. 哈尔滨: 东北农业大学.

刘鸣达, 黄晓姗, 张玉龙, 等, 2008. 农田生态系统服务功能研究进展[J]. 生态环境, 17(2): 834-838

刘某承, 孙雪萍, 林惠凤, 等, 2015. 基于生态系统服务消费的京承生态补偿基金构建方式[J]. 资源科学, 37(8): 1536-1542.

刘奇, 2007. 21 世纪农业的新使命: 多功能农业[M]. 合肥: 安徽人民出版社.

刘文具, 2007. 保定市地下水位持续下降成因及对策研究[J]. 地下水, 29(3): 94-95.

刘文玲, 王灿, 2010. 低碳城市发展实践与发展模式[J]. 中国人口资源与环境, 20(4): 17-22.

刘兴元, 牟月亭, 2012. 草地生态系统服务功能及其价值评估研究进展[J]. 草业学报, 21(6): 286-295.

刘秀丽, 张勃, 张调风, 等, 2013. 黄土高原土石山区土地利用变化对生态系统服务的影响——以宁武县为例[J]. 生态学杂志, 32(4): 1017-1022.

刘尧, 张玉钧, 贾倩, 2017. 生态系统服务价值评估方法研究[J]. 环境保护, 45(6): 64-68.

刘耀彬, 宋学锋, 2005. 城市化与生态环境耦合模式及判别[J]. 地理科学, 25(4): 408-414.

刘引鸽, 傅志军, 2012. 陕西省水资源生态风险评价及驱动因素分析[J]. 水土保持通报, 32(6): 273-278.

刘宇, 郭建斌, 邓秀秀, 等, 2016. 秦岭火地塘林区 3 种土地利用类型的土壤潜在水源涵养功能评价[J]. 北京林业大学学报, 38(3): 73-80.

刘长远, 2006. 国外都市农业发展经验对我国的启示[J]. 世界地理研究, 15(2): 74-79.

柳潇, 2011. 上海市都市农业旅游产业集群判定与特征识别研究[D]. 上海: 上海交通大学.

卢其福, 2008. 西安市水资源及污水资源合理配置研究[D]. 西安: 西安理工大学.

鲁燕, 素秋, 2006. 中国农业剩余劳动力转移问题研究[J]. 人口学刊, (1): 17-20.

路超君, 秦耀辰, 张金萍, 2014. 低碳城市发展阶段划分与特征分析[J]. 城市发展研究, 21(8): 12-16.

吕巧枝, 2007. 我国农产品质量安全现状与发展对策[J]. 中国食物与营养, (4): 10-13.

吕晓芳, 王仰麟, 张镱锂, 等, 2007. 西部生态脆弱地区农业功能区划及模式探析[J]. 自然资源学报, 22(2): 177-184.

吕耀, 2008. 基于多维评价模型的农业多功能性价值评估[J]. 经济地理, (4): 650-655.

吕耀, 王兆阳, 2007. 基于农业多功能性理念的农业多元价值体系重建[J]. 价格理论与实践, 35-36.

吕争, 2012. 城市化进程中我国都市型农业的发展研究[J]. 北京农业, 4(下旬刊): 1-2.

马凤娇, 刘金铜, 2014. 基于能值分析的农田生态系统服务评估——以河北省栾城县为例[J]. 资源科学, 36(9): 1949-1957.

马健, 2014. 城市化对都市农业生态系统功能的影响研究——以西安市为例[D]. 西安: 陕西师范大学.

马晓河, 2011. 中国农业收益与生产成本变动的结构分析[J]. 中国农村经济, (5): 4-11.

孟斌, 2008. 西安市都市农业发展研究[D]. 杨凌: 西北农林科技大学.

苗润莲, 张红, 胥彦玲, 等, 2015. 京津冀现代农业区域一体化的功能定位及关键问题研究[J]. 江苏农业科学, 43(10): 520-523.

倪外, 曾刚, 2010. 低碳经济视角下的城市发展新路径研究——以上海为例[J]. 经济问题探索, (5): 38-42.

牛文元, 刘怡君, 2012. 2012 中国新型城市化报告[M]. 北京: 科学出版社.

欧阳玲, 王宗明, 贾明明, 等, 2016. 基于遥感的吉林省中西部耕地数量和质量空间格局变化分析[J]. 农业工程学报, 32(13): 234-242.

欧阳志云, 李小马, 徐卫华, 等, 2015. 北京市生态用地规划与管理对策[J]. 生态学报, 35(11): 3778-3787.

欧阳志云, 王如松, 赵景柱, 等, 1999. 生态系统服务功能及其生态经济价值评估[J]. 应用生态学报, 10(5): 635-640.

欧阳志云, 郑华, 2009. 生态系统服务的生态学机制研究进展[J]. 生态学报, 29(11): 6183-6188.

潘晓东, 2010. 中国低碳城市发展路线图研究[J]. 中国人口·资源与环境, 20(10): 13-18.

潘影, 甄霖, 龙鑫, 等, 2012. 泾河流域县域尺度生态系统服务相互关系及影响因子[J]. 应用生态学报, 23(5): 1203-1209.

庞妍, 2015. 关中平原农田土壤重金属污染风险研究[D]. 杨凌: 西北农林科技大学.

彭建, 胡晓旭, 赵明月, 等, 2017. 生态系统服务权衡研究进展: 从认知到决策[J]. 地理学报, 72(6): 960-973.

彭建, 刘志聪, 刘焱序, 2014. 农业多功能性评价研究进展[J]. 中国农业资源与区划, 35(6): 1-8.

齐爱荣, 周忠学, 刘欢, 2013. 西安市城市化与都市农业发展耦合关系研究[J]. 地理研究, 32(11): 2133-2142.

乔标, 方创琳, 李铭, 2005. 干旱区城市化与生态环境交互胁迫过程研究进展及展望[J]. 地理科学进展, 24(6): 31-41.

桥谷卓尔, 1995. 都市农业的理论与政策: 农业年鉴序言[M]. 京都: 京都法律文化社.

秦晖, 1995."关中模式"的社会历史渊源 清初至民国——关中农村经济与社会史研析之二[J]. 中国经济史研究, (1): 50-67.

青鹿四郎, 1935. 农业经济地理[M]. 东京: 农文协出版社.

任利成, 张明柱, 2014. 我国智慧城市发展水平的聚类分析[J]. 科技管理研究, 34(14): 58-62.

陕西省人民政府网, 2015. 陕西省第二次土地调查成果等有关情况新闻发布会[EB/OL]. [2014-06-25]. http://www.scio.gov.cn/xwfbh/gssxwfbh/xwfbh/shan_xi/Document/1373536/1373536.htm.

陕西省统计局, 2014. 西安特色农业发展调研报告[R/OL]. [2015-11-16]. http://www.shaanxitj.gov.cn/site/1/html/126/131/139/11978.htm.

陕西省统计局, 2016. 陕西统计年鉴 2016[M]. 北京: 中国统计出版社.

陕西师范大学地理系《咸阳市地理志》编写组, 1991. 陕西省咸阳市地理志[M]. 西安: 陕西人民出版社.

盛广耀, 2011. 城市化模式研究综述[J]. 城市发展研究, 18(7): 13-19.

师晓华, 2017. 美丽乡村建设背景下西安休闲农业发展研究[J]. 中国农业资源与区划, 38(8): 219-223.

石言波, 1999. 21 世纪我国农业功能定位初探[J]. 江西农业经济, (1): 5, 15.

宋佳楠, 梅建屏, 金晓斌, 等, 2010. 基于协调系数修正的区域生态系统服务价值测算研究[J]. 地理与地理信息科学, 26(1): 86-89.

宋涛, 蔡建明, 刘军萍, 等, 2012. 世界城市都市农业发展的经验借鉴[J]. 世界地理研究, (12): 88-96.

宋晓媚, 周忠学, 冯海建, 2015. 城市化过程中西安都市圈都市农业结构时空变化特征[J]. 中国沙漠, 35(4): 1096-1102.

宋志军, 刘黎明, 2011. 北京市城郊农业区多功能演变的空间特征[J]. 地理科学, (4): 427-433.

孙丽欣, 2003. 城市化与农业剩余劳动力转移问题研究[J]. 石家庄经济学院学报, 26(4): 357-369.

孙菱, 关海玲, 2013. 城市化进程下生态环境与都市农业关系分析[J]. 经济师, 1: 247-248.

孙盘寿, 杨廷秀, 1984. 西南三省城镇的职能分类[J]. 地理研究, 3(3): 17-28.

孙新章, 2010. 新中国 60 年来农业多功能性演变的研究[J]. 中国人口·资源与环境, 20(1): 71-75.

孙云霞, 叶金国, 2009. 我国区域城市化与农业现代化协调性评价研究[J]. 社会科学论坛, 5: 87-90.

孙泽祥, 刘志锋, 何春阳, 等, 2016. 中国北方干旱地区城市扩展过程对生态系统服务的影响——以呼和浩特-包头-鄂尔多斯城市群地区为例[J]. 自然资源学报, 32(10):1691-1704.

孙泽祥, 刘志锋, 何春阳, 等, 2016. 中国快速城市化干燥地区的生态系统服务权衡关系多尺度分析——以呼包鄂榆地区为例[J]. 生态学报, 36(15): 4881-4891.

孙仲彝, 1996. 谈谈上海农业从都市型与城郊型结合到构建都市型农业体系[J]. 上海农村经济, (5): 21-22.

谈明洪, 李秀彬, 吕昌河, 2004. 20 世纪 90 年代中国大中城市建设用地扩张及其对耕地的占用[J]. 中国科学(D 辑), 34(12): 1157-1165.

谭志雄, 陈德敏, 2011. 中国低碳城市发展模式与行动策略[J]. 中国人口·资源与环境, 21(9): 69-75.

唐亚平, 2014. 陕西省耕地数量质量时空变化与粮食生产保障研究[D]. 西安: 西北大学.

陶陶, 罗其友, 2004. 农业的多功能性与农业功能分区[J]. 中国农业资源与区划, (1): 45-49.

田光进, 刘纪远, 庄大方, 等, 2003. 基于遥感与 GIS 的 20 世纪 90 年代中国城镇用地时空特征[J]. 第四纪研究, 23(4): 421-427.

田文祝, 周一星, 1991. 中国城市体系的工业职能结构[J]. 地理研究, (1): 12-23.

仝玉琴, 2005. 陕西省花卉产业发展与对策研究[D]. 杨凌: 西北农林科技大学.

王大尚, 郑华, 欧阳志云, 2013. 生态系统服务供给、消费与人类福祉的关系[J]. 应用生态学报, 24(6): 1747-1753.

王德利, 方创琳, 2012. 城市化发展质量研究进展及展望[J]. 现代城市研究, (7): 15-21.

王飞, 高建恩, 邵辉, 等, 2013. 基于 GIS 的黄土高原生态系统服务价值对土地利用变化的响应及生态补偿[J]. 中国水土保持科学, 11(1): 25-31.

王峰钧, 2011. 西安地区先秦时期农业的产生与发展[J]. 农业考古, (1): 50-54.

王桂新, 冷淞, 2008. 中国城市化发展对粮食生产影响分析[J]. 人口学刊, 3: 18-23.

王继军, 姜志德, 连坡, 等, 2009. 70 年来陕西省纸坊沟流域农业生态经济系统耦合态势[J]. 生态学报, 29(9): 5130-5137.

王建康, 2014. 城乡统筹视角下西安城市化发展水平比较研究——以全国 15 个副省级城市为例[J]. 西安财经学院学报, 27(4): 28-32.

王静, 张洁暇, 段瑞娟, 2015. 区域农业生态系统研究进展[J]. 生态经济, 31(2): 102-108.

王女杰, 刘建, 吴大千, 等, 2010. 基于生态系统服务价值的区域生态补偿——以山东省为例[J]. 生态学报, 30(23): 6646-6653.

王其翔, 唐学玺, 2009. 海洋生态系统服务的产生与实现[J]. 生态学报, 29(5): 2400-2406.

王全辉, 刘义诚, 2012. 中国都市农业发展模式研究和可持续发展建议[J]. 中国农学通报, 28(32): 166-170.

王文光, 李劼, 李国秀, 等, 2015. 陕西省杨凌地区蔬菜中有机磷类农药污染状况[J]. 职业与健康, 31(17): 2356-2358.

王晓君, 吴敬学, 蒋和平, 2017. 中国大中型城市都市型农业发展模式研究[J]. 世界农业, 3:4-10.

王晓玥, 李双成, 2017. 基于多维视角的“城市病”诊断分析及其风险预估研究进展与发展趋势[J]. 地理科学进展, 36(2): 231-243.

王雅, 蒙吉军, 齐杨, 等, 2015. 基于 InVEST 模型的生态系统管理综述[J]. 生态学杂志, 34(12): 3526-3532.

王勇, 黄门福, 2007. 城市化区域农业的多功能性与可持续发展[J]. 广东农业科学, (7): 111-116.

王勇, 骆世明, 2008. 农业生态服务功能评估的研究进展和实施原则[J]. 中国生态农业学报, 16(1): 212-216.

卫龙宝, 伍骏骞, 王恒彦, 2013. 工业化、城市化与农业现代化发展——基于 171 个国家 1961—2011 年的面板数据分析[J]. 社会科学战线, 9: 44-48.

温荣伟, 王金坑, 方婧, 等, 2016. 基于生态系统管理的滨海湿地保护与管理制度研究[J]. 环境与可持续发展, 41(6): 48-51.

文化, 姜翠红, 王爱玲, 等, 2008. 北京都市型现代农业评价指标体系与调控对策[J]. 农业现代化研究, (2): 155-158.

巫细波, 杨再高, 2010. 智慧城市理念与未来城市发展[J]. 城市发展研究, 17(11): 56-60, 40.

吴标兵, 林承亮, 许为民, 2013. 智慧城市发展模式: 一个综合逻辑架构[J]. 科技进步与对策, 30(10): 31-36.

吴奇, 邵长武, 2015. 中国城市化水平研究综述与评价[J]. 福建论坛(人文社会科学版), (1): 42-49.

吴旭晓, 2012. 我国中部地区城市化、工业化和农业现代化“三化”协调发展研究——以赣湘鄂豫四省为例[J]. 农业现代化研究, 33(1): 1-7.

西安市统计局, 2016. 西安统计年鉴 2016[M]. 北京: 中国统计出版社.

肖俊, 李志刚, 2016. 21 世纪西方城市研究的“城市化”转向[J]. 城市规划, 40(12): 98-105.

肖玉, 谢高地, 鲁春霞, 等, 2005. 施肥对稻田生态系统气体调节功能及其价值的影响[J]. 植物生态学报, 29(4): 577-583.

谢高地, 鲁春霞, 冷允法, 等, 2003. 青藏高原生态资源的价值评估[J]. 自然资源学报, 18(2): 189-196.

谢高地, 鲁春霞, 肖玉, 等, 2003. 青藏高原高寒草地生态系统服务价值评估[J]. 山地学报, 21(1): 50-55.

谢高地, 肖玉, 2013. 农田生态系统服务及其价值的研究进展[J]. 中国生态农业学报, 21(6): 645-651.

谢高地, 张彩霞, 张雷明, 等, 2015. 基于单位面积价值当量因子的生态系统服务价值化方法改进[J]. 自然资源学报, 30(8): 1243-1254.

谢高地, 甄霖, 鲁春霞, 等, 2008. 生态系统服务的供给、消费和价值化[J]. 资源科学, 30(1): 93-99.

谢小蓉, 2011. 国内外农业多功能性研究文献综述[J]. 广东农业科学, 21: 209-213.

徐静, 陈秀万, 2014. 我国智慧城市发展现状与问题分析[J]. 科技管理研究, 34(7): 23-26.

徐振林, 雷红涛, 王弘, 等, 2012. 外源物质在食品加工过程中的变化和安全性[J]. 食品安全质量检测学报, 3(5): 360-366.

许丽丽, 李宝林, 袁烨城, 等, 2016. 基于生态系统服务价值评估的我国集中连片重点贫困区生态补偿研究[J]. 地球信息科学学报, 18(3): 286-297.

许学强, 周一星, 宁越敏, 2009. 城市地理学[M]. 2 版. 北京: 高等教育出版社.

薛东前, 姚士谋, 张红, 2000. 关中城市群的功能联系与结构优化[J]. 经济地理, 20(6): 52-55, 60.

杨开忠, 陈良文, 2008. 中国区域城市体系演化实证研究[J]. 城市问题, 152(8): 6-12.

杨莉, 甄霖, 李芬, 等, 2010. 黄土高原生态系统服务变化对人类福祉的影响初探[J]. 资源科学, 32(5): 849-855.

杨卫丽, 李同昇, 2011. 西安都市圈都市农业发展与空间格局研究[J]. 经济地理, 31(1): 123-128.

杨文艳, 2014. 西安都市圈农业生态系统水土保持价值估算[J]. 应用生态学报, 25(12): 3637-3644.

杨雪, 谈明洪, 2014. 北京市耕地功能空间差异及其演变[J]. 地理研究, (33): 1106-1118.

杨永春, 冷炳荣, 谭一洺, 等, 2011. 世界城市网络研究理论与方法及其对城市体系研究的启示[J]. 地理研究, 30(6): 1009-1020.

杨振山, 蔡建明, 2006. 都市农业发展的功能定位体系研究[J]. 中国人口·资源与环境, 16(5): 29-34.

杨正勇, 杨怀宇, 郭宗香, 2009. 农业生态系统服务价值评估研究进展[J]. 中国生态农业学报, 17(5): 1045-1050.

杨志新, 郑大玮, 冯圣东, 2007. 北京市农田生产的负外部效应价值评价[J]. 中国环境科学, 27(1): 29-33.

杨志新, 郑大玮, 文化, 2005. 北京郊区农田生态系统服务功能价值的评估研究[J]. 自然资源学报, 20(4): 564-571.

姚慧敏, 郭洪海, 2009. 山东省农业生态功能区划研究[J]. 安徽农业科学, 37(23): 11095-11097.

叶延琼, 李逸勉, 章家恩, 等, 2011. 城市化过程中广州市农业生态系统服务价值的变化[J]. 应用生态学报, (22): 1523-1530.

叶延琼, 章家恩, 秦摇钟, 等, 2012. 佛山市农田生态系统的生态损益[J]. 生态学报, 32(4): 4593-4604.

叶裕民, 2002. 中国城市化[M]. 北京: 商务印书馆.

尹成杰, 2007. 农业多功能性与推进现代农业建设[J]. 中国农村经济, (7): 4-9.

尹飞, 毛任钊, 傅伯杰, 等, 2006. 农田生态系统服务功能及其形成机制[J]. 应用生态学报, 17(5): 929-934.

尹然, 2012. 都市农业与城市化互动发展关系研究——以南京为例[D]. 南京: 南京大学.

尹占娥, 许世远, 2007. 上海浦东新区土地利用变化及其生态环境效应[J]. 长江流域资源与环境, 16(4): 430-434.

尤南山, 蒙吉军, 2017. 基于生态敏感性和生态系统服务的黑河中游生态功能区划与生态系统管理[J]. 中国沙漠, 37(1): 186-197.

俞菊生, 1999. 都市农业的理论与创新体系构筑[J]. 农业现代化研究, 20(4): 207-210.

喻国华, 2006. 都市农业发展机制探讨[J]. 农业经济, (5): 20-22.

元媛, 刘金铜, 靳占忠, 2011. 栾城县农田生态系统服务功能正负效应综合评价[J]. 生态学杂志, 30(12): 2809-2814.

袁伟玲, 曹凑贵, 2007. 农田生态系统服务功能及可持续发展对策初探[J]. 湖南农业科学, (1): 1-3.

袁艺, 谢锋, 史培军, 2003. 快速城市化过程中城镇用地与农业用地的景观斑块特征研究——以深圳市为例[J]. 北京师范大学学报(自然科学版), (6): 835-842.

袁再健, 梁晨, 李定强, 2017. 中国海绵城市研究进展与展望[J]. 生态环境学报, 26(5): 896-901.

岳天祥, 马胜男, 李镇清, 等, 2006. 生态多样性与生态系统服务功能的多尺度比较分析——以内蒙古自治区锡林郭勒盟白音锡勒的草地生态系统为例[J]. 资源科学, (4): 11-18.

臧元峰, 2017. 双重转型背景下的城市贫困问题研究[J]. 现代城市研究, (7): 107-113.

臧正, 邹欣庆, 2016. 基于生态系统服务理论的生态福祉内涵表征与评价[J]. 应用生态学报, 27(4): 1085-1094.

张彪, 谢高地, 肖玉, 等, 2010. 基于人类需求的生态系统服务分类[J]. 中国人口·资源与环境, 20(6): 137-140.

张存杰, 黄大鹏, 刘昌义, 等, 2014. IPCC 第五次评估报告气候变化对人类福祉影响的新认知[J]. 气候变化研究进展, 10(4): 246-250.

张殿发, 黄弈龙, 2000. 土地资源可持续利用的生态经济系统分析[J]. 农村生态环境, 16(2): 45-48.

张亘稼, 2007. 城市化过程中的农业劳动力转移路径[J]. 陕西青年管理干部学院学报, (4): 17-19.

张建伟, 李贝歌, 毕东方, 等, 2017. 中国智慧城市发展水平空间差异研究[J]. 世界地理研究, 26(2): 82-90.

张雷, 2009. 中国城市化进程的资源环境基础[M]. 北京: 科学出版社.

张莉侠, 马莹, 谈平, 2015. 都市农业发展水平评价研究综述[J]. 中国农业资源与区划, 36(1): 44-49.

张林锋, 2008. 西安市现代农业发展建设研究[D]. 长春: 吉林农业大学.

张荣天, 焦华富, 2016. 中国新型城镇化研究综述与展望[J]. 世界地理研究, 25(1): 59-66.

张新, 2015, 关中地区现代农业园区规划调研与比较研究[D]. 西安: 长安大学.

张新光, 2008. 20 世纪以来世界农业发展中几个带有规律性的问题[J]. 改革与开放, (5): 4-5.

张亚芳, 车云竹, 2017. 保定市平原区浅层地下水超采区现状及治理对策探析[J]. 地下水, 39(3): 60-61.

张永民, 赵士洞, 2007. 全球生态系统服务未来变化的情景[J]. 地球科学进展, 22(6): 605-611.

张振明, 刘俊国, 2011. 生态系统服务价值研究进展[J]. 环境科学学报, 31(9): 1835-1842.

章家恩, 骆世明, 2004. 农业生态系统健康的基本内涵及其评价指标[J]. 应用生态学报, 15(8)：1473-1476.

章家恩, 饶卫民, 2004. 农业生态系统的服务功能与可持续利用对策探讨[J]. 生态学杂志, 23(4): 99-102.

赵海珍, 李文华, 马爱进, 等, 2004. 拉萨河谷地区青稞农田生态系统服务功能的评价——以达孜县为例[J]. 自然资源学报, 19(5): 632-636.

赵景海, 2006. 我国资源型城市发展研究进展综述[J]. 城市经济, (3): 86-91, 106.

赵景柱, 肖寒, 吴刚, 2000. 生态系统服务的物质量与价值量评价方法的比较分析[J]. 应用生态学报, 11(2): 290-292.

赵敏, 2005. 论农业的多功能性[J]. 求索, (1): 29-30.

赵荣钦, 黄爱民, 秦明, 等, 2003. 农田生态系统服务功能及其评价方法研究[J]. 农业系统科学与综合研究, 19(4): 267-270.

赵雪雁, 李巍, 王学良, 2012. 生态补偿研究中的几个关键问题[J]. 中国人口·资源与环境, 22(2): 1-7.

甄霖, 刘雪林, 李芬, 等, 2010. 脆弱生态区生态系统服务消费与生态补偿研究: 进展与挑战[J]. 资源科学, 32(5): 797-803.

郑华, 李屹峰, 欧阳志云, 2013. 生态系统服务管理研究进展[J]. 生态学报, 33(3): 702-710.

郑华, 欧阳志云, 赵同谦, 等, 2003. 人类活动对生态系统服务功能的影响[J]. 自然资源学报, 18(1): 118-126.

中国科协信息中心, 2013. 傅伯杰: 生态系统服务于生态系统管理[J]. 学会, (6): 11-12.

中国市长协会《中国城市发展报告》编辑委员会, 2003. 中国城市发展报告(2001—2002) [M]. 北京: 西苑出版社.

仲俊涛, 米文宝, 2013. 基于生态系统服务价值的宁夏区域生态补偿研究[J]. 干旱区资源与环境, 27(10): 19-24.

周灿芳, 廖森泰, 黄红星, 2007. 珠三角城市群都市农业发展定位研究[J]. 农业现代化研究, 28(1): 47-49.

周晨, 丁晓辉, 李国平, 等, 2015. 南水北调中线工程水源区生态补偿标准研究——以生态系统服务价值为视角[J]. 资源科学, 37(4): 792-804.

周亮, 沈丹, 2017. 中国城市贫困的关键问题及研究进展[J]. 开发研究, (1): 84-88.

周培, 2013. 城市化、结构转变与中国都市农业发展战略[J]. 上海交通大学学报(农业科学版), 31(2): 1-6, 33.

周忠学, 2011. 城市化对生态系统服务功能的影响机制探讨与实证研究[J]. 水土保持研究, 18(5): 32-38.

朱有勇, 2007. 遗传多样性与作物病害持续控制[M]. 北京: 科学出版社.

祝文烽, 王松良, Caldwell C D, 2010. 农业生态系统服务及其管理学要义[J]. 中国生态农业学报, 18(4): 889-896.

卓德保, 吴玉海, 潘植强, 2014. 碳减排视角下上海低碳城市发展路径研究[J]. 城市发展研究, 21(11): 39-45.

AGRO-ECOSYSTEM HEALTH PROJECT(AEHP), 1996. Agroecosystem Health[R]. Guelph: University of Guelph.

ALBERTI M, 2010. Maintaining ecological integrity and sustaining ecosystem function in urban areas[J]. Environmental Sustainability, (2):178-184.

ALBERTI M, BOOTH D, HILL K, et al., 2007. The impact of urban patterns on aquatic ecosystems: An empirical analysis in Puget lowland sub-basins[J]. Landscape Urban Plan, 80: 345-361.

ALTMAN I, BLAKESLEE A M, OSIO G C, et al., 2010. A practical approach to implementation of ecosystem-based management: A case study using the Gulf of Maine marine ecosystem[J]. Front Ecol Environ, 9: 183-189.

ANDERSSON E, BARTHEL S, AHRNÉ K, 2007, Measuring social ecological dynamics behind the generation of ecosystem services[J]. Ecological Applications, 17: 1267-1278.

BAGSTAD K J, JOHNSON G W, VOIGT B, et al., 2013a. Spatial dynamics of ecosystem service flows: A comprehensive approach to quantifying actual services[J]. Ecosystem Services, 4: 117-125.

BAGSTAD K, SEMMENS D, WAAGE S, et al., 2013b. A comparative assessment of decision-support tools for ecosystem services quantification and valuation[J]. Ecosystem Services, 5: 27-39.

BAI Y, ZHUANG C W, OUYANG Z Y, et al., 2011. Spatial characteristics between biodiversity and ecosystem services in a human dominated watershed[J]. Ecological Complexity, 8(2): 177-183.

BARÓ F, PALOMO I, ZULIAN G, et al., 2016. Mapping ecosystem service capacity, flow and demand for landscape and urban planning: A case study in the Barcelona metropolitan region[J]. Land Use Policy, 57: 405-417.

BELLAMY C C, WINN J P, FISHER T, 2014. EcoServ-GIS Version 2 (England only): A Wildlife Trust Toolkit for Mapping Multiple Ecosystem Services. User Guide (Document Version 2.1, April 2014)[R]. Houghton-Le-Spring: Durham Wildlife Trust.

BENNETT E M, PETERSON G D, GORDON L J, 2009. Understanding relationships among multiple ecosystem services [J]. Ecology Letters, 12(12): 1394-1404.

BERNSTEIN M, 1998. Well-being[J]. American Philosophical Quarterly, 35(1): 39-55.

BERRY B J L, 1996. Technology-sensitive urban typology[J]. Urban Geography, 17(8): 674-689.

BETTERS D R, 1998. Planning optimal economic structure for agroforestry systems[J]. Agroforestry Systems, 7: 17-31.

BEVACQUA D, MELIA P, CRIVELLI A J, et al., 2007. Multi-objective assessment of conservation measures for the European eel (Anguilla): An application to the Camargue lagoons[J]. Ices Journal of Marine Science, 64: 1483-1490.

BINNING C E, CORKS J, PARRY R, et al., 2001. Natural Assets: An Inventory of Ecosystem Goods and Services in the Goulburn Broken catchment[R]. Canberra: CSIRO.

BJÖRKLUND J, LIMBURG K E, RYDBERG T, 1999. Impact of production intensity on the ability of the agricultural landscape to generate ecosystem services: an example from Sweden[J]. Ecological Economics, 29(2): 269-291.

BOCKSTAEL N, COSTANZA R, STRAND I, et al., 1995. Ecological economic modeling and valuation of ecosystems[J]. Ecological Economics, 14. 143-159.

BOHENSKY E L, REYERS B, VAN JAARSVELD A S, 2006. Future ecosystem services in a Southern African river basin: A scenario planning approach to uncertainty[J]. Conservation Biology, 20(4): 1051-1061.

BOODY G, VONDRACEK B, ANDOW D A, et al., 2005. Multifunctional agriculture in the United States[J]. Bioscience, 55(1): 27-38.

BOYD J, BANZHAF S, 2001. What are ecosystem services? The need for standardized environmental accounting units[J]. Ecological Economics, 63(2-3): 616-626.

BRADFORD J B, D'AMATO A W, 2012. Recognizing trade-offs in multi-objective land management[J]. Frontiers in Ecology and the Environment, 10: 210-216.

BURKHARD B, KANDZIORA1 M, HOU Y, et al., 2014. Ecosystem service potentials, flows and demands: Concepts for spatial localisation, indication and quantification[J]. Landscape Online, 34: 1-32

BURKHARD B, KROLL F, NEDKOV S, et al., 2012. Mapping supply demand and budgets of ecosystem services[J]. Ecological Indicators, 21: 17-29.

BUTLER J R A, WONG G Y, METCALFE D J, et al., 2013. An analysis of trade-offs between multiple ecosystem services and stakeholders linked to land use and water quality management in the Great Barrier Reef, Australia[J]. Agriculture, Ecosystems & Environment, 180: 176-191

CHAN K M A, HOSHIZAKI L, KLINKENBERG B, 2011. Ecosystem services in conservation planning: less costly as costs and side-benefits[J]. BC Journal of Ecosystems and Management, 12(1): 98-100.

COSTANZA R, 2008. Ecosystem services: Multiple classification systems are needed[J]. Biological Conservation, 141: 350-352.

COSTANZA R, D' ARGE R, GROOTR D E, et al., 1997. The value of the world's ecosystem services and natural capital[J]. Nature, 387(6630):253-260.

CROWLY JM, 1967. Biogeography[J]. Canadian Geographer, 11(4): 312-326.

CUMMINS R A, ECKERSLEY R, L O SK, et al., 2003. The Australian unity wellbeing index: An overview. Social Indicators Research, 76:1-4.

DAILY G C, ALEXANDER S, EHRLICH P R, et al., 1997. Ecosystem service: Benefits supplied to human societies by natural ecosystems[J]. Issues in Ecology, (2):1-15.

DAILY G C, 1997. Nature's Services: Societal Dependence on Natural Ecosystems[M]. Washington DC: Island Press.

DALSGAARD J P T, LIGHTFOOT C, CHRISTENSEN V, 1995. Towards quantification of ecological sustainability in farming systems analysis[J]. Ecological Engineering, 4(3):181-189.

DE GROOT R S, WILSON M A, BOUMANS R M J, 2002. A typology for the classification, description and valuation of ecosystem functions, goods and services[J]. Ecological Economics, 41: 393-408.

DE VRIES F W T, AGUS F, KERR J, 1998. Soil Erosion at Multiple Scale[M]. Wallingford, UK: CBAI Publishing.

DEVICTOR V, JIGUET F, 2007. Community richness and stability in agricultural landscapes: The importance of surrounding habitats[J]. Agric Ecosyst Environ, 120(2/3): 179-184.

DEVRIES B. Multifunctional agriculture in the international context: A review [OL]. http://www.landsteward- shipproject. org/mba/MFAReview.pdf.

EHRLICH P R, EHRLICH A, 1981. Extinction: The Causes and Consequences of the Disappearance of Species[M]. New York: Random House.

EIGENBRODF, ARMSWORTH P R, ANDERSON B J, et al., 2010. The impact of proxy-based methods on mapping the distribution of ecosystem services[J]. Journal of Applied Ecology, 47:377-385.

ELLIS F, MDOE N, 2003. Livelihood and rural poverty reduction in Tanzania[J]. World Development, 31(8): 1367-1384.

FAIRFIELD O, 1949. Our plundered planet[M]. Boston: Little, Brown and Company.

FAO, 1999. The Multifunctional Character of Agriculture and Land [C]. FAO/Netherlands Conference on "The Multifunctional Character of Agriculture and Land", Maastricht: September 12-17.

FELDMAN I R, BLAUSTEIN R J, 2007. Ecosystem services as a framework for law and policy[M]. Environmental Law Reporter.

FELIPE-LUCIA M R, COMM F A. 2015. Ecosystem services-biodiversity relationships depend on land use type in floodplain agroecosystems[J]. Land Use Policy, 46: 201-210.

FIALORS, 2002. Profitability and sustainability of urban and peri-urban agriculture (UPA) in Kumasi[R]. FAO/IBSRAM (IWMI) DAEFM-KNUST Project (PR 17951). Submitted to FAO via IWMI-Ghana. 2002, 33.

FISHER B, TURNER R K, 2008. Ecosystem services: Classification for valuation[J]. Biological Conservation, 141: 1167-1169.

FISHER B, TURNER RK, MORLING P, 2009. Defining and classifying ecosystem systems service for decision making[J]. Ecological Economics. 68: 643-653.

FOLEY J A, DEFRIES R, ASNER G P, et al., 2005. Global consequences of land use[J]. Science, 309(5734): 570-574.

FU B J, CHEN L D, MA K W, et al., 2000. The relationships between land use and soil conditions in the hilly area of the loess plateau in northern Shaanxi, China[J]. Catena, 39(1): 69-78.

GISELLA S CRUZ-GARCIA, ERWAN SACHET, GENOWEF BLUNDO-CANTO, et al., 2017. What extent have the links between ecosystem services and human well-being been researched in Africa, Asia, and Latin America[J]? Ecosystem Services, (6):201-212.

GLIMOUR D A, BONELL M, CASSELLS D S, 1987. The effects of forestation on soil hydraulic properties in the Middle Hills of Nepal: A preliminary assessment[J]. Mountain Research and Development, 7: 239-249.

HAASE D, SCHWARZ N, STROHBACH M, et al., 2012. Synergies, trade-offs and losses of ecosystem services in urban regions: An integrated multiscale framework applied to the Leipzig-Halle Region, Germany[J]. Ecology and Society, 2012, 17(3):22.

HAINES-YOUNG R, POTSCHIN M, 2010. Proposal for a Common International Classification of Ecosystem Goods and Services(CICES) for Integrated Environmental and Economic Accounting(V1)[R]. Nottingham, UK: Report to the

European Environment Agency. Cetre for Environment Management, University of Nottingham.

HALL J, GIOVANNINI E, MORRONE A, et al., 2011. A Framework to Measure the Progress of Societies[J]. Oecd Statics Working Papers, 121(1):93-118.

HARRISON P A, BERRY P M, SIMPSON G, et al., 2014. Linkages between biodiversity attributes and ecosystem services:A systematic review[J]. Ecosystem Services, 9:191-203.

HEAL G, DAILY G C, EHRLICH P R, et al., 2001. Protecting natural capital through ecosystem service districts[J]. Stanford Environmental Law Journal, 20:333-354.

HOLDER N J, EHRLICH P R, 1974. Human population and global environment[J]. American Scientist, 62: 282-297.

HOLMUND C, HAMMER M, 1999. Ecosystem services generated by fish population[J]. Ecological Economics, 29: 253-268.

HUYGHE C, 2010. New utilizations for the grassland areas and the forage plants: what matters[J]. Forages, 203:213-219.

JARVIS D I, BROWN A H D, CUONG P H, et al., 2008. A global perspective of the richness and evenness of traditional crop-variety diversity maintained by farming communities[J]. Proc Natl Acad Sci USA, 105(14): 5326-5331.

JOHNSON G W, BAGSTAD KJ, SNAPP R R, et al., 2012. Service path attribution networks (SPANs): A network flow approach to ecosystem service assessment[J]. International Journal of Agricultural and Environmental Information Systems, 3: 54-71.

LESTER S E, COSTELLO C, HALPERN B S, et al., 2013. Evaluating tradeoffs among ecosystem services to inform marine spatial planning[J]. Marine Policy, 38: 80-89.

LIU J G, DIETZ T, CARPENTER S R, et al., 2007. Complexity of coupled human and natural systems[J]. Science, 317 (5844) :1513-1516.

LOVELL S T, 2010. Multifunctional urban agriculture for sustainable land use planning in the United States[J]. Sustainability, 2: 2499 -2522.

LYYTIMÄKI J, SIPILÄ M, 2009. Hopping on one leg-the challenge of ecosystem dis-services for urban green management[J]. Urban Forest & Urban Greening, 8(4), 309-315.

MA F J, EGRINYA ENEJIA, LIU J T. 2015. Assessment of ecosystem services and dis-services of an agro-ecosystem based on extended emergy framework: A case study of Luancheng county, North China[J]. Ecological Engineering, 82 : 241-251.

MACE G M, NORRIS K, FITTER A H, 2012. Biodiversity and ecosystem service: A multilayered relationship[J]. Cell, 27(1):19-26.

MAES J, PARACCHINI M L, ZULIAN G, et al., 2012. Synergies and trade-offs between ecosystem service supply, biodiversity, and habitat conservation status in Europe[J]. Biological Conservation, 155(4):1-12.

MARSH G, 1864. Man and nature[M]. New York: Charles Scribner's Sons.

MAWOIS M, AUBRY C, LE BAIL M. 2011. Can farmers extend their cultivation areas in urban agriculture. A contribution from agronomic analysis of market gardening systems around Mahajanga (Madagascar) [J]. Land Use Policy, (8): 434-445.

MAZZOCCHI C, SALI G, CORSI S, 2013. Land use conversion in metropolitan areas and the permanence of agriculture: Sensitivity Index of Agricultural Land (SIAL), a tool for territorial analysis[J]. Land Use Policy, (35):155-162.

MEDCALF K, SMALL, FINCH C, et al., 2012. Spatial Framework for Assessing Evidence Needs for Operational Ecosystem Approaches[R]. JNCC Report No. 469. Availableat: http://jncc. defra. gov. uk/PDF/JNCC469_Users_Guide. pdf.

MEEHAN T D, GRATTON C, DIEHL E, et al., 2013. Ecosystem-service tradeoffs associated with switching from annual to perennial energy crops in Riparian Zones of the US Midwest[J]. PLoS One , 8(11): e80093.

MILLENNIUM ECOSYSTEM ASSESSMENT(MA), 2005. Ecosystems and Human Well-being: Synthesis[M]. Chicago: Island Press.

MIN Y, JIN X, CHANG J, et al., 2011. Weak indirect effects inherent to nitrogen biogeochemical cycling within anthropogenic ecosystems: A network environ analysis[J]. Ecol Model, 222: 3277-3284.

MOUGEOT L J A, 1999. Urban agriculture: definition, presence, potentials and risks[M]. Leusden (Netherlands): Resource center on urban agriculture and forestry: 1-30.

NAYLOR R, EHRLICH P, 1997. Natural pest control services and agriculture[C]//Nature's Services: Societal Dependence on Natural Ecosystems. Washington: Island Press, 151-174.

NELSON E, MENDOZA G, REGETZ J, et al., 2009. Modeling multiple ecosystem services, biodiversity conservation, commodity production, and tradeoffs at landscape scales[J]. Front Ecol Environ, 7: 4-11.

ODUM H T, ODUM E P, 2000. The energetic basis for valuation of ecosystem services[J]. Ecosystems, 3(1): 21-23.

OSBORN F, 1949. Our Plundered Planet[M]. Boston: Little and Brown Company.

OSKI L, OLLIKAINEN, 2005. Multifunctional agriculture: The effect of non-public goods on socially optimal policies[C]// European Association of Agricultural Economists, 2005 International Congress, August 23-27, 2005, Copenhagen, Denmark. http://purl. umn. edu/24611.

OWUOR M A, ICELY J, NEWTON A, et al., 2017. Mapping of ecosystem services flow in Mida Creek, Kenya[J]. Ocean & Coastal Management, 140: 11-21.

POLASKY S, NELSON E, CAMM J, et al., 2008. Where to put things? Spatial land management to sustain biodiversity and economic returns[J]. Biological Conservation, 141: 1505-1524.

POWER A G, 2010. Review ecosystem services and agriculture: Tradeoffs and synergies[J]. Philosophical Transactions of the Royal Society B, 365: 2959-2971.

POWNALL L L, 1953. The Functions of New Zealand Towns[J]. Annals of the Association of American Geographers, 43(4): 332-350.

PRATO T, 2012. Potential trade-offs between future economic growth and open land conservation adjacent to public protected areas: A case study in northwest Montana[J]. Society & Natural Resources, 25: 113-126.

PRIBADI D O, PAULEIT S, 2015. The dynamics of peri-urban agriculture during rapid urbanization of Jabodetabek Metropolitan Area[J]. Land Use Policy, 48:13-24.

QUALSET C Q, MCGUIRE M L, 1995. In California: Agrobiodiversity key to agricultural productivity[J]. California Agriculture, (49): 45-49.

RENTING H, ROSSINGW A H, Groot J C, et al., 2009. Exploring multifunctional agriculture. A review of conceptual approaches and prospects for an integrative transitional framework[J]. Journal of Environmental Management, 90: S112-S123.

RIGBY D, WOODHOUSE P, YOUNG T, et al., 2001. Constructing a farm level indicator of sustainable agricultural practice[J]. Ecological Economics, 39: 463-478.

ROBINSON D T, MURRAY-RUST D, RIESER V, et al., 2012. Modelling the impacts of land system dynamics on human well－Being:using an agent-Based approach to cope with data limitations in Koper, Slovenia[J]. Computers, Environment and Urban Systems, 36(2) : 164-176.

RODRIGUEZ J P, BEARD T D, BENNETT E M, et al., 2006. Trade-offs across space, time, and ecosystem services[J]. Ecology and Society, 11: 28-41.

ROGERSON C M, 1997. Globalization of Informalization? African Urban Economies in the 1990s[M]//The Urban Challenge in Africa. Geneva: United Nations University Press.

SCHIPANSKIME, BARBERCHECKM, DOUGLASMR et al., 2014. A framework for evaluating ecosystem services provided by cover crops in agroecosystems[J]. Agricultural Systems, 125: 12-22.

SERNA-CHAVEZ H M, SCHULP C J E, VAN BODEGOM P M, et al., 2014. A quantitative framework for assessing spatial flows of ecosystem services[J]. Ecological Indicators, 39:24-33.

SHAPIRO J, BÁLDI A, 2014. Accurate accounting: How to balance ecosystem services and disservices[J]. Ecosystem Services, 7: 201-202.

SHIFERAW B, FREEMAN H, SWINTON S, 2005. Natural Resource Management in Agriculture: Methods for Assessing Economic and Environmental Impacts[M]. Wallingford:CABI Publishing.

SMIT J, NASR J, RATTA A, 1996. Urban Agriculture-food, Jobs and Sustainable Cities[M]. New York:United Nations

Development Programe Publication Series for Habitat II.

SMITH L M, CASE J L, SMITH H M, et al., 2012. Relating ecosystem services to domains of human well-being: Foundation for a U. S. index[J]. Ecological Indicators, 28:79-90.

SMITH R G, GROSS K L, ROBERTSON G P, 2008. Effects of crop diversity on agroecosystem function: Crop yield response[J]. Eco-systems, 11(3): 355-366.

SUTHERLANDW J, BAILEYM J, BAINBRIDGET P, et al., 2006. The identification of 100 ecological questions of high policy relevance in the UK[J]. Journal of Applied Ecology, 43, 617-627.

SWIFT M J, IZAC A M N, VAN NOORDWIJK M, 2004. Biodiversity and ecosystem services in agricultural landscapes—Are we asking the right questions? [J]. Agriculture, Ecosystems & Environment, 104(1):113-134.

SWINTON S M, LUPI F, PHILIP ROBERTSON G, et al., 2007. Ecosystem services and agriculture: Cultivating agricultural ecosystems for diverse benefits[J]. Ecological Economics, 64: 245-252.

SYRBE R U, WALZ U, 2012. Spatial indicators for the assessment of ecosystem services: Providing, benefiting and connecting areas and landscape metrics[J] Ecological Indicators, 21: 80-88.

TILMAN D, CASSMAN K, MATSON P, et al., 2002. Agricultural sustainability and the costs and benefits of intensive production practices[J]. Nature, 418: 671-677.

TIPRAQSA P, CRASWELL E T, NOBLE A D, et al., 2007. Resource integration for multiple benefits: Multifunctionality of integrated farming systems in Northeast Thailand[J]. Agricultural Systems, 94:694-703.

TOKY O P, KUMAR P, KHOSLA P K, 1989. Structure and function of traditional agroforestry systems in the western Himalaya. I. Biomass and productivity[J]. Agroforestry Systems, 9(1): 47-70.

TSCHARNTKE T, TYLIANAKIS J M, RAND T A, et al., 2012. Landscape moderation of biodiversity patterns and processes-eight hypotheses[J]. Biological Reviews, 87:661-685.

UN, 2014. World Urbanization Prospects: The 2014 Version[R]. ST/ESA/SEA, A/366.

UNITED NATIONS, 2017. World Population Prospects: The 2017 Revision[R]. New York: United Nations, Department of Economic and Social Affairs & Population Division Report.

VAGNERON I, 2007. Economic Appraisal of Profitability and Sustainability of Peri-urban Agriculture in Bangkok[J]. Ecological Economics, 61: 516-529.

VIGL L E, DEPELLEGRIN D, PEREIRA R, et al., 2017. Mapping the ecosystem service delivery chain: Capacity, flow, and demand pertaining to aesthetic experiences in mountain landscapes[J]. Science of the Total Environment, 574: 422-436.

VOCKE G F, HEADY E O, 1992. Economic Models of Agricultural Land Conservation and Environmental Improvement[C]. Ames, Iowa: Iowa State University Press.

VOGT W, 1948. Road to survival[M]. New York: William Sloan.

WADE J C, HEADY E O, 1992. An interregional model for evaluating the control of sediment from agriculture[C] // Economic model of agricultural land conservation and environmental improvement. Ames, Iowa: Iowa State University Press:139-161.

WALLACE K J, 2007. Classification of ecosystem services: problems and solutions[J]. Biological Conservation, 139: 235-246.

WILLEMEN L, HEIN L, VAN MENSVOORT M E F, et al., 2010. Space for people, plants, and livestock? Quantifying interactions among multiple landscape functions in a Dutch rural region[J]. Ecological Indicators, 10: 62-73.

WILSON G A, 2007. Multifunctional Agriculture: A Transition Theory Perspective[M]. Trowbridge: Cromwell Press.

WOOD S, SEBASTIAN K, SCHERR S J, 2000. Pilot analysis of global ecosystem: Agroecosystems. International Food Policy Research Institute and World Resources Institute[EB/OL]. [2005-10-20]. Washington DC. 2000/http://www. wri. org/wr2000.

WORTMAN S, LOVELL ST, 2013. Environmental challenges threatening the growth of urban agriculture in the United States[J]. Environ Qual, 42(5): 83-94.

ZANDER P, KNIERIM A, GROOT J C J, et al. 2007. Multifunctionality of agriculture: Tools and methods for impact assessment and valuation[J]. Agriculture, Ecosystems and Environment, 20(1): 1-4.

ZHANG W, RICHETTS T H, KREMEN C, et al., 2007. Ecosystem services and dis-services to agriculture[J]. Ecological Economics, 64(2):253-260.

ZHANG Y M, ZHAO S D, GUO R C, 2014. Recent advances and challenges in ecosystem service research[J]. Journal of Resources and Ecology, 5 (1):82-90.

ZHAO Q J, WEN Z M, ZHANG M X, 2014. Identifying forest ecosystem services supplies and demands: Insights from ecosystem services flows. Forestry Economics, (10): 3-7.

ZHOU Z X, LI M T, 2017. Spatial-temporal change in urban agricultural land use efficiency from the perspective of agricultural multi-functionality: A case study of the Xi'an metropolitan zone[J]. Journal of Geographical Sciences, 27(12): 1499-1520.